D1740883

Teun A. van Dijk

————————

IDEOLOGÍA

Serie: CLA•DE•MA
Lingüística/Análisis del discurso

**Editorial Gedisa ofrece
los siguientes títulos sobre**

LINGÜÍSTICA Y ANÁLISIS
DEL DISCURSO

TEUN A. VAN DIJK — *Ideología*
Un enfoque multidisciplinario

GEOFFREY SAMPSON — *Sistemas de escritura*
Introducción lingüística

JEAN STAROBINSKI — *Las palabras bajo las palabras*
Los anagramas de Ferdinand
de Saussure

PETER BURKE — *Hablar y callar*
Funciones sociales del lenguaje
a través de la historia

GIORGIO RAIMONDO CARDONA — *Los lenguajes del saber*

RAFFAELE SIMONE — *Diario lingüístico de una niña*

B. FEINBERG Y R. KASRILS — *Bertrand Russell responde*

MITSOU RONAT — *Conversaciones con Chomsky*

A. VERDIGLIONE Y OTROS — *Psicoanálisis y semiótica*

MARIO FRANCIONI — *Psicoanálisis, lingüística
y epistemología*

ALAIN BERRENDONER — *Elementos de pragmática
lingüística*

GEORGE STEINER — *Lenguaje y silencio*

(sigue en pág. 477)

IDEOLOGÍA

Un enfoque multidisciplinario

por

Teun A. van Dijk

Título del original en inglés: *Ideology. A Multidisciplinary Approach*
Publicado por SAGE Publications Ltd. Londres
© Teun A. van Dijk 1998

Traducción: Lucrecia Berrone de Blanco
Corrección estilística: Margarita N. Mizraji
Colaboración técnica: María Laura Pardo y Yamila Sevilla

Primera edición, enero de 1999, Barcelona
Segunda reimpresión: enero de 2006, Sevilla

Derechos reservados para todas las ediciones en castellano

© Editorial Gedisa, S.A.
Paseo Bonanova, 9 1°-1ª
08022 Barcelona (España)
Tel. 93 253 09 04
Fax 93 253 09 05
Correo electrónico: gedisa@gedisa.com
http://www.gedisa.com

ISBN: 84-7432-676-1
Depósito legal: B-53280-2005 E.U.

Impreso en Publidisa

Impreso en España
Printed in Spain

Indice

Prefacio 9
   1. Introducción 13

Parte I. Cognición

   2. Ideas y creencias 31
   3. Creencias sociales 47
   4. Estructuras y estrategias 76
   5. Estructuras de las ideologías 90
   6. Valores 101
   7. Modelos mentales 106
   8. Consistencia 120
   9. Conciencia 126
  10. Sentido común 133
  11. Conocimiento y verdad 140
  12. Identidad 152
  13. Cognición social 162

Parte II. Sociedad

  14. Ideología y sociedad 175
  15. Grupos 180
  16. Relaciones de grupo 205
  17. Elites 218
  18. ¿Ideologías dominantes? 227
  19. Instituciones 235

Parte III. Discurso

20. La importancia del discurso 243
21. Estructuras del discurso 253
22. Contexto 266
23. Reproducción 287
24. De la cognición al discurso 295
25. Persuasión 304
26. Legitimación 318
27. Estructuras ideológicas del discurso 328
28. La ideología y el discurso del racismo moderno 345
29. Conclusiones 391

NOTAS 401

REFERENCIAS BIBLIOGRÁFICAS 427

INDICE TEMÁTICO 465

Prefacio

La mayoría de los estudiosos tienen en mente proyectos ideales: tópicos sobre los cuales siempre han anhelado investigar y escribir, pero por muchas razones nunca lo hicieron. Yo tengo varios de esos sueños académicos insatisfechos. Uno de ellos ha sido, durante años, un estudio innovador de las relaciones entre ideología y discurso.

La ideología ha sido tratada en, literalmente, miles de libros y artículos, pero (como concluyen también muchos otros autores) su definición sigue siendo evasiva y confusa. Por lo tanto, escribir un libro que trate específicamente las complejas relaciones entre la ideología y el discurso es más que un desafío; es pura arrogancia, especialmente si ese libro comienza con una teoría de la ideología propiamente dicha. ¿Cómo podría yo aportar algo nuevo e interesante, considerando la extensa literatura existente?

No resulta sorprendente, en consecuencia, que el componente teórico de dicho estudio resultara ser, en sí mismo, una empresa mayúscula. Un solo libro apenas sería suficiente para explorar las variadas cuestiones, conceptos y disciplinas involucrados en el análisis de la ideología, sin mencionar las relaciones entre discurso e ideología.

Sin embargo, acepté el desafío, y este libro es la primera entrega de ese emprendimiento más amplio. En él se discuten algunos de los conceptos fundamentales de esta nueva y multidisciplinaria teoría de la ideología, y se traza un esbozo general de las formas en que la ideología se expresa y reproduce en el discurso. El marco teórico general de mi enfoque de la ideología se puede resumir en un triángulo formado por los conceptos Cognición, Sociedad y Discurso. O sea, en primer lugar, es necesario estudiar el estatuto, la organización interna y las funciones mentales de la ideología en términos de cognición social. En segundo lugar, las condiciones y funciones de las ideologías obviamente no son sólo cognitivas sino también sociales, políticas, culturales e históricas. Y en tercer lugar, las ideologías se forman, cambian y se reproducen en gran medida a través del discurso y la comunicación socialmente situados.

No obstante, en lugar de simplemente reunir los resultados de la psicología, las ciencias sociales y los estudios del discurso, estos tres conceptos centrales deben ser reformulados e integrados en una estructura teórica. Se debe relacionar explícitamente el discurso con las estructuras y estrategias de la mente personal y social, así como con las de las situaciones, interacciones y estructuras sociales. De la misma manera debe relacionarse la cognición con el discurso y la sociedad, de modo que sirva de interfase por la cual la estructura social se pueda relacionar explícitamente con la estructura del discurso.

La gran mayoría de los estudios sobre ideología (ya sean marxistas o no marxistas) tienen su raíz en las ciencias sociales y le prestan abundante atención a las ideologías con relación a las clases sociales, los grupos dominantes, los movimientos sociales, el poder, la economía política o, más recientemente, el género y la cultura. Sin embargo, se les ha concedido menos atención a las dimensiones cognitivas y discursivas de las ideologías. En efecto, los trabajos clásicos rara vez analizan los detalles de las "ideas", "creencias" o "conciencia" que supuestamente constituyen una ideología. Aun los enfoques más contemporáneos descuidan los avances en la ciencia cognitiva actual, y viceversa, la mayor parte de la ciencia cognitiva muestra escaso interés por cuestiones de estructuras mentales y funciones de las ideologías. Es por esto que presto mayor atención a esta dimensión cognitiva de la teoría, enfatizando al mismo tiempo que las ideologías, si bien pueden ser localizadas en la mente, no por ello son menos sociales.

Aunque recientes, los trabajos existentes sobre discurso e ideología no enfatizan, desde luego, el importante papel del texto y la lengua en la (re)producción de las ideologías. Sin embargo, a mi entender, entre los numerosos estudios sobre ideología, algunos de los cuales también tratan sobre lenguaje o discurso, no existe ninguno que detalle *de qué manera exactamente* la ideología moldea el texto y la conversación, e, inversamente, cómo la misma se forma, adquiere o cambia por medio del discurso y la comunicación.

Como parte del componente de tipo social y político de la teoría, y para establecer un lazo explícito con el proyecto más abarcativo ya mencionado, en este libro se utilizarán ocasionalmente el racismo y las ideologías racistas como ilustración de los argumentos teóricos. Sin embargo, esto no significa que yo ofrezca una descripción completa de las ideologías racistas, las que deberían ser tratadas por separado en una monografía. No obstante, mientras que a lo largo del libro mis comentarios sobre ideología, racismo y discurso son más bien generales, en el capítulo 28 se ofrece el estudio concreto de un texto reciente sobre relaciones raciales en los Estados Unidos, a saber, el libro *The End of Racism* [El fin del racismo] de Dinesh D'Souza.

Se puede formular una teoría multidisciplinaria de la ideología sólo si se reduce su complejidad. No soy psicólogo, sociólogo ni politólogo. Esto quiere decir que mi perspectiva general y mis conceptualizaciones organizativas serán a menudo las del discurso y el análisis del discurso. Este enfoque resulta uno de los más adecuados, dado el papel fundamental del discurso en la formación y expresión de la ideología como cognición social y en la reproducción de las ideologías en la sociedad. Al mismo tiempo, es obvio que este libro no puede hacer, rehacer o deshacer el trabajo sustancial relevante que ya ha sido realizado en las ciencias sociales.

Como se señaló, el presente libro es el primer resultado de un proyecto más amplio y esboza el marco general de la teoría. En estudios posteriores espero poder detallar cada uno de sus principales componentes, o sea, la cognición social, la interacción social y las estructuras societales, así como las estructuras del discurso relacionadas con la expresión y reproducción de la ideología. Estos estudios también van a incluir análisis empíricos concretos de las relaciones entre discurso, cognición y sociedad, al igual que revisiones más detalladas del material pertinente.

Puedo decepcionar a algunos lectores cuyas nociones de discurso están exclusivamente asociadas con los conceptos más literarios, filosóficos o posmodernos de "discurso" o "texto". Después de más de treinta años, el estudio del discurso se ha convertido en un campo multidisciplinario, incluyendo a veces teorías sumamente explícitas y detalladas de las estructuras y funciones del texto y la conversación. Desafortunadamente, muchos estudios en boga que se refieren corrientemente al "texto" o al "discurso" ignoran estos avances y por esa razón ofrecen una base inadecuada para una teoría de la ideología.

Aunque éste es un libro teórico, me interesa que sea accesible a expertos y estudiantes de distintas disciplinas. Esto significa que se evitará la jerga esotérica, y que los términos teóricos se introducirán y explicarán únicamente cuando sean necesarios. Muchas de las nociones que se tratan en este libro han sido discutidas en estudios previos de carácter más bien técnico. Con el objeto de construir un marco teórico integrado, se han ignorado algunos detalles a favor del bosquejo global de la teoría. Espero prestarles la debida atención a estos detalles en próximos estudios.

Existe también otro aspecto en que este libro se diferencia de muchos otros trabajos sobre ideología: apenas si mira hacia atrás. Muchos estudios, como es habitual en filosofía y sociología (y en menor grado, por ejemplo, psicología y lingüística), son comentarios (sobre comentarios) de los clásicos desde los *philosophes* franceses y Marx/Engels hasta Lukács, Gramsci, Althusser, Foucault y Habermas, entre otros. (Para más detalles, puede consultarse, entre otras obras, la excelente introducción y las reseñas históricas de Larrain, Eagleton y Billig.)

En este libro quiero ir más allá de esa historia y filosofía de la ideología, e integrar nuevas ideas de los estudios contemporáneos sobre el discurso, la lingüística, la ciencia cognitiva, la ciencia política y nuevos desarrollos en las otras ciencias sociales. En otras palabras, con el objeto de no quedarnos enredados en discusiones interminables con los clásicos, dejo esos debates a los numerosos autores que se ocupan de ellos. En su lugar, presento un estudio sistemático y analítico, en el cual las viejas polémicas y otros estudios corrientes sobre la ideología tienen solamente un papel de antecedentes, en las Notas y en las Referencias bibliográficas. Por supuesto, esto *no* significa que yo piense que los trabajos anteriores sobre ideología sean irrelevantes. Por el contrario, hay muchos estudios cuyas teorías, conceptos y resultados empíricos también son apropiados para mi propio proyecto. Sin embargo, en el primer libro teórico de mi proyecto, prefiero concentrarme en el marco general y presentarlo tan clara y analíticamente como sea posible, sin extensos comentarios sobre ellos, discusiones o referencias al gran número de trabajos previos. Además, para mantener la ya extensa bibliografía dentro de proporciones normales, la mayor parte de las referencias serán a libros y no a artículos. En próximos volúmenes espero entrar de modo más explícito en un debate con otras aproximaciones a la ideología.

Puesto que este libro será, espero, seguido por otros en este proyecto sobre discurso e ideología, los comentarios de los lectores serán bienvenidos, ya que me ayudarán a perfeccionar la teoría en próximos estudios.

Agradecimientos

Finalmente, me complace poder agradecer los comentarios sobre una versión anterior de este libro realizados por Michael Billig, Terry Eagleton, Philomena Essed y Ruth Wodak. Estoy especialmente agradecido a Martha Augoustinos y Luisa Martín Rojo por sus extensos comentarios. De los nombrados, algunos disintieron amablemente con la perspectiva general, otros con detalles de mi exposición. He tratado de argumentar con la mayor claridad en los casos en que estas discrepancias son inherentes a la elección que he hecho en este libro, y en otros casos gustosamente corregí mis errores y llené varias brechas. Por lo demás, se puede aplicar la fórmula habitual: cualquier error que pudiera quedar es, por supuesto, mío.

Teun A. van Dijk

1

Introducción

La difusa vida de la "ideología"

Es casi una rutina. Los estudios sobre la ideología a menudo comienzan con un comentario sobre la vaguedad de la noción y la consecuente confusión teórica de su análisis, tal como yo lo hice en el Prefacio. Efectivamente, de todos los conceptos esencialmente debatibles y controvertidos de las ciencias sociales y las humanidades, el de "ideología" bien puede ubicarse entre los primeros de la lista. Una razón histórica y política —y sí, ideológica—por la que se da esta condición especial puede ser que "ideología" es una de esas nociones que han dividido a marxistas y no marxistas, al igual que a estudiosos "críticos" y "no críticos" , divisiones que, obviamente, son ideológicas en sí mismas.

Sin embargo, como concepto general, la ideología es apenas más vaga que los Grandes Términos similares de las ciencias sociales y las humanidades. En muchos aspectos, lo mismo sucede con nociones tales como "sociedad", "grupo", "acción", "poder", "mente" y "conocimiento", entre otras. Estas nociones son imposibles de definir y dan la impresión de vivir felizmente la difusa vida inherente a esos términos comodín, que denotan conjuntos complejos de fenómenos y que son los juguetes preferidos de filósofos y eruditos en las humanidades y las ciencias sociales. El término "ideología" difiere de estos otros conceptos generales, sin embargo, en que su uso ordinario es habitualmente peyorativo.

Por lo general, las definiciones no son lo suficientemente adecuadas como para capturar toda la complejidad de esas nociones fundamentales que son ciertamente el objeto de investigación de teorías y disciplinas completas. No puede esperarse que las definiciones resuman todas las comprensiones acumuladas en tales cuerpos de conocimientos, aun en el caso en que no hubiera controversias sobre el significado de los conceptos centrales de tales disciplinas. En resumen, como sucede con muchas nociones similares, y aparte de los usos de la palabra en el discurso cotidiano, las variadas versiones del concepto de ideología son simplemente los constructos eruditos de teorías rivales. Al menos con esta palabra, sucede lo que se le dijo a Alicia en el País de las Maravillas: Nosotros definimos lo que la palabra significa. Por supuesto, suponiendo que "nosotros" tenemos el poder para hacerlo.

Enfoques tradicionales

A pesar de las controversias y las diversas aproximaciones al concepto de ideología, el planteo histórico del debate se mantiene notablemente dentro de la misma línea. Rutinariamente, se nos retrotrae al siglo XVIII cuando Destutt de Tracy, en Francia, propuso que se llame *idéologie* a una "ciencia de las ideas", una ciencia que, dicho sea de paso, nunca se concretó, a menos que tomemos a la filosofía (¿o psicología?) como su representante actual.[1] Como es también predecible, nos encontraremos luego, por supuesto, con Marx, generalmente en compañía de Engels, y con sus seguidores (neo- o no) en nuestro siglo, junto con Lukács, Gramsci y Althusser, entre otros, quienes tienen un papel prominente. Asimismo, del lado no marxista, indefectiblemente nos encontraremos con una serie de sociólogos y filósofos, de los cuales Durkheim y Mannheim son sólo los más famosos.[2]

Como es habitual en sociología y filosofía, éstos y otros clásicos tienen un lugar tan preponderante en la mayor parte de las discusiones habituales sobre ideología, que resulta difícil encontrar estudios más analíticos y complejos que integren nuevos conceptos y comprensiones derivadas de los enfoques contemporáneos en las humanidades y las ciencias sociales.

Los vestigios de los debates clásicos están también cristalizados en el uso cotidiano de la noción de "ideología", esto es, un sistema de creencias erróneas, falsas, distorsionadas o mal encaminadas, típicamente asociadas con nuestros opositores sociales o políticos. Para muchos en Occidente —sean éstos legos, políticos o eruditos— el comunismo estaba basado en ese tipo de ideología. A menudo se lo consideró el prototipo de una ideología.[3] El legado de Marx y Engels, a quienes habitualmente se atribuye este concepto negativo y crítico de la ideología, es desvirtuado póstumamente por la noción que ellos mismos introdujeron.

Al mismo tiempo, este significado y uso negativos del concepto cotidiano de ideología muestran lo que los analistas precedentes también enfatizaron, esto es, que las ideologías expresan u ocultan nuestra posición social o política, nuestra perspectiva o nuestros intereses: pocos de "nosotros" (en Occidente o en cualquier otro lugar) describimos nuestro propio sistema de creencias o convicciones como "ideología". Por el contrario, lo nuestro es la Verdad, lo de ellos es Ideología. El Capitalismo, el Mercado o el Cristianismo, aun en el caso en que "nosotros" no seamos fanáticos de ellos, son "nuestros" y por lo tanto no son descriptos como ideología en el discurso cotidiano.

Vemos que, como residuos de debates eruditos, las concepciones de sentido común de la noción de "ideología" engloban en forma sintética las principales doctrinas de la tradición clásica: a) las ideologías son creencias falsas; b) las ideologías esconden las relaciones sociales verdaderas y sirven para engañar a otros; c) las ideologías son creencias que tienen los otros; y d) las ideologías presuponen definiciones de verdad y falsedad cuya naturaleza sirve social y políticamente a sus propios intereses.

El elemento crítico de la noción de ideología en esta tradición se asocia normalmente con variadas nociones de poder y dominación. Siguiendo a Marx/ Engels, las ideologías fueron primero definidas como las ideas dominantes de una época.[4] De acuerdo con la economía política de estos filósofos, esas ideas dominantes estaban asociadas con las de la clase gobernante. Constituyen una parte de la "superestructura" y por lo tanto están determinadas por la base económica o "material" de la sociedad. Como la clase gobernante, de cualquier forma que se la defina, controla los medios de producción, incluyendo !los medios de (re)producción de ideas —especialmente la política, los medios de comunicación, la literatura y la educación— también puede hacer que sus ideologías sean relativamente aceptadas por los gobernados como el cono-cimiento indiscutible de la forma "natural" de ser de las cosas.

Debates posteriores dentro de la tradición marxista, sin embargo, cues-tionaron el determinismo económico de las definiciones clásicas de la ideología. Las ideas, las leyes, la filosofía, la literatura y, por lo tanto, también las ideologías se pueden desarrollar en parte de una manera autónoma con respecto a la base material, y hasta pueden ejercer su influencia, de arriba hacia abajo, en aquella infraestructura económica.[5] Con Gramsci, estas relaciones entre ideología y sociedad se conceptualizaron en términos de "hegemonía". De tal manera, en lugar de la imposición de ideas dominantes por parte de una clase gobernante, la hegemonía trabaja más sutilmente a través del manejo de la mente de los ciudadanos, esto es, construyendo persuasivamente un consenso sobre el orden social.

Son especialmente esta visión neomarxista y sus variantes las que ins-piraron muchos de los debates sobre ideologías, al menos hasta la desaparición del comunismo alrededor de 1990, momento en el que los términos del debate cambiaron nuevamente. Muchas de estas aproximaciones se mezclan ahora con una concepción más crítica de la ideología, por ejemplo, en el campo de los estudios culturales.[6] Sin embargo, ya sea como ideologías dominantes o hegemónicas, las versiones contemporáneas de la idea marxista del poder socioeconómico y simbólico de las elites se mantienen vivas en muchas aproximaciones actuales a la ideología. En mi propia versión del papel de las elites en la reproducción del racismo, encontraremos una interpretación espe-cial de esa idea.

En un permanente diálogo con la rama marxista de la tradición (y a menudo en oposición a ella), los sociólogos y los filósofos han continuado debatiendo con creciente sutileza las dimensiones sociales y políticas del conocimiento, la verdad y el saber. Durante mucho tiempo, sus concepciones de la sociedad fueron precisamente autodefinidas como no ideológicas y, por lo tanto, verdaderas y científicas. El marxismo no fue la excepción, ni política ni académicamente. Así, por sobre la contienda política y desligados de intereses sociales o económicos, la mayor parte de los eruditos se consideraron a sí mismos como *freischwebende Intelligenz*, esto es, al margen de la falsedad, al servicio propio, e interesados únicamente en la búsqueda desinteresada de la verdad, sólo para ser acusados por otros más críticos de enredarse precisamente en lo que ellos querían evitar en primer término, o sea, una ideología. Esta ideología de la ciencia, que trata de ocultar sus intereses y pretende que sus propias creencias sean aceptadas como la verdad por aquellos que reconocen su poder y dominación, es así apenas diferente de otras ideologías que se desarrollan para lograr la hegemonía, legitimar el poder u ocultar la desigualdad, aunque tan sólo sea en el dominio del conocimiento. Es en este punto fundamental donde se superponen la filosofía y la sociología de la ideología y la filosofía y la sociología de la ciencia.

Sólo en una etapa posterior, en la segunda mitad del siglo xx, se desarrollan nociones más inclusivas y menos peyorativas. Aquí, las ideologías se definen habitualmente como sistemas políticos o sociales de ideas, valores o preceptos de grupos u otras colectividades y tienen la función de organizar o legitimar las acciones del grupo.[7] La mayor parte del trabajo más reciente sobre sistemas de creencias políticas está enraizado en este concepto más general de ideología.[8] Es en este punto donde comenzará mi exploración. No obstante, se enfatizará que también la noción de "sistema de creencias" es todavía demasiado general y necesita de un mayor análisis. Esta es una de las razones por las cuales este estudio también intenta continuar los (pocos) enfoques psicológicos de la ideología.[9]

En este resumen informal de algunas de las principales ramificaciones del debate clásico sobre ideología, la mayoría de las nociones, incluyendo las más polémicas, son tan familiares como los nombres asociados a ellas. Aunque algunas no son muy precisas, como es de esperar cuando se trata de términos fundamentales, éstas son las nociones que se utilizan y que han influido en los cimientos de prácticamente todas las ciencias sociales hasta el día de hoy. La mayor parte de los estudios sobre ideología, en lugar de ir más allá de los clásicos, continúan repitiendo, reformulando y reinterpretando este Relato Maestro de la Historia de la Ideología. En consecuencia, me siento placenteramente libre de presuponer que esta historia ya es conocida y de explorar nuevas formas de aproximación a los viejos problemas y, al mismo tiempo, de crear algunos interesantes problemas nuevos.

Un marco para una teoría multidisciplinaria de la ideología

La filosofía y la sociología de la ciencia nos dicen que viejas teorías y enfoques rara vez son desacreditados porque se compruebe explícitamente que son falsos o inadecuados. Más bien, se aceptan otras ideas que parecen más atractivas por alguna razón, a veces porque dan mejor cuenta de los "hechos", o porque enfocan otros hechos más interesantes. En consecuencia, por la misma razón estratégica por la que presupongo que la historia del estudio de la ideología es ampliamente conocida, no es mi objetivo desvirtuar, atacar o debatir esa multitud de enfoques clásicos. Tal discusión precisamente volvería atrás y permanecería embrollada en los mismos marcos de discusión y pensamiento (véanse, no obstante, algunas de las Notas para comentarios sobre la literatura pertinente). Por supuesto, este libro no puede empezar de la nada, y utilizará e integrará aquellas ideas clásicas sobre la ideología que mantienen su relevancia en un enfoque nuevo.

Mi propósito principal es, entonces, mirar hacia adelante para encontrar marcos teóricos alternativos, para explorar e incorporar otras disciplinas y, especialmente, para apuntar a una *teoría* amplia de la ideología. Entre otras cosas, esa teoría debería describir y explicar lo siguiente:

- El estatus general de la ideología como sistema cognitivo y social
- Las diferencias entre ideologías y otras "ideas"/sistemas de ideas
- Los componentes y la organización interna de las ideologías
- Las relaciones entre ideologías y otras representaciones sociales compartidas
- Las relaciones entre ideologías y valores
- Las relaciones entre ideologías y estructuras sociales
- Las relaciones entre ideologías y grupos y sus intereses
- La inserción institucional de las ideologías
- Las relaciones entre ideología y poder y dominación
- Cómo se adquieren, utilizan y cambian las ideologías
- Cómo se reproducen las ideologías
- Cómo se expresan las ideologías en prácticas sociales en general
- Cómo se expresan y reproducen las ideologías a través del discurso.

Obviamente, éste es un plan de investigación que podría mantener ocupados a cientos de estudiosos hasta bien adentrado el próximo milenio, por lo que mis objetivos tienen que ser más modestos y, por consiguiente, sólo me concentraré en algunos aspectos de dicha teoría.

No necesito confinar el estudio a los límites de las disciplinas que hasta ahora han dominado el debate, esto es, la filosofía, la sociología y (en parte) las ciencias políticas. Como continúo hablando sobre ideología, algunas de las nociones más familiares, también utilizadas en estas disciplinas, aparecerán nuevamente en mi propio enfoque. Sin embargo, cuando sea necesario serán enmarcadas y formuladas de una manera nueva, y relacionadas con conceptos y desarrollos teóricos que hasta ahora han recibido escasa atención de parte de los ideólogos principales del estudio de la ideología. O sea, una teoría de la ideología necesita ser, ante todo, multidisciplinaria.

Aun así, todos tenemos nuestras limitaciones, intereses y formas preferidas de pensar, y consecuentemente mi enfoque va a estar localizado en el triángulo conceptual y disciplinario que relaciona la *cognición*, la *sociedad* y el *discurso*. Hay pocas áreas de investigación más apropiadas cuando se trata la noción de ideología. En primer lugar, aun entre quienes lo niegan, las ideologías son por lo menos implícitamente consideradas como algún tipo de "sistema de ideas" y por lo tanto pertenecen al campo simbólico del pensamiento y la creencia, es decir, a lo que los psicólogos llaman "cognición". Segundo, las ideologías son indudablemente de carácter social y con frecuencia (aunque no siempre) están asociadas con intereses, conflictos y luchas de grupo. Se las puede utilizar para legitimar u oponerse al poder y la dominación, o simbolizan problemas sociales y contradicciones. Pueden involucrar colectividades sociales tales como clases y otros grupos, así como instituciones, organización y otros aspectos de la estructura social.[10] De ahí el profundo interés de los sociólogos y los politólogos en la noción de ideología. Y en tercer lugar, muchos enfoques contemporáneos de la ideología asocian (o hasta identifican) el concepto con el uso del lenguaje o el discurso, aunque sólo sea para dar cuenta de la forma específica en que las ideologías se expresan y reproducen en la sociedad.[11] El ocultamiento, la legitimación, la manipulación y otras nociones relacionadas que se consideran como las funciones primordiales de las ideologías en la sociedad son, sobre todo, prácticas sociales discursivas (o semióticas, en un sentido más amplio). Por supuesto, como veremos, esto *no* significa que las ideologías se expresen solamente a través del discurso, sino simplemente que el discurso tiene un papel específico, entre otras prácticas sociales, en la reproducción de las ideologías.

Una vez demarcado este amplio y multidisciplinario campo de investigación, mi argumento es que, precisamente, las complejas *relaciones* involucradas aquí —es decir, las relaciones entre cognición, sociedad y discurso— son necesarias en una teoría explícita de la ideología. Decir que las ideologías son sistemas de "ideas" y que, por lo tanto, necesitan un enfoque psicológico, será una sugerencia interesante sólo si comprendemos al mismo tiempo que estas "ideas" *también* son sociales (y políticas y culturales) y que en consecuencia necesitamos describirlas en términos del estudio de las representaciones sociales y sus funciones para la *cognición social.*[12]

Y a la inversa, si las ideologías son parte de la estructura social y de alguna manera exhiben o incluso controlan las relaciones de poder y dominación entre los grupos (clases, formaciones sociales, organizaciones, etc.), de la misma manera tal enfoque sociológico será relevante sólo si comprendemos que las ideologías caracterizan la dimensión "mental" de la sociedad, los grupos o las instituciones. Entonces, estas relaciones mutuas ubican mi teoría dentro de una descripción psicológico-sociológica de la *mente social en su contexto social (político y cultural)*.

Sin embargo, esto nos lleva sólo hasta un nivel de abstracciones mentales o sociales sin sustento empírico alguno. Necesitamos "ver" cómo las ideologías son expresadas o vividas por sus actores y cómo "funcionan" en situaciones sociales completas, es decir, en *prácticas sociales* cotidianas. Muchas de estas prácticas podrían constituirse en áreas de investigación empírica. Así, se pueden estudiar las formas de discriminación contra mujeres y minorías como manifestaciones de la ideología sexista o racista. No obstante, a pesar de que podemos muy bien dar por sentado que tal discriminación está en gran parte basada en la ideología, por sí misma no "articula" estas ideologías, al menos no tan explícitamente como los discursos que explican, defienden, legitiman, motivan o, de algún otro modo, "formulan" fragmentos de las ideologías "subyacentes".

En otras palabras, aunque los discursos no son las únicas prácticas sociales basadas en la ideología, son efectivamente las fundamentales en su formulación y, por tanto, en su reproducción social. Los miembros de un grupo necesitan y utilizan el lenguaje, el texto, la conversación y la comunicación (incluidos aquí en el término genérico de "discurso") para aprender, adquirir, modificar, confirmar, articular, y también para transmitir persuasivamente las ideologías a otros miembros del grupo, inculcarlas en novicios, defenderlas contra (u ocultarlas de) miembros ajenos al grupo o propagarlas entre quienes son (hasta ahora) los infieles. En resumen, si queremos saber qué apariencia tienen las ideologías, cómo funcionan y cómo se crean, cambian y reproducen, necesitamos observar detalladamente sus *manifestaciones discursivas*.

Nótese que tal análisis del discurso está relacionado de una manera múltiple con una descripción cognitiva y social. Los significados del discurso, las inferencias, las intenciones y muchas otras propiedades y procesos de la mente están íntimamente ligados a una descripción adecuada del texto y la conversación. Al mismo tiempo, ya es una visión estándar en los estudios del discurso que los discursos son formas de acción e interacción social, situados en contextos sociales en los cuales los participantes no son tan sólo hablantes/escribientes y oyentes/lectores, sino también actores sociales que son miembros de grupos y culturas. Las reglas y normas del discurso son socialmente compartidas. Las condiciones, funciones y efectos del discurso son sociales, y la competencia discursiva se adquiere socialmente. En síntesis, el discurso y sus dimensiones mentales (tales como sus significados) están insertos en situaciones y estructuras sociales. Y, a la inversa, las representaciones sociales, las relaciones sociales y las estructuras sociales con frecuencia se constituyen, se construyen, validan, normalizan, evalúan y legitiman en y por el texto y el habla.

Una vez esbozado este rico triángulo conceptual Discurso-Cognición-Sociedad, contamos con un marco único para articular con precisión las relaciones necesarias para la descripción teórica de la ideología. Ciertamente, éste es un proyecto complejo o, más bien, un vasto paradigma de investigación del cual un solo estudioso sólo puede diseñar el bosquejo general y estudiar algunos fragmentos menores.

Objetivos de este estudio

Este libro tiene como fin contribuir a la empresa, necesariamente colectiva, ya mencionada. Para poder enfatizar lo que frecuentemente ha sido descuidado, mi contribución se concentrará en las estructuras y estrategias del discurso, en la cognición social y en sus relaciones mutuas, así como en la inserción social de las mismas y, en menor grado, en la estructura (de clase) social, o en aquellas dimensiones institucionales, culturales y políticas de la ideología que han recibido mayor atención en trabajos anteriores. Por supuesto, tal énfasis no implica que el estudio sociopolítico de la ideología sea menos fundamental.

Como preparación para los estudios más específicos de la ideología y sus relaciones con la cognición, la sociedad y el discurso, este libro, entonces, apunta principalmente a sentar algunas de las bases teóricas. Lo hace a través del examen de un número de conceptos teóricos que pueden ser requeridos (o rechazados) por tal marco. Esto también me permite ubicar mi propio enfoque y análisis conceptual en relación con los enfoques presentes y pasados: aun las nuevas teorías tienen antecedentes históricos y por lo menos necesitan explicar cuáles de las ideas ya existentes merecen una más amplia elaboración y cuáles son menos fructíferas teóricamente. De este modo, en lugar de repasar otra vez la historia de nociones clásicas como "ideas dominantes", "falsa conciencia", "hegemonía", o "legitimación", emprendo el análisis conceptual de estas y otras ideas relacionadas en mi nuevo marco y propongo redefinirlas o bien dejarlas de lado.

Obviamente, tales bases teóricas y conceptuales tienen sus propias limitaciones. Muchas de las nociones que se analizan en este estudio han sido el objeto de notables tratados filosóficos y científico-sociales. Algunas de ellas (como "conocimiento" o "grupo") son el objeto de (sub)disciplinas enteras. Yo no puedo rehacer o deshacer todo este trabajo previo. No obstante, discuto brevemente parte del mismo desde una nueva perspectiva y trato de relacionarlo de una manera más explícita con la nueva noción de ideología que desarrollaré en este estudio y en otros.

Aun cuando los estudios anteriores sean significativos para mi empresa, su problema principal parece ser la falta de explicitación teórica. Su mayor vacío es la falta de una teoría de los componentes internos, estructuras u organización de las ideologías. Muy pocos de los numerosos estudios sobre ideologías descienden alguna vez a la mundanal tarea de describir *cómo son realmente* las ideologías. De la misma forma, aunque muchos estudios discuten las *funciones* de las ideologías en los grupos, en los miembros de un grupo, en la sociedad y en la cultura, no hay demasiados trabajos que expliquen los detalles de esas funciones sociales o cognitivas y las estructuras ideológicas en términos de dichas funciones. De este modo, si las ideologías se desarrollan para "legitimar" el poder o la desigualdad social, ¿cuál es la naturaleza precisa de estos procesos y prácticas de legitimación? Y, finalmente, si las ideologías son expresadas y reproducidas, si no constituidas, por el discurso, se pueden formular otras preguntas: ¿cómo sucede esto?, ¿qué estructuras discursivas están involucradas? y ¿*exactamente* cómo se relacionan éstas con el contexto social? En resumen, aunque gran parte de los trabajos clásicos y actuales sobre ideología es interesante y relevante también para nuestra propia discusión, sus análisis normalmente se mantienen en un nivel de abstracción que resiste la investigación detallada. El objeto de este libro es diseñar algunos de los elementos de un programa de investigación que trate de responder esas preguntas fundamentales.

El nuevo concepto de ideología

Para alcanzar dicho objetivo, intento desarrollar una nueva noción de ideología que sirva de interfase entre la estructura social y la cognición social. En este marco, las ideologías se pueden definir sucintamente como la *base de las representaciones sociales compartidas por los miembros de un grupo*. Esto significa que las ideologías les permiten a las personas, como miembros de un grupo, organizar la multitud de creencias sociales acerca de lo que sucede, bueno o malo, correcto o incorrecto, *según ellos*, y actuar en consecuencia.

Las ideologías también pueden influir en lo que se acepta como verdadero o falso, especialmente cuando dichas creencias son consideradas importantes para el grupo. En este último sentido, un sentido epistemológico, las ideologías también pueden formar la base de argumentos específicos a favor de, y explicaciones sobre, un orden social particular, o efectivamente influir en una comprensión particular del mundo en general. Nótese, sin embargo, que las ideologías dentro de este marco no son simplemente una "visión del mundo" de un grupo, sino más bien los principios que forman la *base* de tales creencias. Aquí entramos en el perenne debate sobre las relaciones entre ideología y conocimiento, que también necesitamos examinar en detalle.

En la mayoría de los casos (pero no en todos), las ideologías sirven a sus propios fines y son una función de los intereses materiales y simbólicos del grupo. Entre estos intereses, el poder sobre otros grupos (o la resistencia contra la dominación por parte de otros grupos) puede tener un papel central y, por lo tanto, funcionar como condición y propósito importantes para el desarrollo de las ideologías. Así, las ideologías operan tanto en el nivel global de la estructura social, por ejemplo como "monitor" mental compartido socialmente que guía la competencia, el conflicto, la lucha y la desigualdad sociales, como en el nivel de las prácticas sociales situadas en la vida cotidiana.

El núcleo de este nuevo concepto de ideología no es una invención arbitraria demasiado alejada de las nociones anteriores de ideología, ya sean eruditas o de sentido común. De ser así, directamente hubiéramos tenido que inventar un nuevo término. Varias de las definiciones de ideología aceptadas actualmente comparten importantes elementos con la mía. Muchos autores coincidirían en que una ideología es algo así como un marco compartido de creencias sociales que organizan y coordinan las interpretaciones y prácticas sociales de grupos y sus miembros y, en particular, el poder y otras relaciones entre grupos. De esta manera, para citar sólo una de las muchas definiciones formuladas por estudiosos destacados, Stuart Hall define la ideología como sigue:

> Entiendo por ideología las estructuras mentales —los lenguajes, los conceptos, las categorías, imágenes del pensamiento y los sistemas de representación— que diferentes clases y grupos sociales despliegan para encontrarle sentido a la forma en que la sociedad funciona, explicarla y hacerla inteligible. (Hall, 1996:26)

Vemos que ya aparecen aquí varios elementos de mi propio enfoque: una estructura mental de creencias acerca de la sociedad y las funciones cognitivas y sociales que esa estructura cumple en los grupos. Si consideramos el resto de su obra, podemos suponer que Stuart Hall probablemente no haría ninguna objeción si agregáramos a su definición que las ideologías no se limitan a encontrarle sentido a la sociedad sino que también sirven para regular las prácticas sociales. En la explicación de su definición, el citado autor se refiere explícitamente al papel de las ideologías en la estabilización (y uno podría agregar: el cuestionamiento) de formas particulares de poder y dominación.

El objetivo de este libro, entonces, es ir más allá de tales definiciones y explicar cuáles son, exactamente, esas "estructuras mentales" y cómo, exactamente, los (miembros de) grupos sociales "comprenden", se comunican e interactúan en la sociedad basándose en tales estructuras. Esto es, necesitamos no sólo una definición sino también una *teoría* detallada de la ideología.

¿Lo cognitivo versus lo social?

Una posible objeción a la definición cognitiva de ideología como la base de las representaciones sociales compartidas por un grupo puede ser que este enfoque sea demasiado "idealista". Como se aclarará más adelante, tal crítica estaría mal orientada. Las ideologías no son definidas solamente en términos cognitivos sino también en términos de grupos sociales, relaciones de grupo e instituciones, a un macronivel, y en términos de prácticas sociales, a un micronivel. Se enfatizará que las ideologías son construidas, utilizadas y cambiadas por los actores sociales como miembros de un grupo, en prácticas sociales específicas y, frecuentemente, discursivas. No son constructos individuales, idealistas, sino constructos sociales compartidos por un grupo.

Sin embargo, también se destacará que para que una teoría sobre la ideología sea provechosa, deberíamos distinguir analíticamente entre estas representaciones mentales socialmente compartidas, por un lado, y las prácticas sociales que están (parcialmente) controladas por ellas, o por medio de las cuales dichas representaciones se construyen. Tal distinción es tan útil como aquella entre gramáticas o reglas del discurso y el uso real de la lengua. De ahí que, aunque una teoría de la ideología tenga un importante componente cognitivo, no estaría completa sin un componente social igualmente significativo. Esto no implica, no obstante, que la teoría de la ideología, como en el caso de los enfoques marxistas tradicionales, deba ser "materialista", o sea que deba estar asentada (solamente) en la base socioeconómica de la sociedad.

En síntesis, para mi trabajo recomiendo una integración productiva de lo cognitivo y lo social, lo individual y lo colectivo. Debería ser ya un truismo que tanto el discurso como la ideología son constructos y realizaciones sociales, y esto anima el enfoque de este libro. Gran parte del análisis contemporáneo del discurso tiene una orientación social (o más bien "interactiva") y pasa por alto la esencial dimensión cognitiva del uso del lenguaje y de las prácticas sociales. Este libro se concentrará por lo tanto en la cognición (y en el discurso) más que en las (más familiares) dimensiones sociales de las ideologías, pero eso no significa que estas últimas sean menos importantes. No se puede desarrollar ninguna teoría adecuada del discurso o la ideología, sin examinar el papel del conocimiento sociocultural y otras creencias compartidas que ofrecen la "base común" (*common ground)* de todo discurso e interacción social. Mi posición es que estas "representaciones" son *tanto* sociales *como* mentales.

Más específicamente, una teoría del discurso o de la ideología exclusivamente social o "interaccionista" es incapaz de describir en detalle de qué manera las estructuras sociales (grupos, poder, instituciones, etc.) y hasta la interacción social y los contextos condicionan la producción y la comprensión reales del discurso y, por cierto, la propia participación de los actores sociales en la interacción social. Si los usuarios del lenguaje comparten conocimientos, reglas o "métodos", entonces éstos *también* deben ser explicitados en términos cognitivos. Las representaciones y los procesos "intermedios" involucrados en estas complejas y detalladas relaciones entre sociedad y discurso no son ni deberían ser ignoradas, ni mistificadas. Sólo podemos explicar tales relaciones si conocemos la manera en que los usuarios de la lengua escriben o hablan, leen o comprenden y efectivamente interactúan, pensando y "entendiendo" lo que hacen ellos mismos y sus coparticipantes. Esto *no* significa que el discurso (o la ideología) se reduzca a los individuos, o a sus mentes. Pero no se puede explicar el texto y la conversación de los usuarios del lenguaje sin, por lo menos, un análisis cognitivo serio de las mentes de dichos usuarios, y, en especial, de cómo esas mentes moldean y son moldeadas por el discurso y otras prácticas sociales en contexto.

Obviamente, la ciencia cognitiva no ofrece la historia completa sobre la representación y los procesos involucrados en el uso del lenguaje y en el desarrollo y utilización de las ideologías. Desafortunadamente, dicha ciencia no se interesa demasiado en las representaciones sociales y en las ideologías, ni en cuestiones sociales en general. A su vez, la mayor parte del análisis social del discurso que se efectúa en la actualidad, con algunas notables excepciones, ignora la cognición, por ejemplo, porque le teme al psicologismo, al cognitivismo, al mentalismo o al individualismo. No hay por qué temer a ninguno de estos "ismos" si uno sabe que el discurso y la ideología son fenómenos sociales y si uno inserta la cognición en contextos sociales y en la sociedad. Que la gente piensa y comparte creencias es parte de la vida social del lenguaje y de la ideología, y analizar el pensamiento y las creencias en detalle y explícitamente es también la tarea del científico con conciencia social. Teóricamente, entonces, no hay otra alternativa más que integrar un análisis social y un análisis cognitivo en el estudio de la ideología, como se argumentará extensamente a lo largo de todo este libro. Ignorar la dimensión social o la cognitiva de la ideología implicaría una reducción injustificada. Este libro, y mis otros trabajos sobre el discurso, rechazan enfáticamente tal reduccionismo.

Un enfoque crítico

Mi trabajo sobre ideología, además de ser multidisciplinario, y de intentar formular una teoría más explícita de la ideología dentro del triángulo Discurso-Cognición-Sociedad, también intenta ser *crítico,* en el sentido de que busca articular una posición explícita de disenso académico en las relaciones de dominación y desigualdad social.[13] Contrariamente a los enfoques críticos tradicionales, sin embargo, esto *no* significa que la definición de ideología se limite a un concepto que considera a ésta solamente como un instrumento de dominación. Hay buenas razones teóricas y empíricas para suponer que también hay ideologías de oposición o resistencia,[14] o ideologías de competencia entre grupos igualmente poderosos, o ideologías que sólo promueven la cohesión interna de un grupo, o ideologías sobre la supervivencia de la humanidad. Esto implica que, en mi enfoque, las ideologías como tales no son inherentemente negativas ni se limitan a estructuras sociales de dominación.

Esta concepción más general de la ideología, ¿le quita su perfil crítico a la empresa, como se sugiere a veces, o evita la crítica ideológica? Por supuesto que no, de la misma manera en que el uso del concepto general de "poder" no excluye un análisis crítico del *abuso* de poder, ni la solidaridad con las formas de contrapoder que llamamos resistencia. Lo mismo vale para el concepto general de "legitimación". Nuevamente, se pueden examinar en forma crítica las ideologías cuando (injustamente) legitiman el abuso de poder o la dominación, pero esto no significa que toda legitimación, como tal, sea negativa. La mayoría de las formas de la ética aplicada aceptarán la legitimación de la resistencia contra la dominación. Sería algo arbitrario usar la noción de ideología solamente para los sistemas de creencias que nosotros no aceptamos. ¿Qué pasa con los sistemas ideológicos de creencias que nos son indiferentes? ¿Tendríamos que declararlos no ideológicos porque todavía no hemos tomado ninguna decisión respecto de ellos? Obviamente, como se argumentará en mayor detalle luego, éste no puede ser un criterio útil para el uso de un concepto teórico. De este modo, las ideologías sólo serán (generalmente) definidas en términos de sus contenidos y estructuras, así como en términos de sus funciones cognitivas y sociales.

Esta noción general es perfectamente compatible con un análisis crítico de "malas" ideologías, tales como las de dominación de clase, racismo o sexismo, o sea, de ideologías que niegan, ocultan, legitiman o controlan la desigualdad social. Un concepto general de ideología no sólo provee un marco más sólido para un enfoque crítico, sino que también permite la comparación entre diferentes clases de ideologías, el cambio de ideologías de sistemas de resistencia a sistemas de dominación (o viceversa), y un estudio más coherente y completo de la inserción de las ideologías, tanto en la cognición social como en la estructura social. En este sentido, mi estudio continúa explícitamente, y también trata de renovar, la tradición de la Teoría Crítica en las ciencias sociales y las humanidades, iniciada por la Escuela de Frankfurt hace 60 años.[15]

Mi proyecto anterior fue el estudio de los modos en que el racismo se reproduce por el discurso. Con el objeto de establecer un vínculo con este trabajo, y al mismo tiempo para tener un ejemplo más específico, en varios capítulos se realizarán algunos comentarios sobre *ideologías racistas*. Estos ejemplos son meramente ilustrativos: una teoría completa de las ideologías racistas requeriría una monografía por separado, con su propio marco teórico y especialmente un estudio empírico serio de los modos en que las ideologías racistas se manifiestan, por ejemplo, en el discurso.[16]

Organización de este estudio

El análisis de algunos de los temas clave de una teoría de la ideología será organizado como sigue: comenzará con lo que considero el núcleo de tal teoría, esto es, la descripción de lo que "son" las ideologías, dónde podemos "encontrarlas", cómo son, cuáles son sus componentes y cómo se relacionan con otros fenómenos del mismo tipo. Esto nos conducirá al estudio de la ideología como el fundamento de la cognición social y al estudio de las relaciones entre ideologías y otras representaciones mentales, tales como valores, actitudes, opiniones, conocimiento y modelos mentales de sucesos. Al mismo tiempo, dicho análisis nos permitirá explicar las funciones cognitivas de las ideologías. Una vez establecido este marco, podré discutir más explícitamente cierto número de conceptos clásicos asociados con la noción de ideología, tales como (falsa) conciencia, verdad y falsedad, sentido común y consistencia/inconsistencia, entre otros.

Seguidamente, tal descripción de la ideología en términos de la cognición social será ubicada en un contexto social. Es decir, necesitamos explicar antes que nada qué significa que la cognición social en general, y las ideologías en particular, sean compartidas socialmente y, claro está, *quién* o *qué grupos* las poseen, y también especialmente *por qué*. Esto nos lleva al análisis de las funciones sociales fundamentales de las ideologías. Tales funciones aclararán el elusivo problema de las estructuras internas de las ideologías. Se pueden formular preguntas similares sobre las manifestaciones discursivas de las ideologías en sus contextos sociales. ¿Qué contextos, situaciones, participantes, instituciones, grupos y relaciones de grupo, u otras micro o macro estructuras sociales, están implicadas en esta "realización práctica" de las ideologías en el discurso y, consecuentemente, en la representación y reproducción de las ideologías? ¿Qué relaciones de poder, dominación, resistencia, competencia o conflicto limitan y producen tales ideologías? Este marco nos permitirá discutir finalmente en mayor detalle los numerosos conceptos sociales tradicionalmente asociados con la ideología, tales como poder, dominación, elites, instituciones, grupos y comunidades.

Como estas implicancias y funciones sociales son obviamente la razón por la cual las personas desarrollan y usan ideologías en primer lugar, podría haber comenzado con un análisis de tales nociones sociales. En muchos sentidos, esto hubiera sido teóricamente más adecuado. Sin embargo, dada la orientación de la investigación tradicional, sabemos mucho más sobre estas dimensiones sociales de la ideología, por lo que puedo concentrarme primero en el estudio, menos familiar, del núcleo cognitivo, y luego ubicar las ideologías en sus contextos sociales y destacar su reproducción discursiva. En otras palabras, primero quiero saber qué "son" las ideologías, es decir, qué apariencia tienen, para poder estudiar mejor su papel y función en la sociedad.

Finalmente, el triángulo multidisciplinario requiere un análisis de las formas en que las ideologías socialmente compartidas se manifiestan en un tipo específico pero esencial de práctica social, a saber, el discurso. Es decir, necesito indicar brevemente cómo las representaciones sociales basadas en la ideología y compartidas por un grupo influyen en el texto y la conversación situados, reales, de los actores sociales individuales. Y, a la inversa, debe explicarse cómo las ideologías a su vez se constituyen, cambian, cuestionan y reproducen a través del discurso. Uno de los rasgos más poderosos de tal enfoque discursivo analítico es la complejidad teórica de las descripciones contemporáneas de las estructuras detalladas del texto y la conversación. Tal análisis nos permite, entre otras cosas, enfocar las relaciones entre estructuras del discurso, por un lado, y estructuras de las ideologías, por el otro. Al mismo tiempo, junto con la descripción sociocognitiva, este enfoque del discurso será necesario para discutir algunas nociones más o menos "discursivas" de los enfoques tradicionales, tales como persuasión, manipulación, legitimación, ocultamiento y otras cosas que los actores sociales "hacen" con la conversación y el texto cuando éstos están basados en la ideología. En otras palabras, aquí tratamos los aspectos y condiciones centrales que definen la reproducción de las ideologías.

Las diversas nociones cognitivas introducidas en la Parte I se analizan en términos teóricos, sin referencia específica a la evidencia empírica (experimental u otra). Además de definir una parte sustancial de la teoría de la ideología, estas nociones cognitivas serán, sin embargo, "aplicadas" en la Parte III, es decir, en el análisis de los procesos de la producción y comprensión del discurso. Esto quiere decir que parte de la evidencia empírica de los conceptos cognitivos se puede buscar en la manera en que ellos explican procesos del uso del lenguaje. O sea, además de señalar el contexto social, las estructuras discursivas pueden por sí mismas presentar indicaciones de representaciones mentales subyacentes. Su análisis, por lo tanto, puede ofrecer una rica evidencia de tales representaciones y procesos mentales, y así complementar la evidencia obtenida habitualmente en experimentos de laboratorio. En los posteriores estudios empíricos del discurso planificados para este proyecto, esperamos hacer justamente eso: mostrar cómo las ideologías y otras representaciones sociales controlan las estructuras del discurso, y viceversa. La Parte III presenta el marco teórico para el estudio empírico de estas relaciones.

El ordenamiento de las partes principales de este libro es simplemente una estrategia de investigación y no indica nada respecto del orden, causalidad, primacía o jerarquía del discurso o la cognición sobre la sociedad, o viceversa. No implica, por ejemplo, que las ideologías como formas de representaciones sociales estén "primero" en la mente, antes que "en" la sociedad, o que se deban estudiar las estructuras "internas" de los fenómenos antes que sus funciones "externas". Doy por supuesto que tales estructuras (discursivas o ideológicas) con frecuencia se desarrollarán según sus usos y funciones en la sociedad. Tampoco sugiero que las microestructuras de la interacción cotidiana situada deben ser estudiadas antes (o en lugar de) sus restricciones macrosociales, tales como relaciones de grupo o contexto institucional.

La cognición, el discurso y la sociedad están relacionados de una manera extremadamente compleja, en la que la influencia y la dependencia son normalmente bidireccionales, de múltiples niveles y tanto cognitivas como sociales. Desde esa perspectiva, entonces, es inútil afirmar que las ideologías son primero, o primordialmente, o "realmente" cognitivas o sociales. Son esencialmente *ambas* cosas. Esto no significa, sin embargo, que necesitemos hablar de todo al mismo tiempo y que no podamos hacer distinciones analíticas entre diferentes dimensiones, niveles u órdenes de fenómenos, aun en un estudio integrado y multidisciplinario. Por el contrario, la comprensión de estas estructuras y funciones analíticamente establecidas en varios niveles de descripción y explicación es una condición necesaria para el desarrollo de una *teoría* de la ideología.

Debe destacarse que este trabajo no puede más que proporcionar un primer análisis de algunos de los temas clave y del marco general de una nueva teoría de la ideología. Estudios subsiguientes, por ejemplo sobre la ideología y sus relaciones detalladas con las estructuras de la cognición, la sociedad y el discurso, deberán desarrollar estas nociones con mayor precisión teórica y sobre la base de datos empíricos.

PARTE I
COGNICION

2

Ideas y creencias

Ideas

Además de cualquier otra cosa que las ideologías pudiêran ser, siempre han estado asociadas con *ideas* socialmente compartidas. Primero, esas ideas fueron consideradas como el objeto de una nueva ciencia de la ideología, tal como se propuso después del movimiento filosófico del Iluminismo francés. Más tarde, las ideologías adquirieron una connotación negativa como sistemas de ideas dominantes de la clase gobernante. O se definieron como las falsas ideas de la clase trabajadora que era erróneamente aconsejada respecto de las condiciones de su existencia. Como una versión más sutil de esa "falsa conciencia", las ideologías fueron descriptas posteriormente en términos de las ideas hegemónicas, persuasivas, aceptadas por los grupos dominados como parte del sentido común sobre la naturaleza de la sociedad y su lugar en ella. Y finalmente, más allá de las limitaciones de un análisis de la lucha de clases, se ha considerado a las ideologías de una manera más general como cualquier sistema de ideas míticas que sirven a sus propios intereses o que son engañosas de alguna otra manera, definidas en contraste con las ideas verdaderas de "nuestra" ciencia, historia, cultura, institución o partido.

Por cuanto varias de estas definiciones se tratarán más adelante, permítaseme primero examinar qué son exactamente estas "ideas". La noción de "idea" es una entre las muchas en la historia del estudio de la ideología que no están suficientemente especificadas, más allá de los significados cotidianos, corrientes, de estos términos. Si suponemos por un momento que las ideas (además de ser abstracciones o construcciones sociales) son, al menos, *también* cosas de la mente y que por lo tanto la psicología debiera decirnos algo acerca de ellas, un relevamiento de la literatura pertinente sería decepcionante: los libros modernos de psicología no hablan de las ideas, al menos no explícitamente y no en estos términos. El término casi no aparece en el índice temático de la mayoría de los libros actuales de psicología cognitiva. Comencemos entonces por analizar algunos de sus significados corrientes:

1) Las ideas son objetos o procesos en/de la mente.
2) Las ideas son los productos del pensamiento.
3) Las ideas son parte del conocimiento.
4) Las ideas pueden ser personales o compartidas socialmente.
5) Más específicamente, las ideas son pensamientos originales, nuevos e interesantes y sobre cuestiones importantes.

Muchas expresiones estándar y otras formas del habla cotidiana proveen la evidencia de dichos significados conceptuales. La gente habla acerca de ideas que les han estado "dando vueltas" sin que puedan expresarlas, de ideas que están tomando forma en sus "cabezas" o "mentes", sobre "tener" o "no tener" una idea (a veces con el sentido de que conocen o desconocen algo como en la expresión "no tengo idea"), pero también de las ideas (compartidas con los miembros) de un grupo, un movimiento, los filósofos, una revolución, etc. Así, a la gente "se le ocurre" una idea, o una idea "les viene". Inversamente, podemos decir que le hemos "dado" una idea a alguien o le hemos "metido una idea en la cabeza".

Con frecuencia, el concepto de "idea", ya sea de una persona o un grupo, no se identifica meramente con cualquier producto trivial del "pensamiento" que uno pueda tener, sino con productos más originales: la expresión "tengo una idea", en consecuencia, significa algo así como "tengo un pensamiento nuevo, original". Y el desafortunado científico acusado de "no tener ideas" es por ello condenado a ser alguien que no tiene pensamiento científico original. Por lo tanto, un "sistema de ideas" es considerado a veces simplemente como el equivalente del pensamiento o las teorías socioculturales, filosóficas, artísticas o científicas, como es obviamente el caso en la "historia de las ideas".[1]

Por otro lado, la gente puede tener "ideas equivocadas" y entonces es acusada de creencias éticamente dudosas o socialmente inaceptables; connotaciones similares aparecen cuando se advierte a la gente que "no se deje engañar por esas ideas".

Estos y muchos otros usos coloquiales del concepto de "idea", indican claramente que mientras la psicología desdeña la noción cotidiana de "idea", los usos corrientes enfocan las ideas como una categoría específica de (productos del) pensamiento, esto es, pensamientos nuevos, originales y a veces inaceptables, tanto los de la vida cotidiana como los de aquellas personas contratadas para pensar, tales como filósofos y otros estudiosos, escritores y artistas y, por cierto, "ideólogos" en el terreno político. Estas ideas pueden ser expresadas por la persona que las tiene, transmitidas a otros, compartidas por otros y por todo un grupo; pueden ser elaboradas más extensamente, influidas y manipuladas. Una vez compartidas, las ideas pueden entonces convertirse en parte del dominio público y, por ello, adquirir una dimensión de carácter más social o cultural.

Mentes

Esta relativa imprecisión del concepto de "idea" puede haber hecho que los psicólogos evitaran adoptar el término en su vocabulario teórico (utilizando en cambio varias nociones que son, como veremos, menos precisas), pero sus significados intuitivos sugieren claramente que las ideas son constructos o productos del pensar, o sea, de la *mente*, estén o no social o culturalmente compartidas. De este modo, si las ideologías tienen algo que ver con las ideas, entonces al menos una de sus dimensiones debería ser explicada por las teorías que se están desarrollando en la nueva interdisciplina que hoy se llama comúnmente "ciencia cognitiva", que incluye la psicología cognitiva individual y social, la sociología cognitiva, la lingüística cognitiva, la filosofía, la lógica y la Inteligencia Artificial.

¿Mente versus cuerpo?

Este también será mi primer paso: además de cualquier otra cosa que pudieran ser, las ideologías son conjuntos de ideas específicas y por tanto objetos "mentales". Aunque resulte trivial para la mayoría de los científicos cognitivos, este primer paso no deja de ser polémico para algunos psicólogos orientados hacia lo social y lo discursivo y para los científicos sociales. Para ellos, hablar de la "mente" es como haber hablado del "alma" hace algunos siglos, o sea, un vestigio de los mitos religiosos y académicos, en este caso del viejo dualismo cartesiano que separaba la "mente" del "cuerpo".[2]

En este libro no dedicaremos demasiado tiempo a esta controversia. El estudio moderno de la cognición da por supuesto que no hay tal dualismo. Según los descubrimientos de la psicología y la neurociencia, la mente es una propiedad específica del cerebro-en-el-cuerpo. Como lo hacen la mayoría de los psicólogos, me abstraigo de la base neurológica de estas propiedades "mentales" del cerebro y dirijo mi análisis a otro nivel de descripción y explicación. La metáfora dominante (y con frecuencia cuestionada) de lo que la mente hace, es la de "procesamiento de la información". Aunque limitada por varias razones, la metáfora ha demostrado ser apropiada para explicar al menos algunos aspectos de las cosas típicas que la gente es capaz de hacer gracias a su mente: percibir, comprender, pensar, recordar, hablar e interactuar. Veremos más adelante que esa mente basada en el cerebro también tiene una dimensión social, ya que es el producto o constructo de la interacción social, en su adquisición, desarrollo y usos.[3]

Sin embargo, esta base biológica de la mente no significa que para hablar sobre la mente y sus propiedades y analizarlas se necesite una *reducción* a la neurobiología o, más allá aun, a la bioquímica o la física de las neuronas o células cerebrales, así como hablar de la acción no requiere un análisis de los movimientos musculares (y de las propiedades moleculares y atómicas de los tejidos nervioso y muscular), de la misma forma que un debate sobre el discurso tampoco tiene que estar necesariamente basado en referencias a los órganos articulatorios o auditivos, las ondas sonoras, la química de la tinta o las propiedades electromagnéticas de los discos del ordenador.

Es decir, todos estos intentos de reducción que ocasionalmente perjudican la investigación académica no son normalmente más que una forma de fundamentalismo, a veces bien intencionado, pero ingenuo. Desestiman la necesidad, tanto del sentido común como científica, de entender y teorizar sobre la realidad a distintos *niveles* o *dimensiones* de observación, experiencia y pensamiento, y sobre abstracciones y cosas que esa misma mente construye para nosotros como-si-fueran-reales, tales como ideas, acciones, personas, grupos y la sociedad misma.

En tal sentido, la mente es un producto de sí misma y es un constructo muy práctico, utilizado de múltiples maneras tanto en la vida cotidiana como en emprendimientos científicos. Por lo tanto, cuando necesitamos hablar sobre objetos como ideas, resulta muy conveniente hacerlo en términos de propiedades del concepto de mente, ya sea que la mente "realmente" exista o no. Aquí la cosificación no es más que un producto inevitable pero útil de nuestro entendimiento, por cuanto nos permite describir, explicar y dar cuenta de alguna manera de hechos y fenómenos que queremos comprender. Las mentes, así entendidas, son a la vez "medios de producción" y el "producto" de actividades mentales como el pensamiento. En esto consiste el análisis y la teorización.

Es también en este sentido que aceptamos ser "mentalistas", siempre que el término *no* sea empleado para implicar que, inversamente, todos los fenómenos que tienen una dimensión mental son "de hecho" o "realmente" *sólo* objetos de la mente. Personas, actores, acciones, interacciones, situaciones, grupos y sociedades como un todo pueden ser constructos mentales o tener dimensión mental en algún nivel de análisis, pero obviamente una teoría de tales constructos necesita ir más allá de un análisis "mental" y pasar a otro nivel de pensamiento corriente y teorización que nosotros llamamos "social".

Utilizo varios párrafos para analizar la importancia de la noción, y por lo tanto de una teoría, de la mente sólo porque, como se sugirió, aún existen académicos que por diversos motivos, algunas veces (neo)conductistas, suponen que se puede descartar la mente, que todas las cosas presumiblemente mentales son nada más que una vulgar y extendida ilusión psicológica, y que todas las nociones mentales significativas podrían y deberían ser explicadas mejor en términos de lo que la gente hace o logra de manera observable, especialmente en conjunto, en situaciones sociales. Como este punto de vista, que puede ser defendido en versiones más o menos radicales, también concierne a una teoría de la ideología, tendremos que tratar más adelante estas ideas que se podrían llamar "interaccionistas" (¡sic!).[4] Nótese, sin embargo, que mi crítica a la psicología discursiva antimentalista no implica que esté en desacuerdo con su crítica de las tendencias más corrientes de la psicología contemporánea, tales como el hecho de que éstas descuiden las dimensiones socialmente situadas y discursivas del desarrollo y uso de los objetos "mentales".

Creencias

A pesar de que la noción de "idea" es perfectamente aceptable, informalmente, como concepto que puede ser utilizado para teorizar sobre ideologías, voy a abandonarlo, no sólo porque es muy general o muy vago, sino también porque tiene asociaciones que no quiero llevar a mi análisis, por ejemplo, que las ideas a menudo son consideradas pensamientos nuevos u originales. En cambio, usaré otra noción general de la psicología: la de *creencias*.

Conocimiento y creencias

Muchas de las cosas que se han dicho más arriba sobre las ideas se aplican asimismo a las creencias. Estas también son productos o propiedades del pensamiento y, por lo tanto, también están asociadas con la mente. Aquí se entiende por creencia cualquier cosa que pueda ser pensada. No obstante, utilizo la palabra como término técnico. Esto significa que el concepto no incluirá algunas de las acepciones cotidianas del término. Por ejemplo, en el lenguaje diario, el concepto de "creencia" se usa sobre todo como el opuesto de "conocimiento". Las creencias, en este sentido, son subjetivas y por tanto pueden ser erróneas, infundadas o desviadas. El conocimiento, por el contrario, es el (producto del) pensamiento que se considera verdadero.

Tendremos que volver a esta distinción, porque ha sido decisiva en la historia del estudio de la ideología. Por el momento, sin embargo, todos los productos del pensar serán declarados creencias. En otras palabras, las creencias son los ladrillos del edificio de la mente. El conocimiento, en este caso, es solamente una categoría específica de creencias, a saber, aquellas creencias que "nosotros" (como grupo, comunidad, cultura, caso particular o institución) consideramos "creencias verdaderas", de acuerdo con ciertos fundamentos o criterios (de verdad). Estos criterios establecen que las creencias (para nosotros) son válidas, correctas, certificadas, sostenidas de una manera general, o que reúnen los estándares de verdad socialmente compartidos. Obviamente, estos criterios son social, cultural e históricamente variables, como lo es el conocimiento basado en ellos. Esto también significa que las creencias en este sentido técnico no son solamente productos subjetivos del pensamiento o, incluso, infundados o contrarios a la verdad, o creencias (como las religiosas) que son aceptadas como "verdaderas" por un grupo específico de personas, sino que también incluyen lo que nosotros llamamos conocimiento. La epistemología y la psicología de estas creencias, como constituyentes de las ideologías, serán uno de los objetivos del resto de esta parte del estudio.[5]

Juicios y opiniones

De una manera similar, las creencias no son pensamientos que se limitan a lo que existe, o a lo que es (o puede ser) verdadero o falso. También pueden corresponder a evaluaciones, o sea, a lo que nosotros pensamos (encontramos) que es verdadero o falso, agradable o desagradable, permitido o prohibido, aceptable o inaceptable, etc., es decir, a los productos de los *juicios* basados en valores o normas. Tales creencias son comúnmente llamadas *opiniones*, sobre las que volveré luego, porque las ideologías incluyen dichas opiniones de una manera destacada. La diferencia entre conocimiento y opinión se remonta a la distinción clásica, hecha ya por Platón, entre *epistéme* y *doxa*, definidas como conocimiento sistemático (científico, filosófico) y creencia popular (posiblemente errónea), respectivamente.

Cualesquiera sean las diferencias entre ellas, voy a subsumir provisoriamente conocimiento y opiniones en la categoría general de creencias. Así, que una droga particular tiene una fórmula química específica es una creencia (que se puede sostener como verdadera), como también lo es la creencia (que puede sostenerse o no como verdadera, o defendible o apropiada) de que esa droga es buena o mala para nuestra salud, o la creencia de que las drogas debieran o no estar permitidas, o la creencia de que la prohibición de las drogas, y no las drogas por sí mismas, causa estragos en la sociedad. En resumen, la ética y la estética de los productos del juicio son también parte de una teoría general de las creencias. Evidentemente, ésta es sólo una primera delimitación del concepto de "creencia" que usamos: teorías cognitivas específicas proveen los detalles de tales aproximaciones (todavía muy vagas). Sostengo que dichas teorías cognitivas de las creencias son tan necesarias para una teoría de la ideología como las teorías del poder, grupo o clase en los enfoques más tradicionales de la ideología.

Sin embargo, esta primera aproximación a la noción de "creencia" no significa que no haya complicaciones. En primer lugar, podemos suponer que la gente tiene creencias que no son producto del pensamiento consciente. Del mismo modo en que las gramáticas de las lenguas naturales son una forma de conocimiento en su mayor parte implícito, las personas también pueden tener creencias de las que no son conscientes, o que han sido adquiridas sin demasiado procesamiento consciente. Esto significa que yo no limito la noción de

dominante específico (por ejemplo, blancos, hombres, etc.). Del mismo modo en que las creencias de grupo pueden convertirse de muchos modos en creencias culturales (habitualmente por el poder, la hegemonía, el adoctrinamiento, etc.), también lo inverso puede ser verdadero, esto es, cuando individuos forman un grupo que desafía las creencias sociales generalmente aceptadas, desarrolla creencias opuestas y, por lo tanto, su propia ideología de resistencia.

Estas restricciones sociales en la formación de la ideología necesitarán que se les preste mayor atención posteriormente. Es interesante, no obstante, que aun dentro de una descripción cognitiva de la ideología, necesitamos postular una base social y cultural. En un sentido social, esto requiere interacción social, participación, situaciones sociales, organización y a menudo también institucionalización. En el sentido "puramente" cognitivo (si existe tal cosa) hablar de la "mente social" significa, en primera instancia, que las representaciones cognitivas no se limitan a los individuos sino, en cierto sentido, están distribuidas en "muchas mentes". Esto presupone el intercambio de información —por ejemplo, a través de la percepción, el discurso o la interacción— lo que incorpora nuevamente la dimensión social. En segundo lugar, y de mayor interés, suponemos que los propios contenidos mentales, arquitectura y organización de la mente social compartida por los miembros de un grupo reflejan restricciones sociales y culturales. No podemos definir el "conocimiento" sin recurrir a las condiciones sociales o culturales y lo mismo vale para las actitudes e ideologías. De este modo, si hablamos de un terreno común cultural de creencias generalmente compartidas, entonces esto no es sólo una descripción sociocultural sino que también nos dice algo sobre la propia base de la mente, de la memoria social y de cómo otras creencias, incluyendo las sociales, están arraigadas y organizadas. Del mismo modo, también las creencias más específicas de grupo que los miembros de diferentes grupos sociales desarrollan, comparten y usan, se diferencian sólo con respecto a este territorio común y a las creencias sociales de otros grupos.

Ahora contamos con una primera impresión del estatus cognitivo y la "ubicación" de las ideologías. El siguiente paso importante es examinar cómo son esas ideologías, cómo están organizadas y cómo se relacionan con las creencias sociales (conocimiento de grupo y actitudes) a las cuales sirven de cimientos.

4

Estructuras y estrategias

Modos de descripción

Si algo debe ofrecer una teoría de la ideología es una descripción de las *estructuras* de las ideologías. Pocos temas han sido tan consistentemente ignorados en enfoques anteriores de la ideología como la simple pregunta: si las ideologías existen, ¿qué aspecto tienen? No hacía falta un estructuralismo sofisticado para explicar los elementos constitutivos de las ideologías y cómo se combinan en estructuras diferentes. Sin embargo, esto rara vez se hizo, de modo que las ideologías habitualmente permanecieron en un limbo analítico en algún lugar entre los "sistemas de ideas" y los "intereses sociales", donde cualquiera podía proyectar lo que quisiera.

Para la psicología contemporánea, la lingüística y el análisis del discurso, del mismo modo que para algunas de las ciencias sociales, tales cuestiones de estructura son una rutina: describir, analizar y explicar fenómenos significa antes que nada especificar sus estructuras y sus funciones. Tales análisis pueden ser *estático-estructuralistas* o *dinámico-procedimentales*. El primero, tal como sabemos a través de las gramáticas modernas, especifica las unidades o componentes estructurales y también los principios (reglas, normas u otras regularidades) de su integración en unidades mayores. El enfoque más dinámico, común en psicología, microsociología y análisis conversacional, explica los procesos, acciones o estrategias, o sea, la dinámica mental o interaccional de construcción, por ejemplo, como una explicación de cómo se comportan los actores o usuarios del lenguaje sobre la marcha, "haciendo" o "realizando" esas unidades estructurales como representaciones mentales, acciones o discursos.

Análisis estructural versus análisis estratégico

De aquí en más, me referiré a esos modos alternativos de descripción como el enfoque estructural y el enfoque estratégico. El primero analiza los objetos como productos terminados; el segundo caracteriza las formas en que los objetos son gradualmente construidos o interpretados. Estos enfoques pueden ser considerados como fundamentalmente diferentes, como verdaderas alternativas o como formas complementarias de explicar los mismos fenómenos, según la filosofía del lenguaje, del discurso, de la interacción o de la cognición que uno sostenga. El enfoque más estratégico, entonces, parecería explicar más adecuadamente lo que los actores sociales, pensadores o usuarios del lenguaje están realmente *haciendo* en situaciones concretas, mientras que el enfoque estructural sería más abstracto y desligado del contexto, y explicaría lo que los actores sociales conocen, o el *producto* o *resultado* de su pensamiento o acción estratégicos.[1]

En este momento, tanto en la psicología como en el análisis conversacional y en las ciencias sociales, el enfoque estratégico, más dinámico, se ha tornado más popular luego de la anterior fase estructuralista. Sin embargo, como se sugirió, tales enfoques son en realidad complementarios. En primer lugar, ambos son abstractos, ambos operan con categorías abstractas y ambos operan con algún tipo de reglas. Aun cuando analicemos la dinámica de los procesos cognitivos o la interacción social, operamos en varios niveles de abstracción con constructos teóricos que explican qué se observa. De este modo, los analistas de la conversación pueden hacerlo en términos de acciones, turnos, movimientos conversacionales y su secuenciamiento en el habla, mientras que los psicólogos operan con unidades cognitivas tales como conceptos, proposiciones, representaciones mentales o redes, y las estrategias de su manipulación mental en la producción y comprensión. Y ni los psicólogos cognitivos ni aquellos que analizan la interacción y la conversación, operan en los diversos niveles de "realidad" físicos, fisiológicos o auditivos. Esto es, cualquier explicación abstracta de procesos o estrategias de construcción presupone algún tipo de componentes o unidades estructurales conocidas y usadas por los procesadores de información como actores sociales.

Es decir, un enfoque estratégico también da por supuesto que los hablantes saben qué estructuras están bien formadas, y qué reglas u otros principios estructurales están disponibles para ellos como recursos (mentales y sociales) cuando están embarcados en la construcción estratégica. A este respecto, los enfoques estructural y estratégico son enfoques complementarios de la descripción de varios fenómenos de cognición e interacción.

Lo mismo se puede decir de otras estructuras sociales más complejas, tales como grupos, organizaciones, relaciones de grupo y sociedades enteras que pueden ser explicadas estructuralmente en términos de sus elementos constitutivos conceptuales y de los principios de su construcción, por un lado, y de los procesos estratégicos de su funcionamiento, construcción, reproducción, formación o cambio concretos, por el otro.

Competencia abstracta versus competencia práctica

Hay sin embargo una diferencia fundamental entre estos dos enfoques. Los enfoques estructurales tienden a ser más abstractos y desligados del contexto, en el sentido de que caracterizan tipos ideales o patrones generales, e ignoran las variaciones, "desviaciones" y "errores". Las modernas gramáticas estructurales y generativas y la psicolingüística más temprana generalmente adoptan ese enfoque. Bajo la influencia de nuevas direcciones en la psicología cognitiva, la sociolingüística y el análisis conversacional, esa normatividad abstracta fue abandonada a favor de una explicación centrada en los procesos o estrategias en curso cuando los actores están concretamente pensando, diciendo o haciendo, incluyendo las variaciones individuales y contextuales y los "errores".

En lugar de los niveles gramaticales prolijamente diferenciados y otras teorías estructurales (por ejemplo, las de la argumentación y la narración) y de la distinción teórica entre "lengua" y "habla" o entre "competencia" y "actuación", el enfoque dinámico enfatiza que la gente piensa, habla y actúa estratégicamente. Esto significa, entre otras cosas, que ellos persiguen diferentes fines, operan o actúan distintos niveles de producción y comprensión al mismo tiempo y, mientras lo hacen, cometen errores, tienen lapsus de memoria, se confunden, o toman atajos. A pesar de tal "imperfección", habitualmente pueden enmendar esos errores y reinterpretar los datos disponibles. En resumen, son claramente competentes para manejar esta desconcertante cantidad de tareas y realizar con bastante éxito, aunque imperfectamente, lo que se han propuesto hacer, es decir, comprender algo, decir algo o hacer algo en un contexto específico, a menudo junto con otra gente. Al respecto, las estrategias de comprensión de texto no difieren demasiado de las de la conversación e interacción. Ambas requieren una competencia abstracta o normativa, así como una competencia o habilidad más práctica.

Los procesos dinámicos de pensar y actuar son posibles sólo cuando la gente conoce y comparte reglas y estructuras más abstractas. Las personas normalmente saben qué oraciones, secuencias de oraciones, acciones o interacciones están más o menos bien formadas, son aceptables o comprensibles. Estos conocimientos y juicios no sólo se despliegan en el transcurrir del discurso. Algunas veces también se aplican de una manera más abstracta, desligada del contexto, porque no se limitan a una situación o a una instancia, sino que son necesariamente más generales y por tanto más abstractos. Esto permite a las personas producir e interpretar adecuadamente un número potencialmente infinito de percepciones, discursos o acciones diferentes. En resumen, aunque los enfoques estructurales y estratégicos tienen un sabor diferente y se centran en aspectos más bien diferentes del pensamiento, el discurso y la interacción, se presuponen mutuamente, y una descripción completa debiera integrar a ambos.

Estructuras y estrategias de la cognición social

Es con este trasfondo general que nos acercaremos también a la cuestión de las estructuras de las ideologías, definidas como estructuras subyacentes de las creencias socialmente compartidas de miembros de grupo, tal como se explicó en el capítulo precedente. Dichas ideologías son abstractas y, por lo tanto, parece más apropiado adoptar un enfoque más "estructuralista". A diferencia del discurso y la acción, las ideologías —tal como las entendemos— no se producen localmente en el sentido de que no son configuradas por cada contexto social específico, por un hablante y un enunciado únicos (véase el capítulo 22 para este concepto del contexto). No varían de un momento a otro, y no están adaptadas estratégicamente a receptores individuales. Por el contrario, dadas sus funciones sociales basadas en el grupo, deben ser un recurso relativamente *estable* y *liberado del contexto* para muchos miembros del grupo en muchas situaciones. Nuevamente, en ese sentido, las ideologías son como las gramáticas, definidas como sistemas abstractos de conocimiento (reglas) que permiten a todos los hablantes competentes de una comunidad de lenguaje la comunicación en muchos contextos diferentes.

Por otro lado, las ideologías son, por supuesto, *sensibles al contexto* si utilizamos un concepto más amplio de "contexto", que incluya las dimensiones pertinentes de la estructura social, tales como grupos e instituciones, relaciones sociales de poder, desarrollo histórico, etc. Dadas las definiciones anteriores, las ideologías se forman y cambian en función de tales "contextos" sociales (más amplios), si bien tales cambios habitualmente son lentos. Para evitar mayor confusión, no utilizaré esta noción más amplia, corriente, de "contexto", y sí utilizaré en su lugar el término sociológico de "estructura social" o el término "macrocontexto" social para denotar las propiedades de la estructura social que son específicamente relevantes para una ideología específica.

El hecho de que las ideologías mismas sean relativamente estables *no* significa que las *expresiones* y los *usos* de las ideologías no sean variables, estratégicos y sensibles al contexto. Por el contrario, la teoría necesitará precisamente explicar cómo esas expresiones de las ideologías son adaptadas por actores sociales individuales y ajustadas estratégicamente a la situación en desarrollo. Tanto es así que incluso parecería que no existen en una situación particular. A saber, los hombres sexistas no hacen continuamente observaciones sexistas en todas las situaciones. De esta manera, si bien las *expresiones* de las ideologías en las prácticas sociales serán variablemente provocadas y contextualmente manejadas, suponemos que las ideologías mismas, al igual que otras representaciones sociales compartidas, necesitan ser relativamente estables.

Tal estabilidad es necesaria a la luz de las funciones cognitiva y social que las ideologías tienen para los diferentes miembros de un grupo en diferentes situaciones. Sin por lo menos un poco de estabilidad resultarían imposibles la cooperación intragrupal, la continuidad y confiabilidad de la acción y del juicio, así como muchas otras propiedades de la pertenencia a un grupo y prácticas sociales exitosas. Del mismo modo en que los usuarios del lenguaje no podrían hablar o comprender su lenguaje sin una gramática más o menos estable, los miembros del grupo serían incapaces de llevar a cabo sus prácticas diarias y juicios sociales sin representaciones sociales más o menos estables, tales como conocimiento, actitudes e ideologías, de las cuales las ideologías abstractas son necesariamente los constructos sociocognitivos más estables.

Por otro lado, aun dichas representaciones más o menos estables deben ser adquiridas, cambiadas o eliminadas por los grupos y sus miembros, y tales procesos de cambio, si bien lentos, por supuesto necesitan una explicación de naturaleza más dinámica. Esto es, todas las estructuras, incluso las de las ideologías, también necesitan, al fin y al cabo, una explicación de su *construcción* activa (formación o cambio) por miembros del grupo en contextos sociales.

Esquemas (*Schemata*)

Mientras que el análisis estructural es un procedimiento muy conocido y bastante complejo en lingüística y análisis del discurso, la explicación estructural de la cognición en general, y de la cognición social en particular, permanece en un nivel relativamente modesto de complejidad teórica. Hemos visto que la arquitectura general de la mente es un constructo claramente simplista, con algunas distinciones generales entre memoria mediata e inmediata, y entre memoria episódica y semántica. Las creencias pueden representarse como proposiciones (igualmente simplificadas) o redes, y los conglomerados de creencias pueden, a su vez, organizarse por medio de distintos esquemas.

Este enfoque esquemático es una contraparte relativamente simple del análisis estructural en lingüística, y usualmente carece de una dimensión más dinámica que es necesaria para explicar la construcción, usos o cambios de tales esquemas. Por esto, si queremos explicar cómo la gente percibe los objetos, escenas o acontecimientos, cómo producen o comprenden las oraciones y narraciones, presuponemos que el conocimiento que tienen para hacerlo está organizado en dichos modelos esquemáticos. La gente tiene esquemas ideales, abstractos o prototípicos para las estructuras de una silla, un acontecimiento, una narración, la gente, los grupos, al igual que para las estructuras sociales. Se ha convertido en una práctica estándar en psicología el hecho de especificar y distinguir los esquemas de acontecimientos, esquemas de personas y esquemas de narración, entre otros.[2]

Tales esquemas del conocimiento ingenuo, corriente, habitualmente consisten en una cantidad de *categorías* características (tales como la Complicación y la Resolución en una narración), que pueden ser combinados en un orden y jerarquía específicos y que permiten elementos terminales variables. Tal como en el caso de la gramática generativa de oraciones, dichas estructuras están representadas por diagramas arbóreos que consisten en un nodo superior y un número de nodos de nivel inferior que representan categorías subordinadas (incluidas).

Nótese que lo que se está describiendo aquí no son los objetos del mundo real, sino nuestro *conocimiento* socialmente compartido, convencional y cultural sobre dichos objetos, esto es, las estructuras mentales o representaciones. No es necesario enfatizar nuevamente que estas estructuras son meramente abstractas, explicaciones teóricas de la organización del conocimiento sociocultural. Sin embargo, y a pesar de que se pueden imaginar muchas alternativas, éstas no deberían ser arbitrarias: necesariamente deben explicar los fenómenos empíricos de la comprensión, el discurso y la acción reales. Algunas estructuras del pensamiento explican mejor que otras cómo las personas perciben, hablan y actúan. Por ejemplo, una estructura jerárquica puede explicar mejor las diferencias en la disposición o accesibilidad de ciertas categorías de nivel superior o alto que las estructuras que no están organizadas de esa manera.

Sin embargo, una explicación de la organización de la mente que esté más cerca de un modelo neuronal del cerebro puede ofrecer explicaciones teóricas alternativas basadas en nodos (neuronales) o caminos que se encuentran en distintos estadios de disposición o excitación. Teóricamente, éstas pueden ser tan sólo variantes en la notación si su poder descriptivo y explicativo en el tratamiento del procesamiento de la información, el pensar, el hablar y el comprender es el mismo. Es decir, en niveles inferiores y más detallados de procesamiento, los modelos neuronales de representación y procesamiento pueden ser más pertinentes, mientras que en un nivel más elevado y complejo, pueden resultar teóricamente más útiles otros formatos representacionales del conocimiento, tales como los esquemas abstractos.[3]

Lo mismo puede ser válido para el propio *procesamiento* de los esquemas: en un nivel relativamente alto y complejo, la gente procesa la información de modo lineal, como sucede en la comprensión de palabras y oraciones o la ejecución de acciones. Sin embargo, en cuanto queremos dar cuenta de toda la complejidad de esas tareas en todos los niveles, debemos suponer que el procesamiento debe ser "masivamente paralelo", según la frase favorita de las teorías conexionistas. Si agregamos todos los niveles que describen, por ejemplo, la producción y la comprensión del discurso (los niveles fonético, fonológico, léxico, sintáctico, semántico, estilístico, interaccional, pragmático, contextual, etc.) el número de estructuras procesadas con relación a esas creencias es tan alta que debemos suponer que estos procesos operan paralelamente. Desafortunadamente, aún conocemos muy poco sobre los detalles de dicho procesamiento y "representación" neuronales paralelos tal como se aplican a los sistemas de creencias.

Guiones (*Scripts*)

Las descripciones estructurales de las representaciones sociales pueden también adoptar una forma más dinámica, especialmente cuando apuntan a presentar las estructuras de acontecimientos y acciones. De este modo, la noción de *guión* se ha usado ampliamente para explicar el conocimiento que tiene la gente acerca de acontecimientos estereotípicos de su cultura, tales como un festejo de cumpleaños, un ritual de iniciación, ir al supermercado, o participar en una clase universitaria, entre una infinidad de otros eventos muy conocidos.[4] Como lo sugiere la metáfora del guión, ese conocimiento se representa en términos de un tiempo, un lugar y una secuencia de acontecimientos y acciones y los actores típicos u opcionales que participan en ellos, como estudiantes y profesores en las clases, y pilotos, azafatas y pasajeros en viajes aéreos. Por supuesto, podemos imaginar otros tipos de estructuras, siempre que puedan explicar adecuadamente las actividades mentales y sociales reales de la gente.

Se debería enfatizar una vez más que tal conocimiento es general y abstracto. Para que sean aplicables a la gran cantidad de posibles situaciones en los que la gente puede estar implicada, debemos suponer que, o tales estructuras en sí mismas son infinitamente variables (así como las reglas de una gramática permiten la descripción estructural de un número infinito de posibles oraciones), o esos esquemas abstractos son utilizados por *estrategias* flexibles que pueden ajustarse a cada situación en particular. Existen también soluciones intermedias, en las que se da por sentado que los esquemas o los guiones están construidos por unidades estructurales más pequeñas (por ejemplo, "pagar" es una secuencia de acciones básicas que pueden encontrarse en la mayoría de las interacciones económicas, como comprar un producto o pagar una entrada al cine) que pueden combinarse y, por lo tanto, variar de una manera más flexible.[5] Pero aun en esos casos, la variación real es prácticamente infinita, dados los (teóricamente) infinitos modos de realizar estas acciones básicas constitutivas. Entonces, cualquier descripción, sea más estructural o más estratégica, tiene que estar complementada con reglas flexibles o estrategias que adapten las categorías o unidades estructurales a sus usos variables por diferentes personas en diferentes situaciones. Esto es tan cierto para la producción y comprensión de oraciones como lo es para las conversaciones diarias, para los diálogos institucionales complejos o para actos sociales más o menos complejos como ir al cine, administrar una empresa o gobernar un país.

El punto más importante en todos estos casos es a) que necesitamos presuponer la existencia de conocimiento compartido socioculturalmente y representado mentalmente, b) que dicho conocimiento necesita estar organizado de tal manera que pueda ser adquirido, se pueda acceder a él y se pueda cambiar de una manera eficaz, y c) que ese conocimiento necesita de medios estratégicos (internos o externos) para su utilización variable y efectiva por usuarios individuales en situaciones concretas. Veremos más adelante que es necesario agregar un número de propiedades sociales del conocimiento: no se adquiere, utiliza y cambia en situaciones abstractas sino en situaciones sociales a través de actores sociales, así como de instituciones, organizaciones y culturas enteras.

Organización de las evaluaciones

Con todas sus limitaciones teóricas (la mayoría de las teorías de esquema no son exactamente ejemplos de claridad formal y sutileza conceptual), estos variados enfoques de la descripción de las estructuras y usos estratégicos del conocimiento han sido relativamente exitosas. No sorprende, entonces, que se hayan seguido caminos esquemático-teóricos en psicología social.[6] Así, si la gente tiene esquemas o guiones para tormentas, tiendas, historias y narraciones, probablemente también los tenga para personas, grupos, relaciones intergrupo, dominación, organizaciones, gobiernos y democracia. Lo mismo vale para la infinidad de eventos comunicativos que describen o constituyen tales objetos sociales, como las conversaciones, las negociaciones, los debates parlamentarios, el manejo de la impresión que se da a otros y la dirección de empresas.

La tarea teórica, entonces, consiste en explicar estas variadas estructuras así como las estrategias de su uso, pero es más fácil decirlo que hacerlo. Una cuestión es si resulta posible que todas, o cuanto menos, algunas de estas representaciones mentales tengan categorías iguales o similares, o si sus estructuras globales son al menos las mismas o similares, aunque más no sea que por la razón obvia de su economía cognitiva. Intuitivamente, podemos suponer que existen diferencias considerables: nuestras creencias sobre las sillas, sobre quienes presiden una reunión y sobre presidir una reunión, probablemente no tienen la misma organización interna.* Aun así, las sillas pueden tener estruc-

---

* En el original el autor construye un juego de palabras en inglés imposible de traducir, ya que "chair" (silla), "chairman" (director) y "to chair" (dirigir) son homónimos. [T.]

turas que sean al menos comparables con muchos otros objetos, las personas que presiden una reunión no son muy diferentes de otras personas o roles, y presidir una reunión no es esencialmente diferente de muchas otras formas de interacción. Entonces, podemos tener esquemas de objeto, esquemas de persona, esquemas de rol y esquemas de interacción, y se pueden desarrollar esquemas similares (o guiones, o escenarios, etc.) para grupos, relaciones de dominación, organizaciones, guerras civiles, democracia o, por cierto, ideologías.

Sin embargo, hay algunas complicaciones. Lo que se dijo más arriba se aplica particularmente a la organización del conocimiento, pero ¿se aplica también a la organización de las opiniones, actitudes y juicios? Podemos postular esquemas de persona y esquemas de grupo, y quizás guiones para sesiones parlamentarias y guerras civiles, pero ¿cómo organizamos las opiniones y actitudes que tenemos sobre dichos objetos o acontecimientos sociales?

A pesar de que ha habido un modesto número de intentos,[7] se han desarrollado pocos formatos para la representación detallada de las estructuras evaluativas. En realidad, ni siquiera sabemos si tales evaluaciones debieran ser representadas independientemente de nuestro conocimiento sobre los objetos de juicio. Si la gente tiene un esquema de grupo sobre, digamos, los turcos, ¿significa esto que ese esquema también debería caracterizar las opiniones y prejuicios que la gente pueda tener sobre los turcos?

Por ejemplo, una red simple podría tener a "turcos" como nodo, y este nodo estaría relacionado con nodos que especifiquen nuestro conocimiento sobre Turquía como país, sobre el turco como idioma, sobre la sociedad y cultura turcas, etc., pero ese nodo central también estaría relacionado con nodos que representan nuestra evaluación sobre los turcos como pueblo (o sobre el idioma turco, la cultura turca, la religión turca, etc.). Si muchos, o la mayoría, o los más importantes (o centrales) de los nodos del esquema-turco o red-turco fuera negativa, entonces esto representaría un prejuicio. Un enfoque tan simple e integrado, en el que las creencias fácticas y evaluativas están representadas en un esquema de grupo, satisface varios criterios para la organización cognitiva, por ejemplo, el de simplicidad y economía. La cuestión es si funciona o no: ¿ese esquema da cuenta de discursos e interacciones prejuiciosas, y explica la discriminación, entre muchas otras formas de percepción e interacción tendenciosas?

Estructuras de la actitud

Si bien al presente no tenemos una respuesta clara para tales cuestiones, podemos, sin embargo, adoptar un enfoque teórico diferente y suponer que de la misma forma en que pueden distinguirse las creencias fácticas y evaluativas, también podemos distinguir entre estructuras de creencias fácticas, por un lado, y estructuras de creencias evaluativas por el otro. En este momento, ésta es meramente una distinción analítica: podría muy bien ser que en la mente (en el cerebro) formen una sola red. Pero, siguiendo el sentido común de los miembros sociales, provisoriamente podemos distinguir entre conocimiento cultural, por un lado, y conocimiento de grupo y actitudes de grupo, por el otro.

Un argumento a favor de esta separación, además de las diferencias en las prácticas sociales y el discurso, es que el conocimiento está basado socioculturalmente en diferentes métodos de valoración y verificación, es decir, en criterios de verdad tales como observación, fuentes confiables, argumentación, prueba o experimentación. Las opiniones se construyen y combinan de acuerdo con muy diferentes métodos de valoración, y siguiendo diferentes criterios, tales como valores, objetivos e intereses de grupo, y relaciones sociales de grupo. Establecer cuál es el origen geográfico de los turcos, qué lengua hablan o qué religión tienen, entre otras cosas, requiere "información" de los diarios, los libros de texto, los atlas, la conversación y la observación cotidianas, así como inferencias derivadas de otros conocimientos, por ejemplo, acerca de las lenguas, las religiones, el Islam, la política o el Mediterráneo. Cuando los usuarios del lenguaje expresan dicho conocimiento, como tal, ellos presuponen que otros tienen las mismas creencias (verdaderas o no) y que los métodos para establecer la verdad de tales creencias o para resolver disputas son compartidos socioculturalmente.

Sin embargo, los prejuicios sobre los turcos están desarrollados y utilizados y, probablemente, organizados de un modo muy distinto. En primer lugar, tal como lo muestra la evidencia empírica, la gente tiene actitudes negativas sobre los turcos aun sin tener ningún conocimiento sobre ellos. Ciertamente, los experimentos y la experiencia cotidiana muestran que alguna gente tiene prejuicio ¡sobre pueblos que no existen! Además, el conocimiento sobre otros grupos en general reduce los prejuicios y los estereotipos, pero, aunque los prejuicios a veces presuponen por lo menos *algún* conocimiento sobre un grupo, ese conocimiento no basta para eliminarlos. El desarrollo del prejuicio, precisamente, evita los métodos y los criterios de confiabilidad del conocimiento, tales como observación continuada, inferencia, prueba, fuentes confiables y relaciones con otros conocimientos. De aquí, obviamente, su papel como formas de pre-juicio. Se efectúan generalizaciones basadas en una o dos observaciones, se cometen falacias en la argumentación, en el mejor de los casos se utilizan fuentes no confiables.[8]

Más importante aún, además de ese procesamiento y enjuiciamiento "falible" de la información (que caracteriza gran parte del pensamiento en general), lo que cuenta en la construcción de prejuicios son los objetivos, los intereses y los valores del propio grupo. Esto es, si el grupo propio es cristiano, y al Islam se lo define como diferente, opuesto a, o incluso como una amenaza para la Cristiandad, y por lo tanto para Nosostros, entonces los turcos, como la mayoría de los musulmanes, pueden estar representados negativamente en la categoría pertinente de la religión. Lo mismo puede suceder con el aspecto físico, el origen, la ocupación, el lenguaje, los hábitos o los rasgos personales percibidos. En otras palabras, además de las categorías de conocimiento significativas para los grupos, los miembros del grupo pueden tener un número de categorías que son (para ellos) esenciales en la evaluación de otros grupos. Una de estas categorías puede ser el aspecto físico, de tal modo que para la gente blanca cualquiera que no sea blanco (y que no tenga otras características del aspecto "europeo") puede ser categorizado como esencialmente diferente, desviado o peligroso en esa dimensión, aun en el caso de que esas categorías básicas tengan fundamentos históricos o hasta biológicos. La gente puede aprender y desaprender que las diferencias en el aspecto son cruciales para categorizar y, especialmente, para juzgar a los otros.

La cuestión es, entonces, que en general las estructuras de las representaciones sociales evaluativas como las actitudes (y, como veremos, las ideologías), están probablemente organizadas de un modo que refleja o facilita sus funciones sociales (basadas en el grupo), su construcción social y sus usos sociales en las prácticas sociales cotidianas. Si el color de la-piel es importante para categorizar y juzgar negativamente a otros grupos con el objeto de ser capaces de discriminarlos u oprimirlos, entonces esa característica real (o, ciertamente, imaginaria) puede convertirse en una categoría del esquema evaluativo que define las actitudes (étnicas) en general y los prejuicios en particular.

Los enfoques tradicionales de las actitudes en la psicología social siguen alguno de estos argumentos al asumir que las actitudes siempre consisten de tres componentes, esto es, uno cognitivo, uno evaluativo y uno emocional.[9] Obviamente, una hipótesis de tres componentes no nos dice mucho sobre la estructura o la organización detalladas, sino sólo algo sobre la naturaleza de las creencias implicadas en las actitudes. He argumentado también que, cualquiera que sea la organización "real" de las creencias en el cerebro-mente, prefiero mantener las creencias fácticas separadas de las creencias evaluativas y, en consecuencia, distinguir entre conocimiento y actitudes. Tal como se las definió, las últimas solamente son evaluativas.

Finalmente, dado que las emociones (cuando no se las confunde con evaluaciones) son estrictamente personales y contextuales, no pueden ser parte de las actitudes grupales abstractas socialmente compartidas. Pueden, sin embargo, ser disparadas y mezcladas con los usos concretos de las actitudes en situaciones concretas por miembros individuales. Ahora puedo estar enfadado (o desesperado) por una decisión política, una emoción que puede desatarse activando o construyendo una opinión negativa en el contexto presente. Pero un grupo no puede estar continuamente "enfadado" en el sentido estricto de estar animado por el enojo. Un "sentimiento" continuo socialmente compartido, como el odio o el enfado, no es, en mi opinión, una emoción sino una forma de fuerte evaluación (que puede, por supuesto, ser expresada con el lenguaje de las emociones). Es altamente improbable que existan grupos cuyos miembros estén emocionalmente alterados en forma continua por algún asunto pero, tal como es el caso de los prejuicios étnicos, ellos pueden muy bien compartir y mantener una evaluación negativa sobre otros grupos.

Siguiendo un camino más fructífero de investigación sobre la organización más detallada de los conglomerados de creencias evaluativas, supongo que los miembros del grupo desarrollan esquemas u otras estructuras abstractas para la organización del juicio social. Esos esquemas de actitud para grupos, entonces, incluirán aquellas categorías generales que se han desarrollado en función de los objetivos, los intereses, así como también los contextos social y cultural de las percepciones y prácticas sociales del grupo. En algunas situaciones sociohistóricas esas categorías pueden ser el color de la piel (como con los prejuicios de los blancos contra los negros), la religión (como en el antisemitismo), el género (como en el sexismo) la ideología política (como en el anticomunismo), etc. De este modo, todo lo que sea significativo para la evaluación, y las prácticas legitimadas en términos de una evaluación negativa (o positiva), pueden así seleccionarse como una categoría del esquema de actitud de grupo.

Estos esquemas pueden ser diferentes para distintos tipos de relaciones de grupo, esto es, los basados en el origen, la etnia, el género, la edad, la clase, la profesión, etc., pero los mismos principios funcionarán en la construcción de las actitudes. Nótese nuevamente que si bien es razonable que ambos, el conocimiento y las actitudes, operen en la conducción del discurso y otras prácticas sociales, las actitudes son distintas del conocimiento y también lo son sus estructuras internas. Se pueden utilizar categorías en las actitudes que no tienen en absoluto una base en el conocimiento, sino que son simplemente útiles para el juicio negativo. Lo mismo es cierto para el orden o la pertinencia de dichas categorías en el esquema. De este modo, en actitudes etnocéntricas y racistas, el aspecto físico de los miembros de otro grupo (aun cuando sea "objetivamente" poco diferente del de nuestro grupo), puede ocupar la posición más alta en la categoría, y lo mismo puede ocurrir con la lengua, la religión, el estatus socioeconómico, la ocupación, los hábitos, o el "carácter" personal atribuido (por ejemplo, ser perezoso, delincuente, etcétera.).

Es interesante observar, como veremos luego en más detalle, que la selección y el orden de las categorías de juicio no es obviamente arbitrario, sino una función de la posición social, los objetivos, los recursos, las actividades y otros intereses del grupo que comparte tal actitud. Para los desempleados "Ellos nos quitan los empleos" puede convertirse en un juicio prominente de una actitud prejuiciosa, de modo que la posición socioeconómica del otro grupo se torna decisiva. Este proceso desempeña un papel importante no sólo en las relaciones de dominación sino también en las de resistencia. Así, para las minorías lingüísticas la lengua del grupo lingüísticamente dominante será una importante categoría de juicio.

Lo que parece bastante claro para la organización de las opiniones sociales sobre otras personas y grupos, a saber, la construcción de esquemas evaluativos de grupo consistentes en jerarquías variables de categorizaciones, es menos obvio para las actitudes acerca de cuestiones y problemas sociales, tales como el aborto, la energía nuclear o la contaminación. Aunque aquí también estén implicados grupos de personas sobre los cuales podemos desarrollar opiniones, esas actitudes se centran más bien en prácticas sociales correctas o incorrectas, o aun en propiedades de los objetos o de la naturaleza. Semánticamente, tales "problemas" pueden ser interpretados (por diferentes grupos) como si fueran algún tipo de violación de una norma, si no como una amenaza, pero esos contenidos semánticos no se reducen fácilmente a las categorías generales, abstractas, que permiten la descripción de grandes clases de actitudes. Y aun así, dada la naturaleza característicamente organizada de la mente, es muy improbable que esas actitudes simplemente consistan en *listas* de proposiciones que representen opiniones acerca de lo que a la gente le gusta o le disgusta.

Mi enfoque teórico trata de ir más allá de los enfoques tradicionales de las estructuras de las opiniones en la psicología social, tales como las teorías de consistencia y equilibrio. Lo que encontramos aquí es una descripción de las relaciones mutuas entre (conjuntos de) proposiciones y la dinámica de su aceptación o rechazo por los individuos. De este modo, adoptar opiniones mutuamente inconsistentes puede crear "disonancia cognitiva" que la gente trata de resolver adaptando estratégicamente sus opiniones. De un modo similar podemos encontrar otros análisis de proposiciones de opinión en "moléculas" evaluativas cuyo desarrollo y cambio pueden influenciarse mutuamente: por ejemplo, si me gusta Juan pero estoy en contra de la energía nuclear, entonces ¿qué pasa cuando yo también sé que mi amigo Juan aprueba la energía nuclear? ¿Haría esto a Juan menos agradable y/o a la energía nuclear menos detestable, o aplico otras estrategias útiles para combinar las "valencias" inconsistentes de mis opiniones?[10]

Estas preguntas tradicionales sobre la adquisición, organización y cambio de opiniones y actitudes mantienen su relevancia hasta el día de hoy. Sin embargo, están dirigidas a dimensiones algo diferentes de aquellas en las que yo estoy interesado. Primero, no distinguen entre opiniones personales y sociales, ni entre opiniones y actitudes. En segundo lugar, se centran en el "manejo" individual de opiniones en contextos y situaciones específicos, más que en actitudes socialmente compartidas, complejas y generales. En tercer lugar, no responden a la pregunta sobre la organización global de tales actitudes, y sobre las relaciones de esa organización con las dimensiones sociales de los grupos que las albergan. No obstante, esas preguntas aún son importantes cuando necesitamos examinar las formas en que las opiniones concretas son producidas por individuos en contextos específicos, posiblemente como resultado de actitudes mutuamente "inconsistentes". Estas estrategias de manejo de opinión y la representación de las opiniones en modelos mentales (véase capítulo 7), necesitan discutirse por separado.

Podemos concluir provisoriamente de este análisis que las representaciones sociales evaluativas, como las actitudes, tienen su propia "lógica", es decir, su propia organización esquemática basada en lo social y sus propias categorías, que son una función de los intereses simbólicos o materiales del grupo. Examinaré más adelante en detalle cuáles son esos "intereses".

El argumento que he seguido en este capítulo sugiere que si todas las representaciones sociales tienen sus categorías estructurales y principios organizativos específicos, esto también debiera ser así para las bases mismas de tales representaciones sociales, o sea, las ideologías. Se explorará esa hipótesis en el próximo capítulo.

5

Estructuras de las ideologías

En busca de un formato

Dada la hipótesis de que las representaciones sociales, tales como el conocimiento o las actitudes de los grupos, están organizadas por una estructura no trivial, resulta razonable que las ideologías tampoco sean solamente una lista de creencias básicas. La adquisición, los cambios y los usos de las ideologías en prácticas sociales sugieren que debiéramos tratar de encontrar esquemas u otros patrones estructurales típicos para los sistemas ideológicos. Como no tenemos ningún formato a priori o teóricamente obvio para tales estructuras, tenemos que crear esos esquemas de la nada y encontrar evidencia que sugiera cómo pueden estar organizadas las ideologías.[1]

Una opción heurística es asumir que las estructuras de las ideologías son similares a las de otras representaciones sociales. Por ejemplo, si los guiones organizan nuestro conocimiento sobre eventos estereotípicos, ¿tienen las ideologías también una naturaleza semejante al guión?[2] Esta suposición puede ser rechazada sin la mayor vacilación: sin importar lo que conozcamos sobre las ideologías, ellas de ninguna manera reflejan la estructura estereotípica de los acontecimientos. Primero, las ideologías son mucho más generales y abstractas, y no se aplican solamente a tipos específicos de acontecimientos culturales, tales como ir de compras o ir al cine. Segundo, las ideologías no se aplican solamente a los acontecimientos sino también a situaciones, grupos, relaciones de grupo y otros hechos. En verdad, dada la naturaleza fundamental de las ideologías y su supuesto papel en el manejo de las representaciones sociales de los grupos y las relaciones de grupo, debieran de algún modo reflejar cómo ven los grupos y sus miembros una cuestión o un área específica de la sociedad. En tercer lugar, las ideologías no solamente controlan el conocimiento sino también las opiniones sobre los acontecimientos, y tales opiniones no representan estructuras de acontecimiento. Los guiones, por lo tanto, no son un candidato aceptable para el tipo de organización que esperamos que tengan las ideologías.

Como las actitudes son conjuntos de creencias evaluativas socialmente compartidas, es por lo tanto más razonable examinar si las ideologías tienen las características estructurales de las actitudes. Esta suposición quizá permitiría también conectar con más facilidad las ideologías con las actitudes, por ejemplo, cuando suponemos que las ideologías organizan actitudes, o que asignan alguna forma de coherencia a los conjuntos de actitudes gobernadas por la misma ideología.

Como todavía no tenemos una idea definitiva sobre cómo son las actitudes en general, nuestro interrogante acerca de la similitud entre estructuras de actitud y estructuras ideológicas podría muy bien ser debatible. Por lo tanto, consideremos algunos ejemplos de actitudes y veamos si sus estructuras posibles sugieren un formato más general que también pueda ser apropiado para las ideologías. Así, hay evidencia de que al menos algunos grupos de personas tienen actitudes sobre la inmigración, el aborto y la energía nuclear. Entonces, una actitud (prejuiciosa, nacionalista o racista) sobre la inmigración puede presentar, entre otras, las siguientes creencias evaluativas:

1) Viene demasiada gente a nuestro país.
2) Nuestro país ya tiene demasiada gente.
3) Los inmigrantes sólo vienen aquí para vivir de nuestro bolsillo.
4) La mayoría de los inmigrantes son refugiados económicos.
5) Los inmigrantes necesitan viviendas y empleos precarios.
6) Los inmigrantes enfrentan un creciente resentimiento en los barrios marginales.
7) El Gobierno debe repatriar a los inmigrantes ilegales.
8) La inmigración se debe limitar únicamente a los refugiados "reales".

Estas creencias evaluativas, que son rutinariamente expresadas en el discurso sobre la inmigración tanto de elite como popular, en conjunto definen la actitud (negativa) sobre la inmigración.[3] Sin embargo, la forma en que se las presentó simplemente parece tener la estructura de una lista de creencias. Si hay estructura aquí, ésta es cuanto más una estructura *argumentativa*: las opiniones 1) a 6) pueden ser interpretadas como argumentos para sostener las conclusiones políticas normativas 7) u 8).

En otro nivel de abstracción, las actitudes pueden ser estructuradas de acuerdo con las categorías básicas de *Problema* y *Solución*, donde la categoría Problema es recurrente. La inmigración se concibe como un conjunto de problemas que resultan de la inmigración: superpoblación, falta de vivienda y empleo, creciente resentimiento, etc. La categoría Solución, en este caso, coincide con la conclusión normativa principal de las otras opiniones, o sea, lo que se debe hacer para resolver el problema.[4] Este ejemplo específico no implica, dicho sea de paso, que *todas* las ideologías y actitudes tengan una estructura de Problema/Solución. No obstante, muchas ideologías, especialmente las de grupos dominados o disidentes, se organizan alrededor de creencias básicas sobre lo que está mal y lo que debería hacerse respecto de ello.

Si quisiéramos pasar por alto la naturaleza general de las creencias (esta actitud se da en la mayoría de los países europeos así como en Norteamérica), hasta podría ser organizada como una *Narración*, con una Orientación como "Nuestro país no tenía muchos problemas ni muchos inmigrantes"; Complicación: "Repentinamente vinieron muchos inmigrantes al país y causaron muchísimos problemas sociales y económicos"; Resolución: restringir el número de inmigrantes.[5]

Finalmente, se puede asignar una estructura adicional a esta actitud aplicándole un *esquema de grupo*, en el cual los inmigrantes estén caracterizados por, por ejemplo, las siguientes categorías y sus contenidos de creencias (aquí sumamente simplificados) típicos de una actitud prejuiciosa:[6]

- *Origen*: Tercer Mundo;
- *Aspecto*: en su mayoría, gente de color (no como Nosotros);
- *Características socioeconómicas*: son pobres y quieren volverse ricos;
- *Características culturales*: hablan otras lenguas, son musulmanes, y tienen hábitos extraños;
- *Características personales*: son ilegales/delincuentes, no se puede confiar en ellos y no quieren trabajar duro, etcétera.

Vemos que las actitudes pueden organizarse de diferentes maneras, a saber, en términos de un argumento implícito, en términos de categorías Problema/Solución o las categorías de narración relacionadas y, finalmente, en términos de un esquema de grupo.

Sin embargo, un análisis adicional sugiere que estas estructuras pueden ser sólo muy provisorias. Primero, la estructura más articulada, esto es, el esquema de grupo, antes define una actitud sobre los inmigrantes que sobre la inmigración, si bien estas actitudes, por supuesto, están estrechamente relacionadas. Segundo, las estructuras narrativas y argumentativas caracterizan el *discurso* en el cual estas creencias pueden ser utilizadas, pero no las creencias mismas.[7]

La categoría Problema/Solución parece más promisoria, puesto que es muy abstracta y general y refleja el hecho de que las actitudes habitualmente se desarrollan para asuntos o problemas sociales, vistos por un grupo específico. Para los grupos que las comparten, lo mismo vale para creencias evaluativas sobre la energía nuclear o el aborto. Aun así, esta estructura es tan general que tiene escasa significación institucional, puesto que no agrega nada al hecho de que un asunto social es un problema para los miembros del grupo, y que estos miembros tienen una solución para él.

Las ideologías, ¿tienen una estructura Problema/Solución? Ciertamente, muchas ideologías parecen tener algo parecido a eso. Así, el racismo define fundamentalmente a los inmigrantes, a los extranjeros, a las minorías o a los Otros como el problema, la causa de la mayoría de los males sociales y económicos, y la retención de "nuestros" escasos recursos (residencia, ciudadanía, vivienda, empleo, igualdad de derechos, etc.) como la solución. Se pueden realizar similares análisis simples del antirracismo (Problema: racismo; Solución: igualdad, diversidad, etc.), el feminismo (Problema: machismo; Solución: igualdad de derechos, etc.) y el ambientalismo (Problema: contaminación; Solución: detener la contaminación, etc.). Otras ideologías, tales como el liberalismo, parecen no tener una estructura Problema/Solución tan clara, si bien originariamente esta última ideología puede haber tenido tal organización como ideología de oposición al feudalismo.

En resumen, si bien las actitudes parecen representar un problema o un conflicto social, pueden muy bien tener, al menos, algunas características estructurales que también encontramos en las ideologías. Esto, por supuesto, casi no resulta sorprendente puesto que las ideologías representan más idóneamente problemas (reales o imaginarios) y conflictos o intereses de —o entre— grupos sociales. Como resulta obvio del ejemplo sobre inmigración, hay por lo tanto una fuerte polarización entre Nosotros y Ellos, como representantes de los grupos involucrados en tal conflicto. Observaciones similares son válidas para las actitudes sobre la energía nuclear y el aborto.

Estos ejemplos nos brindan, muy provisoriamente, algunas sugerencias sobre el formato de las ideologías: Problema/Solución, Conflicto y Polarización de grupo. Analicemos con más detalle estas categorías potenciales de la estructura ideológica.

Conflicto de grupo

Si bien las ideologías tienen algunas características que también hallamos en actitudes más específicas, necesitamos una mayor investigación a fin de que surja un formato suficientemente general como para que se adecue a todas las ideologías, y suficientemente específico para ser no trivial y funcionalmente útil en el manejo cognitivo de las ideologías, al igual que en la adquisición y aplicación de esas ideologías.

En lugar de comenzar con la organización de las representaciones sociales en general, también podemos preguntar si la estructura de las ideologías es una función de su papel en la sociedad. Ya hemos visto que, a menudo, están implicados los conflictos sociales entre grupos con distintos intereses. También sabemos por la mayor parte de los enfoques tradicionales, que las ideologías se utilizan específicamente como bases para la dominación y la resistencia; esto es, representan la lucha social. Además, las ideologías también funcionan intuitivamente como principios que sirven a sus propios intereses y están implicados en la explicación del mundo en general (como en las ideologías religiosas), y el mundo social y económico en particular (como el conservadurismo o el capitalismo). Finalmente, las ideologías tienen una dimensión normativa y resumen lo que los miembros del grupo deben hacer o no deben hacer, por ejemplo, resistir la opresión, detener la contaminación o impedir el aborto.

Si suponemos que muchas, si no la mayoría, de las ideologías son representaciones sociocognitivas de las creencias básicas evaluativas, que sirven a sus propios intereses, de los miembros de un grupo sobre la lucha social y los conflictos de grupo, resultaría muy fructífero estudiar más en detalle esta característica fundamental con el objeto de encontrar el formato más efectivo que pueda organizar dichas creencias. Para tal representación resulta decisivo conocer cómo los miembros del grupo se ven a sí mismos y cómo ven a los Otros.

De esta manera, es representativo de una ideología racista el hecho de que nos representemos a Nosotros como superiores y a Ellos como inferiores y que, en consecuencia, nosotros debamos tener acceso preferencial a los escasos recursos de la sociedad (para un caso de estudio empírico de tal ideología racista, véase el capítulo 28). Este es incluso el caso cuando los grupos racistas sostienen que Nosotros y Ellos somos iguales pero diferentes y, en consecuencia, propugnan la separación de "razas", porque habitualmente tampoco en ese caso está permitido el acceso igualitario a los escasos recursos sociales. Un formato representacional básico similar puede postularse para los machistas y sus opiniones sobre las relaciones de género. Las ideologías feministas no son simplemente la imagen reflejada de las ideologías sexistas, sino que los representan a Ellos (hombres) como oprimiéndonos a Nosotras, y a ellas mismas como involucradas en la resistencia contra la desigualdad de géneros. Las ideologías religiosas nos representan a Nosotros como (buenos) creyentes y a Ellos como (malos) no creyentes (infieles, paganos, etc.). Y, finalmente, las ideologías ecologistas representan a Ellos como contaminadores, y a Nosotros como a aquellos que rechazan la contaminación y defienden la naturaleza y los derechos de los animales. De manera más general, los conservadores se ven a sí mismos como defensores de las relaciones sociales tradicionales y los valores morales contra Ellos (progresistas, etc.), que quieren cambiar esto a favor de la igualdad social.

Recuérdese que estas representaciones ideológicas sumamente simplificadas no son, como tales, verdaderas o falsas, si bien cada grupo, por supuesto, tenderá a creer que sus propias creencias ideológicas son verdaderas o justificadas. De esta manera, podemos acordar que los prejuicios basados en ideologías racistas o sexistas están equivocados y, por lo tanto, definidos en términos negativos, pero, por supuesto, esta evaluación solamente se sostiene sobre la base de una ideología antisexista o antirracista.

El esquema de polarización tan general definido por la oposición entre Nosotros y Ellos sugiere que están afectados los grupos y los conflictos de grupos, y que los grupos construyen una imagen ideológica de sí mismos y de los otros de tal modo que (generalmente) Nosotros estamos representados positivamente y Ellos negativamente. La autorrepresentación positiva y la representación negativa de los otros parecen ser una propiedad fundamental de las ideologías. Asociadas con tales representaciones polarizadas sobre Nosotros y Ellos, están las representaciones de los acuerdos sociales, esto es, el tipo de cosas que encontramos mejor (igualdad, un ambiente limpio) o aquellas que creemos que los otros representan (la desigualdad, un medio ambiente contaminado, el libre mercado). A este nivel muy abstracto, esos arreglos sociales son especificaciones de *valores* más generales.

De tal manera, si la "libertad" es un valor general, sociocultural, entonces "libertad de mercado" es una de las cosas que una ideología capitalista representará como algo que Nosotros postulamos; las feministas traducirían este valor general en términos de la libertad de las mujeres (liberación de la opresión y la desigualdad, libertad de elección, etc.); y los ambientalistas interpretarán el valor como liberarse de la contaminación, etc. Más tarde nos concentraremos en la naturaleza de los valores pero, obviamente, desempeñan un papel fundamental en las ideologías. Esto no resulta sorprendente cuando las ideologías se consideran como la base de las creencias de grupo.

En resumen, las ideologías son representaciones de lo que somos, de lo que sostenemos, de cuáles son nuestros valores y cuáles son nuestras relaciones con otros grupos, particularmente con nuestros enemigos u oponentes, esto es, aquellos que se oponen a lo que afirmamos, amenazan nuestros intereses y nos impiden el acceso igualitario a los recursos sociales y los derechos humanos (residencia, ciudadanía, empleo, vivienda, estatus y respeto, etc.). En otras palabras, una ideología es un esquema que sirve a sus propios intereses para la representación de Nosotros y Ellos como grupos sociales. Esto significa que las ideologías probablemente tienen el formato de un esquema de grupo, o al menos el formato de un esquema de grupo que refleja Nuestros intereses sociales, económicos, políticos o culturales fundamentales.

Tal hipótesis es razonable si pensamos en las diferentes funciones sociales de las ideologías, a las que volveremos luego con más detalle. Así, las ideologías pueden ser utilizadas para legitimar o velar el abuso de poder o, contrariamente, para resistir o denunciar la dominación o la desigualdad. Las ideologías por lo tanto son necesarias para organizar nuestras prácticas sociales de tal modo que sirvan a nuestros mejores intereses e impidan que los otros dañen tales intereses.

Estas variadas y más o menos intuitivas concepciones de la naturaleza y funciones de las ideologías, y la hipótesis de que las ideologías pueden representarse como esquemas de grupo, sugieren las siguientes categorías para un formato tentativo de la estructura de las ideologías:

Pertenencia: ¿Quiénes somos? ¿De dónde venimos? ¿Qué aspecto tenemos? ¿Quién pertenece a nuestro grupo? ¿Quién puede convertirse en un miembro de nuestro grupo?

Actividades: ¿Qué hacemos? ¿Qué se espera de nosotros? ¿Por qué estamos aquí?

Objetivos: ¿Por qué hacemos esto? ¿Qué queremos realizar?

Valores/Normas: ¿Cuáles son nuestros valores más importantes? ¿Cómo nos evaluamos a nosotros mismos y a los otros? ¿Qué debería (o no debería) hacerse?

Posición y Relaciones de grupo: ¿Cuál es nuestra posición social? ¿Quiénes son nuestros enemigos, nuestros oponentes? ¿Quiénes son como nosotros, y quiénes son diferentes?

Recursos: ¿Cuáles son los recursos sociales esenciales que nuestro grupo tiene o necesita tener?

Estas categorías, y las cuestiones básicas que ellas representan, parecen ser las *coordenadas fundamentales de los grupos sociales* y las condiciones de su existencia y reproducción. En conjunto definen tanto la *identidad* como los *intereses* del grupo. De tal manera, si las ideologías son ante todo representaciones de las propiedades básicas de los grupos, entonces este esquema debería ser un candidato serio para la organización de las creencias ideológicas.

Este esquema parece generalmente aplicable a todos los grupos ideológicos, ya sea que estén basados en características más o menos inherentes (género, etnicidad, edad, etc.), en lo que hacemos (como las ideologías profesionales), en nuestros objetivos (como las ideologías de grupos de acción), normas y valores (como conservadores versus progresistas; gente religiosa y no religiosa), nuestras relaciones con otros (superiores versus subordinados), y los recursos que tenemos o no tenemos (ricos versus pobres; empleados versus desempleados; los que tienen vivienda versus los que no la tienen). Es decir, cada categoría puede ser necesaria para definir todos los grupos, pero éstos también pueden ser identificados específicamente por una categoría en particular.

Esto también puede explicar por qué hay diferencias entre ideologías de Pertenencia, Actividad, Objetivos, etc. De tal modo, el feminismo es típicamente una ideología de Objetivo, o sea, definida por la creencia jerárquicamente más importante de la ideología, esto es, alcanzar la igualdad total entre mujeres y hombres. Asimismo, la ideología del Nacionalismo negro es una ideología de Pertenencia, cuando se limita a cuestiones de aspecto y "orgullo racial" (como lo implican los viejos eslóganes "Lo Negro es Hermoso" (*Black is Beautiful*) y "Negritud" (*Négritude*)), y una ideología de Posición y Resistencia cuando se centran en la autodeterminación y la habilitación a los negros para tener acceso al poder. Por otro lado, el capitalismo sería más bien una ideología de Recursos, esto es, para asegurar la libertad de empresa y la libertad de mercado. En otras palabras, la estructura categorial de las ideologías también permite una *tipología* de las mismas, así como la posibilidad de cambiar las jerarquías en la representación de las creencias ideológicas.

Cada categoría de este formato ideológico funciona como el patrón organizativo de un número de creencias evaluativas básicas. Nótese, sin embargo, que estas creencias son ideológicas por definición. De tal modo, los periodistas en su ideología profesional (actividad), pueden representarse a sí mismos como, por ejemplo, quienes reúnen y traen las noticias. Ellos dirán que hacen eso con el objeto de informar al público y, con un sentido más general, de servir como un perro guardián de la sociedad. Obviamente, son objetivos ideológicos, porque sabemos que no todos los periodistas hacen esto. Es decir, tal objetivo es como máximo un punto de referencia o una propiedad de tipo ideal: cómo les gustaría ser a los periodistas. Lo mismo es cierto para los valores (profesionales), tales como Verdad, Confiabilidad, Imparcialidad, etc. El recurso específico de los periodistas al cual deben tener acceso garantizado como condición para la existencia o actividades del grupo, sería la información o la libertad de prensa (como lo es la libertad de mercado para los empresarios, y la libertad de investigación para los científicos, y el liberarse de la discriminación para las feministas y los antirracistas).

Debiera enfatizarse que este esquema categorial abstracto es simplemente un constructo teórico que puede utilizarse para organizar y explicar las creencias evaluativas básicas de los miembros de un grupo. Como tal, no nos dice aún cómo se adquieren, usan o cambian las ideologías, cómo se manifiestan en las prácticas sociales y cómo se reproducen en la sociedad. Es también una representación social. Esto significa que caracteriza grupos a un macronivel. Los miembros individuales pueden no identificarse con el grupo en algún aspecto, y por lo tanto no compartir la ideología del grupo. Socialmente, esto generalmente implica que son considerados disidentes, traidores, desviados, o como miembros que ya no "pertenecen" al grupo, y pueden por tanto ser excluidos, marginados o castigados de otra manera. Retomaré más adelante éstas y otras condiciones y consecuencias sociales de la pertenencia ideológica al grupo.

Nótese que, en este momento, el esquema sirve primordialmente como una estructura organizativa para las creencias ideológicas. Es decir, su función aquí es cognitiva. Sin embargo, como se ha sugerido, cada una de sus categorías está enraizada también en la estructura social, o sea, en los criterios de pertenencia al grupo, actividades y objetivos sociales, relaciones de grupo, valores y recursos sociales. Esto nos permitirá luego definir las ideologías precisamente como la interfase sociocognitiva entre las representaciones sociales (mentales) compartidas por el grupo y la identidad, las actividades, la organización sociales, etc. del grupo y sus miembros.

Más adelante también será necesario analizar cómo este esquema abstracto, diseñado como patrón organizativo para las creencias ideológicas, puede ser fundamentado empíricamente. Es decir, debiéramos verlo no sólo como un constructo teórico sino como un esquema que realmente tiene un papel en la adquisición, los cambios y los usos de las ideologías. Una de las formas de evaluar la naturaleza empírica del esquema es hacer un estudio sistemático de las prácticas sociales y especialmente de los discursos que expresan creencias ideológicas. Si estas creencias expresadas, y sus inferencias, aparecen organizadas de acuerdo con el esquema ideológico, entonces tendremos una evidencia de que el esquema es en verdad un dispositivo sociocognitivo utilizado por los grupos sociales y sus miembros para organizar sus creencias básicas.

Hay una implicancia interesante en la elección del esquema de grupo como formato para la estructura de las ideologías, esto es, la relación obvia que tiene con la *identidad de grupo.* Si las ideologías controlan el modo en que la gente, como *miembros de grupo,* interpretan y actúan en su mundo social, también funcionan como la base de su identidad social. Estructuralmente esto sugeriría que la primera categoría (Pertenencia) no es la única que define la identidad, si bien parece organizar las creencias sobre aquello que "esencialmente" somos (blancos, negros, hombres, mujeres, pobres o ricos). Sin embargo, resulta obvio que todo el esquema, todas las categorías juntas, definen la identidad de un grupo: lo que la gente hace, sus objetivos, sus valores, las relaciones con otros grupos y sus recursos para la supervivencia o la existencia social también son parte de su identidad. La primera categoría, en ese caso, define sólo un fragmento de la pertenencia al grupo, esto es, un número de propiedades más o menos inherentes o relativamente permanentes (tales como origen, aspecto físico, género, religión, lengua u otros elementos culturales específicos) que definen los criterios primarios de pertenencia, así como las condiciones de inclusión y exclusión (para detalles sobre la identidad social, véase capítulo 12).

Además, debiera destacarse desde el comienzo, y tal como se desarrollará en detalle más adelante, que los actores sociales son obviamente miembros de varios grupos sociales y que en consecuencia tienen *identidades múltiples, a veces en conflicto,* y por tanto comparten una mezcla de ideologías. Los discursos y las prácticas sociales en contextos concretos mostrarán tales combinaciones complejas, conflictos y, por momentos, inconsistencias. Lo mismo ocurre, cognitivamente, con las actitudes, los modelos y las opiniones de la gente, que pueden ser controladas por diferentes ideologías, cuya combinación única puede ser personal o limitada a subgrupos (tal como el subgrupo de periodistas mujeres negras de clase media de los Estados Unidos). Obviamente, la investigación empírica necesita considerar esas interacciones complejas para poder describir las prácticas sociales y el discurso ideológicos (para una ilustración de cómo interactúan varias ideologías, véase el capítulo 28).[8]

Contenidos

Lo mismo es cierto para los contenidos de las respectivas categorías del esquema. Lo que ahora tenemos es una estructura abstracta. Las ideologías, sin embargo, son específicas del contenido, y se necesita trabajo empírico adicional para explicar las creencias de grupo organizadas por esas categorías. Esto también nos permitirá vincular las ideologías con las actitudes más específicas que están a su vez controladas por estas ideologías. Seré breve entonces al referirme al contenido de las ideologías.

En un nivel elemental de análisis, las ideologías consisten en conjuntos de creencias sociales básicas organizadas por las categorías esquemáticas propuestas anteriormente. Aunque estas creencias puedan ser, en principio, sobre cualquier cosa que se relacione con las experiencias y prácticas sociales de grupos sociales y sus miembros, serán sobre todo acerca de conflictos de intereses entre grupos, esencialmente en relaciones de competencia, dominación y resistencia. Es decir, las ideologías generalmente organizan actitudes que a su vez controlan aquellas prácticas sociales del grupo y sus miembros que de alguna manera son *pertinentes* a los intereses o identidad de los grupos, y que se relacionan con los criterios de pertenencia (inclusión y exclusión), actividades, objetivos, valores, relación con otros grupos, y recursos. Como estas creencias son a menudo evaluativas, presuponen valores socioculturales, como la verdad, la cooperación, la igualdad, la libertad y la autonomía, entre otros (véase capítulo 6). Así, los empresarios pueden sostener la creencia ideológica de que ellos quieren estar libres de la intervención del Estado, y las feministas de que ellas quieren tener los mismos derechos que los hombres, entre otras muchas creencias ideológicas.

En resumen, los contenidos de las ideologías de grupo son propios de lo que para cada grupo es el orden moral y social preferido, ya sea que ese orden sea considerado justo o injusto. No obstante, aunque pareciera que los grupos pueden desarrollar ideologías que "cínicamente" reconocen que no son "justas" para otros grupos, el papel social fundamental de la imagen positiva de sí mismos de la mayoría de los grupos implica habitualmente que los grupos desarrollan una ideología que ellos ven como éticamente buena o defendible. Por ejemplo, mientras (al menos algunos de) los proponentes de una ideología neoliberal puedan reconocer que la "liberalización" y otras políticas de mercado pueden hacer al rico más rico y al pobre más pobre, es posible que la ideología subyacente mantenga que la libertad de mercado finalmente beneficiará a todos. Al respecto, podemos dar por sentado generalmente que las ideologías de grupo no pueden ser "cínicas", pero siempre implican una presentación positiva de uno mismo. Una excepción posible que necesita ser explorada con más detalle pueden ser las ideologías de algunos grupos dominados, una "falsa conciencia" que puede resultar de la hegemonía manipulativa, en la cual el propio grupo está representado negativamente con relación a los grupos dominantes, como sería el caso de formas de racismo interiorizado.

Las ideologías se desarrollan como una consecuencia funcional de los conflictos de interés que emergen de los objetivos, preferencias o derechos que se consideran mutuamente incompatibles; los grupos pueden desear afirmar, defender, legitimar, explicar o manejar tales intereses contra otros grupos de la sociedad, mientras al mismo tiempo reúnen a sus propios miembros detrás de esas demandas para asegurarse de que las actitudes de los miembros individuales, y las prácticas sociales basadas en ellas, coordinen y faciliten la realización de los objetivos ideológicos. En los capítulos restantes, examinaré con más detalle esos "contenidos" ideológicos, y especialmente sus condiciones, consecuencias y funciones sociales en la administración de las interpretaciones y prácticas sociales y los discursos.

6

Valores

Introducción

Los valores desempeñan un papel central en la construcción de las ideologías. Junto con las ideologías, son los puntos de referencia de la evaluación social y cultural. Tal como el conocimiento y las actitudes, están ubicados en el dominio de la memoria de las creencias sociales. Esto es, no tomamos a los valores como abstracciones sociales o sociológicas, sino como objetos mentales compartidos de cognición social.

A diferencia de las creencias de grupo, los valores tienen una base cultural más amplia. Conjuntamente con el conocimiento cultural compartido, son parte del territorio común cultural. Cualesquiera que sean las diferencias ideológicas entre grupos, poca gente en la misma cultura tiene sistemas de valores muy diferentes: la verdad, la igualdad, la felicidad, etc., parecen ser generalmente, si no universalmente, compartidas como criterios de acción y al menos como objetivos ideales por los que luchar. Por supuesto, hay diferencias culturales. En otra cultura, algunos valores pueden ni siquiera existir, o tener implicaciones diferentes. También, el orden de importancia de los valores puede ser diferente de una cultura a otra. Mientras que en una cultura la honestidad puede ser fundamental, otra puede enfatizar la modestia. Por estas razones los choques y conflictos culturales de valores, también en la comunicación, son notables, como resulta especialmente claro en variaciones en la cortesía, deferencia o franqueza del texto y la conversación, entre otras muchas diferencias.[1]

Los valores son compartidos y conocidos, y aplicados por los miembros sociales en una gran variedad de prácticas y contextos. Obviamente, forman la base de todos los procesos de evaluación y, en consecuencia, de opiniones, actitudes e ideologías. Así, si las ideologías son la base de las creencias de grupo, y si los valores son a su vez más amplios y fundamentales, éstos deben ser la base de los sistemas evaluativos de una cultura como un todo. En efecto, los valores son los pilares del orden moral de las sociedades.

Este estatus sociocultural fundamental de los valores también excluye su reducción a los individuos. Ellos pueden compartir, adoptar o rechazar los valores de su grupo, pero no podemos decir que los objetivos o los ideales individuales sean valores.

Sistemas de valores

A pesar de la utilización frecuente de la noción de valor en las ciencias sociales y políticas, ésta es bastante elusiva. Usualmente, y a diferencia de las creencias, los valores se describen en términos aislados, tales como verdad, inteligencia o belleza, o en términos de conceptos para los cuales la lengua no tiene una palabra única, tal como "disfrutar de una buena vida". Si son los ladrillos básicos de las evaluaciones involucradas en las opiniones sociales, esto es, como atributos que son predicados de cualquier objeto socialmente significativo (personas, eventos, acciones, situaciones, etc.), entonces pueden muy bien ser conceptos atómicos. Verdad o belleza difícilmente se puedan descomponer en conceptos más elementales, a menos que éstos sean bien y mal, de modo tal que "belleza" fuera, por ejemplo, "buen aspecto físico", y que honestidad fuera una clase de "buen carácter".

Este intento de análisis también sugiere que los valores parecen estar organizados por las dimensiones fundamentales de las experiencias cotidianas y la observación, al igual que la acción y organización sociales. De tal manera, tenemos actitudes que describen propiedades positivas de la mente (inteligencia, ingenio, erudición y sabiduría), mientras que otras caracterizan aquello que más valoramos respecto de los cuerpos: salud, belleza, etc. Del mismo modo tenemos una serie de valores para juicios sobre el "carácter" personal, tales como honestidad, integridad, modestia, bondad, apertura, paciencia, etcétera.

Lo mismo es cierto para las acciones, que también necesitan ser evaluadas rutinariamente, y por tanto requieren un complejo conjunto de valores, tales como resolución, poder de decisión, rapidez o eficiencia. La interacción requiere la evaluación por medio de una serie de valores sociales, tales como cortesía, tolerancia, cooperación, espíritu de servicio o altruismo, entre muchos otros. Como en otras instancias, los conceptos opuestos denotan, por definición, evaluaciones negativas de la gente, o sea, lo que la gente generalmente no quisiera ser o hacer, o de lo que no quisiera ser acusada: descortesía, intolerancia y egocentrismo. Muchos de los valores interaccionales aquí mencionados también se aplican, por supuesto, al discurso, como es el caso obviamente de la cortesía y la cooperación.

Lo que es válido para la acción y la interacción también se aplica a estructuras sociales más complejas, relaciones sociales, organizaciones y sociedades enteras. Esto significa que la democracia, la libertad, la igualdad, la independencia o la autonomía son valores sociales fundamentales. Dada la naturaleza de las ideologías como sistemas básicos de creencias de grupo, podemos considerar que estos valores societales desempeñan un papel especial en ellas; de hecho, prácticamente todas las ideologías sociales y políticas más importantes enfatizarán uno o más de estos valores societales.

En resumen, si nos hacemos una imagen intuitiva del mundo personal y social, cada dimensión fundamental de la observación y la evaluación (mente, cuerpo, carácter, acción, interacción, sociedad) tiene sus propios valores especiales. Algunos de estos valores pueden ser muy generales y aplicarse en todas esas dimensiones, como es el caso de lo bueno y lo malo, lo feo y lo bello.

Finalmente, el alcance interpersonal y social de los valores culturales probablemente no agota el sistema: además tenemos valores para calificar la naturaleza o los animales, por ejemplo, en términos muy generales de belleza, pero, como es obvio en ideologías ambientalistas, también en términos de higiene, de no deterioro, etc. Lo mismo sucede con todos los objetos de nuestros sentidos, de manera que, por ejemplo, solamente para nuestro sentido del gusto tenemos una larga serie de valores: dulzura, delicadeza, suavidad, buen sabor, también culturalmente variables.

Estos ejemplos muestran asimismo que muchos valores son *históricos*: fueron una vez "inventados" como propiedades positivas de la mente, la acción o la sociedad que "nosotros" tendríamos que esforzarnos por conseguir. Este aspecto "terminal" de las ideologías también sugiere que ellas están orientadas por una motivación y un objetivo; es decir, califican estados finales o resultados "ideales" del esfuerzo humano.

Valores e ideologías

Teóricamente, entonces, los valores monitorean las dimensiones evaluativas de las ideologías y las actitudes. O sea, las opiniones sociales básicas se constituyen a partir de los valores cuando se aplican a áreas y cuestiones específicas en la sociedad. Así, si los periodistas valoran la verdad y la confiabilidad al informar, entonces ésta es una especificación ideológica del valor cultural de verdad y confiabilidad. Lo mismo ocurre con la selección del valor igualdad por las feministas, los grupos minoritarios o los antirracistas en la construcción de sus ideologías igualitarias.

Obviamente, el proceso de selección y construcción por medio del cual los valores se incorporan a las ideologías sirve de nuevo a sus propios intereses. Este proceso debiera corresponderse con los variados intereses del grupo, tales como pertenencia, actividades, objetivos, relaciones con otros grupos y recursos. En otras palabras, un grupo puede "apropiarse" de valores culturales generales, como ocurre con libertad en las ideologías neoliberales y conservadoras. Esta es la razón por la cual se agregó la propia categoría Valores al esquema de ideología propuesto en el capítulo anterior. Los valores seleccionados como primordiales para cada grupo constituyen el punto de referencia seleccionado para su identidad y autoevaluación, la evaluación de sus actividades y objetivos y, especialmente, su evaluación de otros grupos y otros objetivos y juicios de interacción subyacentes.

También de un modo negativo, los valores pueden ser utilizados para el autoensalzamiento, como cuando los racistas se sienten superiores a los no blancos. Este sentimiento de superioridad es un resumen de procesos de comparación tendenciosos en los cuales Nosotros somos vistos como más inteligentes, más eficientes, más trabajadores o más democráticos que Ellos. Esto es, respecto de todos los valores que son especialmente importantes para nosotros, Nos autoevaluamos como mejores. Cuanto mucho, podemos concederles alguna superioridad en valores que son menos trascendentes para nosotros, tales como la musicalidad, ser bueno en la práctica de deportes o la hospitalidad.

Como hemos visto previamente para el ejemplo de libertad, grupos sociales diferentes o aun opuestos pueden seleccionar el mismo valor, pero confiriéndole un contenido ideológico muy diferente. Los gerentes de corporaciones "incorporan" ideológicamente (el juego de palabras es intencional) el valor de libertad como "Libertad de mercado" o "Libertad con respecto a la intervención del Estado", como objetivos ideológicos que se sirven a sí mismos y que garantizan su poder y sus intereses. Del mismo modo, los periodistas quieren asegurar su poder, sus intereses y sus recursos enfatizando la Libertad de prensa, o la Libertad de información, obviamente esencial para ellos. Por otro lado, los movimientos de liberación, el feminismo y otros grupos dominados se centran en la libertad como una garantía para la igualdad, la independencia, la autonomía y el acceso a recursos sociales escasos, y, generalmente, como "liberación de la opresión".

Vemos que los valores positivos que definen el orden moral de una sociedad o cultura son utilizados por todos los grupos, no solamente como un criterio de evaluación, sino también como una base para la legitimación de sus propios intereses u objetivos. En los grupos dominantes, esa integración ideológica de valores será utilizada obviamente para legitimar su dominación, y en los grupos dominados para legitimar su oposición, disidencia o resistencia (véase capítulo 26). Esto es, la legitimidad fundamental de cualquier grupo ideológico presupone que permanece como parte del orden moral cultural. Pocos racistas defienden abiertamente la desigualdad (véase, sin embargo, el capítulo 28), sino que se autopresentarán enfatizando la importancia del nacionalismo y de su propia libertad (de no ser "mezclados" con los otros). Cuando son vistos por muchos otros como burlando el principio de igualdad, los racistas flagrantes son usualmente marginados. De aquí el papel prominente de la negación del racismo: cualquier cosa que uno tenga contra las minorías, uno nunca se autodefinirá como racista. De esta manera, una vez que un valor fundamental (como la igualdad o la democracia) es generalmente aceptado en una sociedad, dicho valor ya no puede ser simplemente "rechazado" por un grupo sin que este último pierda su credibilidad, respeto o legitimidad social.

La incorporación ideológica diferenciada de valores por parte de diferentes grupos también sugiere que los valores, como representaciones cognitivas, no están limitados a conceptos no ambiguos. De este modo, "libertad" significa algo distinto para el gerente de una corporación que para un representante de un sindicato de trabajadores. Igual criterio puede aplicarse para la mayor parte de los grupos y la mayoría de los valores, tal como lo muestran "grandes" valores complejos como "democracia". Teóricamente, es probable entonces que sea más adecuado hablar de complejos de valores. Así, el complejo libertad caracterizaría, por ejemplo, los siguientes componentes del objetivo deseable descripto con el concepto de "libertad": 1) Podemos hacer lo que queramos; 2) Nadie limita nuestras acciones, etcétera.

Los valores no están simplemente integrados dentro de las ideologías, sino que gobiernan las creencias sociales de un modo más general. Las actitudes de grupo en esferas sociales específicas también pueden utilizar valores como puntos de referencia para la evaluación, justificación y legitimación. Por ejemplo, uno de los argumentos evaluativos utilizados para rechazar la inmigración es que el país está "colmado". Por razones más bien sociales, culturales (y probablemente biológicas) fundamentales, la "superpoblación" (e implícitamente, la mezcla étnica) se utilizan aquí como valores negativos en la aplicación de ideologías xenófobas al dominio de la inmigración.

7

Modelos mentales

De lo social a lo personal

Un vacío fundamental en todos los enfoques tradicionales y contemporáneos de la teoría de la ideología es que no explican la relación entre lo social y lo personal en la realización de las prácticas sociales. Hemos visto que las ideologías, con el conocimiento, las actitudes y los valores, son representaciones *sociales*, compartidas por miembros de grupos. Al mismo tiempo, toda teoría seria sobre la ideología debe describir y explicar de qué manera construyen y utilizan esas representaciones sociales los miembros individuales de grupo en y por sus prácticas sociales en general, y en su discurso en particular.

También sabemos, tanto por la investigación como por la experiencia, que estas prácticas sociales de los individuos no siempre están "en línea" con las ideologías de grupo. Aparte de las restricciones variables del contexto, hay idiosincrasias, historias y experiencias personales diferentes, entre otros muchos factores que pueden afectar la "expresión" variable de las ideologías por parte de miembros individuales. Una teoría empírica de la ideología que quiera describir y explicar sistemáticamente las prácticas ideológicas también necesita explicar esas diferencias, variaciones, disidencias y contradicciones. Si bien las ideologías se comparten con otros, las personas las utilizan de modo individual, tal como hacen con su conocimiento del lenguaje o las actitudes de su grupo o cultura. Puesto que estos usos y variaciones personales y contextuales tienen propiedades generales, necesitan ser parte de una teoría de las ideologías. En otras palabras, tal teoría debe también describir y explicar cómo se usan y aplican concretamente las ideologías.

Esa teoría, al mismo tiempo explica el proceso opuesto, o sea, cómo las ideologías se adquieren gradualmente, se desarrollan y cambian en y por prácticas sociales situadas, y especialmente por el discurso. Puesto que las creencias sociales no son innatas, debemos suponer que se las adquiere en forma gradual mediante la percepción social, la interacción y especialmente en los eventos comunicativos. Sin embargo, estos eventos específicos varían individual y contextualmente, de modo que tenemos el problema de cómo una ideología de grupo "unificada" puede desarrollarse a partir de experiencias y prácticas sumamente variables. Aparentemente, hay un proceso de normalización y unificación que permite que creencias generales, abstractas, sean compartidas por varios o muchos miembros de los grupos, del mismo modo en que los usuarios del lenguaje aprenden los lenguajes naturales interactuando entre ellos en muchas situaciones diferentes.

En el análisis de las representaciones sociales en general, ya he sugerido que aparte de la descripción social y abstracta de tales representaciones, necesitamos comprender que si bien están compartidas en el nivel de grupo, esto no significa que todos los miembros del grupo tengan "copias" idénticas de las representaciones. Más bien, debemos suponer que en razón de diferencias individuales obvias de la "socialización ideológica" en el grupo, cada miembro tiene su propia "versión" personal de la ideología. Obviamente, esta versión personal debe estar muy cerca de la ideología abstracta del grupo para que los individuos puedan funcionar apropiadamente como miembros competentes del mismo. Una vez más, resulta instructiva aquí la comparación con la naturaleza social y compartida de las gramáticas y el conocimiento individual de un lenguaje.

Debería enfatizarse que las "versiones" personales de las ideologías aún deben ser consideradas como representaciones sociales. En la teoría de la memoria aquí utilizada, esto significa que dicha versión personal de las ideologías es parte de la memoria social y no de la memoria personal (episódica). A pesar de la naturaleza idiosincrásica de algunas características de esta versión personal de las ideologías (en su mayor parte serán menos completas que la ideología a nivel de grupo), su forma total es general y abstracta, y, en especial, socialmente compartida. En este sentido, debiera ser claramente distinguida de los *usos individuales* de las ideologías en *contextos* específicos como una base para las prácticas sociales individuales y el discurso. El tópico de este capítulo es este último aspecto de la relación entre ideología y su manifestación en las prácticas sociales.

Modelos mentales

Teóricamente, entonces, lo que necesitamos es una *interfase* entre representaciones socialmente compartidas y prácticas personales, o sea, un dispositivo teórico que nos permita conectar la memoria social (semántica) con la memoria personal (episódica) y sus respectivas representaciones. Desde principios de los años 80, la psicología cognitiva ha desarrollado un constructo teórico con considerable éxito teórico y empírico, a saber, el de *modelo mental.*[1]

Los modelos mentales son representaciones de acontecimientos o, tal como lo sugiere el término "memoria episódica", de episodios en la memoria personal. De esta manera, cuando se es testigo, se participa o se escucha/lee sobre un accidente automovilístico, la gente construye un modelo de tal acontecimiento. Obviamente, este modelo es subjetivo: representa la experiencia personal y la interpretación del acontecimiento que efectúa el participante. Así, lo que la gente sabe personalmente sobre dicho acontecimiento, al igual que su perspectiva y opinión sobre él, están representados en su modelo subjetivo, individual del acontecimiento. Para el discurso esto significa que el modelo se construye para el acontecimiento *al que se refiere* el discurso.

En una teoría sobre la producción y comprensión del discurso, a la que volveré luego, la noción de modelo es especialmente atractiva, puesto que explica la *interpretación* (personal, subjetiva) del discurso por parte de sus usuarios. En efecto, ahora podemos decir simplemente que comprender un discurso consiste finalmente (y por medio de un número de complejos procesos) en la construcción de un modelo. A la inversa, en la producción del discurso, el modelo es precisamente el punto inicial para el texto y la conversación: es el conocimiento, la experiencia u opinión personal sobre un acontecimiento lo que se utiliza como "ingreso" para los procesos de producción del discurso. Es decir, los modelos también explican la noción tradicional de intención y plan. Esto significa que, puesto que son relativamente independientes con respecto al significado del discurso, los modelos también explican las variaciones personales y sesgos del discurso o su interpretación: tal como sabemos intuitivamente, podemos construir una interpretación del texto que puede en parte no ajustarse al significado del texto o, por cierto, a las intenciones del hablante o del escritor.

Como se sugirió, los modelos son esencialmente personales y subjetivos. Ellos comprenden las interpretaciones personales y las experiencias de las acciones, los acontecimientos y los discursos sobre tales episodios, y esto es válido para todas las prácticas sociales. Esta dimensión personal puede ser el resultado de experiencias previas (viejos modelos que están siendo activados o puestos al día) que constituyen la historia personal de cada individuo, del mismo modo que otras representaciones personales (personalidad, opiniones personales, etc.) más generales o abstractas.

La gente está implicada en la interpretación sobre la marcha de los episodios de sus vidas cotidianas desde el momento en que se despierta hasta que se duerme (o pierde conciencia). Tales interpretaciones debieran verse como construcciones contextualmente atinentes a tales episodios en modelos mentales archivados en la memoria episódica. Estos modelos también cuentan para la noción familiar de una *experiencia.* Esto es, no son los episodios "reales" mismos los que cumplen un papel en nuestras vidas, sino más bien su interpretación personal o construcción como modelos, o sea, el modo en que se experimentan los episodios. Podemos, por lo tanto, llamar *modelos de experiencia* a esta clase particular de modelos. No sorprende que tales modelos de experiencia estén construidos alrededor de la categoría central de sí mismo (*self*), la que da la orientación y la perspectiva al modelo y define la naturaleza esencialmente subjetiva de los modelos de experiencia. Esto significa que también la representación de nuestras acciones futuras, o sea, los *planes*, son un tipo de modelos de experiencia, si bien éstos serán generalmente menos específicos que los modos en que representamos las experiencias realmente "vividas".

Además de la subjetividad de la comprensión cotidiana de nuestro entorno, los modelos de experiencia finalmente también explican la noción de conciencia. Estar consciente significa (entre otras cosas) que nos percatamos de nosotros mismos y de nuestro entorno, y que estamos activamente construyendo interpretaciones sobre nosotros mismos y ese entorno.[2]

Las personas no sólo construyen modelos de episodios en los cuales ellas mismas están incluidas, sino también de aquellos episodios de los cuales han sido testigos y, especialmente, de aquellos *sobre los que* han escuchado o leído. Con el objeto de poder distinguirlos de los modelos episódicos sobre experiencias personales, los llamaré aquí *modelos de descripción* de modo de enfatizar que nosotros conocemos los episodios a través de la descripción (discursiva). Puesto que también podemos hablar sobre nuestras experiencias personales, y típicamente lo hacemos en narraciones personales, los conjuntos modelos de experiencia y modelos de acontecimiento, obviamente, se superponen. Otros episodios *sólo* los conocemos indirectamente, esto es, a través del discurso, como claramente sucede en el caso de muchos de los episodios reportados en los medios de comunicación. Ya se sugirió que los modelos de acontecimiento (llamados previamente "modelos de situación"), son necesarios como una base para la producción y comprensión del texto. Resulta sin embargo razonable que los modelos de acontecimiento estén formados a partir de nuestros modelos de experiencia, porque tendemos a comprender los episodios con los que no estamos familiarizados a la luz de aquellos que conocemos personalmente.

Al igual que con todos los modelos, también los modelos de acontecimientos sobre los que se habla o escribe presentan especificaciones de conocimiento más general sobre tales acontecimientos. De esta manera, el modelo de un acontecimiento durante la guerra civil en Bosnia no sólo se construye a partir de la información única, específica y nueva que obtenemos de los medios, sino también a partir de una "aplicación" del conocimiento general sobre las guerras civiles, los ejércitos, las matanzas, las relaciones étnicas y Yugoeslavia. Es de este modo como las representaciones sociales se "concretan" en modelos, y la memoria social se relaciona con la memoria episódica y las representaciones subjetivas. Como veremos luego, dichos modelos episódicos que interpretan el discurso serán fundamentales para relacionar las ideologías con las estructuras del discurso.

Para evitar la confusión terminológica, utilizaré de aquí en más el término *modelo episódico* (o *modelo mental* o, simplemente, *modelo*) para denotar cualquier clase de modelo en la memoria episódica, esto es, una representación subjetiva de un episodio. Como se explicó previamente, utilizo el término *modelo de experiencia* (o simplemente "experiencia") para aquellos modelos episódicos que representan la participación personal o la observación de episodios en nuestra propia vida. El término *modelo de acontecimiento* será utilizado en forma más general para denotar cualquier clase de modelo que interprete acontecimientos o situaciones (personales u otras) a las que se refiere el discurso. También hago aquí esta distinción porque la literatura psicológica corriente trata bastante confusamente los distintos tipos de modelos, sin distinguirlos explícitamente, y porque las variadas nociones de modelo serán necesarias más adelante para mostrar cómo la ideología monitorea las prácticas sociales. Nótese finalmente que todos los modelos pueden representar tanto pequeñas acciones o acontecimientos (como comer una manzana), acontecimientos compuestos o secuencias de acontecimientos (como reuniones), cuanto episodios grandes y complejos, como vacaciones o guerras civiles. En otras palabras, la memoria episódica consiste de conjuntos y sistemas de modelos jerárquicamente organizados. Parte de ese sistema, a saber, el de nuestros modelos de experiencias, define nuestro "pasado" autobiográfico.

Esquemas de acontecimiento

A pesar de que aún no se ha efectuado ninguna propuesta teórica sobre la estructura de estos modelos, podemos conjeturar que estas estructuras son capaces de manejar efectivamente la interpretación de los acontecimientos, un proceso en el que las personas están involucradas cientos de veces al día. Esto sugiere que también aquí podría funcionar un esquema práctico, o un número de categorías y reglas o estrategias para construir dichos patrones para cada situación.

Tal esquema no es oscuro, y ha sido propuesto bajo diferentes formas, por ejemplo, en la teoría de los episodios sociales,[3] al igual que en la semántica funcional de proposiciones. Puesto que la gente no sólo representa los acontecimientos en modelos, sino que rutinariamente también habla sobre ellos, por ejemplo, en narraciones cotidianas, no resulta sorprendente que las categorías de estos modelos de algún modo también aparezcan en las estructuras gramaticales y del discurso: Ubicación (*setting*) (Lugar, Tiempo), Circunstancias, Participantes (y sus diversos roles: Agente, Paciente, Experimentador, Objeto, etc.), y finalmente una Acción o Acontecimiento.[4] Por cierto, podemos argumentar inversamente que una vez que hemos introducido la noción de modelo y su característico esquema de acontecimiento (o acción y situación), estas estructuras esquemáticas pueden ser consideradas como la base cognitiva y la explicación de las estructuras del discurso. En otras palabras: las estructuras que organizan el modo en que se comprenden los acontecimientos también influirán en los modos en que se habla sobre esos acontecimientos.

Modelos de contexto

Existe un tipo particular de acontecimiento que tiene una influencia fundamental sobre el discurso y sus estructuras: el evento comunicativo o situación en la que el discurso corriente se produce y/o se recibe. Los modelos mentales de dichos eventos comunicativos serán llamados *modelos de contexto*. Puesto que estos modelos representan parte de nuestras experiencias personales, esto es, aquellas en las que estamos involucrados cuando nos comunicamos, ellos son meramente un tipo específico de modelos de experiencia. O sea, también los modelos de contexto son personales, subjetivos y posiblemente sesgados y, de esta manera, representan las interpretaciones y opiniones personalmente variables de eventos comunicativos. Rutinariamente contamos historias sobre ellos activando más tarde tales modelos de contexto.

Los modelos de contexto también tienen la misma estructura que los modelos de experiencia, es decir, Ubicación (Tiempo, Lugar), Circunstancias, participantes y sus roles variados y, finalmente, una acción comunicativa (para detalles, véase capítulo 22). En los modelos de contexto, una categoría fundamental de Participante es la de sí mismo, esto es, como Hablante/Escritor o Receptor/Lector. La categoría de sí mismo es la que define la subjetividad del discurso, controla la perspectiva y el punto de vista y organiza muchas otras características subjetivas del texto y del habla.[5]

Los modelos de contexto también son especiales porque actúan a su vez como la interfase entre modelos de acontecimiento y discurso. Les dicen a los participantes del discurso quiénes son ellos, en qué carácter participan en ese evento, y les dan muchas otras informaciones y opiniones pertinentes sobre la situación social presente de la conversación o el texto. En este modelo de contexto están representadas las restricciones pragmáticas que influyen en el significado y la forma del discurso, tales como las condiciones para los actos de habla (usualmente el conocimiento sobre lo que mi interlocutor y yo sabemos, queremos o hacemos), las condiciones de cortesía (tales como estatus social o poder), las circunstancias institucionales, la pertenencia al grupo, el conocimiento mutuo, las opiniones de uno respecto del otro, al igual que los objetivos e intenciones del evento comunicativo, etcétera.

Esto es, en lugar de explicar de un modo puramente abstracto estas muchas restricciones "pragmáticas" de los contextos, o referirse vagamente al papel del contexto, ahora tenemos una propuesta más bien concreta para una representación cognitiva más explícita de tales contextos. Al mismo tiempo, los modelos de contexto explican cómo nuestro conocimiento personal sobre la gente, las acciones, los eventos o las situaciones, representadas en modelos de acontecimiento, se expresará en el discurso como una función de la información en este modelo de contexto. Es decir, los modelos de contexto también operan como el sistema de control decisivo, pero hasta ahora teóricamente evasivo, en el procesamiento del discurso.

Mientras que nuestro saber sobre un acontecimiento tal como se lo representa en los modelos de experiencia o de acontecimiento, puede ser relativamente estable en todos los contextos, los modelos de contexto representan inconfundiblemente la naturaleza cambiante de la producción/comprensión del texto y, especialmente, del habla cara a cara. Los participantes actualizan y cambian continuamente sus interpretaciones de la situación en curso y representan esto en sus modelos de contexto, los que a su vez enviarán su información al sistema de formulación (lingüística) o interpretación. Inversamente, durante la interpretación del discurso, nuestros modelos de contexto (incluyendo por ejemplo nuestras hipótesis sobre la credibilidad del escritor o hablante) pueden por supuesto afectar el modo en que representamos los acontecimientos sobre los que hablamos o escribimos, es decir, nuestros modelos de acontecimiento. De tal modo, estos últimos no son solamente una función de un conocimiento más general del mundo, sino también una función de la representación mental del contexto en el cual han sido construidos: la historia misma puede ser interpretada de un modo distinto (puede asignársele un modelo de acontecimiento diferente) si es publicada en un tabloide sensacionalista o en un periódico serio.

De esta manera, mientras que los modelos de acontecimientos pueden ser descriptos como la base para la *semántica* del discurso, los modelos de contexto son la base para su *pragmática*, esto es, sus actos de habla, sus movimientos conversacionales de cortesía, su estilo léxico o sintáctico variable, figuras retóricas de persuasión y cualquier otra característica de discurso que señale o "indique" parte del contexto, tal como la elección de un dialecto o sociolecto, la pronunciación, formalidad o informalidad, familiaridad o intimidad, tanto en la entonación como en la selección léxica, etc. En resumen, todas las propiedades del discurso que son contextualmente variables son monitoreadas por definición por estos modelos "pragmáticos" de contexto. (Por razones de simplicidad, utilizo aquí la noción de "pragmático" en el sentido amplio que tiene en la mayoría de los trabajos contemporáneos en esta área, si bien personalmente prefiero un uso más estricto del término, esto es, aplicado solamente al acto de habla o a las dimensiones ilocucionarias del discurso (para detalles, véase capítulo 21).

Vinculación entre lo social y lo personal

Hemos construido ahora un extremo de la interfase que vincula las ideologías con las prácticas sociales concretas y el discurso, es decir, los modos en que los miembros sociales individuales representan los acontecimientos, las acciones o situaciones en modelos, y cómo los manifiestan, establecen o llevan a cabo en actos reales y discursos. Aquí se dejarán de lado los detalles de los procesos (psicolingüísticos) involucrados en la "formulación" de la información del modelo en palabras, frases, oraciones y textos o, a la inversa, en la interpretación de estas estructuras verbales en términos de modelos subyacentes. Eso está más allá del alcance de este libro, pero más tarde tendré que agregar algo sobre ellos cuando discuta los modos en que las ideologías se expresan en el discurso.

El próximo paso en la teoría es unir los modelos individuales con las representaciones sociales, porque ésta es la barrera importante que debemos atravesar, es decir, cómo pasar de lo personal o individual a lo compartido o social, y viceversa. La enorme ventaja de un componente cognitivo en una teoría de las ideologías (y lo mismo es cierto para una teoría del discurso y la interacción social) es que este eslabón faltante puede definirse (también) en términos cognitivos.

En tal caso, esa relación está establecida por el hecho de que los modelos, obviamente, no sólo consisten en creencias puramente personales e individuales, sino también en instancias situadas de creencias sociales. Por eso cuando nos vemos envueltos en un accidente automovilístico, no solamente sabemos sobre nuestras experiencias personales, o sobre el color o marca de nuestro vehículo y las circunstancias únicas de este accidente sino que, con el objeto de construir el modelo, también necesitamos el conocimiento socialmente compartido sobre automóviles, accidentes, carreteras, etc. en general. En otras palabras, los elementos relevantes de las representaciones sociales, tales como los guiones, serán activados y actualizados en conocimiento que se corresponde con el modelo presente. Por ejemplo, el conocimiento general de que los automóviles habitualmente tienen cuatro ruedas, puede tornarse importante para determinar que *este* auto también tiene cuatro ruedas, etc. Ese conocimiento general puede, por supuesto, adaptarse a las circunstancias únicas representadas en un modelo (por ejemplo, para representar automóviles con tres ruedas). Lo mismo vale para la construcción de los modelos de contexto: necesitamos un conocimiento general sobre la gente, los hablantes, los eventos comunicativos, los géneros del discurso, la cortesía o las relaciones sociales con el objeto de poder construir un modelo adecuado al evento comunicativo presente.

Nótese que esta relación de actualización y "aplicación" y adaptación contextuales entre las representaciones sociales y los modelos también puede ser definida en la otra dirección, y así explicar la adquisición misma y el cambio de conocimiento, actitudes e ideologías. Es decir, una vez que se los ha construido para acontecimientos específicos, estos modelos pueden ser abstraídos y generalizados, y, de esta manera, transformados en guiones u otras estructuras de representaciones socialmente compartidas. Formalmente, este proceso consiste en el cambio de constantes por variables en las proposiciones que representan las creencias en los modelos y las representaciones sociales.

Más empíricamente, este proceso puede describirse como sigue: habiéndose observado repetidamente, o leído, o escuchado acerca de acontecimientos específicos, los miembros sociales pueden efectuar inferencias generalizadas y así construir creencias que son relevantes para muchas situaciones diferentes, de modo tal que las creencias se convierten en útiles para su estatus social como conocimiento socialmente compartido.[6]

Esos procesos de inferencia no sólo necesitan ser realizados mentalmente: el discurso mismo tiene la propiedad de hacer tales afirmaciones generalizadas, abstractas. Los miembros sociales exhiben de esta manera y, al mismo tiempo practican, su habilidad para cambiar de representaciones únicas, personales, de casos [token] de acontecimientos, a las representaciones generales socialmente compartidas de tipos [types] de acontecimiento. Esto también significa que el aprendizaje social no debe limitarse a la generalización y abstracción "empírica" de las experiencias, esto es, de los modelos.[7] La gente también puede adquirir las representaciones sociales directamente, interpretando oraciones y discursos genéricos o abstractos, como en el caso del texto y la conversación pedagógicos o explicativos. Asimismo, los miembros sociales ya *tienen* un vasto conocimiento previo, y pueden utilizarlo directamente realizando inferencias que pueden producir conocimiento nuevo del conocimiento social existente.

Creencias evaluativas

Los modelos no solamente incluyen el conocimiento personal único sobre acontecimientos, sino también opiniones sobre ellos. Cuando se observa, se participa en o se lee sobre un accidente automovilístico, las personas al mismo tiempo pueden construir creencias evaluativas sobre el (otro) conductor o sobre el ("terrible") accidente como un todo. Estas opiniones se convertirán en una parte natural del modelo; lo mismo ocurre cuando leemos sobre la "limpieza étnica" en Bosnia, o cuando observamos a nuestro interlocutor en una conversación. En consecuencia, tanto los modelos de acontecimiento del discurso como los modelos de contexto incluyen opiniones personales sobre la gente, los objetos o los acontecimientos representados en el modelo.

Tal como ocurre con el conocimiento personal y social, estas opiniones no tienen que ser necesariamente personales. Las creencias evaluativas también pueden ejemplificar las creencias socialmente compartidas, o sea las actitudes, por ejemplo, sobre accidentes automovilísticos, tránsito o guerras civiles. El mismo proceso de activación, actualización y adaptación está aquí en funcionamiento, y nuevamente en ambas direcciones: las opiniones personales pueden ser vistas como compartidas por otros y, por lo tanto, se generalizan como creencias sociales y actitudes. La adquisición y el cambio de las representaciones sociales pueden estar basados igualmente en la generalización y abstracción de opiniones en modelos personales.[8]

Tal adquisición no sólo necesita ser "empírica", esto es, basada en las experiencias personales, sino que también puede ser inferida directamente de las opiniones generalizadas en discursos de opinión, por ejemplo en los artículos editoriales de los periódicos, o en las evaluaciones grupales de otros miembros del grupo en las conversaciones. El ejemplo más dramático de este último proceso es la conocida adquisición de prejuicios: éstos pueden estar basados en una o en unas pocas experiencias personales que se "sobregeneralizan" como creencias generales, o pueden derivarse directamente de proposiciones prejuiciosas en el texto y la conversación discriminatorios.

Los individuos son miembros de varios grupos sociales. Si cada uno de los grupos tiene una ideología, los individuos comparten varias ideologías al mismo tiempo. Esto también significa que, cuando construyen sus modelos, pueden "aplicar" en éstos creencias generales de más de una ideología. Si dichas ideologías son mutuamente inconsistentes, esto puede dar lugar a modelos que parecen ser inconsistentes. De esta manera, una persona puede interpretar o escribir una noticia, observar o participar en un acontecimiento social como mujer, como negro, como periodista, como norteamericano, como cristiano, como joven y como demócrata, entre otras identidades. El modelo resultante puede mostrar una combinación única y aparentemente caótica de creencias, derivadas de las ideologías con las cuales esas personas se identifican. Esto es cierto para los modelos de acontecimientos sobre los que se ha escrito, al igual que para el modelo de contexto que representa el evento comunicativo único. En muchas situaciones, por lo tanto, la gente seleccionará o preferirá una o más de sus "identidades" sociales presentes como las dominantes en el modelo de contexto presente. De tal modo, cuando una mujer negra periodista escribe una noticia, a menudo, debido a los imperativos de la profesión y a las expectativas, pesan más en el modelo de contexto de ese relato sus actitudes profesionales e ideologías que su identidad de mujer negra. La estructura detallada de los modelos de contexto, entonces, brinda una explicación de las formas en que las ideologías indirectamente "se proyectan" en los eventos comunicativos.

Lo mismo ocurrirá con el discurso basado en tal modelo, que además puede estar restringido y modificado por el modelo de contexto: la periodista negra puede muy bien tener una opinión personal sobre los hechos de la noticia, pero puede ser que su editor o sus lectores no aprueben que ella los mencione. Esto significa que, en capítulos posteriores, será necesario investigar un gran número de condiciones, procesos, estrategias y contextos que son pertinentes para la compleja expresión y producción de las ideologías en la interacción, el texto y la conversación.

Finalmente, las ideologías y las actitudes basadas en ellas no sólo influyen en la formación de opiniones personales contextualmente variables en modelos, sino que también pueden operar en la *activación selectiva* de "viejos" modelos (experiencias previas), por ejemplo, cuando se narra un cuento, o se reporta o recuerda una noticia. Un modo obvio en que esto sucede es que las personas tienden a activar (recordar) los modelos cuyas opiniones son consistentes con aquellas actitudes del grupo que ellas comparten. En tales actitudes, las proposiciones pueden, por lo tanto, operar como una poderosa señal de búsqueda. Esto se conoce bien por el trabajo empírico sobre racismo, el que muestra que mucha gente blanca puede recordar historias negativas sobre inmigrantes, esto es, historias que son consistentes con los prejuicios étnicos. Esas narraciones pueden funcionar como "evidencia" en argumentos prejuiciosos: "Lees sobre eso todos los días en el periódico". Inversamente, pueden "olvidar" o, de otro modo, suprimir las narraciones que confirman proposiciones negativas sobre su propio grupo. De una manera más general, la gente puede buscar selectivamente modelos como "evidencia confirmante" en la "evaluación de hipótesis" cotidiana.[9]

Conclusiones

Con la introducción de modelos en una teoría de la ideología, he establecido ahora los lazos necesarios entre ideologías y las prácticas sociales que construyen o implementan tales ideologías, aproximadamente en este orden: desde creencias culturales "profundas", pasando por creencias de grupo hasta sus manifestaciones en prácticas sociales (y viceversa) (véase fig. 7.1).

La figura 7.1 muestra, primero, que las ideologías deben estar basadas en un sistema de terreno común cultural, que incluye conocimiento general y actitudes compartidas y sus principios subyacentes, tales como valores y criterios culturales de verdad. Los grupos seleccionan de esta base cultural creencias específicas y criterios de evaluación, y los construyen, junto con otros principios básicos del grupo, como sistemas de creencias específicas de grupo organizadas por ideologías subyacentes. Estas representaciones de la mente social controlan la formación de la dimensión social de modelos mentales personales en la memoria episódica. Los modelos controlados por creencias de grupo se pueden llamar ideológicamente "tendenciosos". La dimensión personal de estos modelos mentales es controlada por modelos mentales viejos (experiencias anteriores) y por representaciones generales (el conocimiento personal, el sí mismo, la personalidad) de los individuos. Finalmente, bajo la restricción de los modelos de contexto, estos modelos de acontecimiento y

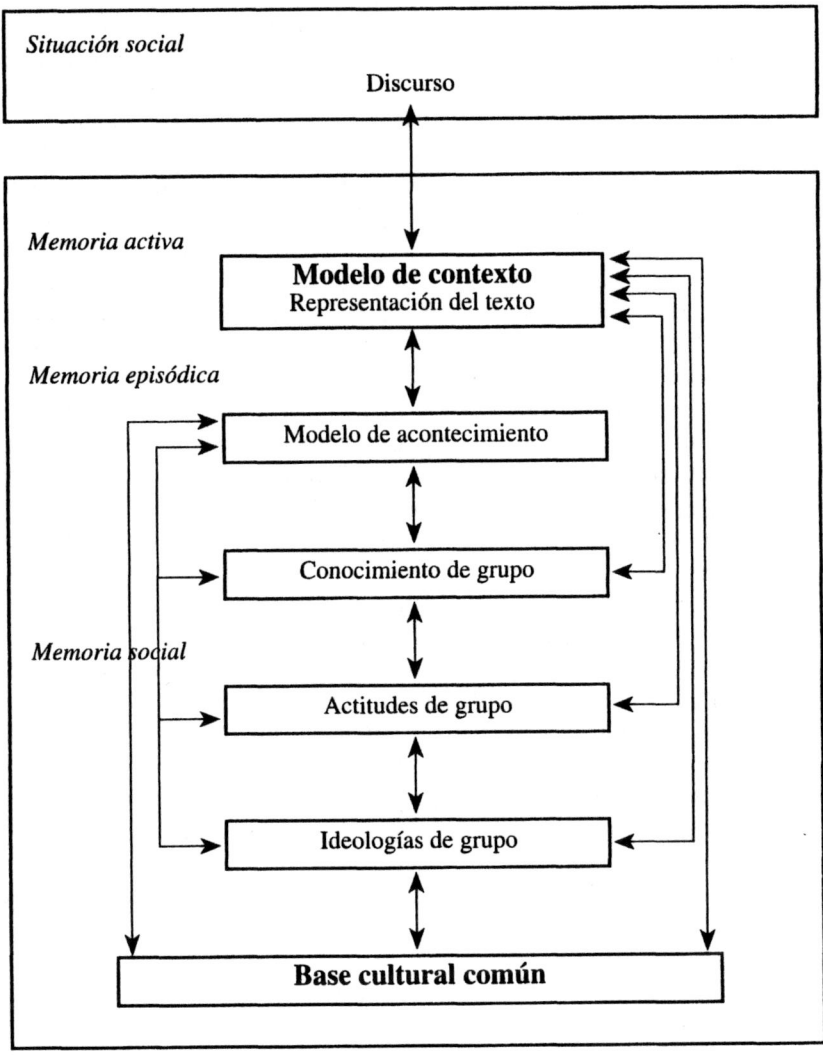

Situación social

Discurso

Memoria activa

Modelo de contexto
Representación del texto

Memoria episódica

Modelo de acontecimiento

Conocimiento de grupo

Memoria social

Actitudes de grupo

Ideologías de grupo

Base cultural común

modelos de experiencia personales se pueden expresar en el discurso o representar en otras prácticas sociales.

Asimismo hemos visto que, por la naturaleza del discurso, también son posibles los atajos. O sea, mientras que las ideologías están ligadas teóricamente al discurso sólo en la forma indirecta descripta arriba, el discurso también puede expresar directamente fragmentos de actitudes e ideologías. Y viceversa, las ideologías no son sólo aprendidas y modificadas por las experiencias personales, sino que también pueden ser construidas, al menos parcialmente, en forma directa a partir de las afirmaciones ideológicas en el discurso. Las conversiones políticas y religiosas son a veces de esta naturaleza. La propaganda tiene precisamente la función de afectar directamente las actitudes e ideologías de los miembros sociales, aun cuando se pueden dar "ejemplos" o "ilustraciones" como "evidencias" persuasivas de la validez de las creencias generales. Esta posibilidad de un nexo directo entre discurso e ideología explica también las estrategias familiares de manipulación, así como la clásica noción de falsa conciencia: como el discurso no necesita limitarse a la expresión de experiencias personales, y por tanto a las condiciones sociales y económicas concretas de los miembros sociales, las ideologías también se pueden adquirir más directamente, a saber, a través de la argumentación y otros medios persuasivos para comunicar las creencias ideológicas.

Sin embargo, la mayoría de las ideologías que controlan la vida diaria son adquiridas gradualmente en base a un gran número de experiencias personales y discursos, y en consecuencia tienen sus "raíces empíricas" en modelos personales. Se puede suponer que dichas ideologías son también menos fáciles de manipular, porque necesitan ser consistentes con los modelos de experiencia predominantes. Sin embargo, para todas las situaciones en que los miembros sociales tengan menos experiencias (modelos) personales o éstas sean distorsionadas o incompletas, será mucho más fácil fabricar ideologías que no tengan ninguna "base", pero que son adquiridas como resultado de la propaganda realizada por las elites que controlan los medios del discurso público. Examinaré éstas y otras condiciones sociales de la adquisición y cambio de ideologías y sus relaciones con el discurso en capítulos posteriores. Lo importante, por ahora, es que contamos con los instrumentos teóricos para describir tales procesos, y especialmente para analizar lo que "pasa" entre las prácticas sociales, el discurso y las ideologías.

Otra consecuencia esencial de la teoría de modelos mentales presentada aquí es que explica el aspecto fundamental de la *variación* situacional o contextual, y por tanto la posibilidad de *cambio*. Las ideologías y otras representaciones sociales son generales y abstractas, y más o menos permanentes. Sin embargo, también hemos observado que en acciones y discursos específicos, puede haber una considerable variación personal y contextual en la expresión o "usos" de las ideologías. En verdad, debido a estas variaciones personales, los estudios empíricos de la ideología (especialmente en la ciencia política) algunas veces concluyen que no existen ideologías generales de grupo.

En la presente estructura, podemos dar cuenta, por un lado, de la observación frecuente de que muchos miembros de un grupo en muchas situaciones *realmente* actúan y hablan más o menos de la misma forma, y, por otro lado, de la singularidad de todas las acciones y el discurso individuales, ya que están basados en modelos personales. Como los modelos incorporan instancias de creencias sociales, al mismo tiempo que incluyen conocimiento y opiniones personales, sus expresiones en el discurso y la acción pueden muy bien tener la naturaleza caótica y contradictoria que con frecuencia se observa en los estudios del discurso así como en las encuestas sociales o políticas.[10] Además, los individuos son miembros de grupos sociales variados, cada uno con su propia ideología, y como individuos pueden, según las limitaciones del contexto, recurrir a varias ideologías al mismo tiempo, Por lo que también pueden mostrar contradicciones que expresan intereses en conflicto entre esos grupos. Retomaré esta cuestión de la variación y la consistencia en el próximo capítulo.

De este modo, mientras que las ideologías son la interfase entre la "mente social" compartida por los miembros de un grupo, por un lado, y la estructura social por el otro, los modelos son a su vez la interfase entre lo social y lo individual, y por tanto entre lo general y lo particular, y entre representaciones compartidas y las prácticas reales que las generan o manifiestan en situaciones sociales y personales concretas. Sin esta última interfase, no podemos describir la base cognitiva de las prácticas sociales y el discurso (únicos), (a excepción del discurso de tipo genérico) y explicar cómo éstos están controlados por las ideologías.

8

Consistencia

Consistencia versus variación

Un problema que ha aparecido a menudo en las discusiones sobre la ideología es si las creencias ideológicas forman un sistema *consistente*. El trabajo tradicional, tanto en psicología política como en psicología discursiva y retórica, sugiere que las ideologías son escasamente consistentes. La gente muestra, en sus acciones y en su texto y conversación, muchas inconsistencias y dilemas, y esto no parece presuponer sistemas subyacentes claramente consistentes.[1]

El problema con estas observaciones es que, aunque son innegablemente correctas, no permiten conclusiones firmes sobre las estructuras o contenidos de las ideologías. Esto es cierto no sólo porque tales estudios rara vez tienen, en primer lugar, un concepto explícito de las estructuras ideológicas, sino más bien porque confunden las *expresiones* limitadas situacional y contextualmente o los usos de las ideologías con las ideologías mismas.

Podemos comparar este argumento de inconsistencia con el de la lingüística con respecto al papel de la gramática. Si examinamos la conversación espontánea de la gente, podemos observar que no siempre sigue exactamente las reglas de las gramáticas abstractas de oraciones. Concluir de tales usos variables personales y contextuales de un sistema de lenguaje que la gramática no existe (o que la gramática es incoherente) es, por supuesto, muy poco convincente.

Ahora, si aplicamos el mismo argumento al campo de las ideologías, en el cual las personas no solamente "siguen" una sino posiblemente muchas ideologías diferentes, dependiendo de sus distintas pertenencias a grupos, la conclusión es aun menos convincente. Esto es, no solamente necesitamos explicar tal variación sino también, y quizás lo más importante, las numerosas situaciones en las cuales los miembros sociales *efectivamente* siguen su orientación ideológica. Es decir, las ideologías no deberían ser estudiadas únicamente en contextos aislados o en miembros individuales de un grupo, sino en todos los contextos y en muchos miembros de grupo. Si tales comparaciones nunca, o rara vez, permiten alguna continuidad ideológica, entonces tendremos que abandonar la noción misma de ideología como un sistema subyacente de control. En tal caso, deberemos explicar, sin embargo, cómo los miembros sociales pueden interpretar las distintas prácticas sociales en términos de lo que habitualmente se denomina ideologías, tal como "El es conservador", "El es racista", "Ella es feminista" o "Ella es ambientalista", etcétera.

Coherencia y consistencia

Aunque podamos argumentar que las expresiones ideológicas variables, como tales, no son la causa de la inconsistencia de las ideologías subyacentes, la conclusión opuesta tampoco necesita ser cierta: las formas de la continuidad ideológica de las prácticas sociales no implican como tales la consistencia ideológica, al menos no en un sentido lógico estricto.[2] Al menos, necesitamos tener en cuenta que si existe algún "orden" en las ideologías, éstas son como máximo psico-lógicamente consistentes. En efecto, las ideologías son ingenuas "teorías" básicas de la vida social, cognitiva y socialmente construidas y, especialmente, sobre grupos y sus relaciones con otros grupos. Que muchos miembros sólo adquirirán y utilizarán algunas veces fragmentos incompletos e inconsistentes de tales ideologías, parece obvio y ya se ha explicado (véase más abajo).

¿Qué sucede, sin embargo, con la ideología en el nivel social, esto es, como una ideología compartida de un grupo? La comparación con la adquisición de las gramáticas resulta aquí, una vez más, instructiva. No existen dudas sobre que la gente adquiere su lengua materna en contextos sociales diferentes, variables y, observando el uso del lenguaje de muchos miembros (especialmente los menos educados), uno podría concluir que su gramática está lejos de ser completa o perfecta. Sin embargo, se manejan muy bien para comunicarse en su vida cotidiana.

Lo mismo es cierto, en el nivel de miembros individuales, para las ideologías a veces fragmentarias que los miembros adquieren como resultado del discurso y la interacción. Pero en un plano más abstracto, las gramáticas y otras formas de conocimiento también deberían ser consideradas a nivel de una comunidad entera. Algunas personas en la comunidad conocen la gramática "oficial" mejor que otras, y la educación formal implica precisamente la enseñanza de tales gramáticas a los jóvenes. La enseñanza ideológica, como tal, puede no ser una asignatura en la mayor parte de las escuelas, pero tanto en la socialización·como en la educación formal, en los usos más recientes de los medios masivos de comunicación y en las conversaciones diarias u otros discursos, hay muchos ejemplos de inculcación o "aprendizaje ideológico". Existen muchas situaciones en las cuales los miembros pueden comparar sus experiencias (modelos), incluyendo sus opiniones al igual que sus actitudes, con las de otros miembros sociales.

Esto es, el sistema evaluativo de miembros individuales se "normaliza" con respecto a las creencias sociales del grupo, de la comunidad y de la cultura como un todo. Como en el caso de la gramática, la gente puede no tener un conocimiento activo sobre los contenidos o estructuras precisas de tales ideologías, pero en la evaluación de sus propias prácticas sociales y las de otros miembros deberían ser, en general, bastante competentes para efectuar las evaluaciones "correctas", y seguir los principios ideológicos que forman parte de los intereses del grupo. Esto es así, a pesar de que la gente puede ser manipulada para que adopte principios ideológicos "inconsistentes" cuando carece de información adecuada o experiencias personales a las cuales recurrir.

Como creencias básicas de grupo, las ideologías no están basadas solamente en las experiencias de unos pocos miembros, sino en las experiencias social e históricamente desarrolladas, acumuladas y (discursivamente) transmitidas, de todo el grupo, ahora y en el pasado. Tales experiencias colectivas serán un correctivo poderoso para las ideologías enteramente inconsistentes e incompletas: el discurso intragrupal proveerá las experiencias, la evidencia, los argumentos, las situaciones, etc., que son necesarias para que el *grupo* entero desarrolle su ideología de grupo, aun cuando *miembros* individuales lo hagan de modo imperfecto o bastante variable como resultado de su posición social específica o como consecuencia de la influencia de otras ideologías. Para grupos grandes, institucionalizados u organizados de otra manera, existirán instituciones ideológicas especiales (entrenamiento, conferencias, seminarios, medios y propaganda) que pueden explicar los detalles de tales ideologías, como es el caso de las religiones (iglesias), partidos políticos, sindicatos, organizaciones no gubernamentales (como Greenpeace), o grandes movimientos sociales tales como los movimientos de las mujeres, como veremos luego con más detalle.[3]

El asunto decisivo aquí es que, si bien no es necesario que todos los miembros individuales sean capaces de formular explícitamente las ideologías de los grupos de los que forman parte, los grupos como un todo pueden desarrollar ideologías de grupo complejas y más o menos coherentes. Tales grupos tendrán líderes u otros miembros de elite (los ideólogos) que saben y enseñan o transmiten esas ideologías a los nuevos miembros. Si los miembros del grupo en su mayoría tuvieran ideologías altamente fragmentarias o incoherentes, no serían capaces de organizar sus actitudes correspondientes de grupo y formar los modelos necesarios para sus prácticas cotidianas como miembros de grupo.

122

En resumen, dadas las distintas restricciones sociales sobre los grupos y las relaciones de grupo, y las experiencias colectivas e históricas de sus miembros, podemos concluir provisoriamente que, *a nivel de grupo,* las ideologías deberían ser relativamente estables y coherentes.

Condiciones de variación

Resulta fácil explicar la variación situacional y personal mientras se mantenga la noción de una ideología subyacente más o menos coherente. Examinemos ahora algunas de las condiciones de tal variación.

La primera razón es que las ideologías no siempre están vinculadas inmediatamente al discurso sino usualmente en forma indirecta, esto es, por medio de un conocimiento, de actitudes y modelos personales episódicos más detallados. Es decir, en sus vidas cotidianas, los miembros sociales más bien operan en el "nivel medio" de las creencias de grupo, en lugar de hacerlo en el nivel alto, abstracto de las ideologías. Por ejemplo, ellos pueden estar conscientes de, y aplicar, las opiniones sobre inmigración o desempleo más que los principios ideológicos abstractos sobre una ideología racista (o antirracista), a pesar de que la última puede a veces hacerse explícita en explicaciones y argumentaciones, y aparece más a menudo en el discurso de las elites.

En segundo lugar, tanto las ideologías cuanto las actitudes y el conocimiento, están socialmente compartidos y, por lo tanto, "desligados del contexto" en el sentido de que son estables en diferentes situaciones sociales, específicos al micronivel. En los contextos y prácticas cotidianos, la gente se maneja con acontecimientos, personas y situaciones más concretos, como los representados en modelos mentales. Estos modelos están estratégicamente adaptados a la situación particular, y esto significa que algunas veces la expresión de una opinión ideológicamente "correcta" puede ser menos apropiada por motivos de cortesía, autopresentación positiva e intereses corrientes: por ejemplo, los comerciantes racistas quebrarían pronto si menospreciaran abiertamente a sus clientes negros.

Además, puesto que los miembros sociales son miembros de varios grupos, ellos aplicarán varias ideologías en sus modelos de acontecimientos cotidianos, de modo que los modelos pueden resultar aparentemente incoherentes. Lo mismo vale para sus prácticas y discursos. La gente puede adherirse a principios más o menos humanitarios y democráticos pero, al mismo tiempo, no aplicarlos a ciertas relaciones sociales, por ejemplo, las de género, edad o etnia. La utilización de varias ideologías en una situación (lo que también se da en experimentos de laboratorio para situaciones simuladas) da como resultado así en modelos a veces complejos que muestran, en el discurso, opiniones aparentemente incoherentes, claramente expresadas en negaciones como "Yo no soy racista, pero…", "Estoy por la igualdad de las mujeres, pero…". Las experiencias personales y las biografías, las circunstancias locales y las relaciones interpersonales contribuirán además a la complejidad de tales modelos y de los discursos basados en ellos. Claro está que muchas de estas observaciones ya han sido efectuadas, en otros términos, en estudios clásicos sobre *disonancia cognitiva*,[4] que ahora podemos reformular en términos de estructuras de modelo y relaciones entre modelos y representaciones sociales. En consecuencia, tal como se sugirió antes, las conclusiones sobre los contenidos y·las estructuras de las ideologías necesitan basarse en comparaciones de muchos eventos en los cuales las propiedades variables del discurso están explicadas en términos de tales restricciones.

Para expresarlo de otro modo, la variabilidad de la expresión ideológica se explica por la interacción compleja de varias ideologías y sus usos contextualmente específicos, en tanto que la continuidad de las opiniones ideológicas puede explicarse en términos de las ideologías socialmente compartidas que son más bien estables y desligadas del contexto. No hay necesidad, por lo tanto, de suponer que las ideologías son conjuntos de proposiciones mutuamente incoherentes. Si tal fuera el caso, en principio la gente *siempre* se expresaría de modo incoherente, también en distintas situaciones, y no hay evidencia de eso. Por el contrario, sabemos por trabajos sobre racismo (y sexismo, etc.) que la conversación sobre relaciones étnicas (o de género) recurre bastante consistentemente, en contextos variables, a similares normas, valores, principios, proposiciones ideológicas y actitudes básicas más específicas. A menos que las circunstancias personales o sociales cambien dramáticamente, o que el discurso persuasivo apunte a ellas, alguien que aboga hoy por reglas liberales de inmigración no pedirá mañana que sean más estrictas.[5]

Es decir, la situación "normal" es la de la variabilidad individual, y la situación que necesita ser especialmente explicada es precisamente el hecho de que muchas personas distintas en muchas situaciones diferentes aún parecen utilizar opiniones ideológicas muy similares. Lo notable es la conformidad ideológica y el consenso, y, en menor medida, que personas diferentes con distintas experiencias tengan diferencias de opinión. Por otro lado, si tal conformidad se explica principalmente en términos de la situación social o económica idéntica de un grupo, entonces la variación individual y el disenso son los fenómenos que deben ser explicados.

Cambio

Por supuesto, las ideologías pueden cambiar, pero esto lleva tiempo porque están socialmente compartidas y los grupos demoran en modificar sus ideologías básicas, ya que tales cambios requieren de abundante discurso público y debate. Y, precisamente, durante tales períodos de formación ideológica y cambio, otras ideologías (opuestas) pueden convertirse en más apropiadas para el control de la acción y el discurso, y el resultado será más variación personal. Por ejemplo, desde la desaparición del socialismo de Estado y el comunismo alrededor de 1990, que también afectó a la Izquierda en general, las ideologías izquierdistas están en un estado de transición, mientras que las ideologías neoliberales de mercado se han tornado no sólo más dominantes sino prácticamente hegemónicas. Como resultado, aun en medios de comunicación relativamente progresistas, el discurso socialista se ha convertido en algo "fuera de moda". Volveré más adelante a estas condiciones sociales y políticas de ideologías en cambio.[6]

Conclusión

De estos argumentos puede concluirse que las ideologías reflejan "idealmente" los objetivos e intereses del grupo, y lo hacen en forma óptima cuando estos intereses se trasladan coherentemente a un conjunto de creencias básicas compartidas dentro del grupo. Dicha coherencia facilita la organización de nuevas actitudes sobre asuntos específicos y la coordinación de prácticas sociales por parte de distintos miembros en situaciones diferentes. Esto es, la coherencia es una condición de la continuidad y la reproducción. Como una hipótesis teórica, explica las experiencias de los miembros, sus observaciones y sus expresiones de tal continuidad.

Las variaciones y contradicciones en la actuación o expresión de tales ideologías son perfectamente compatibles con esta hipótesis si consideramos que tales manifestaciones se explican por lealtades ideológicas múltiples de los actores sociales, tanto a nivel de actitudes como a nivel de modelos de acontecimientos específicos, contextuales y personales, los que a su vez controlan el discurso y otras prácticas sociales. Como sucede generalmente en el caso de las representaciones sociales, incluyendo el conocimiento (también el conocimiento del lenguaje o sobre la interacción), los miembros sociales son expertos en adaptar estas representaciones compartidas a sus necesidades personales y a las restricciones contextuales.

Es también en este nivel que la variación sistemática y la "desviación" pueden dar lugar al cambio actitudinal y, finalmente, al *cambio ideológico*, tan pronto como una cantidad suficiente de miembros, y especialmente los líderes que controlan el discurso público, puedan comunicar persuasivamente tales sistemas alternativos de juicio a otros miembros del grupo. Los cambios en las ideologías feminista y socialista son ejemplos bien conocidos de esas transformaciones. De este modo, las ideologías, a pesar de su naturaleza relativamente estable, pueden con cierta demora cambiar flexiblemente como consecuencia de a) intereses sociales cambiantes, b) las experiencias cotidianas de los miembros del grupo y, por supuesto, c) el discurso ideológico persuasivo. Estas y otras condiciones para la continuidad ideológica y el cambio serán analizadas en capítulos posteriores.

9

Conciencia

Introducción

Cuando se trata la dimensión cognitiva de las ideologías, es necesario abordar otro asunto, a saber, la conciencia. En primer lugar, esta noción ha sido parte de la historia del estudio de las ideologías desde Marx y Engels, casi siempre bajo la forma de "falsa conciencia". En segundo lugar, debemos preguntar si los miembros sociales tienen, experimentan o utilizan sus ideologías más o menos conscientemente o si estos sistemas de creencias se adquieren, usan y cambian más o menos "inconscientemente" o, en otros términos, "implícitamente".

Falsa conciencia

La noción tradicional de "conciencia" (en alemán: *Bewußtsein*) desempeña un papel central en las explicaciones tradicionales de las ideologías, especialmente en la combinación con su modificador negativo "falsa".[1] Esta frase, entonces, habitualmente se refiere al grupo de ideologías que no reflejan los intereses socioeconómicos "objetivos" de un grupo. De esta manera, los trabajadores o las personas pobres pueden desarrollar una ideología que más bien responda a los intereses de la clase gobernante, las elites, la empresa para la cual trabajan o los propietarios o gerentes de la empresa.

Dicha ideología "falsa" o desviada puede ser el resultado de una mezcla de ignorancia, indiferencia, manipulación, obediencia o preocupación por intereses inmediatos (por ejemplo, no perder el trabajo, obtener un aumento de sueldo) a expensas de intereses estructurales mediatos, tales como la propiedad de los medios de producción o, al menos, efectuar planes o tomar decisiones en forma compartida. La "alienación" contemporánea de la clase trabajadora en tiempos de la hegemonía de las ideologías de libre mercado, es un ejemplo conocido: grandes segmentos de la clase trabajadora ya no votan a los socialistas y ni siquiera a los socialdemócratas. Habiendo obtenido una seguridad mínima en el trabajo y en el ingreso, adoptan ideologías de mercado o formas del individualismo liberal relativamente conservadoras.

Más tarde se tratará la dimensión social de este problema (véase capítulo 11). Aquí, me concentro en el aspecto cognitivo de este asunto clásico en la teoría de la ideología. Ciertamente, ¿qué *es* exactamente la conciencia? En la redacción del párrafo precedente, reemplacé con toda libertad la falsa conciencia por ideologías falsas. Esto es, la conciencia es considerada obviamente como un "estado de la mente", en este caso de conjuntos de creencias. Más específicamente, puesto que está involucrada la "conciencia" de grupos enteros o clases, estas creencias deben estar socialmente compartidas. En consecuencia, la traducción más adecuada del término en mi enfoque simplemente sería la de representación social. Esto comprende no sólo las ideologías básicas del grupo sino también sus actitudes y conocimiento. La ventaja de una definición tan amplia de este término impreciso es que están involucrados no sólo sistemas de valores y juicios, sino también el conocimiento.

Por supuesto, el concepto de falsa conciencia también se utiliza con el objeto de denotar ignorancia de los hechos sociales "reales", por ejemplo, sobre los intereses en juego en acuerdos, políticas o prácticas sociales específicos. Tal ignorancia puede ser el resultado de indiferencia y apatía extendidas, las que pueden ser el resultado de la opresión o satisfacción parcial con el statu quo, o puede ser inculcada más activamente por medio de información sesgada o por otras formas de manipulación ideológica por parte de los grupos dominantes. En tal caso, la ideología como una falsa conciencia del grupo dominado A implica de hecho la aceptación de una ideología hegemónica del grupo dominante B como, por ejemplo, las creencias que desfiguran la desigualdad social presentándola como el pretendido carácter natural o inmutable del orden social y moral corrientes. En otras palabras, la noción de "falso" aquí también implica concepciones sobre la verdad o falsedad de las creencias y las ideologías sobre la vida·social, lo que se tratará en el capítulo 11.

O sea, mi análisis de la noción tradicional de "falsa conciencia" propone hacer más explícita la noción de "conciencia", en primer lugar, utilizando el término "representación social", que incluye tanto el conocimiento como también las actitudes (evaluativas) y las ideologías. En segundo lugar, a la noción de "falso" se le pueden asignar dos significados distintos: 1) creencias fácticas incorrectas, parciales, incompletas, distorsionadas o de algún modo desviadas (lo que presupone que existe un conocimiento "correcto" o "verdadero (véase capítulo 11) y 2) creencias evaluativas que conducen a juicios y prácticas que no son del interés del propio grupo, y pueden ser del interés de un grupo dominante. Luego de esta clarificación conceptual de una noción clásica, estudiaré en más detalle qué condiciones discursivas y qué situaciones sociales pueden originar tales representaciones sociales que no sirven a sus propios intereses.

Habiendo clarificado de algún modo la noción de (falsa) conciencia, nos quedaremos con la cuestión empírica de si las tesis (marxistas) principales de la dominación ideológica, el adoctrinamiento y la construcción de ideologías "desviadas" por grupos dominados es, en primer lugar, correcta. Esto es, puede no haber una sola ideología (de clase) "dominante", sino una estructura compleja de ideologías de elite que pueden competir mutuamente por el control o la hegemonía.[2]

En segundo lugar, si bien no es irrazonable que las representaciones sociales de las elites ideológicas puedan ser bastante influyentes cuando éstas tienen el control de los medios de producción ideológica (especialmente la política, la educación y los medios de comunicación), esto no implica que los grupos dominados realmente adoptarán tales representaciones. Mientras que se puede entender que dicha influencia ideológica se dé en situaciones en las que no hay fuentes alternativas de conocimiento y opiniones disponibles o accesibles, y si las actitudes dominantes no chocan obviamente con los intereses inmediatos de los grupos dominados y sus miembros (es así en las ideologías racistas), tal inculcación es mucho menos obvia cuando los miembros del grupo pueden observar directamente las contradicciones entre las ideologías y actitudes inculcadas y su vida cotidiana. Ciertamente, si tal fuera el caso, la resistencia y el cambio social e individual serían difíciles o aun imposibles. Estos asuntos serán tratados con más detalle cuando estudie las dimensiones sociales de las ideologías.[3]

La conciencia como "ser consciente"

Un problema relacionado con la definición de (falsa) conciencia y, por lo tanto, de las ideologías, es si la gente que las "tiene" realmente "se da cuenta". Ya hemos visto en los capítulos previos que esto no es necesariamente así. Los miembros sociales apenas se dan cuenta de muchas de las representaciones sociales que tienen, y de los modos en que éstas controlan sus prácticas sociales y evaluaciones. Como veremos más tarde con la noción de "sentido común", las ideologías pueden ser o parecen tan "naturales" que la gente ni siquiera se da cuenta de que las tiene. Así como ocurre con el conocimiento del lenguaje natural (capacidad compartida por las personas), también las ideologías a menudo simplemente son parte de la vida cotidiana, y se dan por sentadas.[4]

Si bien esto es cierto y, probablemente, se aplica a muchas ideologías, está lejos de ser una propiedad de todas las ideologías. Algunas son explícitamente "inventadas" en las circunstancias históricas y sociales apropiadas y explícitamente propagadas entre los miembros del grupo. En especial para grupos dominados, entonces, es decisivo que las ideologías puedan ser y mantenerse conscientes, y existen muchas prácticas institucionales que asegurarían esto: los mensajes en los medios de comunicación, la propaganda, etc. se asegurarán de que los miembros aprendan a percibir la base ideológica de su pertenencia al grupo.[5]

A diferencia de muchos conocimientos implícitos de las gramáticas, algunas ideologías pueden hacerse parcialmente explícitas en el discurso cotidiano, por ejemplo, cuando la gente defiende sus propias ideologías o ataca otras. Algunas partes de los argumentos en tales debates estarán basadas en principios ideológicos que pueden necesitar ser explícitamente formulados como premisas de una argumentación. Esto significa que los usuarios de la lengua del grupo ideológico tienen una "ejercitación" frecuente en la adquisición de la ideología de grupo.

Mientras que, por definición, las ideologías de oposición tenderán a ser más explícitas y conscientes entre los miembros del grupo, las ideologías dominantes precisamente tenderán a ser implícitas y negadas, o consideradas como "naturales" por los miembros del grupo. Estos, ciertamente, no necesitan estar conscientes de sus ideologías (como en el caso del machismo, racismo, etc.) hasta tanto no son desafiados por miembros de otro grupo.

Si bien la noción de "conciencia" puede ser clara en su sentido cotidiano, teóricamente apenas resulta explícita. Estar consciente o darse cuenta de algo, en primer lugar, es un "estado de la mente". Por ejemplo, puede significar que los procesos activos de pensar, argumentar mentalmente o simplemente buscar información tienen acceso a información específica. En tal caso, la gente puede utilizar tal información en argumentos o para procesos adicionales de inferencia.

En otras palabras, hay muchos tipos o grados de "conciencia" entre, por un lado, ser consciente y tener conocimiento totalmente explícitos, y, por el otro, el conocimiento en gran medida implícito y la "simple" utilización como "experiencia vivida". Esta diferenciación está a menudo asociada socialmente con aquella entre "los ideólogos" y las "masas", distinción que necesitamos estudiar como parte del análisis social de las ideologías.

Cognitivamente, la distinción significa que al menos algunos miembros del grupo —y para cada grupo esta fracción puede ser de diferente magnitud— no sólo comparten la ideología sino que también conocen explícitamente sus doctrinas principales, y son capaces de hablar sobre ellas como tales, y aun argumentar a favor de ellas como tales. Se ha observado con frecuencia que la autoconciencia ideológica explícita es poco común, y está usualmente limitada a los líderes, los líderes de opinión y otras elites. Estos son también quienes tienen la función de formular e inculcar persuasivamente las creencias ideológicas relevantes entre los miembros del grupo —por ejemplo, por medio de la propaganda— o quienes pueden explicar los acontecimientos cotidianos significativos en términos de la ideología.[6]

Por otro lado, ese conocimiento explícito de las creencias ideológicas puede estar limitado solamente a unas pocas creencias básicas, o ser accesible solamente en su forma más específica, como, por ejemplo, las opiniones en las actitudes particulares. Así, las personas pueden no estar capacitadas para explicar los principios racistas o etnocéntricos como tales, pero saben muy bien que desaprueban la inmigración libre o la distribución preferencial de trabajo o vivienda a las minorías o a los refugiados. Esto es, en esa situación, su conocimiento es aún explícito, general y social, y puede expresarse como tal: "Nosotros, en nuestra comunidad, pensamos que...". Otro estadio intermedio de conciencia se da cuando los miembros del grupo tienen tales actitudes frente a algunos asuntos, pero no ante otros más importantes. Por ejemplo, pueden compartir una actitud prejuiciosa sobre la inmigración, pero no tener (sin embargo) ninguna actitud étnica sobre la educación o el uso del lenguaje.

Finalmente, son en gran parte implícitas aquellas opiniones ideológicas que existen solamente a nivel de modelos de acontecimientos concretos, por ejemplo, cuando alguien no quiere a un vecino extranjero, pero no generaliza o racionaliza esto explícitamente en términos de actitudes de grupo ("Nosotros no queremos vecinos extranjeros porque..."). En este caso los intereses sociales están completamente trasladados e integrados a los intereses personales. Yo presumo, sin embargo, que esos conocimientos y actitudes totalmente implícitos son poco comunes en la mayor parte de las sociedades contemporáneas, en las que la mayoría de los miembros tienen acceso a los medios de comunicación: en tal situación las personas aprenden rápidamente a legitimar sus opiniones personales en términos de las actitudes compartidas del grupo. El análisis sistemático del discurso, del texto y de la conversación ideológicos permite comprender estos distintos niveles o grados en el ser consciente.

También necesito demostrar luego si, y cómo, tal ser consciente puede ser incrementado (o suprimido) por medio de la comunicación, por ejemplo, mediante propaganda partidaria o de grupo, enseñanza, seminarios, mitines, medios de comunicación, etc. El hecho de que muchos grupos ideológicos organizan varias formas de "incrementar la conciencia" o "entrenar el ser consciente" sugiere que tales formas de explicación ideológica pueden ser una característica organizativa importante de los grupos ideológicos, especialmente para grupos dominados o movimientos sociales.

Los usos contemporáneos de la noción de conciencia en la ciencia cognitiva son bastante diferentes del significado tradicional de (falsa) conciencia. En los debates actuales, el concepto de conciencia se aplica al problema complejo de cómo podemos explicar el modo en que el cerebro pueden ser asociado con la (auto-) conciencia de las mentes. En muchos sentidos, este aspecto nos lleva nuevamente al problema eterno de la identidad y diferencia de cerebro-mente: una vez que se acepta que, en algún nivel de análisis, el cerebro también tiene cualidades de tipo mental, al mismo tiempo explicamos la noción escurridiza de conciencia, por ejemplo, en términos de conocimiento de sí mismo, conocimiento sobre el contexto presente y especialmente en términos de procesos mentales como pensar (incluyendo la habilidad de la gente para poder pensar sobre ella misma y su propio pensamiento). Es este tipo de conciencia la que caracteriza especialmente el proceso de construcción de modelos mentales de experiencia (véase capítulo 7).

Con nuestro conocimiento contemporáneo sobre el cerebro y la mente, no parece haber ninguna propiedad adicional de los mismos que necesite explicación especial en términos de conciencia o percepción: una mente humana en funcionamiento es, por definición, "consciente" cuando las personas saben sobre ellas mismas, sobre sus actividades y sobre sus pensamientos. Entonces hay una distinción entre procesamiento de la información "consciente" y "automático". Esto sugiere que la conciencia y la mente no pueden ser simplemente identificadas: el procesamiento en el primer caso involucra la autopercepción de los procesos de la memoria mediata, como conocimiento de lo que uno está haciendo ahora. En el capítulo 7 se propuso representar al menos parte de este conocimiento en modelos de experiencia y de contexto, los que, por lo tanto, también pueden ser considerados como el tipo de monitor mental general asociado algunas veces con la percepción. Por supuesto, esto no resuelve todos los problemas relacionados con la noción de conciencia, pero para mi análisis debiera ser suficiente.[7]

Ser consciente y la negación del ser consciente

Finalmente, necesitamos entender que el conocimiento más o menos explícito de las creencias ideológicas de los miembros que se identifican positivamente con un grupo usualmente implica aceptación positiva de tales creencias. Esto también implica la autopresentación positiva y la descripción de tales creencias. Es bien sabido que, por ejemplo, casi todos los racistas niegan que son racistas, y muchos de ellos parecen rechazar las ideologías racistas cuando se las describe como tales.[8] Sin embargo, cuando no se las describe como racistas sino, por ejemplo, como nacionalistas, o como creencias "normales" o "naturales" a favor del propio grupo, entonces las mismas creencias ideológicas pueden resultar perfectamente aceptables. En otras palabras, el conocimiento y la aceptación de las ideologías y sus opiniones derivadas por miembros del grupo generalmente implican la aceptación de las ideologías "tal como las describe el grupo mismo".

Lo opuesto ocurre con el rechazo o cambio de (otras) ideologías, como sucede con el anticomunismo y el antirracismo, que están basados en la descripción hecha por otras ideologías. Tales ideologías opuestas pueden nuevamente reflejarse en el discurso argumentativo, explicativo o legitimador de los miembros del grupo que comparten las ideologías así criticadas como, por ejemplo, en los muy conocidos casos de autojustificación como "Yo no soy racista, pero...", o "Yo no soy sexista, pero...", etc. Dado el sentido negativo del concepto de ideología en el uso diario, los grupos y sus miembros en primer lugar pueden negar que tengan una ideología. Así, estar a favor de la libertad de mercado será rara vez considerado por sus adherentes como una creencia que caracteriza la ideología "capitalista", o aun una ideología "liberal". Del mismo modo, los cristianos o los musulmanes no se describirán a sí mismos como adherentes a ideologías religiosas. Cuanto mucho, se aceptarán términos como "filosofía", "principios", "convicciones", o simplemente "creencia(s)" como autodescripciones de las ideologías.

Más adelante investigaré en mayor detalle tales estrategias de auto-descripción, negación y legitimación en la expresión y defensa de las ideologías. Para el presente análisis estos ejemplos sólo muestran que las personas se dan cuenta de las ideologías en conflicto, que saben que su expresión de opiniones específicas puede ser "escuchada como" expresión de una ideología normativamente inaceptable, y que ellos habitualmente se representan a sí mismos y defienden sus propias ideologías en términos positivos.

10

Sentido común

Los significados de "sentido común"

Relacionada con la noción de conciencia y ser consciente, existe otra noción sociocognitiva que desempeña un papel central en las discusiones contemporáneas de ideología: la de *sentido común*. Esta noción tiene sus raíces en diferentes tradiciones filosóficas y sociológicas.

En primer lugar, se la asocia a menudo con las contribuciones de Antonio Gramsci a la teoría de la ideología, y especialmente con el concepto de hegemonía.[1] Apenas los grupos y sus miembros aceptan una ideología dominante como un reflejo de sus propios fines, deseos o intereses, o como una representación de un orden social natural o de alguna manera legítimo, sus ideologías pueden convertirse en creencias que se dan por sentadas o simplemente cuestiones de sentido común. La dominación y la hegemonía ideológicas son "perfectas" cuando los grupos dominados son incapaces de distinguir entre sus propios intereses y actitudes y los de los grupos dominantes. En ese caso, ni siquiera pueden ver las ideologías opuestas (aun cuando sean en beneficio propio) como alternativas viables o aceptables. Volveré más adelante a las dimensiones sociales de estas formas de conformidad ideológica.

Se puede encontrar otra fuente principal de la noción de sentido común en la microsociología fenomenológica y en la etnometodología, por ejemplo, en el trabajo inspirado por Alfred Schütz.[2] Aquí el sentido común es definido simplemente en términos de conocimiento social implícito que los miembros de un grupo *dan por sentado* en sus prácticas sociales diarias. Este conocimiento de los miembros es esencialmente conocimiento no profesional compartido, y debería distinguirse de las formulaciones o explicaciones teóricas o de elite del conocimiento. En efecto, comparado con el conocimiento científico, explícito, el conocimiento común puede ser descripto a veces como erróneo, tendencioso, desviado o de alguna manera infundado. Sin embargo, fuera de esta descripción crítica del sentido común, debería enfatizarse que cualquiera sea el estatus de verdad de las creencias de sentido común, éstas son habitualmente verdaderas y aceptadas por las personas que las sostienen, y en consecuencia estarán en la base de sus experiencias e interacciones diarias, o sea, de sus logros *prácticos*. Es decir, para los miembros del grupo estas creencias son verdaderas "para todo propósito práctico".

Describir y explicar tales prácticas mundanas, entonces, también requiere que hagamos explícitas las creencias similarmente mundanas (métodos, reglas, etc.) que los miembros del grupo dan por sentadas. Esto significa que sus acciones, incluyendo sus discursos, se describirán desde su propio punto de vista, y posiblemente en términos de nociones y categorías que ellos mismos usan. Ciertamente, usar las categorías teóricas del sociólogo puede representar equivocadamente las formas en que los miembros entienden y realizan las actividades diarias. En otras palabras, una descripción teórica del sentido común y de lo que se da por sentado en la interacción, al mismo tiempo se torna un principio metodológico: estudiar la realidad social en lo posible desde el punto de vista, y en términos, de los mismos actores sociales.

Una implicancia importante de la noción de conocimiento "dado por sentado" para el estudio del discurso, es que ese conocimiento tiende a ser presupuesto. Es decir, esas creencias no son formuladas explícitamente sino incorporadas sin cuestionamientos en nuevas afirmaciones sobre la realidad social, porque los usuarios del lenguaje pueden dar por sentado que los receptores tienen creencias afines y "métodos" reconocibles, similares, para organizar la interacción diaria en general y la conversación en particular. Este nexo entre el sentido común, el conocimiento y el discurso será explorado en mayor detalle más adelante (capítulo 11).

Para mi análisis, estas variadas nociones del sentido común, y especialmente la gramsciana y la etnometodológica, también sugieren elementos para una teoría de la ideología. Por esta razón, los estudios contemporáneos de las ideologías tienden a enfatizar la naturaleza implícita, dada-por-sentada, de sentido común, de las ideologías como "experiencias vividas" cotidianamente por los grupos y sus miembros.[3] A la luz del análisis sobre la conciencia y la percepción hecha en el capítulo anterior, esta concepción de la ideología la identifica con los modos no conscientes de las prácticas ideológicas. Las personas simplemente realizan sus quehaceres diarios y espontáneamente ven y juzgan la realidad social y los acontecimientos en términos de un sistema de creencias que es normal y no problemático, y suponen que éste es compartido por otros miembros del grupo. Solamente en las situaciones en que hay complicaciones, desafíos u otras desviaciones del sistema aceptado del conocimiento, los miembros del grupo pueden darse cuenta (se los puede hacer caer en la cuenta) de la naturaleza problemática de sus creencias de sentido común o ideológicas. En tales situaciones, no obstante, pueden disponer de "métodos", igualmente de sentido común, para manejar los problemas y tratar de resolverlos para esa precisa situación.

¿Qué es el sentido común?

Dado mi planteo anterior, esta descripción del sentido común y la ideología explica sólo parte de los hechos. Necesito primero hacer explícita la noción de sentido común allí donde es pertinente. Como tantos otros términos "mentales" en la filosofía de la ideología, y la microsociología de la vida diaria, hasta no hace mucho tiempo esta noción era rara vez explicitada más allá de una caracterización en términos de creencias mundanas, dadas por sentadas. Pero hemos visto que hay muchas clases de creencias en el ámbito de la cognición o la memoria, por lo que necesito especificar cuáles pueden ser consideradas como creencias de sentido común.

Nuestra propuesta para la definición será nuevamente directa: sentido común es sólo otro término para el conjunto de creencias sociales. Como estas últimas, es social, compartido por miembros de un grupo o comunidad, e incluye conocimiento así como opiniones.[4] Al respecto, el sentido común es una variante moderna de la noción de conciencia analizada en el capítulo anterior.

Una dimensión del sentido común, ausente, sin embargo, en la noción intuitiva de conciencia, es su naturaleza argumentativa: se habla de sentido común, especialmente en los usos cotidianos (¡de sentido común!) del término, cuando se dice que los *argumentos* están basados en el sentido común.

En otras palabras, a diferencia de los sociólogos, que toman el sentido común como el conocimiento compartido subyacente en toda interacción mundana, el significado corriente de sentido común normalmente implica al discurso: argumentos, descripciones, explicaciones, defensas y legitimación.[5] Más específicamente, connota que ese conocimiento es directo, inmediato, irreflexivo, no teórico y no científico, pero está basado en, o deriva de, la observación o las experiencias diarias. En este sentido, el sentido común es una "teoría" ingenua, implícita del mundo.[6]

Con mayor sentido crítico, esta misma explicación puede por lo tanto implicar que el sentido común es esencialmente no confiable, posiblemente distorsionado por prejuicios e ilusiones sociales, cuando no el resultado de la manipulación. En ambos casos también se lo asocia, al menos implícitamente, con la cognición popular o de la clase más baja, o sea, con lo que "la gente común" piensa y considera.

Vemos que el sentido común tiene muchos significados y varias interpretaciones críticas que necesitan ser analíticamente separadas. Por lo tanto, mantenemos primero su significado básico, es decir, como representaciones sociales, para explicar el conocimiento dado por sentado, pero agregamos que esto puede también incluir otras creencias dadas por sentadas, tales como opiniones (y prejuicios) socialmente compartidos. "Ellos nos quitan nuestros trabajos" es un típico ejemplo de esas opiniones prejuiciosas corrientes.

En segundo lugar, el papel argumentativo y discursivo del sentido común necesita ser representado de una manera diferente, en términos de las formas en que las representaciones sociales (conocimiento y actitudes) son activadas, usadas y contextualmente adaptadas en eventos comunicativos, o sea, como parte de modelos específicos. Un argumento común, entonces, es uno basado en un modelo de sentido común, es decir, un modelo en el cual gran parte del conocimiento y las opiniones son ampliamente compartidas por otros. Lo mismo ocurre con descripciones y explicaciones comunes. Tales descripciones están específicamente basadas en "lo que todos nosotros sabemos" o "lo que todo el mundo dice" (consenso), o en criterios de verdad comunes ("lo he visto yo mismo").

En tercer lugar, la dimensión del sentido común como algo inmediato, irreflexivo, y no teórico puede describirse simplemente en términos del tipo de representación compartida dentro de un grupo (conocimiento experto versus conocimiento no experto, etc.), y también en términos del procesamiento relativamente no problemático del conocimiento social: los modelos están directamente formados a partir de instancias particulares del conocimiento compartido, general, y no por medio de un examen crítico, independiente de los "hechos", ni por un pensamiento o razonamiento más complicado. De ahí también la asociación elitista de sentido común con lo que dan por sentado las "masas" no educadas. Esto no tiene siempre necesariamente una implicancia negativa. El sentido común también es evaluado positivamente como un antídoto contra la sofisticación, la jerga y las explicaciones científicas, innecesariamente complejas, de lo que el sentido común "ordinario" nos dirá de una manera más directa y transparente. De este modo, sentido común refleja positivamente lo que es "obvio" y "lo que todos pueden ver", contra las pretensiones de la erudición extravagante. Cuando se usa en este sentido, también puede ser un principio del antiintelectualismo.[7]

Y finalmente, esta dimensión sociológica —quién "tiene", efectivamente, sentido común —y quién lo usa— necesita ser descripta basándose en una sociología del conocimiento y un estudio de los discursos (especialmente argumentaciones y explicaciones) de varios grupos y sus miembros. En resumen, una teoría del sentido común examina sus estructuras y estatus como representaciones sociales, sus procesos y estrategias en el pensamiento, sus usos en las prácticas sociales y el discurso y sus usos en grupos sociales específicos.

En esta sección cognitiva, podemos examinar, por ejemplo, de qué formas se usa el sentido común, tal como aparece en las representaciones sociales, en la formación de modelos: en la interpretación de acontecimientos, como instancias personales de conocimiento social y otras creencias, como algo estratégico (rápido pero no perfecto) y, como veremos luego, en gran medida implícito, o sea, algo sobre lo que no se comenta explícitamente en el discurso.[8] Una asociación más romántica del sentido común como modo del pensamiento puede abandonarse desde el comienzo: en muchas sociedades mediáticas contemporáneas con un alfabetismo prácticamente universal y altos niveles de educación, casi no existe algo como el sentido común "puro", como sinónimo de conocimiento compartido, no teórico, irreflexivo, basado sólo en nuestras experiencias. Precisamente, una de las razones por las cuales Sergei Moscovici y la psicología social francesa introdujeron la propia noción de representaciones sociales, fue para enfatizar la incorporación "popular" de las teorías científicas.[9] El caso mejor conocido con respecto a este fenómeno es la utilización tan común ahora de nociones de las teorías psicoanalíticas.

Asimismo, las elites que tienen acceso especial a los medios de comunicación, y, por lo tanto indirectamente a las mentes del público en general, describirán y explicarán de manera rutinaria los acontecimientos en términos de teorías académicas implícitas o explícitas, y esto obviamente también influirá en las representaciones sociales y las explicaciones de otros miembros del grupo. Se deriva de esto que aunque la percepción y la comprensión cotidianas pueden muy bien estar basadas en experiencias personales y en la aplicación más o menos irreflexiva del conocimiento común en la construcción de modelos, estas representaciones socialmente compartidas también implican versiones más o menos simplificadas del conocimiento erudito. Lo mismo es cierto para los criterios de verdad, las inferencias y la argumentación. Las descripciones y las explicaciones se vuelven en gran medida aceptables sólo cuando están basadas en criterios de verdad que son, en sí mismos, versiones social y culturalmente variables de formas más filosóficas o eruditas de argumentar y pensar: pedir la opinión de un hechicero, examinar entrañas, leer las líneas de la mano o mirar las estrellas, entre otros muchos vestigios de antiguos criterios populares de verdad, han sido ampliamente desacreditados como superstición. En resumen, en la mayoría de las sociedades modernas no hay sentido común "puro y popular", científicamente incontaminado, sino más bien una diferencia gradual con respecto a métodos de observación, pensamiento, evidencia y criterios de verdad explícitos y científicos.

En un sentido más general, podemos concluir que la diferencia entre creencias de grupo y creencias culturales es relevante para una teoría del sentido común, y la mayor parte de lo que hemos dicho arriba también se aplica aquí. Es decir, conocimientos y opiniones específicas de grupo pueden lentamente integrarse en (o ser excluidas de) el terreno común cultural. El sentido común es, entonces, aproximadamente lo que tratamos de conceptualizar con el término "creencias culturales", o sea, el conocimiento y las opiniones, así como los criterios de evaluación, comunes a todos o a la mayoría de los miembros de una cultura. Como el sentido común, estas creencias culturales también se utilizan como la base de creencias específicas de grupo, y también funcionan como la base general de las creencias presupuestas en todas las descripciones, explicaciones y argumentos.

Ideologías como sentido común

Idéntico criterio se aplica para la identificación de las ideologías como formas del sentido común. Dependiendo del contexto y del grupo social, las ideologías pueden ser más o menos conocidas y utilizadas explícitamente en la conducta de la vida diaria. Así, podemos distinguir entre los tratados explícitos de los "ideólogos" y el razonamiento ideológico del "sentido común" de otros miembros del grupo, pero debemos estar conscientes de que estos distintos modos de pensar y de discurso se influyen mutuamente. La historia ha mostrado que mucho de lo que alguna vez se tuvo como "conocimiento científico" (por ejemplo, sobre las mujeres o los negros) puede rechazarse ahora como "sentido común" infundado, cuando no prejuicioso.[10]

Que muchas de las acciones diarias se lleven a cabo rutinariamente y, aparentemente, en forma irreflexiva, no significa que los miembros no sean capaces de explicitar al menos algo del conocimiento y otras creencias que están implícitos o presupuestos en sus prácticas y discursos. Malentendidos, conflictos, desafíos y varios factores del contexto pueden dar lugar a varios modos de "explicación", en los dos sentidos del término, esto es, hacer explícito y explicar o describir.

Tanto las representaciones sociales sobre las cuales están basadas dichas explicaciones como la naturaleza de las explicaciones mismas, es decir, como argumentos válidos y aceptables, pueden ser más o menos explícitas y estar más o menos impregnadas de versiones populares ampliamente compartidas del conocimiento científico. Esto puede ser verdad más a menudo y más explícitamente entre miembros de grupos específicos (de elite), pero mi hipótesis es que, debido a la educación general y los medios de comunicación, tales influencias filosóficas y científicas sobre el "sentido común" pueden estar relativamente difundidas entre muchos grupos ideológicos.

Así, la mayor parte de los miembros de grupos ambientalistas tienen un considerable cúmulo de conocimientos más o menos técnicos sobre la naturaleza, las causas y las consecuencias de la contaminación. Las feministas pueden tener amplios conocimientos y actitudes sobre las relaciones de género, y sus argumentos pueden estar basados no sólo en las experiencias inmediatas compartidas de todas o de la mayoría de las mujeres, sino también en la búsqueda científica o la argumentación intelectual.

Concluyendo, podríamos enfatizar que si se identifica el sentido común con las creencias *generales* de una cultura, y si las ideologías, como fundamento de creencias de grupo *específicas*, están basadas en dicho terreno común cultural, *las ideologías mismas no son una forma de sentido común*. Ciertamente, el término "común" en la expresión sentido común implica que dicho "sentido" está siendo compartido y, en consecuencia ligado a la cultura más que al grupo. Además, a las ideologías se las da mucho menos por sentadas que a las creencias culturales, porque a menudo se las enseña más explícitamente dentro del grupo y son cuestionadas por y, por lo tanto, defendidas ante otros grupos. La gente es a menudo más explícita y conscientemente cristiana, socialista y feminista que "occidental". Sólo en conflictos interculturales las personas toman conciencia del sentido común de su propia cultura. En otras palabras, las ideologías tal como se las definió aquí no deberían identificarse con el sentido común, sino más bien con el sentido no común o falta de sentido.

11

Conocimiento y verdad

Ideología versus conocimiento

En muchos enfoques clásicos, al igual que en la mayoría de las concepciones comunes y políticas, las ideologías se describen típicamente como falsas, equivocadas, tergiversadas y, como tales, opuestas al *conocimiento* verdadero, y especialmente científico. La discusión completa de los temas implicados aquí requeriría una monografía por separado. Por lo tanto, solamente resumiré algunos principios fundamentales y tomaré una posición que se ajusta a la teoría presentada en este libro, elaborando las sugerencias efectuadas en el capítulo 3.[1]

La oposición crítica de ideología versus conocimiento se remonta al menos hasta Marx y Engels con su explicación de "falsa conciencia", lo que implica que en situaciones específicas y bajo la influencia de la manipulación de la clase gobernante, la clase trabajadora puede tener creencias tergiversadas sobre las condiciones materiales de su existencia. En ese caso, las ideologías dominantes son instrumentos de la clase gobernante que sirven para ocultar su poder y las condiciones socioeconómicas reales de la clase trabajadora. A lo largo de la historia de la economía política y de la sociología se han efectuado distinciones similares, habitualmente oponiendo ideología a conocimiento científico, esto es, (con Durkheim) a los "hechos sociológicos" establecidos por las ciencias sociales. Hasta el día de hoy, como ya hemos visto, la ideología está caracterizada en términos de sentido común, como las creencias que se dan por sentadas, y, en general, como visiones ingenuas de la vida cotidiana que pueden estar en desacuerdo con el conocimiento producido por la erudición "objetiva".

Casi no resulta sorprendente que estas perspectivas también hayan sido considerablemente criticadas. Así, se ha señalado que la historia de la ciencia muestra claramente cómo muchos de los conocimientos científicos y de los métodos mismos pueden estar basados en ideologías que forman parte del interés de las elites, si no en el de los estudiosos mismos. Desde un punto de vista diferente, etnometodológico, el conocimiento derivado del sentido común de los miembros sociales ha recibido una evaluación más positiva desde el punto de vista de las bases empíricas de las prácticas sociales, y como un medio viable por medio del cual los miembros manejan sus vidas cotidianas.[2]

Teniendo como trasfondo esta historia brevemente resumida de la oposición entre ideología y conocimiento, finalmente examinaremos el papel del conocimiento en la concepción de la ideología presentada en los capítulos precedentes. Se había considerado que las ideologías forman la base "axiomática" de las creencias sociales de un grupo. Estas creencias sociales pueden ser fácticas o evaluativas. Es relativamente fácil aceptar que las creencias evaluativas (opiniones, actitudes) de un grupo, que pueden ser cuestionadas por otros grupos, son ideológicas. Pero, ¿qué sucede con su conocimiento? ¿Cómo puede el conocimiento ser ideológico y, aun así, ser llamado "conocimiento", esto es, "creencia verdadera" en lugar de ser caracterizado como "simple" creencia de grupo (en el sentido cotidiano del término) o como "opinión"? ¿O deberíamos suponer que, puesto que todos los criterios del conocimiento son histórica y culturalmente variables, también el conocimiento es relativo y, por lo tanto, posiblemente "ideológico"? Examinemos esta cuestión con más detalle y reformulemos algunas respuestas provisorias dentro del marco teórico presentado en este libro.

Por varias razones teóricas, se ha admitido que las ideologías implican esencialmente valores y, en consecuencia, controlan las creencias evaluativas de los grupos, esto es, las actitudes. Un interrogante que puede surgir en ese caso es si las ideologías pueden también influenciar el conocimiento fáctico, no evaluativo, o si deberíamos adoptar la visión más general de que *todo* conocimiento está finalmente basado en la ideología. Podríamos llamar a esto la tesis del relativismo ideológico, siguiendo la visión más genérica de que todo conocimiento es social y culturalmente relativo dada la naturaleza histórica y culturalmente variable de los criterios de verdad que forma la base de dicho conocimiento. Examinemos si esa tesis puede ser defendida dentro del marco de este libro.

La naturaleza del conocimiento

Tanto en la vida diaria como en la epistemología, se define usualmente el conocimiento como creencia verdadera justificada. De esta manera, en el uso corriente del lenguaje, podríamos decir con toda propiedad que nosotros *sabemos* que p si creemos que p y si tenemos buenas razones, evidencias o pruebas de que p es verdad. Esto es, si son cuestionadas, las afirmaciones del conocimiento puede que tengan que ser justificadas, por ejemplo, en términos de criterios de verdad culturalmente aceptados, tales como observación personal, fuentes confiables (medios, expertos, etc.), inferencia lógica, sentido común o consenso ("Todo el mundo sabe que..."). Del mismo modo, nuevamente en el discurso cotidiano, les atribuimos conocimiento a otros, en lugar de simples creencias, si lo que otros creen es verdad de acuerdo con lo que pensamos, esto es, si alguien más comparte nuestro conocimiento. Por otro lado, utilizamos la palabra "creencia" para denotar aquéllas de nuestras creencias para las cuales no tenemos evidencia o ésta es insuficiente, o aquéllas de los demás que sabemos que son falsas o sobre las cuales tenemos insuficiente evidencia.

La epistemología provee condiciones adicionales para casos (más bien marginales) de (falta de) justificación, por ejemplo, cuando alguien cree en algo que es verdadero, pero tiene razones equivocadas (no justificadas) para hacerlo. No entraré en esas u otras complicaciones de la filosofía contemporánea del conocimiento. Asimismo, ignoraré las sutilezas y complejidades ontológicas de la verdad y de las condiciones de verdad con respecto a "qué sucede". Esto es, no continuaré analizando la cuestión de si la verdad o los "hechos" pueden existir independientemente de la percepción humana y de la comprensión conceptual. Tampoco si los hechos físicos existen, ya sea que los conozcamos o no, en vista de que los hechos sociales siempre son construidos y, por lo tanto, cognitiva y socialmente relativos. En el mundo ordinario, simplemente se admite que las cosas y los hechos existen, sepamos o no sobre ellos. El relativismo o construccionismo lingüístico o cognitivo no son características de la epistémica no profesional.[3]

Hemos visto que el conocimiento presupone criterios de verdad, o sea, bases para la justificación, ya sea criterios comunes de la vida cotidiana, como una base del terreno común cultural, o criterios científicos en las creencias de grupo específicas de la erudición. También hemos visto que esos criterios son histórica, social y culturalmente variables: aquello que en una época, grupo o cultura se acepta como evidencia confiable o conocimiento verdadero, en otros puede ser rechazado por inaceptable. En otras palabras, en el metanivel de una teoría o filosofía del conocimiento, al igual que en un enfoque social y cognitivo, el conocimiento es relativo por definición, dada la naturaleza cambiante de los criterios del conocimiento.

Tal relativismo sería desastroso en el mundo práctico, cotidiano, de cada época, grupo, sociedad o cultura: sea en algunos casos "objetivamente" válido o no, la gente necesita poder decir que algunas cosas son verdaderas y otras son falsas, y que hay conocimiento por un lado y (simples) creencias por el otro. Esto es, dan por sentado la existencia de la mayor parte de los objetos y la verdad de muchos hechos de sus culturas y mundos cotidianos, y permitirán tipos variables de duda o ignorancia sobre otras cosas. Por consiguiente, distinguen entre conocimiento y creencias, y entre objetividad y subjetividad, definiendo la subjetividad en términos de creencias personales o de grupo que son infundadas de acuerdo con nosotros (nuestro grupo) o de acuerdo con los criterios de verdad de sentido común de la cultura compartida. Sean o no epistemológica o sociológicamente ingenuas, tales distinciones funcionan "para todos los propósitos prácticos", tanto para la gente común como para los "profesionales de la verdad", como periodistas, abogados y académicos.

¿Relativismo ideológico?

Esta descripción (simplificada) del conocimiento ¿nos permite decidir sobre la naturaleza de las relaciones entre la ideología y el conocimiento? Esto, antes que nada, depende de nuestra teoría básica de las ideologías. Si la ideología es la base axiomática de representaciones mentales compartidas por grupos sociales, y si las ideologías varían en función de los distintos intereses de cada grupo (pertenencia, actividades, valores, posición, recursos), entonces la tesis del relativismo ideológico implica que aquello que los miembros de los grupos saben es una función de su ideología.

Obviamente, esta tesis no puede ser defendida bajo esta forma rígida. No hay duda de que la mayor parte del conocimiento de la mayor parte de los grupos es compartida por otros grupos. O, más bien, la mayor parte del conocimiento se define de modo general y sociocultural y no en términos de grupos específicos, salvo para algunos ámbitos de conocimiento profesional o experto. Claro está, toda comunicación e interacción intergrupal, y aun los conflictos ideológicos, presuponen un vasto ámbito de conocimiento compartido. Además, la mayor parte de este conocimiento es indisputado y dado por sentado, tal como se explicó antes. De tal manera, la mayoría de las personas en la cultura occidental contemporánea saben qué son los árboles, las mesas, los automóviles, las computadoras y una infinidad de otras cosas, y presuponen esa tremenda cantidad de conocimiento en su discurso cotidiano. Como hemos argumentado en el capítulo 3, la mayor parte del conocimiento que tiene la gente de diferentes grupos es parte del terreno común cultural y, por lo tanto, indiscutido y dado por sentado. De este modo, la primera conclusión es que, dada una definición de la ideología basada en el grupo, la forma fuerte de la tesis del relativismo ideológico (esto es, que todo conocimiento es ideológico) no puede ser defendida sin modificar los significados tanto común como teórico de los conceptos de "conocimiento" e "ideología".

Pero, ¿qué sucede con la versión débil de la tesis? ¿El conocimiento específico de grupo está basado en la ideología? La respuesta sociológica y políticamente bien informada a esta pregunta será, sin duda, afirmativa, quizás en referencia a la larga historia de los "hechos científicos" basados en ideologías (por ejemplo, sobre la gente pobre, las mujeres, los negros o los homosexuales) que obviamente responden a los intereses de algún grupo, esto es, la clase media blanca masculina y sus expertos. Pueden mencionarse otros muchos ejemplos en los que aquello que se definió, o presentó, como conocimiento son, de hecho, falsas creencias, verdades a medias o creencias parcialmente verdaderas que favorecen a grupos específicos y que están dirigidas contra otros.

Nótese que este argumento no sólo se aplica a creencias falsas o incompletas, sino también a creencias verdaderas: nada puede ser, ciertamente, tan persuasivo como los hechos sociales esgrimidos por los movimientos de derechos civiles o los movimientos femeninos cuando llega el momento de criticar la discriminación y reclamar por sus derechos, como lo han mostrado tanto la investigación crítica experta como los litigios fundamentales. Esto es, los grupos minoritarios o disidentes se concentrarán en, y destacarán, sus propias verdades, y ese conocimiento puede entonces llamarse también, al menos en un sentido, ideológico.

Si estos argumentos son correctos, debemos concluir que la versión débil de la tesis del relativismo ideológico es correcta: algún conocimiento en la sociedad es una función de la posición ideológica o poder de los grupos. Este es particularmente el caso cuando el conocimiento es propio de la posición social del grupo mismo, o si está relacionado con las cuestiones sociales que definen las opiniones ideológicas del grupo. Por eso, según la visión que uno tenga sobre el hecho de fumar, se pueden enfocar, enfatizar, esconder o negar distintas creencias sobre el fumar. Pueden darse muchos ejemplos extraídos de debates públicos sobre el fumar, al igual que sobre la inmigración, el aborto o la energía nuclear. Algunas de estas creencias hasta pueden ser verdad (de acuerdo con los criterios de verdad culturalmente aceptados) y, por lo tanto, calificar como conocimiento común, pero aun así pueden ser llamadas partidistas en el contexto de las otras creencias o actitudes de un grupo: Sus "hechos" pueden, por lo tanto, no ser los Nuestros.

¿Conocimiento u opinión?

Una posible objeción a esta conclusión es que el conocimiento que depende del grupo no es conocimiento en absoluto, sino *opinión*, de tal modo que el argumento sobre el conocimiento ideológico sería inútil, si no una contradicción.[4] Este argumento puede ser reforzado por los usos comunes del concepto de "conocimiento". Los grupos que están en conflicto y participan en un debate ideológico no admitirán con facilidad que lo que los Otros creen constituye conocimiento, sino que afirmarán que tales creencias son apenas opiniones. De este modo, la investigación sobre patrones de discriminación y creencias étnicas puede confirmar las experiencias diarias de las minorías, por ejemplo, que el racismo es endémico en la sociedad holandesa. Sin embargo, tal conclusión es rebatida por la mayor parte de los holandeses (incluyendo la mayoría de los científicos sociales), que la consideran tan sólo una opinión, y, de hecho, apenas algo más que una típica acusación antirracista. O sea, los hechos pueden ser negados cuando se los ve como sostén de la posición ideológica de los otros, aun si esos hechos son el resultado de investigaciones que se han llevado a cabo de acuerdo con los métodos científicos generalmente aceptados, que en otra investigación nunca serían cuestionados.

Nótese, de paso, que el concepto de "opinión" utilizado en tales acusaciones tiene un sentido más amplio que el utilizado en este libro, en el que sólo significa una "creencia evaluativa". En el uso cotidiano del lenguaje, algunas veces también se utiliza "opinión" para referirse a las creencias "fácticas" que (los otros piensan que) son falsas. En lo que resta de este capítulo, a menudo utilizaré la noción común más amplia de "opinión" con el objeto de tener una palabra que denote todas las creencias que no son verdaderas y, por lo tanto, tampoco son parte del conocimiento, sino creencias evaluativas o creencias fácticas falsas.

Ahora enfrentamos un dilema. Si al menos algún conocimiento fuera ideológico, en muchas situaciones cotidianas será desafiado como si no fuera conocimiento en absoluto, sino solamente opinión. Tales juicios presuponen la definición general de conocimiento, esto es, que las creencias solamente se aceptan como verdaderas si *nosotros* (también) las aceptamos como verdaderas. En este caso, "nosotros" podemos ser simplemente (la mayor parte de) los otros miembros de una cultura, sociedad o grupo, o algún experto u otro extraño que juzga las creencias de esa cultura, sociedad o grupo. En otras palabras, si las creencias fácticas son definidas como opiniones tan pronto como se las considera ideológicas (al menos para los otros), entonces otra vez estamos en el cuadrado A, o sea que las ideologías típicamente controlan sólo creencias evaluativas y no el conocimiento. En realidad, tendremos entonces solamente conocimiento cultural general y no conocimiento específico de grupo. Continuando con este argumento, tendríamos que concluir nuevamente que el conocimiento no es ideológico, simplemente porque el significado cultural del conocimiento presupone creencia no partidaria: apenas el conocimiento (aun el verdadero) es expresado socialmente por un grupo ideológico, será degradado a (simple) creencia por los otros.

Pero incluso esta conclusión es problemática. Ciertamente, cada parte de un debate ideológico puede creer firmemente, e incluso puede probar, que sus creencias son verdaderas. Si no, tendría que reconocer que mis propios libros sobre racismo incluyen únicamente opiniones y no un conocimiento que resulta de la investigación cuidadosa, empírica y teórica. Por cierto, afirmaría además que dados tales criterios científicos y mis resultados, yo "conozco" algunos "hechos" sobre el racismo en Holanda, por cuanto aquellos que simplemente niegan tales "hechos" (para mí) están expresando apenas una opinión que obviamente está basada en ideologías nacionalistas, etnocéntricas o racistas, y no en la experiencia confiable o la investigación científica.

El problema de este último ejemplo (muy realista) es que la mayor parte de las personas en la sociedad puede creer firmemente en algo, y que algunos pocos creen lo contrario. En ese caso, las teorías del conocimiento en términos de consenso, sentido común o creencias culturales compartidas, estarían en problemas: el conocimiento crítico, disidente, de unos pocos sería entonces definido como una opinión por una (vasta) mayoría. Por cierto, mucha gente ha sido quemada en la hoguera por ese motivo, y los problemas de Galileo con la Iglesia Católica han sido resueltos sólo recientemente, luego de más de tres siglos. Los movimientos sociales contemporáneos y los grupos de acción tienen sus propias historias sobre la dificultad para que se acepten sus creencias como conocimiento y no se las rechace como simples opiniones ideológicas.

Existe otro aspecto involucrado en la lucha ideológica sobre el conocimiento y la verdad: el significado. Por supuesto que grupos sociales diferentes comparten una gran cantidad de conocimiento sociocultural, al igual que muchos criterios de verdad. Esto les permite a los miembros de diferentes grupos comprenderse los unos a los otros. Sin embargo, dados los diferentes intereses, algunos conceptos pueden ser definidos de modo distinto en diferentes grupos. De esta manera, en el debate ideológico sobre racismo en Holanda, puede muy bien aceptarse (dado el papel de —algunos— expertos sociales en tales debates) que más del 60% de los empleadores holandeses sostienen que prefieren hombres blancos en lugar de mujeres y minorías. El "hecho" estadístico puede ser reconocido (y así admitir la estadística como un criterio de verdad), aunque rara vez destacado, en un debate con antirracistas. Pero la diferencia de opinión comienza cuando un grupo considera este hecho como prueba del racismo, mientras que otro grupo simplemente no quiere llamar en absoluto a este hecho una forma de racismo, sino, a lo sumo, una forma de prejuicio, creencia errada o resentimiento. Por cierto, el otro grupo puede definir al "racismo" tan sólo en términos de ideologías de superioridad racial y como una característica de la Extrema Derecha.

En otras palabras, el "racismo" nunca se aplica a "gente como nosotros", de tal modo que *cualquier* evidencia de racismo que pudiera ser aplicable a "nuestra gente" automáticamente es descalificada como ideológicamente tendenciosa y como una acusación injusta. Para decirlo de otro modo, no son aquí el conocimiento o sus bases los que se rechazan como una opinión, sino más bien el significado y la aplicación de un concepto. Y puesto que no existe "prueba objetiva" del uso correcto de un significado específico de las palabras con las que manejamos las estructuras sociales y las relaciones, cualquier uso que pueda convenir a nuestros propios intereses puede ser rechazado como incorrecto o distorsionado, esto es, como la expresión de una opinión, de tal modo que tampoco se aplican sus criterios de verdad de la misma forma. Generalmente se considera que estos términos implican de alguna manera juicios de valor, y no que describen hechos o propiedades objetivos, tal como también ocurre con palabras como discriminación, democracia, conservador, progresista, peligroso, saludable, etcétera.

Podríamos además especificar que cualquier creencia, incluyendo las creencias fácticas, que implique un juicio de valor, puede convertirse por eso en una creencia evaluativa u opinión para los otros. De tal modo, el concepto de racismo puede describir verazmente la situación étnica en Holanda. Pero tanto para los racistas como para los antirracistas, el término tiene una implicancia negativa, de modo que su uso tiende a ser visto como un juicio de valor. De manera similar, la afirmación de que algún país no es democrático puede muy bien ser propuesta y utilizada como una afirmación fáctica, pero dado el hecho de que puede implicar un juicio de valor, también puede ser interpretada como una opinión y, por lo tanto, como una acusación. Incluso obvios términos descriptivos como mujer o niño pueden, de esta manera, ser propuestos o comprendidos en algunos contextos como si implicaran un juicio de valor positivo o negativo y, en consecuencia, como la expresión de una opinión en lugar de una creencia fáctica.

Este análisis muestra algo más: la base ideológica del núcleo de gran parte del conocimiento (social), tal como los conceptos mismos que definen ese conocimiento. Si el "racismo" tiene el amplio significado conceptual que le asignan los antirracistas, cuando otros utilizan ese término, pueden pensar exclusivamente en el racismo agresivo, extremista, del ala derecha o en ideologías racistas explícitas. Esto es, tan pronto como una parte de un concepto, cuando se aplica a nuestra gente, es considerado como inconsistente con nuestros intereses, las personas también adaptan su conocimiento y el lenguaje utilizado basándose en él. Del mismo modo, la mayor parte de las feministas probablemente tenderán a definir "acoso sexual" en términos amplios, mientras que muchos hombres (y algunas mujeres) pueden encontrar esto muy exagerado y asociarán esos términos únicamente con formas de violencia sexual manifiestas, flagrantes y muy agresivas. En otras palabras, cada grupo puede tener también sus propios conceptos y uso del lenguaje, y éstos serán ideológicos tan pronto como se le agreguen, o quiten, dimensiones al concepto, de modo de acomodarlo a los intereses del grupo.

En resumen, un modo en que las ideologías controlan el conocimiento es la manera en que ellas monitorean las estructuras conceptuales y, por tanto, el significado de las palabras. Entonces, la pregunta es: ¿quién debería definir tales conceptos y significados? Esta pregunta nos lleva a las relaciones entre conocimiento y poder.

Conocimiento y poder

Un análisis del papel de la ideología en el estudio del conocimiento no sólo abarca una epistemología abstracta o ciencia cognitiva, sino también muchas dimensiones sociales que tienen que ver con el establecimiento de la verdad, de los criterios de verdad y de lo que cuenta como conocimiento en la sociedad.[5] El poder es una de estas dimensiones. Examinemos por lo tanto si tal perspectiva puede resolver el dilema entre la tesis que dice que al menos algún conocimiento está basado en la ideología, y la tesis que afirma que todo el conocimiento basado en la ideología debería ser llamado opinión, de tal modo que el conocimiento, por definición, es no ideológico.

Existen varias maneras de abordar este asunto. La primera es cambiar la definición de conocimiento. En lugar de decir que el conocimiento es "creencia verdadera justificada", podemos decir que el conocimiento para una cultura o sociedad dadas nunca puede ser más que "creencia justificada", sea o no objetivamente verdadero, sea o no que otras personas bien informadas piensen ahora o más tarde que es verdadero o falso. De esta manera, la definición combinada pragmático-semántica se reduce así a una puramente pragmática que, de hecho, afirma que el conocimiento está basado en el poder del consenso, esto es, en el tipo de criterio de verdad aceptado dentro de la comunidad epistémica. De tal manera, para la comunidad holandesa, el consenso dominante es que Holanda no es un país racista, y que aquellos que afirman algo distinto no están expresando conocimiento sino una opinión ideológica o tergiversada por cualquier otro motivo.

Esta solución también está en línea con el pensamiento discursivo analítico y con el pensamiento microsociológico y etnográfico, que enfatiza el papel del conocimiento como generalmente presupuesto y dado por sentado dentro de una sociedad o cultura. También es consistente con un enfoque histórico y político, que podría afirmar que lo que cuenta como conocimiento en cualquier período o comunidad está determinado por quién tiene en la sociedad el poder de definición o algún otro poder de determinación de la verdad, tal como la opinión pública, la iglesia, los medios o la ciencia. Este argumento también predecirá correctamente que si minorías específicas, disidentes o individuos, expresan las creencias que ellos mantienen (e incluso prueban) como verdaderas, no se creerá en ellos, o sus conocimientos serán descalificados como simples opiniones, o directamente se les impedirá expresar sus creencias. Por supuesto, puede ocurrir que más tarde se pruebe que tales "desvíos" eran correctos y que, por lo tanto, (desde un punto de vista externo) expresaban conocimiento, pero esto no significa que estuvieran bien para la comunidad epistémica.

Dado este poder sobre la definición de verdad y conocimiento, uno puede afirmar que tal consenso es ideológico en sí mismo aunque esté en el interés de la comunidad como un todo. Pero tal posición sería inconsistente con la definición específica defendida aquí: las ideologías están definidas por grupos y presuponen intereses de grupo diferentes (y a menudo conflictivos) *dentro* de la misma comunidad. Por supuesto, si viéramos a una comunidad entera (cultura, sociedad) como un grupo, esto constituiría el caso límite de lo que defino como un grupo ideológico (véase la Parte II), y por cierto la última forma de ideología, esto es, aquella del consenso, y una culminación de la hegemonía si tal consenso fuera establecido por las elites. Los intereses defendidos en tal caso, contra cualquier individuo o subgrupo desviado, son ciertamente los de la comunidad como un todo. Aunque tal posición pueda ser defendida, de hecho confundiría la noción de ideología con la de normas sociales o cultura, y significaría que no podemos utilizarla en un sentido intergrupal más específico.

Entonces, si mantenemos la definición de ideología en términos de intereses de diferentes grupos dentro de una comunidad, la siguiente pregunta es si permitiremos que la definición de conocimiento también sea dependiente del grupo. Esto es, no sólo dentro de la comunidad como un todo, sino también dentro de sus varios grupos ideológicos, el conocimiento se definiría como creencia justificada, sea cierta o no, o califiquen otros grupos o instancias "independientes" de verdad a esas creencias como opiniones o no. Nuevamente, tal posición anticiparía correctamente el uso de la noción de conocimiento dentro de los grupos, siempre que pueda ser justificada con los criterios de verdad aceptados dentro de ese grupo.

Obviamente, gran parte del conocimiento sociocultural general sostenido dentro del grupo puede compartirse con otros grupos, lo mismo que la mayor parte de los criterios de verdad. Pero especialmente las creencias y criterios de verdad que están relacionados con los intereses del grupo, o los asuntos especiales que son atinentes al grupo, bien podrían ser específicos y, por lo tanto, basados en la ideología, sean o no "objetivamente" ciertos o falsos. De tal manera, el conocimiento específico de las mujeres sobre el acoso sexual, de las feministas sobre la desigualdad de género, de los antirracistas sobre el racismo o de los ecologistas sobre contaminación, constituyen ejemplos destacados.[6] Una vez más, en estos casos tal conocimiento bien puede ser objetivamente verdadero (dada una instancia de verdad independiente), pero puede ser rechazado como opiniones, mentiras o fantasías por aquellos que se oponen a tales grupos.

A la inversa, sus oponentes pueden creer firmemente —y no ver nunca como simples opiniones— cosas sobre género, inmigrantes o contaminación que son objetivamente falsas. Esto es, lo que cuenta es lo que los miembros del grupo creen y lo que, dentro de su propio sistema de verificación, ellos creen que está justificado, sean o no tendenciosos sus criterios de verdad. Un ejemplo típico es el conocimiento sobre relaciones étnicas. Los miembros del grupo dominante mayoritario pueden sentir que cualquier conocimiento y criterio epistémico definido por grupos minoritarios será tendencioso. Este es, por ejemplo, el caso de los (muchos) periodistas blancos que no toman seriamente como fuentes de información a la minoría y sus afirmaciones. En otras palabras, la base de los mismos juicios de credibilidad pueden ser partidistas y, por lo tanto, ideológicos. Esto también explica por qué el conocimiento específico de un grupo a menudo será rechazado como meras opiniones por grupos opositores. Ciertamente, muy a menudo el conflicto ideológico mismo puede ser no solamente sobre condiciones socioeconómicas o recursos, sino también sobre los mismos criterios de verdad.

Puesto que muchas ideologías están constituidas por opiniones fundamentales sobre Nosotros y Ellos, debemos suponer que no sólo la base de las actitudes son creencias evaluativas, sino también las del conocimiento específico de grupo. Esto es, si bien dentro del grupo ideológico el conocimiento es distinto de la opinión, los criterios de conocimiento mismos sirven a sus propios intereses y están orientados hacia el valor. Por ejemplo, tales criterios pueden incluir juicios (de valor) sobre quién es una fuente confiable, cuál es la información pertinente, en qué percepciones es posible confiar, o con qué datos se puede contar. De tal manera, los cristianos pueden admitir a Dios como una de las instancias de la Verdad, y los antirracistas, las experiencias cotidianas de las minorías en una sociedad racista.

Comentario final

Al concluir esta sucinta exposición sobre el papel del conocimiento y la verdad en una teoría de la ideología, encontramos nuevamente que las ideologías en general controlan las actitudes de grupo, es decir, las creencias evaluativas, pero que también las creencias fácticas específicas pueden definirse como conocimiento dentro del grupo. Esto es, las ideologías esencialmente controlan los *juicios* específicos del grupo sobre lo que es bueno y malo, y también sobre lo que es verdadero o falso *para nosotros*.[7] Esto también puede incluir partes de los significados de conceptos específicos (tales como "racismo"). Esto *no* significa que, desde un punto de vista independiente, *todo* conocimiento de grupo sea ideológico, puesto que cada grupo obviamente comparte conocimiento con otros grupos. Tampoco significa que todos los criterios de verdad sean ideológicos, puesto que cada grupo debe ser capaz de argumentar de tal modo (utilizando criterios generales de verdad) que otros puedan ser persuadidos de su posición.

El control ideológico del conocimiento, sin embargo, consiste en seleccionar conceptos y criterios de verdad que pueden ser específicos de un grupo, y puede incluir la atribución de credibilidad especial a instancias de verdad específicas, tales como Dios, la Ciencia, el Partido o el Sindicato. Esto también significa que, nuevamente, dentro del grupo mismo tal conocimiento partidista no es de ningún modo considerado "ideológico" (y, por lo tanto, tergiversado), sino como cualquier otro tipo de conocimiento. Pero puesto que están implícitos valores, principios y otras creencias básicas del grupo que reflejan el interés del mismo, nuestra descripción (exterior), por supuesto, generalmente consideraría tal conocimiento y sus criterios de verdad como ideológicos, según la definición dada.

12

Identidad

¿Qué es la identidad?

Las ideologías consisten en un esquema fundamental del cual la primera categoría define los criterios de pertenencia a un grupo. Junto con el contenido de las otras categorías, tales criterios definen la identidad social de un grupo. Esto significa que tan pronto como un grupo ha desarrollado una ideología, esa ideología define al mismo tiempo la base para la identidad del grupo. La pregunta es: ¿qué implica esto exactamente? ¿Significa que los miembros de un grupo pueden solamente ser considerados tales y, en consecuencia, participar en la ideología del grupo cuando ellos realmente se identifican a sí mismos como miembros del grupo? ¿Qué "es" exactamente una identidad y el proceso de "identificación" en primer lugar?

Una vez más, mi enfoque para esta cuestión es sociocognitivo: la identidad es a la vez personal y un constructo social, o sea, una representación mental. Analizo brevemente este elemento en la teoría de las ideologías precisamente porque puede estar ubicado en los límites de una teoría de la identidad social, una teoría de la cognición social y una teoría sociológica de la pertenencia al grupo.[1]

En su representación del sí mismo, la gente se construye a sí misma como miembro de varias categorías y grupos (mujeres, minorías étnicas, ciudadanos de los Estados Unidos, periodistas, ecologistas, etc.). Esta autorrepresentación (o esquema de sí mismo) está ubicada en la memoria episódica (personal). Es una abstracción construida gradualmente desde las experiencias personales (modelos) de los acontecimientos.[2]

Puesto que tales modelos usualmente incluyen a las representaciones de la interacción social y a las interpretaciones del discurso, las experiencias y sus autorrepresentaciones inferidas están al mismo tiempo socialmente (y conjuntamente) construidas: parte de nuestra autorrepresentación se infiere de los modos en que los otros (otros miembros del grupo, miembros de otros grupos) nos ven, definen y tratan. Cuando se comparten las experiencias con otros, las experiencias personales abstraídas y, por lo tanto, el sí mismo, pueden fusionarse parcialmente con la autorrepresentación del grupo: una feminista puede así sentirse a sí misma como feminista más o menos del mismo modo en que otras feministas lo hacen y, al respecto, el sí mismo de una feminista individual puede ser construido parcialmente con los elementos del esquema del sí mismo socialmente compartido de las feministas como grupo. Cuanto más se corresponda la construcción feminista del sí mismo con el esquema de grupo socialmente comunicado y compartido, más se "identificará" una mujer individual con el feminismo.

Esto no significa, por supuesto, que tal identificación fuerte o débil con el grupo necesite ser dominante en acontecimientos y situaciones específicas. Una periodista feminista, cuando recopila o escribe noticias, bien puede identificarse ante todo como una periodista (y, por lo tanto, adoptar actitudes periodísticas ideológicamente basadas, incluyendo las opiniones y modelos derivados de aquéllas) y sólo secundariamente como una feminista, y lo inverso será verdad si la misma mujer participa en acciones feministas.

En otras palabras, las identidades de grupo pueden ser más o menos abstractas y desligadas del contexto, del mismo modo que lo son las representaciones sociales. Igualmente, los miembros sociales pueden compartir varias identidades sociales que son más o menos estables a través de los contextos personales, y así definir un sí mismo personal, pero, en situaciones concretas, algunas de estas identidades pueden ser más prominentes que otras. De tal modo, en cada situación, la prominencia, la jerarquía o la pertinencia de la identificación con el grupo monitoreará las prácticas sociales reales (por ejemplo, las prioridades de acción o "motivación") de los actores sociales. A menos que admitamos una noción teórica dudosa tal como "identidad situacional", deberíamos distinguir entre identidad personal relativamente desligada del contexto (la que puede ser un compuesto de varias identidades sociales) o sí mismo personal, por un lado, y las prácticas situadas reales de los actores sociales que pueden ser consideradas como manifestaciones de (algunos aspectos de) la identidad personal.

Las personas pueden ser "objetivamente" miembros de grupos (y ser vistas por otros como miembros de grupo) y aun así no estar identificadas con sus grupos. Tales formas bien conocidas de disociación, que pueden ocurrir más dramáticamente en grupos de identidad intrínseca (jóvenes, viejos, hombres, mujeres, blancos, negros, etc.) y también en grupos profesionales, probablemente implica que tales "miembros" no comparten tampoco la ideología del grupo. Claro que, por una cantidad de razones, pueden más bien identificarse con grupos opuestos y sus objetivos y valores. Palabras peyorativas como "traidor", "renegado", "disidente", "Tío Tom",* etc., muestran qué tipo de reacciones y sanciones pueden enfrentar los miembros de grupo cuando niegan o abandonan su propio grupo. También explica por qué los antirracistas a veces son considerados como un problema mayor que los racistas en la sociedad blanca: ellos comparten la ideología que tienen los otros acerca de que "nuestra" sociedad es racista, y, de tal manera, amenazan la autodefinición positiva de "nosotros" como el grupo dominante (véase capítulo 28). La traición es, literal o al menos simbólicamente, una ofensa capital para muchos grupos, como es el caso de la sedición, la defección o el convertirse en "infiel". Por el contrario, la identificación fuerte y la cooperación usualmente serán valuadas positivamente en términos de solidaridad, lealtad y fidelidad. Todo esto no sólo se aplica a las prácticas sociales, sino también a las ideologías y a las formas de solidaridad "mental" con grupos representados en autorrepresentaciones que pueden ser consideradas como la base de tales prácticas sociales.

Identidad personal y de grupo

Estos argumentos sugieren, primero, que necesitamos distinguir entre identidad social o de grupo e identidad personal. La última adopta las dos formas descriptas informalmente más arriba, es decir: 1) una representación mental del sí mismo (personal) como un ser humano único con sus experiencias y biografía propias, personales, como se lo representa en modelos mentales acumulados, y el autoconcepto abstracto derivado de esta representación, a menudo en la interacción con otros, y 2) una representación mental del sí mismo (social) como una colección de pertenencias a grupos, y los procesos que están relacionados con tales representaciones de pertenencia. Se puede pensar que estos procesos de identificación dependen de una comparación entre el sí mismo personal y social: si los criterios de pertenencia, actividades, objetivos, normas, valores, posición o recursos del grupo están en línea (son al menos consistentes) con los del constructo personal de sí mismo, la identificación puede ser más o menos fuerte. Si no, puede tener lugar un proceso de disociación, incluyendo la asociación con otros grupos.

Para una teoría de la ideología, esto, por supuesto, tiene repercusiones en las formas en que los individuos se identifican con las ideologías y actitudes de grupo. Cuando la pertenencia es principalmente ideológica (como en los partidos políticos, iglesias, etc.), tal disenso ideológico habitualmente implica abandonar el grupo por completo cuando las opiniones en disidencia de un miembro son inconsistentes con las del grupo como un todo. Esto es mucho más

---

* "Tío Tom" (en inglés, Uncle Tom) es una expresión peyorativa utilizada para designar a personas de raza negra que se muestran serviles hacia los blancos. Su origen se encuentra en el libro *La cabaña del Tío Tom*, de H. B. Stowe. [T.]

difícil para las ideologías profesionales, porque están estrechamente relacionadas con los objetivos e intereses de las prácticas profesionales cotidianas: es difícil "ser" un profesor y, al mismo tiempo, no "sentirse" como tal, y si las ideologías profesionales representan la finalidad, los valores, las normas y los recursos sociales de los miembros profesionales de grupo, la disociación ideológica rara vez favorece el interés personal. Por supuesto, puede haber otras consideraciones, otras ideologías y valores que pueden ser aceptados como más válidos a pesar de la propia pertenencia a un grupo. De tal manera, los profesores ocasionalmente pueden adoptar las ideologías de los estudiantes.

¿La ideología como identidad de grupo?

Todos estos procesos explican la variación personal y la complejidad de las manifestaciones de las ideologías de grupo en la vida cotidiana. Sin embargo, debería recordarse nuevamente que las ideologías son esencialmente compartidas y, por lo tanto, necesitan ser definidas a nivel de grupo. Lo mismo vale para la "identidad" social o colectiva del grupo como tal. Usualmente se considera a la identidad de un modo individualista, es decir, en términos de representaciones y procesos de identificación de los miembros de un grupo. Sin embargo, del mismo modo en que puede decirse que los grupos comparten conocimiento, actitudes y una ideología, podemos conjeturar que comparten una representación social que define su identidad o "sí mismo social" como un grupo.[3]

Mi intento por traer alguna claridad a la multitud de nociones relacionadas con el campo de la ideología sugiere que, al menos en el nivel cognitivo de la descripción, la identidad social (de grupo) probablemente se funde con un *esquema de sí mismo de grupo*. Y puesto que he tomado tal esquema como el candidato más probable para el formato de una ideología de grupo, necesitaremos concluir que la identidad de grupo se funde con la *ideología* de grupo.[4] Dado el modo en que he analizado las ideologías sociales, esto no es del todo improbable, puesto que las categorías pertinentes definen, precisamente, qué "identifica" al grupo, también especialmente con relación a otros grupos. Esto es, el esquema de sí mismo de grupo ideológico debería representar precisamente esas creencias fundamentales que son por lo general compartidas (adquiridas, utilizadas, reproducidas) a nivel de grupo, y contestar preguntas fundamentales como "¿Quiénes somos?", "¿De dónde venimos?", "¿Quién pertenece a nuestro grupo?", "¿Qué hacemos (habitualmente) y por qué?", "¿Cuáles son nuestros objetivos y valores?", etc.[5] Las respuestas teóricas (generales, ideológicas) a tales preguntas son, por consiguiente, continuamente enseñadas y repetidas en encuentros sociales, en interacciones simbólicas y otras actividades de grupo. Es esto lo que se inculca, algunas veces explícitamente (en situaciones didácticas o en tiempos de crisis), y a menudo implícitamente, en las muchas prácticas sociales significativas del grupo, sus instituciones y sus miembros.

Por otro lado, existe una cantidad de argumentos que alegan en contra de la equiparación de identidad de grupo con ideología. De tal modo, si la dimensión cognitiva de la identidad de grupo se define en términos de las representaciones sociales específicas compartidas por el grupo, la noción de identidad de grupo es más inclusiva que aquella de ideología. Después de todo, la ideología ha sido definida más estrictamente como la base "axiomática" de las representaciones sociales compartidas de un grupo. Eso significa que las ideologías forman, a lo sumo, la base de la identidad de grupo, esto es, las proposiciones fundamentales que corresponden a evaluaciones más o menos estables sobre "nuestros" criterios de pertenencia al grupo, actividades, objetivos, normas y valores, recursos sociales y, especialmente, nuestra posición en la sociedad y las relaciones con otros grupos especiales.

Tal como la identidad personal, las identidades sociales pueden cambiar. Mientras que algunos principios básicos (ideológicos) pueden permanecer relativamente idénticos por un período relativamente largo de tiempo, las representaciones sociales más específicas, como las actitudes, pueden adaptarse estratégicamente al cambio social y político. Así, si bien el movimiento pacifista podría, por supuesto, mantener sus principios pacifistas ideológicos básicos, las actitudes específicas sobre distintas formas de desarme, sobre el despliegue de armas nucleares y otros asuntos pueden depender más directamente de la situación política, incluyendo el cambio de actitudes de los oponentes o la realización de los principales objetivos propios.[6]

Tales cambios en las actitudes de grupo plantean en forma más general la pregunta sobre la naturaleza de la identidad social. Si la identidad social está definida en términos de representaciones sociales compartidas, y si éstas pueden cambiar continuamente, también la misma noción de identidad debería ser una noción más dinámica que estática. Pero si la identidad social de grupo es, a su vez, una propiedad definitoria esencial de los movimientos sociales y otros grupos, entonces las mismas nociones de movimiento y grupo necesitan ser mucho más dinámicas. Como veremos con más detalle en nuestro análisis sobre grupos en el capítulo 15, esto significaría que un grupo no es tan sólo una colectividad medianamente estable de gente, sino que se lo definiría también, o más bien, en términos de un conjunto de cogniciones en permanente cambio y sus prácticas concomitantes. La identidad, entonces, se convierte en un *proceso* en el cual dicha colectividad está comprometida, antes que en una propiedad. Por esta razón el término *identificación* probablemente sería más satisfactorio que el término más estático de "identidad". Al igual que las personas, los grupos pueden, por lo tanto, estar permanentemente ocupados en la "búsqueda" de su identidad, como una función de las estructuras sociales al igual que de los cambios.

¿La identidad social como "sentimiento" colectivo?

A menudo también se asocia la identidad social con dimensiones más *afectivas* o *emocionales*. Si bien estos conceptos abren la muy conocida caja de Pandora de la teoría de la emoción y plantean la vieja cuestión de si las emociones también tienen una base cognitiva y no (tan sólo) fisiológica, no deberíamos huir de tales problemas teóricos. La cuestión es si las emociones tienen necesariamente una base fisiológica, deben ser estrictamente personales, puesto que los grupos obviamente no tienen cuerpos. Pero, del mismo modo, los grupos no tienen mentes, y nosotros sin embargo hablamos de representaciones mentales compartidas socialmente. Entonces, ¿qué significa que miembros de grupo puedan compartir "emociones" como algo distinto de compartir (fuertes) creencias evaluativas?

Si (también) se define a las emociones en términos de excitación corporal de algún tipo, entonces una emoción "compartida" implicaría que los miembros de grupo estarían constantemente excitados. Así, si las feministas están "enojadas" por el machismo, ¿significa esto que todas las mujeres que se identifican a sí mismas como feministas "se sienten" constantemente enojadas? Por supuesto que no. Sin embargo, las feministas individuales pueden (más) probablemente enojarse en momentos específicos de expresión de machismo. Pero *eso* no es lo mismo que decir que las feministas, como grupo, "comparten el enojo" (permanentemente) en el sentido estricto de una emoción.

Más bien, yo sugeriría que tal expresión no denota una emoción en absoluto, sino fuertes creencias negativas. En efecto, mientras mantienen dichas creencias negativas, algunas feministas pueden no sentirse nunca realmente enojadas por la desigualdad social del *grupo*, si bien, nuevamente, pueden sentirse enojadas por las experiencias personales de tales desigualdades. Lo mismo vale, más generalmente, para los *sentimientos* de identificación social. Uno puede "sentir" fuertemente su propia pertenencia al grupo, pero una vez más tal "sentimiento", yo propongo, es un conjunto de representaciones sociales evaluativas (por ejemplo, actitudes sobre igual remuneración, aborto, etc. para las feministas), más que una emoción compartida por todos o la mayor parte de los miembros de un grupo.

En otras palabras, el apego emocional de los miembros hacia un grupo social, frecuentemente observado, puede no ser, como tal, una alternativa a la definición cognitiva de pertenencia al grupo dada más arriba. Esto no significa que los miembros individuales de grupo no puedan tender a ser (más) emocionales en sus experiencias personales (pero relacionadas con el grupo). Sin embargo, eso no significa que dichas emociones, como tales, no puedan ser realmente "compartidas". Pueden ser conocidas, respetadas y comentadas, y de ese modo son "compartidas". Pero no existe algo, parece, como una "emoción colectiva" de una naturaleza relativamente permanente. Esto no significa, de nuevo, que en un momento específico, una colectividad de personas no pueda tener aproximadamente la misma emoción, por ejemplo cuando los manifestantes están enojados durante una marcha. Pero eso no es lo mismo que un sentimiento compartido, colectivo, de un grupo, un sentimiento que exista también más allá de tales momentos "emocionales" específicos.

Otros medios de identificación social

Sin embargo, a diferencia de las ideologías, las identidades sociales no necesitan estar, como tales, limitadas al campo cognitivo. La identidad de grupo también puede definirse, al menos parcialmente, en términos de las prácticas sociales características de los miembros de un grupo, incluyendo acciones colectivas. En efecto, los miembros de un movimiento social podrían identificarse tanto con las "ideas" compartidas por el grupo, como con actividades típicas de grupo como manifestaciones, huelgas, encuentros o rituales. Los rituales de iniciación pueden ser un criterio importante de pertenencia al grupo y, por lo tanto de (sentimientos de) identificación. Lo mismo es cierto para los símbolos que identifican a un grupo, tales como uniformes, banderas, botones y muchos otros. Aquí también, teóricamente uno podría considerar tanto las prácticas sociales como los símbolos como expresiones o manifestaciones de una identidad de grupo "subyacente" más abstracta, tal como hemos hecho con las ideologías.

Sin embargo, los procesos personales y sociales de identificación y de participación no están limitados a tales representaciones cognitivas abstractas. A fin de evitar la reducción de identidad de grupo a acciones específicas o a símbolos ad hoc, podríamos requerir que las prácticas y los símbolos correspondientes también tuvieran una naturaleza más permanente, general o rutinaria. Los uniformes y las banderas tienen inconfundiblemente un carácter más permanente. Y la identificación de grupo con, por ejemplo, las manifestaciones parece más probable cuando esas manifestaciones son más o menos características del grupo y no cuando han ocurrido sólo una o dos veces. Una excepción aparente a esta regla son los acontecimientos históricos notables que contribuyen a la identidad de grupo, tal como la Revolución Rusa para los comunistas o la Marcha a Washington para los Movimientos de Derechos Civiles. De tal manera, también muchos movimientos nacionalistas tienden a buscar acontecimientos históricos famosos, figuras históricas, monumentos, lugares, como símbolos de identidad de grupo. Precisamente, dada su naturaleza histórica, ellos han quedado inmovilizados como partes de la memoria colectiva y, por lo tanto, califican como un criterio de identificación.[7]

Estos ejemplos muy conocidos sugieren, otra vez, que la identidad de grupo no parece estar limitada a representaciones mentales compartidas, sino que incluye una colección de prácticas típicas o rutinarias, acciones colectivas, vestimenta, objetos, lugares, edificios (como las iglesias), monumentos, acontecimientos históricos prominentes, héroes y heroínas y otros símbolos. Al mismo tiempo, un enfoque más cognitivo enfatizaría en ese caso que los criterios de identificación no son tanto las acciones simbólicas o los objetos mismos, sino más bien su construcción social colectiva, esto es, alguna forma de representación compartida. No es la forma material o la sustancia de la cruz lo que define la identidad cristiana, sino la compleja "historia" interpretada de lo que la cruz significa y que los cristianos comparten. En otras palabras, allí donde las actividades de grupo pueden sugerir que la identificación está basada en acciones colectivas u objetos significativos, un análisis adicional sugiere que, precisamente, la naturaleza "simbólica" de tal fenómeno requiere al menos también un análisis cognitivo en términos de las interpretaciones socialmente compartidas asignadas a tales acciones colectivas y objetos simbólicos.

Esta conclusión no implica que todos los criterios de identificación social sean "únicamente" mentales. Aparte de los discursos sociales reales y otras prácticas en las cuales pueden comprometerse los miembros de grupo, al igual que objetos, lugares y otras propiedades de los acontecimientos colectivos, también pueden estar implicadas en la identificación varias clases de *estructura y organización social*. De tal modo, la identidad de grupo puede depender también de las actividades oficiales de pertenencia, tales como solicitar y pagar honorarios, elegir funcionarios y líderes, institucionalizar un movimiento, etc. Trataremos sobre estas dimensiones (más) sociales de los grupos en el capítulo 15, pero se enfatizará aquí que las dimensiones cognitivas del "sentirse" un miembro de grupo, al igual que procesos compartidos de identificación de grupo, pueden también relacionarse con prácticas sociales, organización e institucionalización. Ciertamente, usted puede sentir realmente que es un miembro tan pronto como obtiene su tarjeta de pertenencia. No sorprende que una manifestación léxica de la relación entre identidad de grupo, ideología y pertenencia institucionalizada sea obvia en expresiones tales como si la gente es "portadora de tarjetas" de pertenencia a un movimiento o no.

Se presenta un problema serio cuando extendemos la noción de identidad social hacia el vasto mundo de las prácticas sociales, símbolos y organización: se haría de la noción de identidad algo tan comprehensivo y vago como la noción de *cultura*. En ese caso, la identidad social podría incluso fundirse con la de cultura de grupo. Esto es, del mismo modo en que los miembros de una cultura nacional o étnica mayor se identificarían con su cultura, un proceso similar podría existir en los grupos sociales. Puesto que la noción de identidad social no tiene significado fijo, podríamos adoptar simplemente esa amplia definición, pero, de alguna manera, estaríamos sobreextendiendo la noción en este sentido. Probablemente también dudaríamos en extender la noción de identidad personal a todas las acciones, vestimentas, objetos personales, etc. de una persona, si bien también aquí, dependería simplemente de si uno opta por una visión más amplia o más específica de la identidad. Las acciones características, los modos de hablar o vestirse podrían, por supuesto, ser tomados para definir la identidad de una persona.

La conclusión de este análisis sería que, tal como en el caso de las ideologías, la identidad social es una noción muy difusa, y que se tome una perspectiva estricta o amplia depende simplemente del teorizador. Yo me inclino por la definición más estricta y más precisa. Esto es, del mismo modo en que distinguimos entre ideologías como tales, por un lado, y las muchas manifestaciones de la ideología en el discurso, interacción o símbolos ideológicos, por el otro, podemos así restringir la identidad social como tal al núcleo compartido de la autodefinición social, es decir, a un conjunto de representaciones sociales que los miembros consideran específicas de su grupo. Las prácticas sociales, los símbolos, lugares o formas de organización que son típicas de un grupo y con los cuales los miembros se identifican serían en ese caso las *manifestaciones contextualmente variables de la identidad social*. Alineada con la naturaleza subjetiva de los "sentimientos de pertenencia" o "compromiso" con respecto a un grupo, tal definición sociocognitiva también explicaría que no son tanto una práctica social, un símbolo, un lugar o una organización en sí mismos los que son parte de una identidad social, sino más bien su significado para, o interpretación por, el grupo.[8]

Esta definición de identidad social como un constructo mental socialmente compartido también permite variaciones individuales de interpretación, cambios históricos en el significado de las manifestaciones "externas" de la identidad social, al igual que procesos de socialización de los miembros a nivel individual y formación de grupo a nivel social. Ciertamente, diferentes grupos pueden estar asociados con el mismo tipo de actividades sociales, objetos, símbolos, lugares o formas de organización, pero pueden adjudicarles significados (representaciones sociales) totalmente diferentes y, de este modo, construir una clase distinta de identidad social. En ese sentido, la identidad social es tan intersubjetiva como la identidad personal es una construcción subjetiva, aunque ambos constructos obviamente también son una función de la interacción y negociación sociales, y la atribución de la identidad por parte de otra gente y otros grupos, respectivamente.

Finalmente, este enfoque sociocognitivo del análisis de la identidad social también permite una relación sistemática con el papel del *discurso* en la construcción de la identidad social.[9] Una parte importante de la formación y reproducción de grupos sociales puede tener, por cierto, una naturaleza discursiva. Los grupos sociales en general, y los movimientos sociales en particular, están constituidos por varias formas de *discurso intragrupal*, tales como encuentros, enseñanza, llamados a la solidaridad y otros discursos que definen las actividades, la reproducción y la unidad del grupo. Por otro lado, la identidad social de grupo está también especialmente construida por el *discurso intergrupal* en el que se embarcan los grupos y sus miembros por razones de autopresentación, autodefensa, legitimación, persuasión, reclutamiento, etc. Si bien he sugerido antes que prefiero distinguir entre la identidad social misma y las prácticas sociales, incluyendo el discurso basado en tal identidad, resulta obvio que el discurso de grupo es una rica fuente para el análisis de las identidades sociales "subyacentes".

13

Cognición social

La importancia de la cognición social

Habiendo completado la primera parte del marco teórico para el estudio de la ideología, permítaseme inventariar la relevancia del componente cognitivo en tal teoría, y entonces analizar algunos problemas abiertos y otras perspectivas.

Los principales argumentos que han dado lugar al componente cognitivo han sido los siguientes:

1. Las ideologías, además de cualquier otra cosa que pudieran ser, o cualesquiera sean las condiciones y funciones sociales que tengan, son, en primer lugar, sistemas de creencias. La naturaleza de estos sistemas de creencias, al igual que sus relaciones con otros objetos mentales y procesos (también) necesitan ser estudiados en un marco cognitivo.

2. Ignorar tales dimensiones cognitivas de las ideologías, y analizarlas solamente en términos de prácticas, formaciones o estructuras sociales, brinda una visión incompleta de las ideologías y constituye una reducción impropia de los fenómenos sociales y, por lo tanto, una teoría inadecuada.

3. Las ideologías son adquiridas, compartidas, utilizadas y modificadas socialmente por miembros de grupo y, por lo tanto, son un tipo especial de representaciones mentales compartidas.

4. Las ideologías se reproducen a través de su uso cotidiano por los miembros sociales en el cumplimiento de prácticas sociales en general, y de discursos en particular. Esto no sólo tiene fundamentos sociales sino también cognitivos, tales como las experiencias personales, el conocimiento y las opiniones de los miembros sociales. Solamente una teoría cognitiva puede

brindar la interfase necesaria para relacionar la dimensión social de las ideologías con sus usos personales.

Más allá de los "sistemas de creencias"

Hemos visto que las ideologías no son cualquier conjunto o sistema de ideas o creencias, porque en ese caso simplemente coincidirían con la cognición en general. Tampoco se deberían reducir al conocimiento social, actitudes o "visiones del mundo" que las personas individuales tienen. Más bien, las ideologías forman la *base* "axiomática" de las representaciones sociales compartidas por un grupo y sus miembros, esto es, son *conjuntamente* fenómenos mentales *y* sociales.

Ese aspecto sociocognitivo integrado de las ideologías es el núcleo de la teoría presentada en este libro. Si bien están asociadas tradicionalmente con nociones mentales como "ideas", "creencias", "conciencia", "sentido común" y nociones relacionadas, estas dimensiones mentales de las ideologías rara vez han sido analizadas en detalle en la mayor parte de los estudios filosóficos y sociológicos de la ideología. Del mismo modo, los trabajos psicológicos sobre las ideologías han prestado atención a los "sistemas de creencias", pero éstos fueron escasamente analizados como tales; más bien fueron utilizados como una variable independiente o dependiente en la explicación del "comportamiento" social o político. Lo mismo vale para los estudios sociohistóricos sobre las ideas o las ideologías de grupos o períodos específicos, si bien tales estudios obviamente proveen una base empírica interesante para el análisis adicional de sistemas ideológicos subyacentes.

En este marco, un análisis cognitivo establece primero la naturaleza de los componentes teóricos de las ideologías, esto es, las creencias específicas. Teóricamente, tales creencias tradicionalmente están representadas como proposiciones, si bien podrían considerarse otros formatos siempre que sean capaces de dar cuenta de la naturaleza general y abstracta de las ideologías.

Puede también concluirse que las ideologías no son simplemente las "creencias" de un grupo a partir de la siguiente lista de diferentes tipos de creencia que la gente puede tener:

1. El conocimiento (creencias fácticas) de personas individuales acerca de particulares (personas, objetos, acontecimientos, etc.).
2. El conocimiento de personas individuales acerca de categorías o clases de particulares y sus propiedades.
3. Opiniones (creencias evaluativas) de personas individuales acerca de particulares (personas, objetos, eventos, etc.).
4. Opiniones de personas individuales acerca de categorías o clases de particulares y sus propiedades.

5. El conocimiento de grupos sociales acerca de particulares (personas, objetos, acontecimientos, etc.).

6. El conocimiento de grupos sociales acerca de categorías o clases de particulares y sus propiedades.

7. Opiniones de grupos sociales acerca de particulares (personas, objetos, acontecimientos, etc.).

8. Opiniones de grupos sociales acerca de categorías o clases de particulares y sus propiedades.

9. Creencias sociales de toda una cultura (base cultural común).

10. Normas, valores y criterios de verdad como el soporte de la base cultural común.

Las ideologías como representaciones sociales

Con el trasfondo de una crítica de los enfoques tradicionales de la ideología, primero se decidió limitar las ideologías a *representaciones socialmente compartidas* de un tipo *general* y *abstracto*. Esto es, las ideologías son de la misma familia de los conocimientos socialmente compartidos y de las actitudes sociales. Las ideologías no son individuales y no se representan como recuerdos específicos, episódicos, o como opiniones personales. Esta es también la razón por la cual la comparación entre ideología y lenguaje (o gramática) es tan instructiva. Ambos son sistemas sociales abstractos compartidos por grupos y usados para llevar a cabo las prácticas sociales cotidianas, es decir, el actuar y comunicar.

Esta naturaleza basada en el grupo de las ideologías y de las creencias sociales que ellas controlan explica cómo y por qué se pueden organizar las actitudes sociales como conjuntos coherentemente estructurados de opiniones de grupo. Puesto que podemos no estar de acuerdo en las opiniones, y grupos diferentes pueden tener objetivos o intereses distintos o conflictivos, no sorprende que las ideologías subyacentes en tales opiniones estén asociadas con los grupos.

Para otras creencias sociales, tales como el conocimiento, esto parece ser menos directo, simplemente porque el conocimiento que se asocia con un grupo a menudo se describe como opinión partidaria. Por esa razón, hemos distinguido entre conocimiento general, dado por sentado y consensual de una cultura, por un lado, y las creencias fácticas de un grupo, por el otro. Los miembros de grupo (con sus propios criterios de verdad) pueden llamar conocimiento a estas creencias, pero otros pueden verlos como "simples" creencias u opiniones. Es este "conocimiento" específico de grupo el que está controlado por las ideologías de grupo. En otras palabras, el conocimiento es siempre, por definición, relativo, esto es, descripto como "verdad" relativa a un grupo o a una cultura entera, de acuerdo con los criterios de verdad de ese grupo o cultura.

Puesto que las ideologías representan los "axiomas" de creencias sociales de grupo, son relativamente permanentes. Menos aún que las actitudes y el conocimiento de grupo y ciertamente menos que las creencias personales, no cambian de un día para el otro. Dada su posición en el sistema, su modificación involucraría el cambio de una gran parte de las representaciones sociales de la mayor parte de los miembros de un grupo social, y tal modificación usualmente lleva mucho tiempo.

La estructura de las ideologías

Una vez definidas las ideologías como los fundamentos de las representaciones de grupo, necesitamos examinar sus estructuras internas. ¿Qué clase de creencias sociales abstractas están involucradas aquí y cómo están organizadas? Como en cualquier otro aspecto del sistema cognitivo, el procesamiento y los usos efectivos de las prácticas sociales requieren organización, por ejemplo, en esquemas abstractos que consisten en un número de categorías. Esto es, si la gente tiene que aprender, utilizar y eventualmente modificar muchas ideologías en su vida, al menos tantas como grupos a los que pertenece, entonces es preferible que adquiera y use un esquema ideológico especial para hacerlo.

Puesto que ningún esquema de este tipo está disponible desde otros dominios de la cognición, provisoriamente propuse un esquema que incluye las categorías que representarían las dimensiones sociales esenciales de un grupo, a saber, Pertenencia, Actividades, Objetivos, Valores, Relaciones con otros grupos y recursos. Este esquema provisional debería utilizarse para representar las opiniones fundamentales que los miembros del grupo tienen sobre sí mismos, al igual que sobre su posición en la sociedad. En otras palabras, el autoesquema de un grupo es el núcleo de todas las ideologías. De tal modo, el racismo como ideología es, primeramente, sobre quiénes somos Nosotros (gente blanca, europeos, etc.), qué aspecto tenemos, de dónde venimos, qué representamos, cuáles son nuestros valores y nuestros recursos, o sea, cuáles son nuestros intereses, y cómo se relacionan con los de otro grupo específico, esto es, los no blancos.

La familiar naturaleza polarizada de la expresión de las ideologías, es decir, Nosotros y Ellos, refleja la categoría Posición (o Relaciones de grupo) de tal estructura subyacente. Este esquema también explica la naturaleza esencial, basada en el grupo y que sirve a sus propios intereses, de muchas ideologías, de manera tal que éstas representan no sólo los intereses de un grupo, sino también su posición social y perspectiva respecto de cualquier asunto social que sea atinente al mismo. Esta pertinencia, nuevamente, se mide en relación con las creencias fundamentales de cada categoría, tales como Pertenencia, Objetivos o Recursos. Cualquier acontecimiento o arreglo social que pueda enfrentarse con esos intereses esenciales del grupo será entonces juzgado negativamente, y tales juicios negativos son utilizados como la base para la acción social negativa, como la discriminación.

De las representaciones sociales a los modelos personales

Por último, precisamente con el objeto de poder relacionar tales formas abstractas y fundamentales de la cognición social con las particularidades y realidades de las acciones situadas y los discursos, se necesita otra interfase para traducir las opiniones sociales y conectarlas con las personales de los actores sociales individuales. Después de todo, a pesar de que las ideologías como tales son sociales y compartidas, ellas son realmente *utilizadas* y reproducidas por miembros individuales de grupo y en prácticas sociales específicas. En consecuencia, se utilizó la importante noción de modelo mental como interfase entre lo social y lo personal. Los modelos representan acontecimientos y acciones específicas, pero al mismo tiempo encarnan versiones instanciadas ("aplicadas") del conocimiento social y las opiniones tal como se derivan del conocimiento y las actitudes. Esto es, por medio de las opiniones sociales más específicas de las actitudes (por ejemplo, sobre la acción afirmativa), miembros de grupo individuales pueden formar sus propias opiniones personales, tal como están representadas en los modelos sobre instancias concretas de acción afirmativa, e influir (hablar sobre) tales opiniones. Varios tipos de modelos forman la base de la acción, el texto y la conversación, y así proveen la interfase que permite que las ideologías se expresen y se reproduzcan.

Con este marco, por cierto aún incompleto, al menos tenemos una "cadena" teórica coherente que vincula las estructuras sociales, incluyendo los grupos y las relaciones de grupo (por ejemplo, de dominación) por medio de ideologías, con otras representaciones sociales, y a las últimas, nuevamente, con los modelos, los que finalmente proveen el eslabón faltante con el discurso y la acción. Y, a la inversa, ahora tenemos los medios para describir y explicar cómo las ideologías —y las relaciones sociales— pueden producirse por el discurso y la interacción y sus consecuencias cognitivas.

La importancia del marco teórico

El marco también nos permite una discusión algo más explícita de una serie de cuestiones clásicas en la filosofía de las ideologías, tales como el debate verdad-falsedad, o si un concepto crítico de la ideología debería quedar restringido a las ideologías de dominación. He respondido provisoriamente en forma negativa a ambas cuestiones: las ideologías no son en primer lugar sobre aquello que es verdadero o falso, sino sobre cómo representan las personas sus creencias sobre sí mismas y sobre el mundo social, verazmente o no. El criterio no es la verdad sino la pertinencia (funciones sociales que se sirven a sí mismas, intereses). En otras palabras, y de modo aproximado, podemos decir que necesitamos una pragmática del uso de la ideología más que una semántica de la verdad. Lo mismo vale respecto de la restricción al uso de las ideologías para reproducir abuso de poder y dominación.

Obviamente, las ideologías a menudo se desarrollan y usan para sostener y legitimar la dominación, y tales usos invitan a un análisis crítico. Pero lo que resulta interesante y teóricamente más atractivo es conjugar dominación con resistencia, y las ideologías con las contraideologías, por ejemplo, sexismo con feminismo, racismo con antirracismo. He argumentado que no hay una buena razón teórica para que la segunda parte de esos pares no sea también ideologías. Esto puede requerir algunos ajustes conceptuales con respecto a la noción tradicional de ideología, pero seguramente es un enfoque más adecuado y que, al mismo tiempo, no atenúa las dimensiones críticas de los enfoques tradicio-nales (marxistas, neomarxistas).

En resumen, agregar una poderosa dimensión cognitiva a la tradición filosófica y social y relacionar a ambas con un enfoque analíticŏ más discursivo nos permite diseñar un marco analítico que algún día podrá llevar a una "teoría" distintiva de la ideología. Esto nos permitirá tanto describir como explicar en detalle *exactamente* cómo los miembros de grupos específicos hablan, escriben y actúan ideológicamente. En lugar de macroenfoques, más globales, de las ideologías en términos de sistemas de creencias, hegemonía o formaciones sociales, este enfoque explica las estructuras, los usos cotidianos, las funciones cognitivas y sociales, la adquisición y modificación de las ideologías dentro de un contexto social más amplio.

Otros enfoques

Es interesante que, precisamente, también en los enfoques sociales y críticos del discurso y la ideología, las ideologías han sido abundantes.[1] En lugar de examinar de modo autocrítico qué teorías, conceptos y métodos son los más adecuados y efectivos, la ideología dominante en el estudio de la ideología sostiene que la ciencia cognitiva está del lado equivocado (cientificista, positivista) de la valla. La lingüística, al menos los lingüistas que se han convertido en analistas críticos de la ideología, resulta más aceptable, aunque sea como un instrumento útil o porque pueden enfatizarse las dimensiones sociales del lenguaje. Pero entre los filósofos y sociólogos ambas eran intras-cendentes o sospechosas, o simplemente desconocidas o ignoradas. Aquellos que se oponen a las limitaciones de gran parte de la psicología contemporánea han arrojado al niño cognitivo junto con el agua del baño, a pesar de que, tal como el discurso y el lenguaje, las representaciones cognitivas o mentales pueden ser tan "sociales" como cualquier concepto de las ciencias sociales.

El precio que se ha pagado por esta ignorancia o exclusión ideológica es que el análisis del modo en que los miembros del grupo social realmente hablan o actúan ideológicamente ha sido reducido a una descripción que no vincula las estructuras sociales con las estructuras cognitivas y, a su vez, con las estructuras del discurso. Además de la tergiversada acusación de individualismo, los enfoques cognitivos también son rechazados por la tesis de que son mentalistas y, por consiguiente, opuestos al "materialismo" requerido en el paradigma (neo)marxista, o al "interaccionismo" que gobierna gran parte del trabajo actual en etnometodología o "psicología" discursiva.

En el interaccionismo, la mente se ve como una invención de la imaginación dualista (mente versus cuerpo), o como no pertinente porque lo que cuenta socialmente para los miembros sociales es lo que se despliega "de modo observable". Esta concepción errónea del neoconductismo es apenas más sofisticada que la vieja versión del conductismo que ha dañado por décadas a la psicología y a las ciencias sociales. Sin embargo, al mismo tiempo, conceptos obviamente mentales para cosas no observables como significados, comprensión, reglas, etc., continúan apareciendo, sin analizar, en dichos enfoques interaccionistas, como si las "exhibiciones" de significados o comprensiones fueran más observables que estos significados o comprensiones mismos. Efectivamente, lo son para el sentido común, y como tales se utilizan como evidencia ("A esto lo he visto yo mismo", "Yo mismo he oído esto"), simplemente porque los conceptos socialmente compartidos que gobiernan la percepción se dan por sentados en la observación del sentido común. Pero, si el sentido común fuera utilizado como evidencia, entonces *también* deberíamos utilizar la aceptación por el sentido común de la obvia presencia de los significados, las intenciones, el conocimiento y las opiniones como propiedades que la gente "tiene en mente".

La idea de que las expresiones del discurso, las acciones, las prácticas sociales, las condiciones sociales o económicas, los intereses o el poder son más "materialistas" que los significados y las comprensiones ha sido aceptada por decreto y no por la investigación. Cualquier epistemología adecuada nos diría que *todas* estas cosas están construidas tanto social cuanto mentalmente: las acciones o los discursos no son más observables ni más materiales que los significados, el conocimiento, las opiniones, los valores o las ideologías. Ningún analista del discurso o sociólogo interaccionista o materialista desciende al nivel de los movimientos físicos o biológicos del cuerpo para describir la acción social: dados los conceptos y el conocimiento de nuestra cultura, las acciones sociales son ellas mismas constructos conceptuales aparejados con estos movimientos físicos observables del cuerpo y la boca. Su comprensión por parte de los miembros del grupo no es más inmediata que los significados "subyacentes", como también lo muestran las observaciones frecuentes de la ambigüedad o vaguedad del discurso o la acción.

Esto es, *tanto* las nociones sociales *como* las cognitivas, son constructos abstractos de la comprensión, acción y mente cotidianas, al igual que de sus teorías no ingenuas. Ninguna de ellas es más o menos "material", "observable" o importante de alguna otra manera, por ser "exhibida" socialmente. Comprender lo que la gente "de modo observable" hace o dice, es *también* una interpretación, tanto de los participantes no expertos como de los expertos. Es obvio (y una buena razón para criticar a los psicólogos que a su vez ignoran *esa* dimensión) que tales interpretaciones son adquiridas, utilizadas, modificadas, negociadas en situaciones e interacciones sociales, pero esto no significa que por lo tanto la cognición sea irrelevante.

Por el contrario, todas estas interpretaciones y el conocimiento y las opiniones en que se basan son mentales y sociales, según el alcance o el nivel de la teoría y el análisis. El discurso es el ejemplo más claro, ya que obviamente involucra representaciones mentales (es decir, significados, conocimiento, estructuras abstractas en varios niveles), y al mismo tiempo es una forma de acción social, política o cultural. En resumen, los análisis social y cognitivo del discurso y la ideología que se ignoran mutuamente, están destinados a producir teorías y análisis incompletos, reducidos o directamente erróneos.

Esta conclusión no implica que debamos aceptar ciegamente todas las teorías, métodos o filosofías de la psicología cognitiva y la ciencia cognitiva contemporáneas, ni la orientación general en la investigación sobre cognición social, cognitivamente inspirada, en la psicología social. Globalmente, esa investigación ha sido justamente criticada por su fundamental falta de descripción de las dimensiones sociales de la mente, por su individualismo y su reducción mentalista.[2] De la misma forma, la psicología social corriente ha ignorado el papel fundamental del discurso en la construcción de la mente social. Por otro lado, desde un punto de vista teórico, tanto la investigación en cognición social como la investigación sobre representaciones sociales pueden ser criticadas por la simplicidad y la vaguedad de sus análisis de las estructuras y procesos mentales. Y por último, prácticamente toda la psicología (excepto el estudio de la cognición política) ha ignorado el papel fundamental de la ideología en el control de las representaciones sociales y la interacción social.

Problemas abiertos

Por supuesto, el marco aquí presentado también está lejos de ser completo. El esquema diseñado para representar las estructuras ideológicas es muy provisorio, y no estoy seguro de que permita la representación de todos los tipos de ideologías, especialmente aquellas (como el ecologismo) que parecen centrarse más en la naturaleza que en los grupos, o algunas más amplias tales como el comunismo o los sistemas religiosos, que abarcan todo el mundo. También, el esquema puede ser muy simplista. Conjuntos complejos de creencias ideológicas pueden requerir más estructura que la de un simple esquema, aunque la aplicación rutinaria de principios ideológicos en la vida diaria probablemente tampoco permita una muy compleja.

Además, se conjeturó que las ideologías organizan y controlan conocimientos y actitudes de grupo más específicos. Pero apenas tenemos idea sobre cómo sucede esto (o cómo, inversamente, las ideologías se derivan de creencias sociales específicas). La falta de teorías complejas para las estructuras de representaciones sociales en general, especialmente de las actitudes, es otro problema. Puede necesitarse mucho trabajo empírico sobre expresiones concretas de las ideologías en el discurso para reconstruir tales representaciones sociales "subyacentes".

Muchos de estos problemas están relacionados con nuestro conocimiento fragmentario sobre la organización, los contenidos y el procesamiento de creencias sociales en general. Algunos de estos problemas tradicionales, como los que contrastan la estabilidad y la continuidad de las actitudes e ideologías con la variación, las contradicciones y los dilemas que a menudo se observan, en mi opinión han sido resueltos teóricamente con la introducción de modelos de acontecimiento y modelos de contexto en la memoria episódica. Estos modelos también explican la brecha clásica entre lo macro y lo micro, lo social y lo personal y proveen la interfase entre ideologías y prácticas sociales. En una teoría general de la ideología, considero que este elemento es esencial y una de las principales ideas nuevas que este estudio quisiera proponer.

Sin embargo todavía quedan otros problemas. Algunos pueden ser resueltos por trabajo empírico, no sólo en el laboratorio sino, especialmente, por el análisis detallado de manifestaciones de las ideologías en el discurso y las prácticas sociales. No obstante, es improbable que los problemas de estructura y organización mental puedan ser solucionados simplemente con más y mejor observación. En la actualidad hay pocas esperanzas de que la investigación neurológica (cerebral) pueda brindar los elementos básicos subyacentes que expliquen la organización interna de las representaciones sociales. Esto significa que debemos conformarnos con un análisis de un nivel más elevado y abstracto en términos de cognición.

Como es el caso con todos los "no observables", la respuesta fundamental es la de la creación de modelos cognitivos teóricos, que nos permitirá encontrar formas más elegantes de explicar los "datos" (discurso, acción social, organización social, procesos sociales, etc.) a mano. Las nociones de "modelos", "guiones", "esquemas" y "representación social" son precisamente el resultado de tal empresa teórica. Lo mismo es válido para mi intento de desarrollar un concepto teórico más detallado de la ideología como la estructura básica de las representaciones sociales.

Además de los problemas fundamentales de la arquitectura y la organización mentales, una teoría sociocognitiva de la ideología tiene que explicar la adquisición, los usos y la modificación reales. Desempeñan un papel principal en tal teoría los modelos mentales que sirven de interfase entre las ideologías y otras representaciones sociales, por un lado, y las experiencias y prácticas cotidianas, y especialmente el discurso, por el otro. Es decir, los modelos forman el eslabón que falta en una teoría cognitiva de la adquisición, usos, implementación y modificación de las ideologías. Ellos explican cómo los miembros sociales producen y comprenden la acción y el discurso y cómo, a su vez, tales procesos están conectados con las creencias socialmente compartidas, y por lo tanto con las ideologías.

Sin embargo, todavía tenemos una comprensión limitada de las formas en que las experiencias y las prácticas personales contextualizadas son compartidas, normalizadas y aceptadas en el nivel de "agregado" en los grupos. El discurso y la comunicación (masiva) nuevamente cumplen aquí un papel fundamental, pero no debemos olvidar que explicar la producción y la comprensión del discurso es describir lo que hacen los miembros sociales, y no los grupos como un todo. Compartir las creencias interactivamente es una cosa, pero compartirlas con todo el grupo es otro fenómeno, no menos complejo, especialmente si no queremos reducir ese compartir a una mera acumulación de aprendizaje e interacción individuales.

Para resolver algunos de los problemas mencionados arriba, necesitamos mirar con más detenimiento las dimensiones sociales de las ideologías, y examinar cómo el enfoque combinado cognitivo y social puede ser validado por un minucioso análisis del discurso.

PARTE II
SOCIEDAD

14

Ideología y sociedad

Relacionando lo cognitivo y lo social

Mientras que en la primera parte de este libro se ha argumentado con fuerza a favor de la incorporación de un componente cognitivo en una teoría multidisciplinaria de la ideología, no hace falta un esfuerzo similar a favor del enfoque social de la ideología en esta segunda parte. Todos los enfoques tradicionales concuerdan en que las ideologías son sociales, aunque sólo sea por sus múltiples condiciones y funciones sociales.[1] Incluso en mi enfoque cognitivo, se ha enfatizado esta dimensión social: las ideologías no son solamente conjuntos de creencias, sino creencias socialmente compartidas por grupos. Estas creencias son adquiridas, utilizadas y modificadas en situaciones sociales, y sobre la base de los intereses sociales de los grupos y las relaciones sociales entre grupos en estructuras sociales complejas.

Es la tarea de esta segunda parte explicar algunas de esas dimensiones sociales de las ideologías, y mostrar, en primer lugar, *por qué* los actores sociales y los grupos desarrollan y utilizan ideologías. Además, necesitamos estudiar cómo las ideologías son socialmente "inventadas" y reproducidas en la sociedad. Un componente fundamental en este proceso de reproducción es el discurso, al que habremos de estudiar por separado en la próxima parte, pero el que, como forma de interacción social, es obviamente parte del componente social de una teoría de la ideología.

Muchas cuestiones tradicionales y nuevas necesitan ser incluidas en este marco social. Además de la expresión de las ideologías en la interacción discursiva, debemos investigar qué tipos de *grupos* están o pueden estar involucrados en el desarrollo de ideologías. En segundo lugar, se deben investigar las *relaciones de grupo*, y, especialmente, las de poder y dominación, y su papel en el desarrollo de las ideologías. Debiera evaluarse la relevancia de las "clases" como parte de tal análisis extendido de las relaciones de grupo. En tercer lugar, la dimensión *institucional* y *organizacional* de las ideologías y su reproducción, tal como el papel de la política, la educación y los medios, debería ser parte de un análisis social. Y, finalmente, en un nivel más elevado y abstracto, debiéramos explorar el papel de la *cultura* en el desarrollo y la reproducción de las ideologías.

Una vez más, cada uno de estos tópicos requeriría una monografía por separado, y ya se han escrito algunas. No obstante, mi enfoque es más modesto. Voy a presuponer nuevamente que se conocen la mayoría de los estudios clásicos sobre las dimensiones sociales de las ideologías, y a organizar esta parte como un componente integrado de una nueva estructura multidisciplinaria, con la esperanza de que ésta sea detallada en estudios teóricos y empíricos posteriores. Además, como se sugirió anteriormente, no repetiré los debates clásicos, sino que sólo examinaré si algunas de las cuestiones involucradas son pertinentes para mi enfoque o no. Por ejemplo, si las ideologías son esencialmente ideologías "dominantes" o no, es un tópico que será abordado brevemente; ya he indicado antes que me inclino por un concepto más amplio de ideología.

Organizando la descripción social de la ideología

Idealmente, esta parte del libro debería ser organizada de tal forma que comenzáramos con el micronivel de la interacción ideológica y extendiéramos gradualmente nuestro campo a estructuras y procesos sociales más abarcativos. Sin embargo, como trataremos sobre la dimensión fundamental, discursiva e interaccional, de la reproducción ideológica separadamente en la próxima parte, esta sección va a operar generalmente en meso- y macroniveles más abstractos de la estructura social y la cultura. En consecuencia, en lugar de comenzar con la expresión discursiva y la realización cotidiana de la ideología, esta parte, ofrece otro aspecto de la base y el contexto para el estudio de ese discurso, como sucedió en la Parte I. Es decir, el estudio del texto y el habla ideológicos será luego enmarcado en una descripción combinada cognitiva y social de una base teórica que primero necesita ser establecida. Si más adelante queremos descubrir lo que los "miembros sociales" o "miembros de grupo" hacen o dicen en contextos sociales, primero necesitamos examinar lo que significan la pertenencia ideológica, los grupos, las relaciones de grupo, los intereses, el poder o la dominación.

Esta decisión es en parte arbitraria, y se podría concebir un argumento para un orden diferente de análisis. Esta forma de enmarcar el enfoque también implica el debate sobre la conexión micro-macro tan en boga en la sociología moderna. Obviamente, yo no puedo analizar, y menos resolver, todos los problemas que han surgido en esta exposición. Sin embargo, los componentes cognitivos y discursivos ofrecen interfases que han estado ausentes en este eslabón (faltante). En efecto, como se ha sostenido antes (capítulo 7), la conexión entre los grupos y las personas individuales como actores sociales o miembros de grupo, así como la conexión entre las cogniciones (incluyendo las ideologías) socialmente compartidas y las prácticas sociales reales de esos actores, también tiene una dimensión cognitiva importante: es sólo en sus mentes donde los actores sociales pueden combinar sus propias restricciones, únicas, personales y contextuales, sobre las prácticas ideológicas, con su conocimiento y opiniones socialmente compartidas sobre su pertenencia a un grupo, sobre las relaciones de grupo y sobre la estructura social.

El nexo sociedad-cognición-discurso

No hay duda, entonces, de que el eslabón faltante (también) tiene que ser cognitivo: sin sus creencias socialmente compartidas, los actores sociales no pueden de ninguna manera conocer y lograr mediante la interacción su pertenencia al grupo, que es, en principio, una condición esencial para la existencia de grupos y organizaciones. Por eso, aun en este capítulo no debiéramos olvidar en ningún momento que no es el grupo, o la organización, o ninguna otra estructura social lo que directamente condiciona, influye o restringe las prácticas ideológicas, sino las formas en que los miembros sociales subjetivamente las representan, comprenden o interpretan. Esto no sólo explica los detalles de la producción del discurso y la acción, sino que, al mismo tiempo, permite la necesaria variación individual, desviación, oposición, disidencia y modificación de las ideologías y otras estructuras sociales.

Esto *no* significa que las estructuras sociales, grupos, poder o condiciones económicas *sólo* existan en las mentes de los actores sociales. Ya se ha observado que la "existencia" de esas estructuras sociales es una construcción humana, y por tanto, un logro tanto mental como social y práctico. Para el sentido común, al igual que para las descripciones teóricas, también se postula la existencia de estructuras y condiciones sociales independientemente de la mente, no tanto epistemológica sino analítica y sociológicamente: ellas representan otro ámbito de la existencia y otro nivel y magnitud de análisis, así como las "realidades" físicas, químicas, bioquímicas, biológicas, fisiológicas, neurológicas o cognitivas existen como objetos del análisis teórico y también como parte de las experiencias mundanas de las personas.

Entonces, aun cuando se vuelvan relevantes en la interacción y el discurso, y por ende en manifestaciones concretas, a través de la interfase cognitiva de los actores sociales, las estructuras y los procesos sociales tales como racistas, racismo, organizaciones racistas o informes noticiosos racistas, se supone que "existen" para todos los propósitos prácticos y mundanos y como objetos de análisis sociológico. Reconocer el papel fundamental de la cognición y, especialmente, de la cognición social en tal descripción multidisciplinaria de la ideología, *no* significa, por consiguiente, que "reduzcamos" lo social a lo "cognitivo".

Por el contrario, es teóricamente más fructífero reconocer la "existencia" de ambos, y luego diseñar una teoría que *integre* estas diferentes dimensiones o niveles de realidad social. De la misma forma, entonces, en que yo he incluido un componente "social" en la mente, ahora enfatizo las importantes dimensiones cognitivas de la sociedad. Las ideologías, como el conocimiento, la opinión pública, las lenguas, los valores y otros fenómenos mentales socialmente compartidos, luego pueden ser analizados en un estudio sociológico, aun cuando ese estudio se centre más en la "expresión" de esos fenómenos en "objetos" sociales específicos, como acción, grupos u organizaciones. Después del estudio de la cognición social en la Parte I, nos encontramos aquí con una sociología cognitiva.[2] La sociología del conocimiento es tan sólo una de las subdisciplinas dentro de esta estructura, de la cual la sociología de la ideología es, también, una parte inherente.

Funciones sociales de las ideologías

Una de las mayores tareas de dicha sociología de la ideología es la de explicar no solamente las estructuras de las ideologías tal como se las postuló en los capítulos previos, sino las *funciones* de las ideologías en la sociedad. Prácticamente ninguna definición breve de la ideología dejará de mencionar que las ideologías sirven típicamente para legitimar el poder y la desigualdad. Igualmente, se piensa que las ideologías ocultan o confunden la verdad, la realidad o las "condiciones objetivas, materiales, de la existencia" o los intereses de las formaciones sociales.

Además de esas funciones más negativas de la ideología, podemos agregar que las ideologías sirven positivamente para habilitar a los grupos dominados, crear solidaridad, organizar la lucha y sostener la oposición. Y tanto en su aspecto negativo como en el positivo, las ideologías sirven para proteger los intereses y recursos, aun en el caso en que sean privilegios injustos o condiciones mínimas de existencia. De modo más neutro y general, entonces, las ideologías simplemente sirven a los grupos y a sus miembros en la organización y manejo de sus objetivos, prácticas sociales y toda su vida social cotidiana. Todas estas funciones son sociales, y los conceptos involucrados en su descripción son ampliamente sociológicos. Por cierto, son esencialmente condiciones para la existencia y reproducción de los grupos, o para el manejo colectivo de las relaciones entre grupos, más que funciones que sirven solamente a los individuos. Además de las funciones cognitivas de las ideologías discutidas en la parte precedente, ahora nos podemos concentrar en sus funciones sociales igualmente esenciales.

El ejemplo del racismo

Con el objeto de centrar la discusión sobre las dimensiones sociales de las ideologías, nuevamente utilizaré al *racismo* como el ejemplo concreto de un conjunto de ideologías que tienen un papel destacado en la reproducción de la desigualdad étnica o "racial" en las sociedades "occidentales". Aquí se entenderá el "racismo" en un sentido amplio, político, que involucra prejuicios de grupo y discriminación contra grupos étnicos o "raciales" minoritarios, antisemitismo, etnocentrismo, xenofobia, etc. A diferencia de muchos estudios previos sobre este tópico, el racismo *no* será igualado con una ideología racista, sino que incluirá también las prácticas discriminatorias efectuadas sobre la base de ideologías racistas, al igual que las estructuras sociales o instituciones involucradas en la reproducción del racismo, tales como partidos políticos, educación y medios de comunicación. En otras palabras, el racismo es un sistema complejo de dominación, que necesita ser analizado en varios niveles y dominios de la sociedad, incluyendo los de la cognición, el discurso, las relaciones de grupo, las organizaciones y la cultura.[3]

Con estos antecedentes, mis ejemplos se centrarán en las manifestaciones sociales y la reproducción de las ideologías: ¿qué grupos están involucrados, cuáles son sus relaciones y cómo, por ejemplo, las ideologías racistas o etnocéntricas son "inventadas" y difundidas en las sociedades europeas (europeizadas) blancas? ¿Cuál es el rol especial de las elites y de las instituciones ideológicas tales como la política, los medios de comunicación y la educación? Esto es, analizaré el racismo para ver la ideología "en acción", y especialmente sus condiciones y consecuencias en la organización de la sociedad y las relaciones (de dominación) entre grupos, lo que nos permitirá comprender mejor la base social y las funciones de las ideologías. La siguiente parte de este libro se concentrará entonces en el nivel microsocial de los discursos que desempeñan concretamente un papel en la reproducción social de tales ideologías.

15

Grupos

¿Quién "tiene" una ideología?

Luego de cuestiones tan fundamentales como qué son efectivamente las ideologías y qué aspecto tienen, según se analizó en la Parte I, quizá la pregunta más decisiva sea: *¿Quién* realmente tiene tales ideologías? He supuesto provisoriamente que las ideologías son esencialmente sociales y compartidas por *grupos*.[1] Sin embargo, también hemos visto que una hipótesis necesita limitaciones: los pasajeros en un vuelo, o los peatones que esperan por una luz roja, aparentemente no comparten una ideología. Por cierto, esas colectividades, en mayor o menor grado arbitrarias, podrían no ser llamadas "grupos". Entonces, necesitamos definir la noción de grupo, y determinar específicamente qué grupos desarrollan y comparten una ideología.

Históricamente, sobre todo en la tradición marxista, las ideologías fueron asociadas, por supuesto, a la noción de "clase", y descriptas luego en términos más abstractos como "formaciones sociales".[2] Más específicamente, las ideologías eran atribuidas a la clase gobernante, aunque sólo fuera para ocultar o legitimar su poder, la desigualdad o el statu quo. De modo similar, la noción gramsciana de hegemonía no sólo implica dominación ideológica y consenso, sino también se entiende especialmente en términos de una clase gobernante o poder de elite, por un lado, y un gran grupo dominado de "público masa", o simplemente de ciudadanos, cuyas ideologías son inculcadas persuasivamente por estas elites, por el otro.

En un estadio posterior, sin embargo, con la creciente atención que se prestó a otras formas de dominación, por ejemplo las de género y "raza", también se les atribuyó ideología a otros grupos o formaciones sociales, tales como hombres (machistas) versus feministas, o gente blanca (o racistas) versus antirracistas. Lo mismo vale para la atención creciente a cuestiones de seguridad, paz, medio ambiente o estilos de vida diversos (por ejemplo, vida sexual), en los cuales también diferentes grupos, colectividades o movimientos sociales de algún tipo, están asociados con diferentes posiciones e ideologías. Los movimientos por la paz y los movimientos ecológicos son justamente dos ejemplos destacados de tales grupos ideológicos "nuevos", en los cuales los principios básicos ya no son de tipo socioeconómico.

En resumen, cada grupo social o formación que ejerza una forma de poder o dominación sobre otros grupos podría asociarse con una ideología que funcionaría específicamente como un medio para legitimar o disimular tal poder. Antes se enfatizó que también los grupos que resisten tal dominación deberían tener una ideología para organizar sus prácticas sociales.

Varias de las cuestiones introducidas, tales como poder, dominación o hegemonía, serán tratadas más adelante. Aquí, necesitamos examinar, primero, qué colectividades de actores sociales pueden compartir una ideología, y por qué.

Grupos

Al igual que las variadas formas de conocimiento sociocultural y los lenguajes naturales, las ideologías son compartidas. No existen ideologías "privadas", sino que hay solamente opiniones privadas. Las ideologías son adquiridas, confirmadas y modificadas por los actores sociales como miembros de grupos, y como una función de los objetivos e intereses de ellos.

La cuestión básica, entonces, es, en primer lugar, qué se considera como "grupo". ¿Por qué los pasajeros de un avión específico no son considerados un grupo social? Una razón puede ser que su pertenencia a la colectividad ad hoc es simplemente demasiado efímera y, si bien comparten el objetivo conjunto de viajar a salvo al mismo destino, no viajan como un grupo sino como individuos que se encuentran por casualidad en el mismo vuelo. En consecuencia, un criterio para la idea de grupo puede ser que las colectividades de personas deben tener alguna *continuidad* más allá de un acontecimiento.

Por supuesto, la situación es diferente cuando algunas personas deciden volar juntas, esto es, comprometerse en una *acción colectiva*, o cuando muchos pasajeros de una aerolínea (y no sólo aquéllos en este vuelo) se *organizan* como consumidores, esto es, como un grupo con objetivos e intereses compartidos, tales como seguridad y servicio. Del mismo modo, cuando el avión es secuestrado, los pasajeros, quienes antes simplemente viajaban como una conjunto de individuos, por supuesto, pueden convertirse en un grupo a causa de una situación difícil, es decir, ser víctimas colectivas del secuestrador. Tal *problema compartido*, o *destino común*, en el cual las personas devienen *mutuamente dependientes*, y pueden querer actuar colectivamente para vencer la difícil situación, puede ser otro criterio para la formación de un grupo. De un modo más general, varios tipos de *conflictos* sociales entre colectividades de personas típicamente crean grupos.

Representaciones sociales compartidas

Nótese, sin embargo, que además de los problemas "objetivos" sociales, políticos o económicos compartidos con otros, también deben estar implicados criterios cognitivos o afectivos: los miembros de un grupo deben *conocer* sobre (o creer en) otros miembros, sobre un problema o conflicto compartido o sobre posibles acciones colectivas. Además, pueden compartir *opiniones* sobre sus experiencias, conflictos o acciones comunes. Finalmente, tienen *sentimientos* afectivos de pertenencia al grupo o sobre sus experiencias o actividades como miembros del grupo.[3] En otras palabras, un conjunto de personas constituye un grupo si y sólo si, como colectividad, comparten *representaciones sociales*.[4] Para los miembros individuales del grupo esto significa que parte de su identidad personal (sí mismo) está ahora asociada con una *identidad social*, o sea, la autorrepresentación como miembros de un grupo social (véase también capítulo 12).

Como las representaciones sociales demoran cierto tiempo en desarrollarse, y presuponen una historia común de experiencias, interacción y discurso, las colectividades ad hoc de personas no tienen esas representaciones sociales, y, por tanto, no forman un grupo de acuerdo con esta definición.

Finalmente, podríamos también requerir que las *acciones* individuales y colectivas de los miembros del grupo sean monitoreadas por estas representaciones sociales. Es decir, no sólo la colectividad como conjunto de personas no debería ser ad hoc, sino que, además, las decisiones, los objetivos y las acciones de los miembros de una colectividad no debieran coincidir o ser similares por mera casualidad, como en el caso de los pasajeros individuales que viajan en el mismo vuelo al mismo destino. Así, los miembros del grupo actúan *como* tales cuando estas acciones están (también, aunque no exclusivamente) basadas en conocimiento, actitudes, ideologías, normas o valores compartidos (véase capítulo 3).

De este modo, podemos tomar el ejemplo de una manifestación, levemente menos efímera que el grupo de pasajeros en un avión. Aquí la pertenencia no es arbitraria, ya que los miembros comparten opiniones y por lo menos un objetivo. Hacen algo juntos, o sea, protestan contra una situación social, acción o política que ellos desaprueban, y lo saben (y también saben acerca de los otros miembros). Sin embargo, si bien esa protesta, y las opiniones que dieron lugar a ella, pueden muy bien ser ideológicas, una manifestación de protesta, como tal, tampoco necesita ser un grupo ideológico. Los objetivos y opiniones compartidos por los manifestantes, al igual que la acción colectiva, pueden, después de todo, ser estrictamente contextuales, y no ir más allá de esa ocasión.

Por otro lado, algunas manifestaciones pueden estar basadas en actitudes compartidas de grupo e ideologías, por ejemplo, una manifestación de ecologistas contra la descarga de desechos nucleares, o las manifestaciones antirracistas contra un partido racista. En ese caso, las actitudes y la ideología son compartidas por un grupo más amplio que el de los participantes en la manifestación. Estos son aquí un subgrupo de un grupo mayor, tal como un movimiento social, y la protesta, una manifestación específica de actitudes basadas en una ideología.

De este análisis teórico y de estos ejemplos, podemos concluir que las ideologías y la condición de grupo parecen definirse mutuamente: sólo los grupos pueden desarrollar ideologías, y la definición de grupo, a su vez, presupone no sólo condiciones, experiencias o acciones socialmente compartidas, sino también, y, en especial, representaciones sociales compartidas, incluyendo ideologías.

La circularidad de las definiciones de ideología y grupos es aparente, y es teóricamente bienvenida en una teoría de la ideología. En primer lugar, si bien todas las ideologías están basadas en el grupo, no todos los grupos necesitan desarrollar una ideología subyacente. El conocimiento compartido y algunas opiniones de grupo compartidas pueden ser suficientes para muchas formas de acciones y objetivos colectivos, como sería el caso, en nuestro ejemplo, de un grupo de personas que regularmente toma sus vacaciones juntas. Por otro lado, muchos grupos (o tal vez grupos sociales en el sentido estricto) sólo pueden reproducirse, y continuar existiendo, si ellos, o sus miembros, satisfacen determinados criterios sociales, incluyendo el acceso a recursos específicos, como veremos luego en más detalle. Algunos de estos recursos no son sólo materiales sino también simbólicos (conocimiento, información, educación, estatus, etc.), como es el caso de los políticos, profesores y periodistas, entre otros. Como esos recursos simbólicos se definen en términos de representaciones socialmente compartidas que realmente definen su valor social, estamos nuevamente en el nivel sociocognitivo para definir a los grupos. Además, muchos grupos son definidos, ante todo, en términos de estas mismas representaciones sociales (por ejemplo, opiniones, ideologías) como sucede con los cristianos, los socialistas, las feministas, los antirracistas o los pacifistas, y muchos otros movimientos sociales.

Y, finalmente, aun para el caso de los grupos que parecen estar constituidos también, o principalmente, en términos de recursos materiales (como los pobres y los ricos, los sin techo y los desempleados), hemos visto que las condiciones socioeconómicas son relevantes para el grupo sólo si su experiencia es compartida y, por tanto, enmarcada en términos de conocimiento o creencias compartidos, es decir, si los miembros del grupo realmente sienten y se representan a sí mismos como miembros de ese grupo, o, inversamente, si son representados como tales por miembros de otros grupos, y tratados en ese carácter. Y por último, para la mayoría de los grupos, la continuidad y la reproducción presuponen actos individuales de actores sociales como miembros de grupo o acción colectiva, lo cual, en ambos casos, presupone representaciones sociales compartidas por los miembros.

Nótese que esto *no* significa que ser pobre o no tener hogar esté "todo en la mente", y que las condiciones socioeconómicas sean reducidas a sus representaciones mentales. Por supuesto que no. Pero para que alguien que es pobre o no tiene vivienda se sienta y se represente a sí mismo como miembro de un *grupo*, y no como un individuo que por falta de suerte es pobre o no tiene hogar, esas condiciones económicas necesitan ser interpretadas y, especialmente, también representadas como condiciones compartidas por otros.

Este argumento tampoco implica que los grupos estén *solamente* constituidos por representaciones sociales. También se caracterizan, por supuesto, por su (falta de) acceso a los recursos materiales o simbólicos, por su acción colectiva, por el discurso y otras prácticas sociales. Sin embargo, cualquiera sea la base socioeconómica "objetiva" de una colectividad de personas, éstas sólo pueden constituir un grupo si comparten las representaciones sociales que les dan un significado colectivo a estas circunstancias sociales. Es también en este sentido que los grupos no son tan sólo un constructo societal, sino que asimismo están constituidos mentalmente a través de la representación compartida. Los grupos también están constituidos por sus miembros, y por los miembros de otros grupos, a través de sentimientos de pertenencia, recuerdos compartidos de experiencias colectivas y, más en general, representaciones sociales, o precisamente por el hecho de que otros no comparten estas representaciones o las cuestionan. Y, como hemos visto, si los grupos deben ser definidos por las prácticas sociales de sus miembros, la misma precondición necesaria se mantiene: los actores sociales sólo pueden actuar *como* miembros de un grupo si, en primer lugar, desarrollan y comparten tales representaciones sociales.

Si los grupos están constituidos por las representaciones sociales compartidas de sus miembros, pero no todos los grupos tienen ideologías, más adelante deberemos establecer otras condiciones sobre qué grupos, y en qué circunstancias, desarrollan ideologías. Por ejemplo, mientras un grupo de veraneantes puede no (necesitar) hacerlo, es más probable que las mujeres golpeadas, los gerentes, o los pacifistas desarrollen alguna forma de ideología. Estas condiciones podrían ser sociocognitivas, por ejemplo, cuando las representaciones sociales específicas de un grupo necesitan mayor organización y fundamentación, o cuando los miembros de un grupo necesitan coordinar sus acciones o embarcarse en una acción colectiva. Y pueden ser socioculturales o políticas, por ejemplo, para la efectiva reproducción del grupo, organización, sanción de normas, dominación de otros grupos, resolución de conflictos, y más generalmente, la efectiva realización de sus fines. Más adelante volveré a estas condiciones adicionales para el desarrollo de las ideologías.

Categorías sociales versus grupos sociales

Los criterios de continuidad del grupo e identificación social se aplican específicamente a las *categorías sociales* de personas, definidas en términos de propiedades más o menos permanentes, tales como edad, género, "raza", etnicidad, origen, clase, lenguaje, religión, orientación sexual o profesión. De esta manera, mujeres y hombres, blancos y negros, jóvenes y viejos y pobres y ricos pueden desarrollar ideologías relacionadas con la posición y los intereses de los miembros de esta categoría en la sociedad.

Sin embargo, las categorías sociales generales son, nuevamente, demasiado amplias para formar grupos como los definidos más arriba. Después de todo, no es muy probable que todas las mujeres, o toda la gente rica, compartan la misma ideología general, aun cuando compartan experiencias sociales similares o actúen de modo similar en ciertas situaciones sociales. Tomando el ejemplo de la lucha de clases, el feminismo o el movimiento de derechos civiles, vemos que esto se aplica a grupos de personas que pertenecen a una categoría social, pero que también comparten objetivos, normas y valores específicos y, en general, alguna forma de conciencia sobre éstos. Y esta conciencia o sentimiento de grupo fue definida como identidad social y, por lo tanto, una forma de (auto)representación social compartida. Los movimientos sociales pueden defender los intereses de todos los trabajadores, las mujeres o los negros, pero como grupos tienen objetivos e intereses más específicos que no necesariamente son compartidos por todos los miembros de sus respectivas categorías sociales.[5]

Igualmente generales son aquellas colectividades de personas que están definidas, precisamente, por sus *ideologías*, tales como los liberales y los conservadores. La cuestión que puede plantearse es si éstos son "grupos" en un sentido más restringido: ¿toda la gente conservadora del mundo forma efectivamente un grupo? ¿Puede su postura ideológica ser tomada como una propiedad más o menos permanente, como en el caso del género, la edad o la etnicidad? Puede suponerse que los miembros de tales "grupos" se identifican más o menos fuertemente con ellos, precisamente por razones ideológicas. Si la identidad social compartida es un criterio suficiente para la definición de grupos, entonces esta colectividad de personas puede constituir un grupo. Pueden incluso tener algunos objetivos generales. Por otro lado, a diferencia de los manifestantes o de los miembros de movimientos sociales, los miembros de esas categorías sociales no participan, como tales, en actividades *conjuntas*, sino, cuanto mucho, en actividades *similares*, como votar y comprometerse en acciones y discursos liberales o conservadores. Esta es la razón por la cual el análisis, en el capítulo 28, de un ejemplo concreto sugiere considerar al "conservadurismo" como una "metaideología" que controla las dimensiones de las ideologías (por ejemplo, las del neoliberalismo, sexismo o racismo), más que como una ideología de grupo distintiva.

Otro tipo general de grupo es el basado en la *profesión*. Médicos, enfermeros, profesores, periodistas o carpinteros pueden, así, formar un grupo profesional que tiene, obviamente, actividades, objetivos e intereses similares, y con los cuales pueden identificarse algunos o muchos miembros. Tales grupos tienen valores y normas profesionales, opiniones y actitudes sobre prácticas profesionales, al igual que conocimiento experto específico del grupo. Aunque posiblemente universal (las profesiones especializadas existen virtualmente en todas las sociedades y culturas), este tipo de grupo parece un candidato admisible para el desarrollo de las ideologías de grupo, dada especialmente la relevancia de intereses en conflicto entre profesiones diferentes. Pero, una vez más, los miembros de la misma profesión en todo el globo sólo raramente se embarcan en actividades conjuntas, aunque algunos lo hagan, por ejemplo, en conferencias internacionales.

Entre estas categorías muy generales (si no universales) de actores sociales, por un lado, y la efímera pertenencia a un grupo en una manifestación o un equipo, por el otro, tenemos los grupos de personas que constituyen las *organizaciones* e *instituciones*, tales como partidos políticos, parlamentos, universidades, sindicatos y empresas corporativas. Nuevamente, la identificación con tales organizaciones definidas como "grupos" es razonable, y hay allí actividades, objetivos y valores compartidos (e incluso conjuntos), al igual que intereses afines. Nótese, sin embargo, que aquí hay un problema: como instituciones u organizaciones individuales, éstas pueden no tener ideologías específicas propias y tampoco sus miembros. No hablamos de "la" ideología de un sindicato específico sino más bien de una ideología sindical en general. Del mismo modo, en empresas corporativas podemos encontrar ideologías corporativas más generales (o variaciones de ellas) y no tanto la ideología de una corporación de negocios específica. Si dichas corporaciones son grandes, tal como es el caso de multinacionales como IBM, sin embargo, puede desarrollarse una "cultura" común, y tal cultura de normas, valores y objetivos compartidos podría identificarse de algún modo con la "ideología" corporativa.[6]

Otro criterio, tal vez decisivo, para la definición de la base de grupo social de las ideologías, es el *conflicto social*, la *lucha* o cualquier otro tipo de oposición entre grupos basada en intereses, ya sea acerca de recursos materiales o simbólicos. Este es tradicionalmente el caso de las clases y la lucha de clases, y en el marxismo, obviamente, las ideologías estuvieron principalmente relacionadas con grupos tales como trabajadores y "capitalistas". Lo mismo es cierto para feministas versus machistas, o antirracistas versus racistas, etc. En tales casos, los grupos dominantes tienden a desarrollar una ideología que sirve a la reproducción de su dominación, y los grupos dominados pueden desarrollar una ideología como base para sus actitudes, opiniones, prácticas y discursos de resistencia u oposición. La pertenencia, las actividades, los objetivos, la posición social, los valores y los recursos de grupo son aquí fácilmente identificables, y si se los considera como categorías básicas para la definición de los esquemas ideológicos, aquéllos podrían ser los grupos ideológicos prototípicos. Otros grupos (por ejemplo, una categoría como "mujeres", o una profesión como "médicos", o un partido como el demócrata cristiano) se definirían generalmente por tan sólo una o unas pocas de estas categorías.[7]

Si definimos a las ideologías en términos de sus funciones sociales (véase más abajo), entonces las creencias compartidas, la coordinación de la acción e interacción sociales, la provisión de identificación, los objetivos comunes, la organización y, en general, la defensa de los intereses de grupo, son condiciones importantes para la constitución de grupos ideológicos. Las colectividades de personas definidas por una o más propiedades (tales como edad, profesión, objetivos, nivel de ingresos, orientación política, etc.) tenderán a ser grupos ideológicos si se aplican a ellas estas funciones ideológicas. Necesitamos una teoría sociológica detallada de los grupos sociales de modo de poder hacer explícitos tales criterios.

Uno de dichos criterios puede ser también el grado de *institucionalización*. Esto, en primer lugar, excluye a todos los grupos efímeros, tales como los pasajeros de un avión y los participantes de una manifestación. También elimina las categorías sociales generales, tales como las sociobiológicas del tipo hombres y mujeres, negros y blancos, viejos y jóvenes, o las socioeconómicas como ricos y pobres, o los desempleados. Como se sugirió, estas categorías generales pueden muy bien ser, sin embargo, las colectividades más amplias de las cuales se recluta a grupos ideológicos más específicos, como en el caso de las feministas que son miembros del grupo de mujeres. Muchos grupos ideológicos, tales como las feministas, los socialistas, los ecologistas, los antiabortistas, etc., no están únicamente definidos por identidades, objetivos, posiciones o recursos compartidos, sino también por el hecho de que tienden a organizarse en instituciones, tales como partidos, organizaciones no gubernamentales (ONGs), iglesias, sectas, etc. A menudo tienen líderes o funcionarios explícitos, autoconvocados o electos, oficinas centrales, aranceles de pertenencia, publicaciones, encuentros, etc. Dicha institucionalización puede desempeñar un papel destacado en el reclutamiento de nuevos miembros, la fijación de objetivos y, especialmente, la coordinación y ejecución efectiva de acciones que realicen el objetivo del grupo organizado.

Podemos concluir este análisis considerando que no puede haber una frontera clara y explícita entre grupos sociales en el sentido más específico, y cualquier otra colectividad de personas definida por una o más características compartidas. De un modo general, sin embargo, daré por sentado que un grupo social debe ser más o menos permanente, relativamente organizado o institucionalizado, y reproducido por el reclutamiento de miembros sobre la base de la identificación con un conjunto de propiedades específicas, más o menos permanentes (como el género o los ingresos), actividades y/u objetivos compartidos, normas y valores, recursos y una posición específica (a menudo de competencia o conflicto) con relación a otros grupos sociales. Los grupos que satisfacen la mayor parte de estas condiciones se considerarán, entonces, como los que tienen más posibilidades de desarrollar ideologías compartidas que servirán de base para organizar las acciones y cogniciones de sus miembros, de tal forma que los objetivos del grupo se realicen óptimamente.

Grupos versus miembros

Existe un problema teórico espinoso al que debemos abocarnos aquí, y éste es la naturaleza específica, emergente, de un grupo como distinta del conjunto constituido por sus miembros. A lo largo de este estudio se han hecho muchas observaciones sobre las ideologías y otras propiedades mentales o sociales compartidas por un grupo. Hemos admitido, por ejemplo, que los periodistas como un grupo desarrollan una ideología profesional y que otras colectividades de personas pueden hacer lo mismo en circunstancias sociales específicas.

Sin embargo, el problema es que querríamos que esto también fuera válido cuando uno o unos pocos periodistas individuales *no* comparten tal ideología. Es cierto que muchos grupos cuentan con "desviados" o "disidentes" ideológicos. Entonces, la noción de grupo puede ser, al menos algunas veces, distinta del conjunto de sus miembros individuales. Quizá la "condición de grupo" requiera solamente que *la mayor parte* o *muchos* de los miembros compartan alguna propiedad. Sin embargo, estos criterios difusos también hacen de los grupos conjuntos difusos en lugar de conjuntos estrictos de miembros. Por cierto, al igual que con los conjuntos, los grupos pueden existir teóricamente ¡si tienen (hasta ahora o ya no tienen más) algún miembro!

Aparte de las dimensiones teóricas y cuantitativas de conjunto, también podemos preguntar si los grupos tienen propiedades emergentes que los (conjuntos de) miembros no necesariamente tienen. En efecto, ¿existen representaciones mentales (como el conocimiento y la ideología), acciones colectivas o relaciones de grupo que se apliquen al grupo, pero no necesariamente a (todos) sus miembros? Es obvio que sí. Como veremos en el capítulo siguiente, las relaciones sociales de grupo, tales como el poder y la dominación, se definen para el grupo como un todo y no se aplican necesariamente a todos los miembros. Por cierto, a pesar de la dominación masculina en la sociedad, no todos los hombres, ni la mayoría de ellos, proceden de modo dominante todo el tiempo con las mujeres con las que interactúan. Los grupos pueden tener, asimismo, un pasado, una historia y experiencias colectivos que no todos los miembros tienen personalmente, como es el caso del Holocausto para los judíos. De este ejemplo no hay sino un solo paso a los recuerdos colectivos y, por lo tanto, a las representaciones sociales compartidas: los judíos, como grupo, tienen representaciones sociales sobre el Holocausto y el antisemitismo, si bien puede haber judíos individuales que no las tienen. Estos pocos ejemplos sugieren que, en efecto, los grupos pueden tener atributos que no son necesariamente los de (todos) sus miembros.

Es probable que lo mismo sea cierto para las ideologías. Esto es, a causa de su historia, experiencias colectivas, posición social y relaciones sociales con otros grupos, los grupos pueden desarrollar y reproducir una ideología específica. Tal como "tener un lenguaje", entonces, "compartir una ideología" es una propiedad que debería definirse a nivel societal, es decir, para el grupo como un todo. Del mismo modo en que un grupo social es una abstracción, o un tipo ideal, también las ideologías pueden ser vistas, como una propiedad abstracta, así como lenguas como el inglés o el chino son sistemas abstractos, al menos en un nivel de análisis. Tal sistema no es el mismo que el del uso efectivo del lenguaje por todos los hablantes de inglés o chino. Ciertamente, hay lenguas que, como sistemas lingüísticos, han sobrevivido a sus usuarios. Del mismo modo, el socialismo, como una ideología, todavía será una ideología aun cuando el último socialista haya apagado la luz.

El problema macro-micro

Estas observaciones, sin embargo, requieren un mayor análisis sobre las relaciones entre abstracciones sociales, sistemas, propiedades colectivas y grupos, por un lado, y miembros de grupo como personas reales, al igual que sus mentes y acciones, por otro. Este es un ejemplo del conocido problema macro-micro en las ciencias sociales.[8] Del mismo modo en que el sistema de la lengua china debe ser conocido, al menos parcialmente, con el objeto de que sea "usado" por hablantes concretos, podemos suponer que se mantiene una condición similar para el papel de la ideología en el monitoreo de las prácticas sociales en general y del discurso en particular. Esto es, si las ideologías se definen solamente para los grupos, si la condición de grupo presupone representaciones sociales compartidas (o una identidad social), si las representaciones sociales son mentales y si los grupos como tales no tienen mente, entonces debemos suponer que los grupos solamente pueden "tener" una ideología si al menos un número calificado de sus miembros comparte al menos parte de tal ideología. Ahora, ¿qué significa esto exactamente?

Una respuesta trivial ya formulada es simplemente cuantitativa. Esto es, un grupo "tiene" una ideología si la mayor parte de sus miembros comparte la mayor parte de las proposiciones que definen tal ideología, donde al confuso cuantificador "la mayor parte de" debe asignársele un valor de entre, digamos, 75% y 100%.

Sería de algún modo menos trivial reemplazar el cuantificador para el número de proposiciones por el conjunto de proposiciones ideológicas "esenciales" o "medulares", a saber, aquellas que son creencias fundamentales específicas, definitorias o prototípicas de un grupo. Por ejemplo, la gente no sería calificada como neoliberal si no compartiera las proposiciones ideológicas esenciales sobre la libertad de mercado. Esto es relativamente claro, por supuesto, para grupos definidos ante todo por sus ideologías.

Pero, ¿qué pasa con los periodistas? Un periodista que no cree en las proposiciones esenciales basadas en el valor de la libertad de prensa, ¿se excluye de la ideología periodística y, por ende, de la identificación de grupo? Tal periodista, ¿dejaría de ser un periodista prototípico y, por lo tanto, sería definido (o se definiría a sí mismo) como alguien relativamente extraño, y sería realmente marginado, como podemos efectivamente observar en la práctica periodística (o de otras profesiones)?

Las bien conocidas fuerzas de la conformidad, incluyendo la socialización, la instrucción, los medios de comunicación, las sanciones, la marginación y otras prácticas para reforzar la alineación ideológica de los miembros, ¿son una manifestación social de la necesidad de defender al menos la adhesión de todos los miembros a un núcleo de proposiciones ideológicas? Tal parece ser el caso, por cierto. Nuevamente, la comparación con el lenguaje (gramática) puede ser instructiva: el uso no está regulado solamente por la mutua inteligibilidad, sino también por los estándares socialmente impuestos de corrección mínima para muchas situaciones sociales, tales como la instrucción y la obtención y mantenimiento de un trabajo. La variación personal es posible, pero debe respetarse algún núcleo gramatical normativo en situaciones sociales específicas.

Si al menos un núcleo ideológico mínimo debe ser respetado "en" el grupo, entonces todavía necesitamos especificar por cuántos o por qué miembros. Nuevamente, podemos utilizar un criterio cualitativo, a saber, los "miembros fundamentales", tales como los líderes, las elites, toda la gente con responsabilidades y, en general, los "ideólogos" de cualquier grupo. Esto es socialmente necesario para el grupo, en primer lugar, con el objeto de reproducirse ideológicamente a sí mismo. Al menos algunos miembros deben enseñar la ideología a los recién llegados o a las nuevas generaciones. En segundo lugar, al menos algunos miembros deben monitorear las prácticas sociales y, en consecuencia, las aplicaciones de la ideología por parte de los miembros comunes. Tercero, al menos algunos miembros deben poder reformular y adaptar la ideología del grupo a los nuevos desarrollos sociales, nuevas circunstancias o cambios en las relaciones con otros grupos. Y cuarto, al menos algunos de los miembros deben poder formular y distribuir (fragmentos de) la ideología en todo el grupo. Estas y otras actividades ideológicas esenciales deben ser llevadas a cabo adecuadamente para que cualquier grupo reproduzca su ideología y las prácticas sociales y posición social basadas en ella. En otras palabras, podemos concluir, y, nuevamente, de un modo más bien vago, que la reproducción ideológica presupone al menos un núcleo de elites o ideólogos para cumplir con esas funciones.

Por supuesto, tales actividades ideológicas pueden variar considerablemente para diferentes grupos o instituciones: la Iglesia Católica hace esto de una manera distinta de como lo hacen un movimiento feminista o uno pacifista. También, las condiciones sobre el número de miembros ideológicos y el número de proposiciones ideológicas a compartir por ellos puede ser muy diferente para distintos grupos. Tradicionalmente, en la Iglesia Católica uno puede ser excomulgado por adherir a una herejía específica. Algo similar puede suceder con un partido político estrictamente ideológico o movimientos sociales específicos. En algunos casos (extremos) todos los miembros necesitan adscribir a todas las proposiciones ideológicas, mientras que, en otros, únicamente a un núcleo de principios ideológicos básicos, o, de nuevo, sólo un núcleo de personas necesita conocer todos, o la mayor parte, o solamente los principios esenciales. Pero si solamente un pequeño grupo conoce y comparte sólo un fragmento de la ideología (original) de un grupo, de tal modo que la reproducción ideológica completa resulta imposible entre los recién llegados, podemos esperar una declinación o un cambio ideológicos o, claro está, la disolución de un grupo. Puesto que las ideologías pueden estar a menudo escritas por ideólogos en libros de texto, biblias, catecismos, historias de los movimientos, programas partidarios, "enunciación de la misión" empresarial, estatutos institucionales y escritos ideológicos similares, siempre existe una posibilidad de que al menos algunos miembros del grupo sean capaces de mantener ardiendo la llama ideológica por un tiempo prolongado.

¿Qué es compartir?

Finalmente, hay otro aspecto que necesita ser examinado cuando estudiamos las relaciones entre el grupo ideológico y sus miembros, esto es, el estatus social y cognitivo preciso del compartir. Ya hemos visto qué clase de dimensiones sociales pueden estar implicadas, es decir, cuántos y qué clase de miembros necesitan compartir cuánto de una ideología. Ahora, la cuestión es realmente qué significa "compartir". ¿"Copias" idénticas de proposiciones en las mentes de los miembros destacados, tal como las computadoras ejecutan copias del mismo programa, aun cuando se hagan usos personales diferentes del programa? Nuevamente, la comparación con las gramáticas puede resultar instructiva. Con el objeto de utilizar el lenguaje con una relativa competencia gramatical, podemos suponer que los usuarios del lenguaje necesitan adquirir aproximadamente las mismas reglas de una gramática. Por supuesto, puede haber variantes personales, debido, por ejemplo, a la escolarización y otras formas de aprendizaje, a la cantidad de reglas aprendidas o cómo se aplican. O sea, a pesar de tal variación, la mayor parte de los hablantes de la lengua deben tener copias más o menos similares de las reglas esenciales de la misma gramática.

Lo mismo, suponemos, debería ser cierto para las representaciones sociales básicas de un grupo, esto es, la ideología. En muchas ocasiones tales principios ideológicos pueden efectivamente formularse, por ejemplo, en contextos de admisión, inclusión, socialización, iniciación, enseñanza, jurisprudencia, penalización, marginación y exclusión. Por supuesto, tal formulación tiene lugar en discursos variables, y no directamente en términos de proposiciones ideológicas (abstractas), de modo que la adquisición, aun en casos ideales, a menudo es menos estricta que la adquisición de las reglas de la gramática. Sin embargo, al igual que con otros principios sociales, como normas y valores, hay muchas prácticas sociales y discursos que expresan o encarnan los principios ideológicos subyacentes, de tal modo que por la repetición continua y la experiencia, se adquirirán algunos fragmentos ideológicos bastante semejantes. Una vez más, esto será sumamente variable para distintos grupos ideológicos. Tampoco necesita ser enfatizado que el conocimiento que tienen los miembros de grupo de dichas proposiciones ideológicas no siempre necesita ser explícito o aun consciente (tal como es el caso de las reglas de gramática), siempre que las apliquen de una manera relativamente adecuada.

En resumen, no tenemos otra alternativa teórica más que dar por sentado que un grupo "tiene" una ideología si al menos algunos (o la mayoría, dependiendo del grupo) de los miembros comparten al menos algunas (o la mayoría) de las proposiciones ideológicas medulares. En ese caso, compartir significa que estos miembros tienen proposiciones relativamente semejantes almacenadas en su memoria social. En otras palabras, si se considera a una ideología como un sistema abstracto del grupo como un todo, está "distribuida" concretamente (mentalmente) entre sus miembros. Que dichos miembros harán (algunas veces muy) distintos usos de ese sistema ideológico en contextos sociales diferentes es obvio, y esto define la gran variación en los discursos ideológicos y otras prácticas sociales. Volveremos luego a esta variación personal y contextual.

Múltiples identidades y conflicto de ideologías

Como ya se ha sugerido en varias oportunidades, los actores sociales individuales pueden ser miembros de varios grupos sociales, cada uno de los cuales puede tener su propia ideología. Esta es una de las razones fundamentales por las que la expresión de las ideologías por parte de tales actores en situaciones específicas puede aparecer incoherente o aun inconsistente. La cuestión aquí es que, puesto que diferentes grupos pueden tener distintos intereses (condiciones de pertenencia, actividades, objetivos, normas o recursos), también sus ideologías, que representan cognitivamente esos intereses básicos, pueden estar en conflicto al decidir "cómo hablar o actuar" en una situación específica. Dependiendo de la situación, una identidad y, por ende, una ideología, puede ser más apropiada o más importante, de modo que pueden efectuarse elecciones estratégicas en el manejo de creencias e intereses en conflicto. Ya nos hemos encontrado con el prototipo de una periodista negra de clase media, quien probablemente dejaría prevalecer sus ideologías y prácticas de periodista por sobre aquéllas sugeridas por las otras ideologías de grupo, al menos si ella quiere conservar su trabajo.[9]

Sólo algunas veces se pueden combinar tales ideologías y prácticas de grupo. La ideología de la clase media a menudo se puede integrar bien con la tendencia hacia la clase media de los medios de comunicación, de la mayoría de las fuentes, de la mayoría de los protagonistas de las noticias y de la mayoría del público. No es muy probable que aquí existan conflictos de intereses. Como mujer, a la periodista negra se la puede aceptar parcialmente en caso de que se "comporte" como un periodista (o puede aun ser forzada a comportarse como tal), aunque puedan asignársele historias con una perspectiva femenina (pero raramente con la perspectiva de una feminista radical). Menos aún será considerada como persona negra, aunque en tiempos de conflicto y crisis raciales o étnicos, se le pueden asignar historias "étnicas". Pero, en general, la regla social es: crea y actúe como la mayoría de nosotros en "nuestro" grupo. Las transgresiones a la regla, y la desviación y disidencia abiertas, serán sancionadas con la marginación, la exclusión o eliminación, ya sea física, económica, social o cultural.[10]

Categorías de grupo y pertenencia

Se ha dado por sentado que las ideologías están organizadas por un esquema de grupo que consiste en categorías fundamentales que codifican los modos en que la gente se define a sí misma y a los otros como miembros de grupo. Estas categorías tienen aspectos mentales, pero también sociales. De tal modo, mientras la pertenencia puede construirse como la representación mental de las relaciones que tienen los individuos con los grupos o las categorías sociales, esto también necesita ser explicado en términos más sociológicos. Así, puede no ser suficiente que los miembros de un grupo se consideren a sí mismos como miembros de un grupo. Es también importante cómo los otros los perciben como tales. Por cierto, los individuos pueden pertenecer "naturalmente" y ser considerados y aceptados como miembros de grupos o categorías, como es el caso de las mujeres, los niños, o los blancos y negros, pero en muchos otros grupos al proceso de admisión y reconocimiento le sigue un proceso social más complejo. Esto también afecta el papel de la pertenencia en la reproducción de la ideología.

Además de las categorías "naturales" mencionadas (las que obviamente son construcciones sociales por derecho propio), la pertenencia debería ser examinada, primero, en aquellos grupos sociales en los que la gente ha "nacido" y a los cuales tienen, de este modo, un acceso más o menos involuntario. La clase y la casta son los ejemplos más evidentes de tales grupos y, al mismo tiempo, el ejemplo clásico para el desarrollo de las ideologías. Si bien con posterioridad las personas pueden "cambiar" de clase o de casta, se las considera como miembros de clase siempre que no puedan o no quieran cambiar tal pertenencia.

La *pertenencia de clase* es tan compleja como la noción de clase, y está socialmente construida en términos que van mucho más allá de los parámetros socioeconómicos, tales como ingreso familiar, ocupación o posición. Varios tipos de "capital" no material, simbólico, pueden ser indicativos de la clase, tales como estatus, respeto, acento y uso del lenguaje, conocimiento de las artes, etc., para la clase alta y la clase media alta, o precisamente la falta relativa (real o atribuida) de tales recursos simbólicos para las clases más bajas. Cambiar de clase, especialmente hacia arriba, requiere, por lo tanto, más que sólo un cambio de recursos materiales, como lo demuestra la categorización negativa de los *nouveaux riches* que realmente no pertenecen a las clases altas. Ciertamente, no se puede acceder a clases altas específicas (por ejemplo, la nobleza) si no es por nacimiento. Para las otras, puede ser necesario tanto el capital material como el simbólico, tal como una buena educación, una buena escuela y la "cultura" adquirida.[11]

Tanto para los miembros establecidos como para los nuevos miembros, la pertenencia a una clase también está asociada con las ideologías. Por cierto, la misma reproducción de los intereses socioeconómicos de clase, incluyendo los recursos materiales y simbólicos, es una de las funciones principales de las ideologías de clase. Esto es, cuando se une con la estructura de las ideologías, la clase provee una "insignia de pertenencia" basada esencialmente en los recursos: la gente se define a sí misma y es categorizada, reconocida o admitida por los otros miembros ante todo en términos de un conjunto específico de recursos (socioeconómicos y culturales). Para la reproducción exitosa de la clase, entonces, los miembros de grupo aprenden, ya sea desde el nacimiento o como recién llegados, la ideología que permite la protección de esos intereses basados en los recursos. Económicamente, esto puede significar la oposición a diversas formas de distribución de la riqueza y de los ingresos, impuestos altos para los ricos, etc. Simbólicamente, puede significar acceso exclusivo o preferencial a escuelas, clubes y profesiones especiales y formas de la "alta" cultura. Ideológicamente, tales privilegios tenderán a ser legitimados por la reivindicación de "derechos" naturales o sociales (nacimiento, matrimonio, herencia) y/o mérito (trabajo arduo, aprendizaje).

Para los grupos *profesionales*, la pertenencia y el acceso normalmente están bien definidos en términos de criterios legales o tradicionales, tales como educación, grados, títulos y pericia. Abogados, médicos y profesores pueden ser tales sólo cuando son oficialmente evaluados y calificados, mientras que para los periodistas pueden necesitarse calificaciones menos estrictas. La pertenencia a tales grupos está basada habitualmente en el tipo de actividad y el conocimiento experto (asesoramiento a clientes, curación de pacientes o enseñanza a estudiantes). Los intereses de tales grupos están también ligados a recursos específicos, simbólicos, tales como conocimiento legal, médico o científico y pericia, al igual que al estatus y el respeto acordados a las profesiones en una sociedad particular.

Dada su naturaleza, podemos esperar que los grupos profesionales desarrollen ideologías específicas, especialmente en función de los intereses ligados a sus actividades y a sus recursos. De tal modo, la libertad de prensa, la independencia de la justicia, la autonomía de las universidades, al igual que la libertad de información y la libertad científica, son elementos reconocidos de las creencias ideológicas básicas que reflejan tales intereses. También por estas razones, la pertenencia está estrictamente regulada: el número de personas que tienen acceso a estos recursos debe mantenerse bastante pequeño, de modo de conservar el valor económico de los servicios profesionales y la pericia. La mayoría de los profesionales se oponen a "reducir estándares" o a "universidades masivas" e insisten en un umbral autorregulado para el ingreso, tal como exámenes especiales, entrenamiento fuera del ámbito universitario o especialización. La reproducción exitosa del grupo a través de la protección de estos intereses especiales también necesita articularse en diversas ideologías profesionales, por ejemplo, sobre la importancia, la relevancia o las funciones de estas profesiones (administración de justicia, cuidado de la salud, conocimiento y educación o información al público). Del mismo modo, con el objeto de proteger tales intereses, las actividades de los profesionales pueden también ser juzgadas internamente sobre la base de valores ideológicos (justicia, verdad, confianza, equidad, etc.).[12]

Los grupos, y la pertenencia a los mismos, pueden también constituirse sobre la base de sus objetivos sociales, usualmente en relación con sus normas y valores, como sucede con diversos *movimientos sociales*. De esta manera, las feministas forman un grupo sobre la base de su objetivo de terminar con la dominación masculina y la desigualdad de género. Los valores esenciales involucrados en sus actividades para la realización de ese objetivo son, por ejemplo, igualdad, independencia y autonomía. Lo mismo vale para los socialistas, los ecologistas, los activistas de derechos humanos y grupos similares de acción o defensa, por un lado, y para los nacionalistas, racistas y antiabortistas por el otro. Los criterios de pertenencia en este caso serán, en consecuencia, la elección personal, la alineación ideológica y las actividades reconocidas que contribuyen a la realización del objetivo común. Tal como es el caso para otros grupos, las ideologías de estos grupos definidos por sus objetivos reflejan sus intereses principales, como igualdad de género o autonomía étnica. En un mayor nivel de abstracción, los mismos criterios de pertenencia y desarrollo ideológico se aplican a los grupos ideológicos, tales como los conservadores y los liberales. En este caso, el criterio principal de pertenencia es precisamente la ideología misma.[13]

Si bien la mayor parte de los grupos y su identidad están definidos en términos de sus relaciones con otros grupos (*outgroups*), algunos están definidos específicamente en términos de la *posición social* de sus miembros dentro del grupo. Este es el caso de los líderes, los gerentes, los jefes y las elites en general, con relación a los subordinados, los dependientes, la gente común, las masas, los ciudadanos, el "pueblo" etc. O sea, además de la posición jerárquica, su recurso principal es el poder. Las condiciones y los criterios de pertenencia en este caso pueden ser designación, elección y autoelección. Las ideologías de tales grupos deberían articularse principalmente en beneficio de la reproducción y la legitimación de su recurso esencial, esto es, el poder, como es específicamente el caso de los dirigentes políticos y empresariales.[14]

Aunque incompleta, esta categorización de grupos diversos y sus criterios de pertenencia muestra que hay una estrecha interacción entre las categorías ideológicas y las dimensiones esenciales del acceso social, la pertenencia, las actividades, los objetivos y los recursos de los grupos. Las estructuras ideológicas han sido precisamente postuladas como la reconstrucción cognitiva de las principales condiciones sociales para la existencia y la reproducción de grupos sociales variados. En otras palabras, las condiciones esenciales de la existencia, la organización, la reproducción y las prácticas sociales de los grupos y sus miembros tienen tanto dimensiones sociales como mentales. Aquí, las ideologías y los grupos se constituyen recíprocamente: ningún grupo puede existir socialmente y actuar sin una identidad de grupo y sin creencias ideológicas compartidas por sus miembros. Inversamente, ninguna ideología de grupo puede desarrollarse a menos que las colectividades humanas comiencen a actuar, a coordinarse y a organizarse como un grupo. Por cierto, gran parte de las prácticas sociales de muchos grupos, y particularmente las de enseñanza, comunicación y discurso, están precisamente orientadas hacia el desarrollo de una ideología común.

En resumen, y en términos más bien generales, los grupos sociales y sus miembros pueden distinguirse por:

- *quiénes son*, tal como están definidos por características más o menos permanentes, como género, "raza", etnicidad, casta, clase, edad, religión, lenguaje u origen;
- *qué hacen*, como es el caso de los profesionales;
- *qué quieren*, como es específicamente el caso de los grupos de defensa;*
- *en qué creen*, tal el caso de los grupos de defensa y los grupos religiosos e ideológicos, como los conservadores y los progresistas;
- *dónde se ubican*, para todos los grupos definidos en términos de posición social y sus relaciones con otros grupos;
- *qué (es lo que) tienen o (lo que) no tienen*, para todos los grupos cuya identidad está principalmente basada en el acceso especial o falta de acceso a recursos (materiales o simbólicos) sociales, por ejemplo, para los ricos y los pobres, los empleados o los desempleados, los sin techo y los propietarios, los famosos y los no famosos, los educados y los no educados, los intelectuales y los no intelectuales, etcétera.

Las categorías que definen esta tipología de grupos son intencionalmente las mismas que las que forman esquemas ideológicos (véase capítulo 5). Esto es, nuestro enfoque precisamente enfatiza la constitución mutua de las dimensiones social y cognitiva de los grupos. La mayor parte de los criterios sociales analizados más arriba para la constitución de los grupos sociales pueden, de tal manera, ser articulados en términos de categorías que también organizan las cogniciones sociales compartidas por los miembros de grupo.

¿Ideologías sin grupos?

La hipótesis de la constitución mutua de los grupos y sus ideologías presenta un importante interrogante final: ¿los grupos son necesarios como la "base social" de las ideologías, o sería más apropiado, al menos en algunos casos, permitir que las ideologías "existan" de una manera más independiente? Casi no hay duda de que hay colectividades de actores sociales que pueden definirse en términos de condiciones sociales no ideológicas, como sucede con los grupos definidos socioeconómicamente (clases) o las profesiones. Que tales grupos también necesitan compartir creencias sociales e ideologías de modo de coordinar las acciones de sus miembros y reproducirse, ya se ha mostrado antes.

Pero, ¿qué sucede con los grupos cuya pertenencia es más confusa y originariamente ideológica, tales como los movimientos feministas o los pacifistas? ¿Podemos simplemente decir que "todos" los miembros de

* En los Estados Unidos, los "grupos de defensa" se constituyen para sostener una causa o propuesta, mientras que los "grupos de acción" se forman para tomar medidas concretas y activas o actuar como cabilderos. [T.]

los movimientos feministas son feministas, y aquellos que no son miembros no son feministas? ¿Qué sucede con las mujeres que comparten algunos principios del feminismo, pero no otros, o con aquellas que comparten muchas proposiciones feministas pero no se consideran a sí mismas feministas? El movimiento feminista, en primer lugar, ¿es un grupo bien definido? ¿O debiera ser definido en términos de un conjunto difuso, en el cual algunas mujeres son "más o menos" miembros, dependiendo del número de sus creencias feministas, o de su grado de identificación? ¿O debiéramos utilizar alguna versión de la teoría de prototipos y distinguir entre feministas más o menos prototípicas?[15]

En otras palabras, especialmente para movimientos sociales que tienen una orientación más individualista, puede que no sea un grupo ya existente el que "tenga" una ideología, o una ideología la que requiera un grupo, sino que miembros sociales *individuales* adopten, en mayor o menor grado, ideas de una ideología. Tal ideología tendría entonces más bien el estatus de cualquier otro sistema de ideas, como una filosofía o una teoría, y podría haber sido desarrollada por uno o más individuos, sea o no compartida o adoptada por muchas personas o por una colectividad de actores sociales.

Este enfoque más individualista de ciertas ideologías evitaría, al menos, los problemas teóricos asociados con la definición de grupos ideológicos que se indicaron más arriba. Explicaría, por definición, las enormes diferencias individuales en la adhesión a ciertas proposiciones ideológicas, y los procesos más dinámicos de cambio y renovación ideológicos. Enfatizaría las decisiones individuales de las personas al adoptar fragmentos ideológicos y explicaría la variación personal en la manifestación de las ideologías en las prácticas sociales cotidianas. No necesitaríamos preocuparnos por si una ideología conservadora, por ejemplo, es compartida por un grupo, sino que podríamos decir simplemente que dada tal ideología como un fenómeno sociohistórico, los miembros sociales individuales pueden abrazar uno o más de sus principios, pero pueden rechazar otros.

En este marco, las personas no son miembros del tipo todos-o-ninguno del "club de los conservadores", sino simplemente utilizan (fragmentos de) un conjunto de creencias como un recurso en la organización de su conocimiento y opiniones y de las prácticas sociales basadas en éstos. Las ideologías de este tipo serían como "organizadores personales" en lugar de organizadores sociales (del grupo). Por cierto, este enfoque también explicaría la situación aparentemente curiosa, ya señalada, de que podemos tener ideologías sin ningún "miembro" o adherentes en absoluto, ya que hemos también eliminado las religiones o las teorías. Ontológicamente, ideologías como ésta sólo existirían como una forma (posiblemente especializada) de conocimiento histórico, o documentos históricos o tratados, pero ya nadie "creería en" ellas.

Estos argumentos a favor de un enfoque más individualista de (al menos algunos tipos de) ideología son bastante convincentes. Otra vez sugieren que una definición exclusivamente sociológica de las ideologías es incompleta. Los procesos descriptos han sido explicados completamente en las teorías cognitivas presentadas en la Parte I. En efecto, se ha mostrado que las creencias, las experiencias y las prácticas personales están asociadas con modelos mentales específicos o generales, al igual que con otras representaciones en la memoria episódica. Los actores sociales individuales pueden, de esta manera, adoptar flexiblemente e integrar personalmente cualquier "idea" que esté disponible en el ámbito público. Por la misma razón, pueden identificarse en mayor o menor grado con una o más ideologías o movimientos sociales, o pueden recombinar elementos de varias ideologías. Las mujeres pueden experimentar y, así, interpretar las prácticas masculinas como mujeres y aplicar las representaciones sociales compartidas de las mujeres como una categoría, sin identificarse necesariamente con el feminismo como un movimiento social o interpretar sus experiencias en términos de una ideología feminista. Lo mismo es probablemente cierto para muchas religiones, convicciones políticas, concepciones de estilos de vida y muchos otros sistemas de actitudes (por ejemplo, sobre el aborto, la energía nuclear o el medio ambiente).

Prestar la debida atención a esta dimensión individual de la ideología, o más bien de los "usos" de la ideología, no significa, sin embargo, que se pueda prescindir de la dimensión social, colectiva, por las numerosas razones dadas a lo largo de este libro. Así, los movimientos feminista y pacifista no consisten tan sólo en conjuntos de individuos con el mismo parecer. En primer lugar, por el lado social, hay interacción social entre dichos individuos, y algunas de esas interacciones se dan como una consecuencia de, o precisamente como una condición para, compartir creencias específicas, esto es, entre actores sociales *como* "creyentes". En segundo lugar, los movimientos sociales también están definidos en términos de acciones colectivas, tales como manifestaciones o huelgas. Tercero, tienen muchas formas de organización e institucionalización; tienen líderes, programas, recursos socioeconómicos, etc. Es decir, pueden tener todas las características que definen a un grupo.

Entonces, lo que una teoría de la ideología necesita explicar es, precisamente, la dinámica que relaciona a los miembros sociales con las ideologías y con las colectividades que se han constituido para compartir experiencias, creencias e ideologías. Necesitamos conocer cómo se definen la pertenencia individual, la identificación, la lealtad, la solidaridad y la participación activa con relación a tales colectividades y su organización. Se deberá examinar cómo los grupos pueden crecer y declinar debido a las acciones y participación de los individuos. Que los "grupos" ideológicos puedan ser, en su definición, bastante imprecisos o confusos, y que la pertenencia o adhesión a los mismos sean flexiblemente definidas en términos de la interacción entre creencias personales y creencias socialmente compartidas, no significa que se pueda prescindir de la dimensión social de las ideologías en términos de grupos o colectividades similares. Esta interfase entre el individuo y el grupo es uno de los problemas teóricos que necesitan ser analizados en una teoría de la ideología.

Grupos racistas

Este dilema sobre las ideologías y sus relaciones con los grupos y los individuos es particularmente claro en el estudio del racismo. En efecto, ¿qué "grupo" tiene una ideología racista? Sería más fácil llamar a este grupo los "racistas". Sin embargo, la delimitación de ese grupo requeriría la definición de racistas como todas las personas que comparten una ideología racista, pero, si no circular, esto sería bastante trivial. Además, como hemos visto más arriba, muchas personas pueden compartir algunas opiniones sociales (prejuicios) basadas en ideologías racistas, pero no necesariamente una ideología racista completa.

También podría definirse a los "racistas" en términos de sus organizaciones, por ejemplo, identificándolos como miembros de organizaciones racistas, pero la circularidad o la trivialidad en este caso también se mantendrían para la definición de tales organizaciones. Además, resulta obvio que hay más "personas racistas" que personas que sean miembros de partidos u organizaciones racistas.[16]

Otra posibilidad sería identificar al grupo con toda la gente blanca (europea). Pero eso, obviamente, es inadecuado si suponemos que el racismo no es una propiedad inherente o esencial de los europeos blancos. Por cierto, algunos blancos comparten una ideología explícitamente antirracista, mientras que algunos miembros de grupos minoritarios pueden sostener ideologías racistas.

Además, ya hemos visto que carece de sentido distinguir rigurosamente entre aquellos (blancos) que son racistas y aquellos que no lo son. Más bien, debemos suponer que los elementos de las ideologías y actitudes racistas están distribuidos irregularmente dentro del grupo de blancos: algunas personas sólo compartirán algunas o moderadas creencias racistas, mientras que otras pueden tener muchas y evidentes creencias racistas. Sin duda, lo mismo vale para las ideologías antirracistas.

En lugar de distinguir entre racistas, no racistas y antirracistas es mucho más adecuado, en consecuencia, hablar de *prácticas racistas*. Las prácticas pueden entonces llamarse "racistas" si contribuyen de modo relativamente directo a la desigualdad étnica o racial. Las prácticas racistas (y no sólo cualquier actividad no ética o inaceptable) son tales por las opiniones, actitudes e ideologías subyacentes, por ejemplo, aquellas que implican cualquier forma de relaciones no igualitarias entre grupos étnicos dominantes y dominados.

El ejemplo del racismo muestra que la asociación de las ideologías con los grupos sociales no es una cuestión sencilla. Podríamos decir que los gerentes, los periodistas u otros grupos fácilmente definibles comparten una ideología profesional, ocupacional u otra. Pero las otras categorías y los otros grupos están mucho menos definidos, aun si comparten una ideología, o especialmente si todo lo que los define *es* su ideología y las prácticas sociales derivadas de ella. Lo mismo es cierto para las feministas, los ecologistas y, más genéricamente, para los grupos ideológicos como los progresistas, los liberales o los conservadores. Ellos forman "grupos" de una naturaleza muy diferente de la de, por ejemplo, un grupo de acción específica o profesión, y están mucho más distribuidos en otros grupos tanto social como regional e internacionalmente. Algunas veces están organizados, como los partidos políticos liberales o conservadores; otras veces forman sectas o iglesias, y algunas veces también un movimiento internacional, como los antiabortistas o ecologistas.

La mayor parte de las personas que tienen creencias racistas y actúan y hablan conforme a ello, negarán con vehemencia que son racistas. Ese rótulo está oficialmente estigmatizado como una calificación negativa, como la de ser un fanático o un intolerante en sociedades donde la "tolerancia", la "igualdad" y la "democracia" son valores (ideológicos) oficiales dominantes.[17] De esta manera, el racismo es un ejemplo claro de una ideología aplicada a un grupo tal como lo definen otros.

La conclusión provisoria de este breve análisis debe ser que la noción de grupo necesita ser tomada en un sentido amplio para poder asociar las ideologías con los grupos. Como hemos visto, los siguientes elementos son fundamentales:

1) desarrollar y compartir representaciones sociales;
2) la identificación de los miembros con el grupo;
3) la defensa de recursos específicos (tales como ciudadanía o igualdad de derechos en todos los ámbitos);
4) las relaciones con otros grupos (por ejemplo, resentimiento contra los inmigrantes);
5) actividades específicas (como discriminación) y al menos un objetivo vagamente compartido (segregación, restricción a la inmigración, etc.).

Los miembros sociales que se identifican con estos criterios son, por definición, miembros de grupo, pero los límites del grupo están mal definidos. Tal como ocurre en las teorías de categorías cognitivas de prototipos, entonces, podemos tener "racistas" y "antirracistas" más o menos prototípicos. Los cabeza rapada (*skinheads*) que golpean a mujeres turcas solamente porque son turcas, son más típicos para la noción común de racistas que los ministros del gabinete al propugnar las restricciones a la inmigración, o los profesores que tienen menos confianza en mujeres negras candidatas al doctorado que en los candidatos masculinos blancos.

Estos ejemplos nuevamente muestran que las ideologías, al igual que los grupos sociales y las relaciones sociales (y su percepción de ellos mismos y de los demás) son todos constructos sociales, que tienen condiciones y consecuencias cognitivas y sociales (societales). La distinción entre "cognición" y "sociedad" es, en este caso, puramente analítica y teórica: en la vida cotidiana de los miembros de grupo que participan de un grupo y su ideología, estas condiciones y estos criterios cognitivos y sociales están inextricablemente entretejidos: uno puede (socialmente) "ser" cristiano simplemente "definiéndose" como tal.

Muy a menudo se requieren acciones e interacciones para desplegar o probar socialmente la propia pertenencia. Sin embargo, en ese caso la definición o construcción sociocognitiva también se aplica a estas acciones. El hacer o decir algo también necesita ser (mentalmente) planeado o interpretado "como" feminista, no teniendo "inherentemente" esa condición. Como ya hemos visto en el capítulo sobre la identidad (capítulo 12), mientras se actúa "como un miembro de grupo" no es sólo la acción misma la que identifica al miembro, sino más bien el significado específico atribuido a esa acción. Golpear a alguien en la cabeza puede categorizarse simplemente como una acción agresiva o que viola las normas. Sin embargo, se lo interpreta como un acto racista solamente cuando los participantes de este evento son miembros de un grupo específico, y si se considera que el agresor actúa sobre la base de tal pertenencia al grupo, por ejemplo, compartiendo actitudes racistas específicas.

Contra la reducción cognitivista o interaccionista, estos argumentos enfatizan adicionalmente el hecho de que uno no puede escapar a las dimensiones cognitivas o sociales de las ideologías, de los grupos y de la realidad social. Ambas dimensiones o niveles son analíticamente necesarios para describir y explicar adecuadamente los "hechos" sociales, o más bien los constructos sociocognitivos de la sociedad, de los grupos y sus miembros.

Inclusión y exclusión

El ejemplo del racismo muestra otra característica importante de las relaciones entre ideología y pertenencia a un grupo, a saber, los principios y las estrategias sociales y cognitivas de *inclusión* y *exclusión*. Las ideologías y prácticas racistas buscan principalmente mantener a los Otros abajo y, especialmente, *afuera*: fuera de "nuestro" país, "nuestra" ciudad, "nuestro" vecindario, "nuestra" calle, "nuestra" familia, "nuestros" trabajos y "nuestras" casas. Si se acepta alguna forma limitada de admisión, será entonces tan sólo en una posición inferior: en alguna otra parte (peor) de la ciudad, en peores casas, en trabajos peores, etc. Se puede negar que la superioridad sea el valor dominante involucrado, por ejemplo, debido a los valores democráticos e igualitarios oficiales. Pero la consecuencia es siempre que Nosotros, Nuestro Grupo, tenemos autoasignada una posición mejor o más alta, y que esa posición es merecida y puede, por lo tanto, ser justificada ("Nosotros estuvimos aquí primero", etc.). Estos principios ideológicos de superioridad e inferioridad, por supuesto, pueden combinarse con otros, tales como aquellos que regulan la competencia por recursos escasos, de tal manera que el racismo característicamente empeora en épocas de recesión económica u otras presiones sociales y económicas sobre el propio grupo.

Como hemos visto en el análisis sobre la pertenencia, los grupos comparten creencias y prácticas que regulan la inclusión y la exclusión. La inclusión puede hacerse difícil, como en el caso de complejos ritos de iniciación, o fácil, siempre que los nuevos miembros se identifiquen con el grupo. Otros grupos salen ansiosamente a reclutar nuevos miembros, como en el caso de grupos religiosos y grupos de defensa. En general, podemos suponer que si los grupos tienen privilegios especiales, esto es, acceso preferencial a recursos altamente deseables o aun necesarios (libertad, alojamiento, alimento, ingreso, empleo, etc.) también las estrategias de exclusión serán más enérgicas. En este caso, los intereses en juego son más importantes. Los ejemplos característicos incluyen la opresión política, la exclusión de inmigrantes "ilegales" o la discriminación de las minorías en el mercado laboral. Lo mismo sucede cuando se mantiene alejados a los pobres de prácticamente todos los recursos de la sociedad, los materiales (ingreso, trabajos) y los simbólicos (educación, estatus, respeto, cultura).

La inclusión y la exclusión pueden también funcionar de un modo más positivo, por ejemplo, en situaciones en las cuales la solidaridad dentro del grupo es relevante para la resistencia contra la dominación. Los negros pueden tener organizaciones únicamente negras para organizarse contra el racismo, y las mujeres pueden tener bares exclusivamente para mujeres de modo de tener un lugar donde no necesiten confrontar con los hombres. Estar entre "los nuestros" en tales situaciones puede tener un efecto benéfico sobre la conciencia de uno mismo, la organización de la resistencia o simplemente la reproducción de las creencias del grupo por medio de la conversación. Pero, como sucede con los grupos dominantes y sus ideologías, también aquí la formación y la identidad del grupo están estrechamente vinculadas al hecho de compartir creencias comunes. La exclusión, en este caso, puede alentar el desarrollo de una ideología que permita a los miembros del grupo evaluar las creencias y acciones de otros, tanto del propio grupo como de uno o varios grupos exteriores.

Esta discusión informal muestra que la noción de grupo, y los principios y prácticas de identidad e identificación, inclusión y exclusión, acceso y aceptación, y muchas otras prácticas y procesos sociales, están íntimamente ligados a ideologías fundamentales de grupo. Ellos implican representaciones de identidad, sobre quiénes somos Nosotros y qué son Ellos y, especialmente, sobre lo que es bueno para Nosotros y lo que no es bueno para Nosotros. Compartir el acceso exclusivo o preferente a recursos escasos con Otros generalmente no parecerá bueno para Nosotros, a menos que las personas puedan ser convencidas de que la marginación, la discriminación y la opresión de Ellos pueda ser, en última instancia, mala también para Nosotros: puede ser malo para los negocios (porque los buenos candidatos o los buenos negocios están excluidos), malo para nuestra reputación moral (pocas personas desean ser llamadas sexistas o racistas) y, en definitiva, malo para nuestra autoestima si nos convencemos de que nuestros valores, ideologías, moral o prácticas están inherentemente equivocadas. Después de todo, la pertenencia a grupo y su base ideológica no tienen que ver solamente con el poder y la dominación, y con la defensa de intereses, sino que también pueden ser una fuente de orgullo y placer. En las próximas páginas, examino algunas otras características de estas dimensiones sociales de las ideologías.

16

Relaciones de grupo

Posición

En los capítulos anteriores de este estudio, las ideologías no sólo aparecían ligadas a grupos o movimientos relativamente bien definidos, sino también a variados aspectos de las relaciones entre grupos. Una de las categorías fundamentales del esquema ideológico, en consecuencia, se centraba también en la *posición* del grupo respecto de otros grupos. Las ideologías racistas, como hemos visto, están basadas fundamentalmente en distinciones establecidas por nuestro grupo que simplemente "prefiere a sus propios miembros" o que se siente superior al grupo de ellos. Estas ideologías se manifiestan en todas las formas sociales de problematización, marginación o exclusión de los otros.

Los periodistas, como grupo, desarrollan fundamentalmente ideologías profesionales con relación a otras elites y otros grupos de poder. De tal manera, ellos pueden enfatizar la libertad de prensa y oponerse a la censura, mientras que, por otro lado, se verán a sí mismos como guardianes de la sociedad al servicio del "público" en general. Del mismo modo, los profesores también se definen a sí mismos con relación a sus estudiantes, y los médicos y los abogados con respecto a sus pacientes y clientes, respectivamente. Algunas veces estas relaciones serán bastante igualitarias, pero competitivas; en otras situaciones la relación puede ser jerárquica y dominante.

En muchos casos, puede que intereses diversos de nuestro grupo tengan que ser defendidos o legitimados contra otros. Y puesto que los conflictos acerca de los recursos sociales escasos pueden ser el mismo núcleo y función del desarrollo de las ideologías, la posición y las relaciones de grupo son la contrapartida social más directa de las estructuras ideológicas, como es obvio en la conocida *polarización* entre *el propio grupo* y *los otros*. Por cierto, algunos grupos existen en virtud de su posición jerárquica, o de mayor poder, como en el caso de superiores y subordinados, elites y "masas" o mayorías y minorías. Tal como se analizó en el capítulo previo, la identificación, el acceso y la inclusión de (nuevos) miembros, puede estar íntimamente relacionada con la exclusión de otros, lo que define el abuso de poder y la dominación. Examinemos, en consecuencia, algunas de estas relaciones de grupo en mayor detalle, y veamos cómo las ideologías están relacionadas funcionalmente con (la reproducción de) estas relaciones.[1]

Poder y dominación

Este no es el lugar adecuado para presentar una teoría del poder nueva o mejor, lo que ya ha sido objeto de muchos estudios.[2] En el marco de este capítulo, simplemente tomo el poder (social) como un tipo específico de relación social entre grupos. De todas las dimensiones posibles de esta compleja noción, me concentro en la de *control*: un grupo *A* tiene o ejerce poder sobre otro grupo *B* cuando los miembros de *A* son habitualmente capaces de controlar a los miembros de *B*. Esto puede involucrar el control de las acciones del otro grupo y sus miembros, en el sentido de que los otros no sólo no son libres (o son menos libres) de hacer lo que quieren, sino que también pueden ser llevados a actuar de acuerdo con los deseos e intereses de un grupo más poderoso, y contra sus propios intereses (y normalmente también contra su voluntad). Las relaciones de poder de edad, clase, género, "raza", etnicidad, origen, posición social o profesión son claros ejemplos de lo dicho.

De tal manera, la posesión y el ejercicio de (más) poder por parte de un grupo, habitualmente implica la pérdida o limitación de la libertad para el otro grupo. Los reclamos ideológicos de *libertad*, como la libertad de prensa y libertad de mercado, son normalmente reclamos de poder. Lo mismo vale, si bien desde una perspectiva diferente, para los reclamos de libertad —como habilitación— de los grupos dominados.

Hacer que los demás actúen como uno prefiere requiere recursos. De este modo, en la forma más elemental de ejercer el poder, a saber, la coerción, el recurso puede ser la fuerza física (típicamente masculina) o institucional (policía, fuerzas armadas). Más sutil es el control exclusivo sobre recursos necesarios (alimentos, techo, trabajo o dinero), por los cuales los otros pueden ser forzados a someterse a los deseos o seguir las directivas de los poderosos. La desobediencia llevará en ese caso a consecuencias indeseadas (pérdida de recursos necesarios), de tal modo que los dominados tendrán que elegir entre ser dominados y sobrevivir, o resistir y perecer. De este tipo son la opresión y explotación colonialista y capitalista, al igual que la opresión socioeconómica tradicional, el machismo y el racismo.

Para mi enfoque de la ideología y el discurso, es necesario referirse a una forma más "refinada" de poder, generalmente llamada "persuasiva" y tradicionalmente asociada con la ideología y la hegemonía. En este caso, el control no se efectúa (principalmente) por medio de coerción física o socioeconómica, sino a través de un control más sutil e indirecto de las *mentes* de los dominados. Controlando el acceso al discurso público, sólo pueden expresarse y circular formas específicas de conocimiento y opinión, y éstas pueden conducir persuasivamente a modelos mentales y representaciones sociales que sirven a los intereses de los poderosos. Una vez que estas representaciones mentales están instaladas, los grupos dominados y sus miembros tenderán a actuar de acuerdo con el interés del grupo dominante "por su propia voluntad". El grupo dominado puede carecer de un conocimiento o una educación que ofrezcan alternativas, o puede aceptar que la autoridad del grupo dominante es natural o inevitable, y la resistencia inútil e, incluso, impensable.[3]

En este estudio, ese tipo de control discursivo e ideológico será tomado como el ejemplo principal del poder y la dominación que parece prevalecer en las sociedades contemporáneas de la "información y la comunicación", en las cuales el conocimiento y el acceso a los medios de comunicación y al discurso público son recursos esenciales para el control de las mentes, y, por tanto, indirectamente, de las acciones, de los otros. Aquí es donde el consentimiento y el consenso desempeñan un papel fundamental en el ejercicio del poder y la reproducción de las ideologías que sostienen a dicho poder. Obviamente, aquellos que tienen poder persuasivo, ideológico o discursivo, habitualmente también tienen los poderes coercitivos para ocuparse de quienes no se someten a las directivas del poder simbólico: pueden aplicarse, entonces, medios económicos y físicos donde un poder menos flagrante fracasa.

A pesar de que las nociones de poder y dominación parecen haber sido utilizadas más arriba como sinónimos, las utilizo con sentidos diferentes. Puesto que dominación implica desigualdad involuntaria, la reservo como una abreviatura de *abuso de poder*. Esto también implica que no utilizo poder sólo en el sentido negativo: el poder puede ser consensual y beneficioso, como cuando los grupos eligen a sus líderes y les confieren temporariamente un poder especial. La dominación, entonces, presupone poder y desviación de los principios éticos generales o universales, lo que define al abuso, como por ejemplo el ejercicio del poder social en beneficio propio, dañando a otras personas, etc. Ambos, el poder y la dominación, como relaciones entre grupos, deben estar basados en ideologías, de modo que tales relaciones se reproduzcan en la vida diaria y las prácticas mundanas de los miembros del grupo.

Esto, por supuesto, puede implicar todo tipo de variaciones, diferencias graduales entre poder y contrapoder y el ejercicio más o menos severo o blando del poder, o la resistencia u obediencia más o menos dura por parte de los dominados. Es en este medio más contextualizado donde se dice a veces que el poder está "en todos lados".[4] No habría grupos dominantes si el poder no fuera ejercido, algunas veces de un modo muy sutil, por medio de prácticas cotidianas. Además, hay (miembros de) grupos dominados que obedecen y miembros disidentes del grupo dominante que son solidarios con los más débiles. A pesar de estas variaciones, y del ejercicio o de la distribución desparejos de la dominación y la resistencia, podemos formular la hipótesis de que, en un nivel de análisis más elevado, existen relaciones de dominación entre grupos enteros, y que las ideologías controlan estas relaciones en su implementación diaria.

Dentro de este marco, entonces, necesitamos examinar primero el papel de las ideologías en la *reproducción* del poder y la dominación. Una de las nociones centrales del análisis y crítica clásicos de la ideología ha sido siempre que las ideologías se desarrollan y aplican como *legitimación* del abuso de poder (dominación) y su consecuente desigualdad social.

En mi análisis comencé con la hipótesis de que las ideologías son sistemas de principios básicos compartidos socialmente por los grupos. Tales ideologías tienen una serie de funciones cognitivas y sociales, incluyendo la de mantener la cohesión y solidaridad del grupo, así como la de proteger (o adquirir) recursos sociales escasos. En resumen, socialmente las ideologías se desarrollan para asegurarse de que los miembros de grupo piensen, crean y actúen de tal modo que sus acciones redunden en su propio beneficio y en el del grupo en general. Esta función social "coordinadora" sirve al interés del grupo en sus relaciones con otros grupos.

Si un grupo tiene una relación dominante con respecto a otros grupos, por ejemplo debido a su acceso privilegiado a los recursos sociales, las ideologías tienen la doble función de mantener o confirmar el statu quo y, al mismo tiempo, brindar el marco cognitivo básico para los argumentos que se utilizan con el objeto de persuadir a los propios miembros del grupo, como a otros, de que esta situación es "justa", "natural", dada por Dios o legitimada de alguna otra manera.

Así, la prioridad en el empleo y la vivienda para "nuestra propia" gente puede legitimarse con el principio racista de la superioridad étnica o racial, por el principio nacionalista "común" de que "nuestra gente" debería tener, por supuesto, prioridad por sobre los recién llegados, o por las oportunistas razones socioeconómicas de que hay escasez de viviendas y empleos, y que se deben aplicar criterios "objetivos" para llegar a decisiones "justas", y que los últimos en llegar tienen menos derechos que aquellos que ya estaban "aquí".

Por lo tanto, vemos cómo el poder y la dominación, como una forma específica de relación intergrupo y de estructura societal, puede reproducirse por ideologías diversas (en el nivel sociocognitivo) y por las prácticas sociales (en el nivel microsocial de las situaciones) que "implementan" tales ideologías. Si estas prácticas sociales ya existían antes de que fueran legitimadas por una ideología, o si ellas solamente pueden organizarse porque hay una ideología, puede ser una cuestión debatible en la práctica, como la proverbial pregunta sobre el huevo y la gallina. Más bien diremos que la dinámica de la interrelación entre la cognición y la práctica social muestra que ellas se constituyen mutuamente en un proceso "dialéctico". Aquí, el abuso de poder algunas veces es justificado ideológicamente con posterioridad, pero al mismo tiempo, para que se ejerza el abuso, pueden ya existir actitudes negativas hacia los otros, adquiridas social o históricamente.

La primacía de la ideología sobre la acción

Teórica e históricamente, la cuestión de la primacía de la ideología sobre la acción (o viceversa) es menos trivial. Se la ha formulado, por ejemplo, con relación al sistema de esclavitud, y su abolición: ¿las ideologías racistas (por ejemplo, sobre la atribuida inferioridad de los africanos) fueron inventadas para legitimar la esclavitud y el colonialismo, o pudieron ser esclavizados los africanos solamente porque ya eran vistos como inferiores a los europeos?

A pesar de que éste no es el lugar apropiado para responder tales preguntas, una teoría sociocognitiva de la ideología optaría por la última sugerencia: la esclavización presupone el conocimiento y las opiniones sobre los pueblos que pueden ser esclavizados legítimamente (éticamente, etc.), como los no cristianos, personas de un continente o un país diferentes, personas con un aspecto físico diferente, o simplemente pueblos que fueron conquistados por "nosotros", tal como lo ha mostrado la historia de la esclavitud (también de otros, aparte de los africanos). Estos criterios de diferencia fueron generalmente asociados con opiniones negativas sobre los otros, o al menos con sentimientos de superioridad del grupo propio. En consecuencia, emprender la esclavización ya presupone algún tipo de actitud negativa sobre el grupo de ellos, que permitió a los vendedores y a los propietarios de esclavos hacer legalmente lo que hicieron, por ejemplo, sin ser sancionados por el Estado o la Iglesia. Si no, ellos hubieran podido esclavizar —y probablemente a un menor costo— a personas de su propio grupo, por ejemplo, los pobres, tal como sucedió en el sistema de explotación capitalista que siguió al sistema de esclavitud o con los blancos con contratos de servidumbre. Sin embargo, precisamente por crecientes argumentos éticos (y al mismo tiempo económicos) contra la esclavitud, fue necesario un desarrollo adicional del sistema ideológico que legitimaba la esclavitud. Por ejemplo, se adujeron distintas razones sobre las diferencias entre las "razas" como fundamentos para tales ideologías, dando lugar, de ese modo, a ideologías racistas más específicas y explícitas en las cuales antes, al menos hasta el siglo XVIII, la inferioridad y, por lo tanto, la "esclavicidad" de los otros simplemente se daba por sentada y, por ende, ideológicamente presupuesta.[5]

Mi argumento aquí es, simplemente, que los sistemas de prácticas sociales de grupos (y no acciones fortuitas de los individuos) tienden a orientarse hacia los intereses de estos grupos, y este *problema de coordinación* puede ser resuelto únicamente si los grupos comparten conocimiento, actitudes, normas, valores e ideologías específicos. Estos pueden ser muy simples y elementales al principio, pero sin ellos las prácticas sociales serían relativamente casuales e individuales. La acción concertada a favor del propio grupo y, al mismo tiempo, de sus miembros, entonces, presupone fundamentalmente cogniciones sociales compartidas, y no a la inversa.

La legitimación basada en tales ideologías resulta relevante solamente cuando es necesaria, esto es, en contextos de oposición, crítica y contienda social. Estas son prácticas sociales (discursivas) por derecho propio, y su ausencia no implica ausencia de ideología, sino sólo que en tal caso la ideología puede simplemente darse por sentada.

De tal manera, el puro abuso de poder no siempre necesita prácticas sociales (discursivas) de legitimación, pero *sí* necesita siempre de un sistema de creencias para coordinar las prácticas sociales que mantienen intacto el sistema de dominación. En el caso de la esclavitud y la explotación, se necesitan actitudes e ideologías negativas sobre grupos exteriores relevantes para someter a los miembros de dichos grupos a las prácticas sociales de dominación. Como sucede con la mayoría de las acciones sociales complejas de los grupos, las ideologías también son necesarias como pautas fundamentales para el manejo de la dominación.

Por supuesto, una vez que los sistemas de poder y dominación ya existen, las relaciones entre las prácticas sociales, las relaciones sociales de dominación y desigualdad, por un lado, y las actitudes, normas, valores e ideologías por el otro, se sostendrán mutuamente. Así, la esclavitud fue abolida precisamente por esta doble razón: ya no era (lo suficientemente) rentable mientras que, al mismo tiempo, la justificación ideológica era cuestionada con éxito por los abolicionistas y sus adherentes. En tan complejas situaciones sociales, resulta difícil mantener separadas las causas de las consecuencias, las acciones de las mentes. Sin embargo, por razones puramente "psico-lógicas", supongo que las personas no pueden actuar racional y resueltamente sin las cogniciones sociales apropiadas. A nivel de mantenimiento de grupos, intereses de grupo y relaciones de grupo, esas condiciones cognitivas requieren el desarrollo de actitudes e ideologías.

Estas ideologías pueden estar sustentadas por prácticas sociales (exitosas), pero no son solamente "inventadas" como una consecuencia de esas acciones, por ejemplo, como formas de justificación post hoc. Pueden adquirirse simplemente por el discurso, la comunicación o la percepción, casi del mismo modo en que los europeos de hace más de quinientos años "sabían" sobre los africanos a través de cuentos, mitos, historias, diarios de viaje y, más tarde, por medio del discurso "científico". Esa imagen compleja pero esencialmente "distorsionada" —y más tarde constantemente actualizada— estaba en la base de las prácticas sociales que llevaron al sistema de esclavitud, aunque éstas no fueran las únicas cogniciones sociales que animaban tales decisiones: por supuesto, en esas decisiones estaban también implicados sistemas de creencias y condiciones socioeconómicas, geográficas y otras. Muchos otros ejemplos de sistemas de dominación en la sociedad y su crecimiento histórico, cambio y desaparición pueden explicarse también como una consecuencia (y no la causa) del desarrollo o cambio de ideologías.

Como he mostrado más arriba, aun las circunstancias socioeconómicas "objetivas", como tales, no influyen directamente en las acciones sociales, sino sólo a través de su interpretación y representación (mental). En consecuencia, hay poderosas condiciones sociales y económicas que permiten o favorecen el creciente movimiento feminista de los años 1960 y 1970, pero parece históricamente más correcto sostener que las "causas" mayores de ese movimiento fueron ideológicas, ocasionadas por las políticas, escritoras, académicas, artistas y otras mujeres (y algunos hombres) que defendían la igualdad de derechos para las mujeres. Esto sucedió en una época en que también se dieron otras formas de cambio ideológico, como el movimiento por los derechos civiles, la descolonización, y los desafíos al Estado autoritario.

Esto sugiere que las relaciones entre poder, dominación e ideologías deben ser analizadas cuidadosamente, y yo ya di por sentado que las ideologías no siempre (o rara vez) pueden "inventarse" post hoc para legitimar los patrones de desigualdad y las prácticas sociales que constituyen esa desigualdad. La legitimación usualmente es del orden del discurso, y vimos que puede ser especialmente necesaria en contextos sociales específicos, por ejemplo, de oposición y contienda. Sin embargo, dicha oposición sigue de una manera lógica a la existencia de la dominación, y la dominación es posible solamente cuando hay al menos un mínimo de cognición social compartida y, por tanto, ideologías de los grupos dominantes sobre los grupos dominados. Es obvio que las ideologías pueden cambiar como resultado de esa oposición y, por cierto, como consecuencia del debate ideológico que acompaña a la resistencia, pero esto sugiere otra vez que las ideologías son relativamente autónomas y pueden ser cambiantes como consecuencia de otras ideologías y sus manifestaciones en el discurso público, y no (siempre) como consecuencia de prácticas sociales cambiantes.

Por cierto, los sistemas tradicionales de poder eran usualmente coercitivos, esto es, basados en el control físico de la acción, la violencia, el poder militar o las prácticas de la policía secreta o los hombres fuertes. Por otro lado, gran parte del poder "moderno" es persuasivo, discursivo y (por ende) ideológico. Los grupos dominantes ya no mantienen su posición por la fuerza ni aun con amenazas de fuerza (estas últimas ya son formas de discurso), sino por complejos sistemas de discurso e ideologías que hacen que (la mayoría de los miembros de) los grupos dominados crean o acepten que la dominación está justificada (como en los sistemas democráticos), es natural (como en la dominación de género y raza) o es inevitable (como en los fundamentos socioeconómicos y la "lógica" del mercado).

Tan pronto como algunos, y especialmente muchos, miembros de los grupos dominados no acepten más tales fundamentos ideológicos, y hayan adquirido los medios simbólicos para propagar contraideologías y las condiciones materiales para actuar basándose en tales contraideologías, el cambio ideológico será inevitable y será seguido (a veces muy lentamente) de cambios en las prácticas sociales. Muchos hombres aceptarán, hoy al menos, algunos principios básicos de las ideologías feministas de acuerdo con las cuales mujeres y hombres son iguales y deberían ser tratados igualitariamente, pero es bien sabido que sus prácticas sociales todavía no están a la altura de los preceptos de esta nueva ideología de género. Que los hombres están conscientes de esas ideologías cambiantes es a menudo evidente en sus discursos, por ejemplo, en negaciones como "Nosotros no discriminamos a las mujeres, pero…", o "Nosotros hemos tratado de encontrar una mujer, pero…". Es decir, justificaciones de esta índole, sobre las que volveremos en la parte siguiente de este estudio, son expresiones típicas de las contradicciones, si no de los dilemas morales, entre las ideologías oficiales o dominantes y las prácticas reales, la conversación y el texto. Al mismo tiempo, las negociaciones obviamente funcionan como movimientos conversacionales en las estrategias para resguardar la propia imagen en la presentación positiva de uno mismo.

En resumen, a pesar de las complejidades de las relaciones (a veces mutuas) entre ideologías, poder y dominación, el marco teórico da por sentado que histórica y teóricamente las ideas preceden a las acciones y las ideologías (al menos simples) a los sistemas de prácticas sociales que definen la dominación. Pero, una vez que el sistema de dominación está instalado, y especialmente cuando es cuestionado, entonces las ideologías pueden continuar desarrollándose para proveer la legitimación del sistema. Esto no implica, sin embargo, que las ideologías sólo sirvan como sistemas de legitimación discursiva, lo que sugeriría un papel post hoc de las ideologías. Más importante aún, las ideologías monitorean y organizan el conocimiento y las actitudes del grupo y, consecuentemente, las creencias que los miembros necesitan para construir los modelos que controlan las acciones que implementan la dominación.

Las prácticas de abuso de poder, dominación y opresión pueden ser eficaces sólo cuando están coordinadas, cuando sus estructuras de modelo están socialmente compartidas, y las ideologías sirven precisamente a ese objetivo "práctico". Apenas se necesite reclutar y persuadir a miembros del grupo para que participen en acciones contra miembros de otros grupos, que ellos no emprenderían contra los miembros del propio grupo (lo que de por sí presupone normas y actitudes sociales sobre lo que debe y lo que no debe hacerse), puede ser necesario que estas ideologías subyacentes sean expresadas y detalladas discursivamente, aun para uso "interno" y para la reproducción del poder y la dominación dentro del grupo.

La dominación, en consecuencia, requiere un grado relativo de consenso al igual que coordinación práctica, y las ideologías son necesarias para el mantenimiento de las relaciones de poder con respecto a los otros, al igual que para el mantenimiento de las representaciones dentro del propio grupo que permiten que tal consenso se reproduzca en la vida cotidiana, y para marginar o castigar a los desviados o disidentes que pueden amenazar, como el "enemigo de adentro", la dominación dentro del nuestro. El pánico anticomunista de Joe McCarthy intentaba, precisamente, proteger y mantener el consenso y la coherencia anticomunistas en un país que se representaba a sí mismo como asediado por el Comunismo Mundial.

Esto sugiere que los patrones de poder y dominación y sus ideologías subyacentes también se aplican dentro del grupo mismo, es decir, entre las elites y el resto, entre los líderes y los liderados, entre los pensadores y los hacedores, un aspecto que necesita ser discutido más tarde por separado. Esto también nos permitirá mostrar quién realmente "inventa" las ideologías compartidas por los grupos, y si las ideologías son construcciones populares espontáneas o la construcción de aquellos ideólogos o intelectuales que las conciben primero.

Otro punto a tratar (nuevamente) en este marco es la conocida cuestión de si las ideologías están asociadas esencialmente con la dominación y los grupos dominantes, o si necesitamos una noción más general de ideología para *cualquier* tipo de grupo social en una posición social específica, incluyendo la de la resistencia.

Conflicto y lucha

La dominación generalmente conduce a la resistencia y la lucha para vencer la desigualdad y la opresión. Una práctica común en el estudio de las ideologías es la de asociarlas con la dominación y su legitimación. Yo he propuesto que la resistencia también necesita una base sociocognitiva en términos de valores, principios e ideologías relevantes para el grupo, incluyendo sus conocimientos y actitudes más específicas. Del mismo modo en que el ejercicio y coordinación del abuso de poder necesita una base ideológica, también la solidaridad interna del grupo y la resistencia intergrupo necesita estar organizada ideológicamente. Mientras que el interés del grupo dominante puede ser el de disimular su abuso de poder y ocultar las formas de desigualdad y sus consecuencias, los disidentes y los oponentes pueden estar específicamente interesados en dejar al descubierto y exponer la dominación y la desigualdad, y en manifestar y legitimar como "justas" sus propias contraideologías. En efecto, ése fue el objeto del "Manifesto" Comunista, como lo fue para muchos otros manifiestos y declaraciones (como las diversas declaraciones de derechos humanos).

Desde un punto de vista crítico, esto puede implicar que los grupos dominantes favorecen la falsedad, el engaño y la manipulación, y que los grupos dominados defienden la verdad, la franqueza y la persuasión racional o emocional, esto es, objetivos con los que también pueden coincidir los estudiosos. Puesto que la mayoría de éstos se definen a sí mismos (ideológicamente) como personas que quieren describir "objetivamente" las relaciones sociales reales implicadas, sus intereses en este sentido pueden á veces ser consistentes con las verdades subjetivas, que sirven al interés propio, de los grupos opositores. Sin embargo, puesto que sus ideologías de clase y profesión pueden al mismo tiempo ser inconsistentes con los intereses y los reclamos de los pobres, la izquierda, las mujeres o las minorías, la mayor parte de los estudiosos (clase media, blancos, hombres, etc.) al mismo tiempo prefieren ignorar esas demandas, mirar estratégicamente hacia otro lado y llevar adelante su investigación "objetiva" sobre tópicos menos amenazantes.

De ahí la insistencia en la verdad (científica) de muchas de las ideologías de oposición y de los estudios críticos de la ideología. Sin embargo, también sabemos que en muchos conflictos sociales, económicos, políticos e ideológicos, la distinción entre verdad y falsedad no es tan clara. Esta y otras razones teóricas sugieren que es más adecuado adoptar un concepto general de ideologías, y dar por sentado que las ideologías, por definición, representan los intereses de un grupo social específico, sea o no que (en nuestra visión como observadores, críticos o participantes) las creencias del grupo estén basadas en análisis sociales verdaderos, demandas justificadas o acciones legítimas.

Si las ideologías representan intereses de grupo, y si los intereses en conflicto también implican conflictos sociales de diversos tipos, parece lógico suponer que, por definición, las ideologías implican conflicto. Para las relaciones fundamentales de grupo como las de clase, género y etnicidad, esto difícilmente producirá alguna polémica: los hechos empíricos de la lucha internacional de clases, los movimientos femeninos y los movimientos de derechos civiles, apenas permiten otra conclusión. Los conflictos de intereses son aquí tan fundamentales que el conflicto declarado es un asunto cotidiano, y muchos de estos conflictos no nacen solamente de intereses socioeconómicos, sino también de intereses simbólicos, ideológicos.

Pero del mismo modo en que pregunté previamente si todos los grupos sociales tienen ideologías, ahora debería preguntar si todos los conflictos sociales entre grupos son ideológicos, y si todas las diferencias ideológicas siempre conducen a conflictos sociales. Teóricamente, los grupos pueden tener ideologías diferentes e incluso en conflicto, pero han aprendido a vivir con éstas en relativa paz social. Por cierto, puede haber objetivos e intereses de un orden más elevado que previenen el conflicto social entre dos grupos. Esto no es tan sólo una cuestión de principios, sino también un asunto empírico.

De esta manera, si bien en algunas sociedades o culturas las diferencias religiosas pueden ser la base de virulentos conflictos declarados (como en Irlanda del Norte o la India), en otros la tolerancia religiosa mutua puede prevalecer. Se pueden dar ejemplos similares de conflictos lingüísticos o culturales. Por supuesto, una cuestión tan empírica puede depender de la propia noción de conflicto. Si el conflicto también incluye las simples diferencias de opinión y el debate, entonces virtualmente todas las diferencias ideológicas serán conflictivas. Sin embargo, si limitamos los conflictos a cualquier forma de dominación, a discriminación unilateral o mutua, u otras prácticas sociales en las cuales los miembros de nuestro grupo son favorecidos por sobre los otros en la interacción social, entonces tenemos una noción más específica de conflicto que puede ser apropiada para un uso más selectivo de la combinación de ideología y conflicto.

En este sentido más restringido, entonces, podríamos sostener que las diferencias ideológicas no necesariamente conducen a conflictos sociales declarados. Profesores y estudiantes, doctores y pacientes, abogados y clientes, diferentes grupos políticos o partidos, organizaciones no gubernamentales y grupos de acción pueden tener todos intereses e ideologías diferentes e inconsistentes y aun conflictivos, sin por ello exhibir tales conflictos en forma de prácticas discriminatorias u opresivas dirigidas contra los otros. En otras palabras, mientras la mayor parte de los conflictos y luchas sociales presuponen conflictos ideológicos (especialmente sobre recursos escasos), lo opuesto no es cierto: no todos los conflictos ideológicos implican lucha y conflicto social. Las ideologías pueden incitar a acciones interesadas del grupo, pero las leyes, las normas, los acuerdos u otro interés propio no ideológico pueden prohibir el conflicto declarado: algunas veces la paz social y la cooperación pueden ser el criterio prevaleciente, en interés propio, sobre el conflicto sectario o basado en la ideología. En ese caso, la lucha ideológica puede ser transferida al nivel de la persuasión discursiva mutua, la negociación y las políticas de consenso.

Competencia

Una forma de conflicto ideológico que no implica necesariamente el conflicto social puede estar basada en la competencia entre grupos. Diferentes grupos pueden tener el mismo objetivo, pero quieren realizarlo con medios distintos. Paz, igualdad, derechos humanos, la distribución equitativa de la salud, etc., pueden ser los objetivos últimos que innumerables grupos y movimientos, con diferentes ideologías, pueden perseguir de distintos modos. Esos grupos, que tratan de realizar los mismos objetivos o que se disputan los mismos recursos sociales, pueden ser competitivos y no estar en conflicto declarado. Por cierto, éste es el principio ideal (idealista e ideológico) mismo de las filosofías de mercado liberales.

Se puede formular entonces de nuevo la pregunta: ¿La competencia social requiere fundamentos ideológicos, dados los distintos objetivos o intereses? Y, viceversa: ¿Todas las diferencias ideológicas al menos implican alguna forma de competencia? Creo que la primera pregunta debe responderse negativamente. En primer lugar, porque la competencia no está basada necesariamente en lo social y en el grupo, sino que también puede ser interpersonal, y, segundo, porque la competencia puede también existir entre grupos con la misma ideología, como sería el caso de empresas diferentes en el mismo ámbito social que compiten por los mismos clientes. Aquí las diferencias no necesitan ser "profundamente" ideológicas sino más bien prácticas y estratégicas, esto es, diferentes modos de alcanzar el mismo objetivo y seguir los mismos principios.

Por otro lado, la competencia entre partidos políticos diferentes durante una elección, o entre dos grupos ecológicos distintos, puede estar basada en conflictos ideológicos. Esto sugiere que la segunda pregunta puede ser respondida positivamente: las diferencias ideológicas entre grupos usualmente implican competencia, aunque más no sea para disputarse la pertenencia y el reclutamiento de nuevos miembros, o la persuasión de los foráneos. Más común es, por supuesto, la competencia por recursos sociales escasos, como residencia, ingreso, vivienda y asistencia social, por un lado, y recursos no materiales como el conocimiento, la educación, la estima y el estatus, por el otro. Por lo tanto, la lucha y los conflictos declarados, basados en intereses en conflicto, normalmente implican competencia, pero no a la inversa.

Cooperación

Podemos dar un paso teórico final y preguntar si también las relaciones intergrupales de cooperación pueden estar basadas en ideologías. Ciertamente parece que es así. Dos grupos u organizaciones pueden tener diferentes ideologías (por ejemplo, católicos y musulmanes), pero pueden muy bien cooperar para llevar a cabo un objetivo común y conjuntamente adquirir o defender intereses compartidos (por ejemplo, apoyo para actividades religiosas, libertades, etc., o la prohibición del aborto). Los oponentes ideológicos pueden, en consecuencia, ser aliados en la prosecución de un mismo objetivo. Pero mientras el conflicto declarado y la lucha pueden necesitar fundamentación ideológica como tales, especialmente en la categorización de las creencias sobre la posición del grupo propio y las relaciones con otros grupos, la cooperación como tal no necesita sustento ideológico. Un objetivo común o una actitud u opinión importantes pueden ser suficientes para organizar el logro conjunto de la acción social.

Conclusión

De este análisis puede concluirse que las relaciones intergrupales son por lo general fundamentales en el desarrollo y sostenimiento de las ideologías y, a la inversa, que las ideologías son la base de las prácticas sociales que implementan tales relaciones de grupo. Los conflictos de clase, "raza" y género, en consecuencia, lanzan unos contra otros a los grupos dominantes y (normalmente) a los grupos minoritarios o con menos poder. Estos conflictos usualmente tienen que ver con el acceso y control de los recursos materiales o simbólicos. Existen otros conflictos, al igual que competencia y cooperación entre grupos, pero no parecen ideológicos sino más bien prácticos, por ejemplo, cuando los grupos se ocupan, de diferentes formas, de conseguir separada o conjuntamente, un objetivo común o afín. Inversamente, si bien las ideologías a menudo implican lucha y conflicto, esta implicación no siempre se mantiene: las ideologías que están en conflicto no conducen necesariamente a la lucha social y el conflicto o son un producto de ello, pero sí pueden ser necesarias para manejar la diversidad.

17

Elites

¿Quién "inventa" las ideologías?

Con el objeto de completar el cuadro de las bases sociales y dimensiones de las ideologías, deberíamos preguntarnos ahora "de dónde" vienen las ideologías. ¿Quién, en verdad, las "inventa"? ¿O surgen y se desarrollan espontáneamente en un grupo, como una forma de cognición social producida conjuntamente que no tiene autoría específica, como sería el caso de un lenguaje natural?

Muchas ideologías parecen emerger de grandes grupos de personas, si no de las "masas". Las ideologías ecologistas, feministas, socialistas, nacionalistas o capitalistas son ejemplos de ideologías compartidas y mantenidas por muchas personas, a menudo a través de fronteras nacionales y continentes. Que éstas sean "inventadas" por individuos específicos, o por pequeños grupos de "ideólogos", parece contradecir la concepción básica de las ideologías como sistemas de creencias compartidas, sociales.

Una cuestión, formulada a menudo en psicología política, es que aún no se sabe si, en verdad, grandes grupos de personas tienen efectivamente una ideología más o menos explícita o articulada. Ellos pueden compartir unos pocos principios y objetivos, pero no una ideología "completa". Esas ideologías más detalladas y explícitas están, entonces, atribuidas específicamente a los líderes, los intelectuales, las elites o, ciertamente, los "ideólogos" de tales grupos.[1]

Como en el caso de las diferencias sociales y personales en el conocimiento, podemos esperar variaciones en las actitudes y las ideologías dentro del mismo grupo. Los expertos tienen acceso a un número creciente de formas variadas del discurso,[2] pueden comunicar más a menudo y más explícitamente las ideologías de su grupo y pueden, en consecuencia, desarrollar sistemas ideológicos más minuciosos y más "articulados". Pueden estar más familiarizados con los argumentos ideológicos contra sus opiniones ideológicas, y pueden, por lo tanto, ser más hábiles en los contraargumentos ideológicos, lo que nuevamente puede contribuir al desarrollo de actitudes e ideologías más detalladas. En otras palabras, las prácticas ideológicas explícitas, al igual que los discursos ideológicos, están relacionadas sistemáticamente con las ideologías, y pueden facilitarse mutuamente. Puede esperarse que los líderes, los intelectuales y otros "ideólogos" de un grupo desempeñen esos roles, especialmente debido a su acceso privilegiado al discurso público y por sus tareas de conducir a un grupo, coordinar sus acciones y asegurarse que sus objetivos sean logrados y sus intereses protegidos.[3]

Al mismo tiempo, no hay una distinción claramente marcada entre esos "ideólogos" y los otros miembros de un grupo. Cualquier miembro que esté relativamente consciente de su pertenencia al grupo y de sus objetivos, y que pueda participar, aun pasivamente, en el discurso ideológico público (por ejemplo, leyendo editoriales en la prensa), puede, de tal modo, ser relativamente diestro en la expresión argumentativa de las ideologías subyacentes, y, por ende, desarrollar ideologías detalladas. Así, en el movimiento femenino no solamente las líderes, las intelectuales, las expertas u otras "ideólogas" pueden desarrollar ideologías, sino también otros miembros relativamente activos y "conscientes". Después de todo, si las ideologías son constitutivas de las "experiencias vividas" y del sentido común, la mayoría de los miembros se enfrentarán con las prácticas ideológicas y pueden, en principio, interpretarlas en la debida forma.[4]

Probablemente haya diferencias al respecto entre los grupos ideológicos. Los miembros de partidos políticos pueden estar ideológicamente menos conscientes de su pertenencia a un partido que los miembros de grupos religiosos o de los movimientos sociales. Como criterio para explicar tales diferencias, podemos conjeturar que la naturaleza de la socialización en el grupo, el grado de adoctrinamiento de arriba hacia abajo o mutuo, la cantidad de mitines y otras formas de participación activa, al igual que la naturaleza de las experiencias cotidianas que tienen una base ideológica, contribuirán a hacer que las ideologías sean explícitas en mayor o menor grado. Los grupos opositores y los movimientos sociales que tienen acceso al discurso público pueden, por lo tanto, hacer que los miembros sean más "conscientes" de las razones de su pertenencia. El movimiento de las mujeres, el movimiento de derechos civiles y el movimiento ecológico desde 1960 a 1990 son claros ejemplos de este aspecto.[5]

Además, no concibo a las ideologías sólo en términos de sistemas explícitos, detallados, por ejemplo, los de los "ideólogos" de un grupo. Unos pocos principios básicos que organicen las actitudes de los miembros de grupo pueden ser suficientes para definir una ideología fundamental, la que a su vez influirá en las prácticas sociales y los discursos. De este modo, un valor fundamental como "igualdad" aplicado a las relaciones de género, resultará en la proposición ideológica básica "Las mujeres y los hombres son iguales". Esa proposición puede ser suficiente para aplicaciones más específicas en las actitudes sobre igualdad de derechos en general, como votar, empleo, promoción, salarios, roles familiares y en otras prácticas y situaciones sociales. En otras palabras, no es necesario un análisis teórico muy sofisticado para la "invención" y para la aplicación de las ideologías. A veces, un solo valor básico, como igualdad o libertad, puede bastar para construir una ideología cuando se la aplica a la evaluación de la posición del propio grupo.

Lo que sí *es* decisivo, sin embargo, es el acceso al discurso público. Para algunos movimientos sociales, ese discurso puede comenzar literalmente con los eslóganes gritados en las calles. Pero, en general, los grupos y los movimientos sociales han tenido sus bases históricamente en los escritos de pequeños grupos de filósofos, escritores, académicos, políticos, líderes sindicales y otras elites que tienen, al menos, algún acceso a los libros o los medios masivos de comunicación. Estos escritos pueden estar basados en el análisis social crítico, en valores y otros principios éticos, como también en experiencias personales compartidas con otros miembros del grupo. Mientras que el último caso resulta claro para el movimiento femenino y el movimiento por los derechos civiles, la pertenencia al grupo de las elites dirigentes no es esencial, mientras estas elites sean capaces de expresar y articular los objetivos, los intereses e, indirectamente, incluso las experiencias diarias del grupo "para" el cual escriben y recurren a la acción. Así sucede claramente con la lucha de clases, y también con los antirracistas o con las personas del Norte que se sienten solidarias con los oprimidos del Sur.

¿De abajo hacia arriba o de arriba hacia abajo?

Relacionada con la cuestión de si las ideologías son los sistemas conocidos por los "ideólogos" u otras elites, o son también (totalmente) compartidas por la población en general, está la cuestión del desarrollo y la influencia. O sea, es importante investigar no sólo de dónde vienen las creencias ideológicas, sino también cómo se comparten y comunican.

Hemos visto que la evidencia histórica sugiere que al menos varias ideologías parecen ser, primero, inventadas y propagadas de arriba hacia abajo: un pequeño número de líderes, intelectuales o "ideólogos" más o menos conscientes y articulados, tienden a formular los principios ideológicos de un grupo. Entonces, a través de formas diversas de discurso intragrupal (debate, mitines, propaganda, publicaciones) y otras prácticas institucionales, esas ideologías se propagan lentamente entre los miembros del grupo y la sociedad en general. Como hemos visto, sólo los líderes u otras elites pueden tener el acceso a los medios de comunicación y al discurso público que permiten la propagación y la reproducción de las ideologías.

Esta hipótesis probablemente se aplica a movimientos sociales tan amplios como el liberalismo, el socialismo, el feminismo y el movimiento ecologista, entre otros. A veces se pueden encontrar antecedentes históricos bastante precisos o antecedentes personales de las ideologías, por ejemplo los filósofos franceses del siglo XVIII o los líderes afroamericanos del siglo XX. Libros específicos de autores específicos pueden engendrar un movimiento y su base ideológica.

Si bien todo esto puede ser cierto, al mismo tiempo parece inconsistente con la naturaleza social de las ideologías basadas en el grupo. Si las ideologías son inherentemente sociales, ¿cómo pueden ser "inventadas" por individuos? Esto reduciría históricamente los movimientos sociales y sus luchas a iniciativas, acciones e ideas personalistas.

Mi visión de esta disyuntiva es que aquí no hay contradicción. Las ideas específicas pueden muy bien ser "inventadas" por uno o unos pocos pensadores individuales, revolucionarios, escritores u otras elites. Pero para que ese conjunto de "ideas" sea una ideología dentro del marco de mi definición, esencialmente debe ser compartida socialmente. Una condición importante para este proceso de participación y reproducción social es, al menos en general, que los miembros del grupo puedan identificarse con el grupo y su ideología. Sus objetivos, prácticas, posición, valores, etc., también deben aplicarse a ellos y deben ser importantes para sus experiencias cotidianas. Las ideologías socialistas o comunistas eran aplicables a la vida cotidiana de los trabajadores, y así sucedió con las ideologías feministas para la vida cotidiana de las mujeres. En otras palabras, aun cuando las "ideas", o los argumentos de esas ideas, puedan ser inicialmente "inventados" o al menos expresados públicamente por individuos específicos, pueden constituir una ideología solamente cuando son compartidos y "sostenidos" por un grupo de personas cuyos intereses estén relacionados con esas ideas en primer lugar.

Esto también sugiere que el éxito y la aceptación de algunas opiniones básicas como una ideología por parte de un grupo puede presuponer experiencias relevantes de los miembros del grupo. La desigualdad de género y la opresión ya existían antes del movimiento femenino, y al menos algunas mujeres eran conscientes de esas relaciones y se sentían agraviadas por ellas. Las ideas feministas sobre igualdad y autonomía, en parte tomadas de ideas similares del ámbito de la política, eran sólo la formulación explícita de ideas más o menos implícitas sobre "lo que estaba mal" y "lo que debía hacer" un grupo de mujeres. En tal sentido, las líderes de los movimientos feministas estaban inspiradas en sus propias experiencias como mujeres y en la información (inicialmente quizás anecdótica) sobre, y observaciones directas de, las experiencias de otras mujeres. Es en este sentido que las ideas de elite y la invención de las ideologías no están únicamente condicionadas por la aceptación de esas ideas por los grupos sociales, sino al mismo tiempo por las mismas experiencias y los discursos (posiblemente informales) de los miembros del grupo.

Esto es, las formulaciones inicialmente explícitas y públicas pueden haber tenido lugar en unos pocos líderes, elites o intelectuales, pero las opiniones, actitudes y experiencias en las cuales se basan pueden haber estado ya ampliamente compartidas por grupos mayores, y pueden haber dado ya lugar a formas de protesta, resistencia o disidencia ocasionales, aisladas, entre esos grupos más amplios. En tal sentido, el desarrollo de las ideologías es un proceso social bidireccional, en el cual el liderazgo y la influencia de arriba hacia abajo está estrechamente ligada a la influencia, experiencia y acción de abajo hacia arriba.

El discurso de elite que no expresa opiniones populares probablemente no produzca un movimiento popular. Y una vez que ese movimiento crece, hay muchos modos en que los miembros "comunes" pueden hacerse escuchar por las elites en reuniones masivas, manifestaciones y otras formas de acción pública. Generalmente, los líderes más influyentes serán aquellos que sean capaces de articular mejor las preocupaciones y las experiencias del grupo como un todo. E, inversamente, la historia también muestra que las experiencias y opiniones de las bases, por sí solas, pueden no ser una condición suficiente para la articulación de ideologías explícitas en los discursos públicos que puedan influir en debates sociales más amplios y conducir al cambio social, por ejemplo, entre aquellos grupos (y sus líderes) que inicialmente se oponen a un movimiento popular.

Esta influencia de elite de arriba hacia abajo es especialmente notable en aquellos casos en que los intereses y las experiencias cotidianas son inicialmente menos agudas y fundamentales para un gran grupo de personas. Este es, por ejemplo, el caso de los movimientos ecologistas, en los cuales inicialmente el público en general estaba escasamente consciente de las condiciones y las consecuencias de la contaminación. Sólo cuando la amenaza para la salud y la supervivencia, tanto de la humanidad como de la naturaleza, fue claramente demostrada por la investigación (Club de Roma) y por ejemplos concretos (como Chernobyl), los ecologistas pudieron ser un movimiento popular. La percepción y la forma de conciencia, de este modo, a menudo es un constructo social, y las elites pueden desempeñar un papel en la invención de tal constructo.

Racismo de elite

El racismo es un conocido ejemplo de la complejidad de las relaciones entre las ideas de elite y el resentimiento popular. Las investigaciones muestran que las elites blancas niegan enfáticamente su papel en la reproducción del racismo, mientras que al mismo tiempo culpan a los blancos pobres por el resentimiento xenófobo y se aprovechan de ese resentimiento para propagar sus propias ideas y políticas etnocéntricas o contra los extranjeros.[6] El racismo, entonces, también funciona esencialmente de arriba hacia abajo y de abajo hacia arriba. Las influencias de abajo hacia arriba están generadas por las experiencias socioeconómicas diarias de pobreza, guetos ruinosos y desempleo, y la percepción (distorsionada) de la inmigración "fácil" y del supuesto favoritismo hacia los inmigrantes en el empleo, la vivienda y el bienestar social. En otras palabras, el racismo popular y sus ideologías están basados, principalmente, en la percepción de la competencia injusta por los escasos recursos materiales y simbólicos.

Sin embargo, ésta es tan sólo una parte de la historia del racismo. La investigación también muestra que las creencias xenófobas no siempre, o no sólo, están limitadas a los blancos pobres en una difícil situación socioeconómica. Los prejuicios y la discriminación pueden estar incluso más difundidos no tanto en el nivel más bajo de la jerarquía social, sino, justamente, uno o dos peldaños más arriba, por ejemplo, en la clase media baja, tal como lo predecirían las teorías de la privación relativa. Aquí, en lugar de sentimientos de competencia, el temor a la pérdida de los escasos recursos adquiridos puede ser más fuerte que entre los de abajo, que no tienen nada que perder.

Pero incluso esta observación común sólo provee un elemento más a la estructura compleja del racismo y sus bases ideológicas. Por cierto, el prejuicio y la discriminación, aunque de distintos tipos, están difundidos en toda la sociedad blanca, y también entre las elites mismas. Mientras que la confrontación con otras personas, lenguajes y culturas puede ser mucho más común entre las elites (que viajan o leen), esto no implica la aceptación completa en la vida cotidiana de las diferencias "raciales" o culturales de los otros, por ejemplo, como colegas o patrones. Esto es, los sentimientos generales de superioridad social de clase o educación entre las elites se transfieren fácilmente a aquellos de raza y etnicidad.[7] En lugar de la "amenaza" competitiva en los trabajos o las viviendas, el racismo de elite está mucho más orientado hacia asuntos culturales, tales como hábitos, religión, lenguaje, educación y valores. La construcción a nivel mundial de la amenaza del Islam, por ejemplo, no es un movimiento popular, sino un fenómeno de elite. La discriminación difundida en el trabajo también está manejada por las elites, por ejemplo, los gerentes. La parcialidad, el estereotipo y la rotunda polarización étnica en los medios son el producto de los periodistas, o de los políticos a los que utilizan como fuentes confiables, y, en consecuencia, es también un fenómeno de elite. Lo mismo es cierto para libros de texto tendenciosos y la investigación académica.

En resumen, en cualquier área que se considere importante (inmigración, residencia, vivienda, trabajo, educación, medios de comunicación, cuidado de la salud, bienestar social o arte) las decisiones fundamentales sobre inclusión y exclusión están hechas por las elites. Son, por lo tanto, esencialmente las elites las que preformulan muchas de las creencias ideológicas cotidianas que se difunden en las sociedades racistas. Estas ideas no necesitan ser explícitamente racistas, a diferencia de los académicos del ala derecha que legitiman la desigualdad étnica por medio de la pseudoinvestigación. Si bien esos académicos a menudo son marginales, pueden tener una influencia asombrosa sobre las organizaciones racistas como proveedores de legitimación académica.

Yo me refiero más bien a creencias y argumentos muchos más mundanos contra la inmigración y la sociedad multicultural, creencias que son aceptadas fácilmente por el sentido común cotidiano, incluso por aquellos miembros de la población que, en general, no tienen trato diario con las minorías. Culpar a los inmigrantes, refugiados y minorías por los problemas generalizados como, por ejemplo, el desempleo, la superpoblación, el deterioro de los suburbios pobres y la destrucción del estado de bienestar, es relativamente fácil siempre que los medios de comunicación y muchos intelectuales estén de acuerdo, al menos de un modo moderado. Una vez generado el resentimiento popular contra los extranjeros como consecuencia de una propaganda racista tan sutil, este resentimiento popular puede ser utilizado nuevamente como una legitimación "democrática" contra la inmigración, la igualdad de derechos o la acción afirmativa (véase el capítulo 28 para una ilustración concreta de estas estrategias y otras afines).

Dado el acceso prácticamente exclusivo a, y el control sobre, los medios masivos por parte de las elites, y el papel marginal de las minorías étnicas y su competencia económica en la vida diaria de la mayoría de la gente blanca, es difícil aceptar que el racismo blanco sea un movimiento espontáneo, popular. En verdad, si las elites se opusieran consistente y fundamentalmente a cualquier forma de prejuicio, estereotipo y discriminación, todas las decisiones que realmente cuentan para las minorías no estarían dirigidas tan consistentemente en contra de ellas, como las restricciones a la inmigración, la discriminación en el trabajo y la parcialidad que muestran las notas periodísticas y los libros de texto. Si fueran sólo populares en su origen, las creencias racistas no tendrían acceso a los modos del discurso público antirracista.

Se desprende de estos argumentos (y de mucha investigación) que, si bien el racismo puede aparecer a primera vista como una forma de resentimiento popular con sólo una pequeña intervención de algunas elites marginales prejuiciosas, o incluso como una forma de desigualdad que impregna las sociedades occidentales completas, de hecho está basado en un alto grado en ideologías, discursos y prácticas sociales de elite. Las ideologías preformuladas por estas elites, sin embargo, pueden incorporarse, en las circunstancias socioeconómicas apropiadas, al resentimiento popular inicialmente vago y no dirigido. Ese resentimiento y sus bases socioeconómicas pueden ser de un tipo tal que las elites (y especialmente los políticos), a su vez, sean vistas a menudo como "blandas" en asuntos de inmigración o minorías, sobre la base de un estilo más moderado del discurso público, tal como se lo propaga por los medios de comunicación.[8]

Esto es, se podría decir que, en asuntos étnicos, grandes segmentos de la población pueden leer entre estas líneas "moderadas" y esperar las formas más flagrantes de creencias antiinmigración tal como se expresan en la conversación diaria en privado. En consecuencia, no hay contradicción entre el fuerte resentimiento popular y el discurso moderado de elite sobre la inmigración y las minorías. Por el contrario, lo que está presupuesto o implicado por las elites, al igual que las prácticas sociales reales de discriminación o exclusión de estas elites, es suficiente legitimación para el resentimiento popular. Si los políticos más destacados, o los periódicos, se concentran en los muchos problemas de la inmigración y preconizan formas diversas de exclusión, entonces, muchas personas se sentirán justificadas en su resentimiento contra "esos extranjeros" a quienes se culpa por problemas sociales y culturales fundamentales y por la inseguridad.

Otra prueba de la influencia de elite de arriba hacia abajo en la reproducción de ideologías y prácticas racistas, es que en aquellas situaciones en las que los líderes toman posiciones antirracistas enérgicas, también sus subordinados o miembros de grupo tienden a seguir y aceptar tales creencias y políticas. Si bien puede ser que esto no ocurra en todas las cuestiones sociales, y a pesar de que la influencia ideológica puede a veces ser de arriba hacia abajo y de abajo hacia arriba, el racismo parece ser un caso más bien claro de influencia predominante de elite. Otra razón para ello es que los prejuicios étnicos y las ideologías tienen que ver más con valores fundamentales de igualdad y aceptación social y cultural, y menos con amenazas económicas y las experiencias de la vida cotidiana. Las minorías son literalmente poco importantes en la mayor parte de las sociedades occidentales, y las consecuencias de las relaciones intergrupo en este caso son de una naturaleza simbólica e ideológica más que socioeconómica. Lo destacable es que, precisamente, las elites transforman los intereses socioculturales en intereses socioeconómicos que pueden ser aceptados por la población en general, por ejemplo, culpando a los inmigrantes por los problemas sociales (como desempleo o delincuencia) o por una economía retrasada.

La aceptación, la tolerancia y la diversidad (y sus contrapartidas) son fundamentalmente cuestiones de elite, y mientras éstas no acepten sinceramente la multiculturización de las sociedades occidentales blancas, es poco probable que esto ocurra en la población en general. La presencia masiva de noticias, películas, publicidad, opinión, debate social o propaganda política ambiguas o negativas sobre las minorías y la inmigración —todas manejadas por las elites— en este caso encuentran un blanco fácil entre aquellos segmentos de la población que aceptan dócilmente que el prejuicio y la discriminación de los otros se da únicamente en su propio beneficio. Las ideologías racistas son tan fáciles de producir y reproducir, precisamente, a causa del control de las elites sobre los medios de comunicación, los que se especializan en la comunicación de ideologías ampliamente simbólicas, y porque el racismo, como sistema de desigualdad, favorece los intereses de todos los miembros (blancos) del grupo.

18

¿Ideologías dominantes?

Introducción

Un debate mayor en el estudio de las ideologías concierne a la cuestión de si las ideologías son "dominantes" por definición, o si deberían definirse en términos más amplios, independientemente de si los grupos son dominantes o no, o si las ideologías pueden "dominar" las mentes de todas las personas. En los capítulos previos ya se sugirió en varias ocasiones que una teoría general de la ideología no debería limitar la noción a ideologías dominantes. Sin embargo, esta decisión necesita ser discutida en más detalle en este capítulo.[1]

Siguiendo la máxima de Marx y Engels según la cual ideologías dominantes son las ideas de la clase gobernante, se debate frecuentemente sobre si esas ideologías "dominantes", en primer lugar, existen; si la "clase" dominante tiene una ideología unificada, y si tales ideologías pueden controlar las de las clases dominadas o no. Preguntas similares pueden formularse, por supuesto, para otras relaciones de dominación, esto es, también para el género, la etnicidad, etcétera.

Varias de las nociones discutidas previamente respecto de la influencia de arriba hacia abajo de las ideologías y del papel de las elites, se combinan en estas preguntas. Esto también sugiere que dichas preguntas, como tales, pueden ser muy generales o muy amplias, y que solamente pueden ser respondidas de un modo más analítico.

Grupos de diversos tipos (incluyendo aquí a las clases) desarrollan ideologías de grupo, y lo hacen especialmente en estructuras sociales caracterizadas por el conflicto, la competencia y la dominación. En un nivel muy global, nada parece más obvio, entonces, que si existen "clases dominantes", éstas también tendrán sus propias ideologías. La pregunta que necesita ser respondida en primer lugar es, entonces, qué son estas clases y si dominan, cómo y a quién. En consecuencia, si los "ricos" son esa clase, podemos suponer que desarrollarán una ideología que esté orientada hacia el mantenimiento de su acceso especial a los recursos sociales, tales como el capital, los ingresos, la desgravación impositiva, el estatus, etcétera.

Sin embargo, si los políticos (al menos los más importantes), los gerentes corporativos, los académicos, los periodistas, los profesionales y otras elites también son parte de "la" clase dominante, o forman su propia clase dominante, entonces tenemos una complicación: ¿desarrollarán una ideología general compartida por estos grupos o "clases", o cada uno tenderá a desarrollar sus propias ideologías, más específicas, adaptadas a sus propios intereses, posición, objetivos y poder?

No hay ninguna razón para que no se den ambos casos. Obviamente, los (más importantes) periodistas, académicos y políticos tienen diferentes intereses, y en consecuencia (también) desarrollarán ideologías específicas basadas en el grupo, como se analizó antes. Sin embargo, pueden tener una cantidad de intereses en común, como los relacionados con su posición (habitualmente de clase media) y poder. Esos fragmentos de ideología parcialmente compartidos pueden, por ejemplo, corresponder a sus accesos específicos a recursos escasos (ingreso, empleo, vivienda, estatus, conocimiento, poder), a su identidad y pertenencia (como elites o líderes), y especialmente a su posición relativa respecto de los grupos no dominantes (definidos por ellos de diversas maneras como las "masas", el "pueblo", los "votantes", la "gente común", etcétera).

Esto es, a pesar de los intereses competitivos y conflictivos, algunos fragmentos de la ideología pueden ser compartidos en una ideología "dominante" común, abarcadora. Si tales fragmentos compartidos existen o no en un momento dado cualquiera y en una situación social, es un asunto empírico, pero parece bastante probable que si los grupos dominantes tienen al menos su "dominación" en común, también tendrán en común los fragmentos de ideología correspondientes que sustentan y ayudan a legitimar tal dominación. Por cierto, las revoluciones "populares" pueden muy bien apuntar a esos grupos dominantes, no sólo por razones socioeconómicas, sino también por razones ideológicas. Puesto que las elites de distintos grupos sociales a menudo comparten formas similares de educación, medios de comunicación, clubes, amigos, empleo, etc. e interaccionan de múltiples maneras, incluso competitivamente, puede suponerse que esa ideología dominante o, mejor aún, de "elite", también puede ser compartida a través de la comunicación y el discurso.

Imposición e inculcación

La segunda pregunta implicada en esta cuestión es si la ideología (compartida) —o los fragmentos de ideología— de los grupos dominantes o elites pueden "imponerse" de algún modo a los grupos dominados. Esta formulación de la pregunta sugiere que los grupos dominados interiorizan la ideología "dominante" y la aceptan, total o parcialmente, como propia, sea esa ideología beneficiosa para ellos o no. Dada la definición de poder, dominación y control del capítulo 16, esto significa que las elites pueden controlar (parcialmente) las mentes del grupo dominado. Puesto que las ideologías se adquieren normalmente, y en gran parte, a través del discurso, y en razón de que las elites contemporáneas obviamente controlan los medios de reproducción ideológica, y especialmente los medios masivos de comunicación, la cuestión se reduce esencialmente a dos preguntas empíricas interrelacionadas, a saber, si los medios masivos de comunicación representan principalmente las ideologías de las elites y si estas ideologías tienen la influencia esperada sobre las ideologías del público en general ("dominado").

La primera de estas cuestiones apenas si necesita ser investigada en más extensión: toda la investigación muestra que las ideologías más destacadas en los medios de comunicación son principalmente las de las elites, y no de algún grupo dominado u opositor.[2] Si las formas moderadas de ideologías opositoras (tales como las feministas o las ecologistas) tienen algún acceso a los principales medios de comunicación, no son inconsistentes con las "fracciones" significativas de las elites dominantes.

Además, esto no significa que las elites simbólicas de los medios de comunicación (definidos como redactores de mayor jerarquía, reporteros y columnistas destacados) siempre concuerden completamente, por ejemplo, con las actitudes e ideologías políticas, empresariales o académicas, y menos aún con todos los asuntos específicos. Como se sugirió, existen diferentes intereses y actitudes. Sin embargo, en asuntos fundamentales hay un consenso bastante amplio. Por lo tanto, ninguno de los medios occidentales más importantes, ni otras elites de poder, son (hoy) anticapitalistas, socialistas, feministas, pacifistas o antirracistas. Además, e incluso, de un modo más esencial, los grupos de elite dominantes tienen un acceso preferencial a los medios masivos de comunicación. Sean ocasionalmente criticados o no (como podrían serlo los políticos corruptos o las industrias contaminantes), su representación global es generalmente favorable o, como mínimo, respetuosa. En otras palabras, a través de los medios, otros grupos de elite y sus discursos y opiniones al menos pueden alcanzar al público en general: tienen una voz pública efectiva.

La segunda pregunta de este planteo respecto de la influencia ideológica sobre los medios de comunicación es tan compleja como fundamental. Muchas investigaciones sugieren que la influencia ideológica general de los medios es penetrante, especialmente en aquellos ámbitos en los cuales los usuarios de los medios no tienen fuentes ideológicas alternativas o experiencias personales que sean abiertamente inconsistentes con las ideologías dominantes, tales como se las transmite y reproduce por los medios masivos, como es el caso de las ideologías étnicas y las ideologías de política exterior.[3] Por otro lado, muchas de las investigaciones contemporáneas enfatizan que, incluso allí donde tiene lugar ese control ideológico, los usuarios de los medios son activos y flexibles y pueden rechazar afirmaciones ideológicas persuasivas cuando sea necesario, o adaptar esas ideologías a sus propias necesidades, intereses o circunstancias. Por cierto, existen muchos ejemplos específicos en los que no se dio, en absoluto, una influencia ideológica de las elites a través de los medios masivos.[4]

Con el objeto de explorar las implicancias de estos resultados empíricos aparentemente contradictorios, necesitamos conocer más sobre qué grupos dominantes y dominados están involucrados, qué ideologías tienen y bajo qué condiciones, y cuáles de las ideologías dominantes pueden inculcarse en qué grupos dominados. Una vez más, estas cuestiones no son meramente conceptuales sino empíricas, y sus respuestas completas deben darse, en consecuencia, en la investigación detallada de las ideologías de diversas formaciones sociales.

¿Qué son grupos "dominados"?

Una primera cuestión que tendremos que tratar aquí es si la noción muy general y, por ende, difusa, de grupos "dominados", por ejemplo, los dominados por las elites, es un constructo realista. Mientras hablemos de "clases" definidas socioeconómicamente, como sucede en la mayor parte de la investigación tradicional y, sobre todo, en la tradición marxista, la pregunta puede ser levemente menos compleja, pero, obviamente, las ideologías en las sociedades contemporáneas no están limitadas a las clases.

Entonces, la cuestión es si estos "grupos dominados" tienen o comparten colectivamente (fragmentos de las mismas) ideologías. Por las mismas razones sociales y económicas por las que se consideró que las elites deben compartir fragmentos ideológicos, también las no elites deben compartir fragmentos de ideología, aunque sólo sea por su similar posición no dominante y, consecuentemente, por al menos algún interés compartido, a saber, la falta de poder. Por supuesto que las mujeres, las minorías, los pobres, los trabajadores, etc., tienen cada uno su ideología de grupo que les provee el marco básico que puede explicar sus experiencias específicas en la vida cotidiana, su posición (dominada) en la sociedad, y posibles formas de oposición, disenso o resistencia, esto es, sistemas de creencias a las que Mannheim llamó "utopías", porque formulan alternativas a ideologías dominantes corrientes.[5] Pero a pesar de que habrá conflictos de intereses (por ejemplo, entre trabajadores blancos y trabajadores negros, entre hombres pobres y mujeres pobres), sus relaciones similares con las elites sugieren fragmentos ideológicos comunes que pueden conducir a la formación de coaliciones políticas, por ejemplo, movimientos como la Rainbow Coalition* en los Estados Unidos de Norteamérica.

* En los Estados Unidos, "Rainbow Coalition" es un grupo conformado por partidos políticos y organizaciones sociales (incluyendo grupos de feministas, homosexuales, mo-

Teóricamente, no hay razón para que estos variados grupos no dominantes adopten las ideologías dominantes si éstas son inconsistentes con sus experiencias diarias, sus opiniones sobre acontecimientos sociales y sus intereses básicos. Si lo hicieran, esas ideologías gobernarían conocimientos y actitudes del grupo que chocarían continuamente con las experiencias diarias de la mayor parte de los miembros del grupo. Por lo tanto, cuando fueran confrontados con las ideologías (implícitas) de elite en los medios de comunicación, el público en general adoptaría sólo, de nuevo teóricamente, aquellos fragmentos ideológicos que también redundaran en beneficio propio y rechazarían o ignorarían aquellos que no "encajaran".

Para la mayoría del público blanco, un ejemplo destacado puede ser la adopción de fragmentos de las ideologías racistas, puesto que éstos también concuerdan con sus propios intereses. Por otro lado, los fragmentos de la ideología liberal de mercado que aceptan el desempleo como un aspecto necesario de la producción capitalista, o una destrucción aun mayor del Estado de bienestar, pueden ser aceptados con mucha menor amplitud, especialmente en la clase trabajadora y la clase media baja. Siguiendo esta argumentación, la tesis general de la ideología dominante no sería válida en muchas instancias, y sólo se aplicaría en el caso de fragmentos de ideología específicos y de grupos no dominantes particularmente seleccionados, por ejemplo, los blancos, o los hombres, o la clase media.

Cuando quiera y dondequiera que esto *sí* suceda, la dominación ideológica puede tomar muchas formas y ocurrir en situaciones diferentes. Evitar la solidaridad entre grupos no dominantes es un ardid conocido y poderoso, es decir, dividir al enemigo para conquistarlo. Otra estrategia es evitar o atenuar la identificación de grupo: ya vimos que la identidad y la identificación de grupo es una consecuencia esencial de la adquisición de esquemas ideológicos en todo un grupo.

Por ejemplo, las ideologías socioeconómicas liberales, y sobre todo sus penetrantes y persuasivas expresiones de género (en noticias, antecedentes, historias, publicidad) en los medios masivos, pueden dirigirse especialmente a los usuarios de los medios como individuos. En situaciones de crisis social y económica, la solidaridad dentro del grupo entre clases no dominantes puede ser evitada sugiriendo que cada persona "puede triunfar", como sucedió con la retórica conservadora del capitalismo "popular" del Thatcherismo y la Reaganomics, y el poder creciente de la Nueva Derecha.[6]

Al mismo tiempo, la pertenencia a un sindicato puede ser desacreditada tildándola de "comunista", "radical", o, simplemente, pasada de moda. De esta manera, las formas de solidaridad intragrupal de los grupos dominados

---

vimientos de base, etc.) con una gran diversidad de colores políticos y étnicos (de allí su nombre), que se oponían a las políticas conservadoras de los gobiernos de los presidentes Reagan y Bush. [T.]

pueden ser evitadas u obstruidas. Las mismas divisiones pueden crearse entre las mujeres, desprestigiando el feminismo; entre las minorías, enfatizando la delincuencia étnica o desvirtuando el multiculturalismo por medio de alegatos de corrección política, por un lado, y, al mismo tiempo, destacando el papel positivo del gobierno y "ofreciendo ayuda" a la minoría integrada a través de las principales instituciones, por el otro. Obviamente, tales estrategias no siempre son exitosas, y la resistencia y la oposición pueden desafiarlas de muchas maneras, conduciendo así a cambios sociales específicos, también en las ideologías de los grupos dominantes.[7]

Complicaciones adicionales

Por supuesto, corresponde hacer un análisis más profundo de estos procesos ideológicos, porque el panorama es mucho más complicado. En primer lugar, incluso dentro de grupos dominantes, hay *disidentes* ideológicos. Esto es, hay miembros de grupos de elite (políticos importantes, periodistas, académicos, etc.) que rechazan y se resisten a las ideologías dominantes y pueden incluso "ponerse del lado de" los grupos dominados, como ocurrió en la mayoría de las revoluciones ideológicas. Lo inverso también es cierto: miembros de grupos dominados pueden abrazar las ideologías de elite, aunque más no sea para obtener, individualmente, reconocimiento o acceso a otros recursos que les proveerán las elites como muestra de gratitud por su "defección". Pueden encontrarse ejemplos entre algunos grupos minoritarios que han abrazado ideologías (por ejemplo, de "corrección política") que claramente son inconsistentes con las de su propio grupo (véase capítulo 28).

Otra conocida complicación es el hecho de que, a pesar de lo que se ha dicho más arriba, hay casos en que las ideologías de elite son exitosas entre grupos dominados específicos, aun cuando son inconsistentes con el interés de la mayor parte de los miembros del grupo, como es el caso de las ideologías neoliberales de mercado. Una explicación, igualmente conocida, para tal éxito, aparte de su difusión en los medios masivos de comunicación, en el discurso público y en los procesos sociales de individualización y competencia entre los grupos dominados, son los mecanismos diversos de *manipulación*.

Esto es, lo que específicamente hacen los discursos públicos de esas ideologías es atenuar las partes obviamente inconsistentes de la ideología y enfatizar aquellas partes que pueden ser más atractivas. De esa manera, los partidos racistas (y algunos conservadores) pueden fomentar los prejuicios étnicos, culpar a los inmigrantes o a las minorías de los problemas sociales, y pueden así atraer votantes y partidarios de la clase (media) baja. Sin embargo, ellos rara vez van a publicitar sus políticas conservadoras cuando se trata de la posición de las mujeres y de las consecuencias de sus ideologías de mercado para los pobres. Al mismo tiempo, aquellos que comparten versiones más sutiles de las ideologías racistas pueden atenuar públicamente sus actitudes racistas y tratar de influir en aquellos que rechazan el racismo manifiesto, pero que pueden ser sensibles a, por ejemplo, las ideas ecológicas o sociales. En ese caso, las referencias a la superpoblación, la escasez de recursos naturales o el "atraso" cultural (por ejemplo, en el tratamiento hacia las mujeres) de algunos grupos de inmigrantes, pueden ser utilizados como argumentos "racionales" a favor de un control de la inmigración que puede resultar aceptable, incluso para los liberales.

Del mismo modo, los medios de comunicación generalmente seleccionarán o enfocarán aquellos "hechos" que no son inconsistentes con los intereses de la elite, y viceversa, como se describió antes. Resultan muy destacables los ejemplos de la propaganda de guerra nacionalista y la alabanza pública a las bendiciones de la "libertad" o "flexibilidad" del mercado, en los cuales las consecuencias negativas múltiples para grandes grupos de la población serán oscurecidas selectivamente o, simplemente, ignoradas.

Estrategias de control ideológico

De esta manera, las ideologías de elite pueden ser adoptadas más ampliamente entre la población en general o entre grupos dominados específicos bajo las siguientes condiciones:

1) Las ideologías dividen a los grupos no dominantes por ser al menos atractivas para, o en beneficio de, algunos grupos no dominantes y evitar, de esta forma, la solidaridad dentro del grupo y la organización del contrapoder. Ejemplos: el sexismo y, especialmente, el racismo, evitando la solidaridad entre los que no forman la elite y la adhesión a ideologías disidentes, tal como es el caso entre las mujeres y las minorías.

2) Se evita la solidaridad interna en los (importantes) grupos no dominantes creando divisiones dentro del grupo y dirigiéndose a los miembros como individuos, por ejemplo, dividiendo a las mujeres entre las "feministas" y las "otras", o seduciendo a los miembros de la clase baja con la retórica liberal de responsabilidad personal y ascenso en la escala social.

3) No hay alternativas populares (fuertes) a las ideologías de elite, o estas alternativas son desconocidas o marginadas. Ejemplo: el racismo, porque el antirracismo está prácticamente excluido de los medios masivos de comunicación; o el neoliberalismo luego de la caída del socialismo y el comunismo.

4) Las elites (y especialmente los editores de los medios de comunicación) evitan o limitan el acceso al discurso público de los líderes de grupos no dominantes (en los medios masivos más importantes no están los grupos feministas, antirracistas o políticos "radicales"), o los marginan o desacreditan entre la población en general o, incluso, entre sus propios grupos.

5) Las elites adoptan, aparentemente, las ideologías populares, pero de un modo muy moderado, con lo cual se evitan conflictos importantes con los intereses de las elites. Ejemplo: el ecologismo y —en parte— el feminismo.

6) Si las ideologías de elite son ampliamente inconsistentes con las ideologías relativamente fuertes y conocidas de los grupos dominados, las elites tienen el instrumento especial de acceso y control de los medios de comunicación y estrategias discursivas de manipulación del conocimiento y las opiniones, por ejemplo, enfatizando las consecuencias ideológicas que son menos inconsistentes con los intereses de los grupos dominados, o restando énfasis a aquellas que son inconsistentes con esos intereses. Ejemplo: el nacionalismo, el militarismo y, especialmente, el neoliberalismo y el neoconservadurismo.

Por supuesto, existen otros medios de control ideológico, pero éstos cubren una amplia gama de formas de dominación ideológica. Las estrategias más específicas y fundamentales involucradas en estas formas de dominación ideológica serán discutidas luego con mayor detalle.

Comentario final

Este análisis sugiere que los argumentos de la hipótesis de las ideologías dominantes no son muy persuasivos, pero que en muchas situaciones y bajo condiciones específicas parecen ser verdaderos. La tarea de una teoría más detallada de las ideologías es especificar cuándo y dónde se aplica, y dónde no se aplica. Es, sin embargo, una tesis muy general y abstracta, y resulta claramente necesario que se traduzca en estructuras detalladas de cognición social, discurso, comunicación y estructuras sociales, antes de que pueda ser evaluada con mayor rigor. A pesar de la gran variedad y confusión ideológica de la sociedad contemporánea, la evidencia sugiere con fuerza que, dado el creciente control de los medios por las elites, y el creciente papel de los medios masivos de comunicación como el mayor instrumento de control ideológico de la sociedad, las ideologías de elite generalmente tenderán a ser dominantes, tal como ya se definió. Las ideologías populares pueden convertirse en dominantes solamente a) si tienen un amplio sustento dentro de uno o varios grupos dominados, b) si los líderes de tales grupos tienen acceso al discurso público, y, sobre todo, a los medios masivos (lo que implica que al menos algunos medios masivos necesitan estar en connivencia con ellos), y, más de un modo general, c) si estas ideologías no son fundamentalmente inconsistentes con los intereses de la mayoría de las elites.

19

Instituciones

Organizando la reproducción de las ideologías

En la secuencia analítica que nos lleva desde la psicología de la cognición y acción individuales y la microsociología de la interacción diaria situada (incluyendo el discurso), hasta la macrosociología de las relaciones de grupo, el poder y los sistemas de creencias compartidas, finalmente necesitamos examinar el papel de las instituciones que organizan, manejan o propagan esas cogniciones, acciones, interacciones y relaciones de grupo. Dentro del análisis sobre el papel del discurso en la reproducción de las ideologías, investigaremos, además, cómo se reproducen las ideologías en y por el texto y la conversación de familias, grupos de pares, escuelas, medios de comunicación, iglesias, sindicatos, clubes, movimientos sociales, agencias, negocios corporativos, etc. En los capítulos previos hemos visto que los medios de comunicación desempeñan un papel central en la reproducción de las ideologías de elites dominantes. Por lo tanto, antes de discutir los detalles discursivos de tales procesos de reproducción, es preciso, en un análisis sociológico, concentrarse de un modo más general en el papel ideológico de las organizaciones e instituciones.

Las instituciones u organizaciones son, de muchas maneras, la contrapartida "práctica" o social de las ideologías. Esto es, del mismo modo en que las ideologías organizan la cognición de grupo, las instituciones y las organizaciones organizan las prácticas y a los actores sociales. Ser tan sólo un "grupo" de mujeres, periodistas, maestros o antirracistas puede no ser suficiente para organizar efectivamente la acción de los miembros y lograr los objetivos de grupo deseados, ya sea individual o conjuntamente. Las instituciones y organizaciones pueden coordinar objetivos y acciones comunes, proveer o distribuir recursos y otras condiciones y restricciones, elegir o imponer líderes, etcétera.

Del mismo modo, con el objeto de organizar las prácticas ideológicas, podemos suponer que se necesitan las *instituciones ideológicas*.[1] En otras palabras, se crean instituciones ideológicas que tienen (también) como tarea la "realización" de una ideología compartida. Tal vez haya pocas instituciones que sean exclusivamente ideológicas, esto es, orientadas únicamente hacia la propagación de sistemas de creencias. Las *iglesias* pueden ser el ejemplo más obvio, si bien en la práctica, y con el objeto de lograr sus objetivos ideológicos, también se proponen (otros) diversos objetivos y actividades sociales, como la asistencia y los servicios a la comunidad. En un nivel más básico, también las *familias* y sus prácticas de socialización son parcialmente ideológicas, en razón de su intervención en la socialización de normas, valores y fragmentos de ideología.[2]

Las *escuelas*, las *universidades* y todo el sistema de educación están entre las instituciones ideológicas más complejas, elaboradas y difundidas, aunque más no sea porque involucran prácticamente a todos los miembros de la sociedad, intensiva y diariamente, algunas veces por más de veinte años. Principalmente orientadas hacia la reproducción del conocimiento y la adquisición de habilidades, estas instituciones, obviamente, también operan como el medio más importante para la reproducción de las ideologías dominantes en la sociedad, si bien en algunos casos también facilitan la propagación de contra-ideologías. Ciertamente, las escuelas y, especialmente, las universidades, están entre las pocas instituciones en las que existe suficiente libertad (respecto de la intervención del Estado, del mercado, etc.) para que los disidentes expongan sus ideologías opositoras.[3]

A pesar de este papel omnipresente de la educación, en las sociedades mediatizadas contemporáneas gran parte de la tarea de la familia, de la Iglesia y de la escuela ha sido asumida por los *medios masivos de comunicación* como institución. Mientras que éstos están principalmente orientados hacia la producción de información y entretenimiento, son al mismo tiempo las instituciones más complejas para la expresión y el cuestionamiento públicos de las ideologías. Sin los medios de comunicación, y dado el papel reducido de la iglesia y la limitación de la escolaridad a niños y adolescentes, el debate público sobre asuntos corrientes y el conocimiento compartido sobre lo que sucede en la sociedad y en el mundo sería impensable en el presente. Puede conjeturarse, por lo tanto, que en la reproducción de las ideologías los medios desempeñan un papel central. Las representaciones sociales son fácil y ampliamente compartidas debido a estas formas de discurso público accesible, y lo mismo es cierto para las ideologías que subyacen bajo estas representaciones.

Las estructuras, estrategias y prácticas de estas instituciones sociales no sólo necesitan ser orientadas por razones prácticas de organización, eficiencia, distribución de roles o recursos, o por el logro de objetivos; también pueden reflejar y facilitar los intereses ideológicos. Las lecciones, los libros de texto, los exámenes, las tareas, las correcciones y las sanciones en las instituciones educacionales, de tal modo, pueden estar organizadas en parte por objetivos basados en una ideología para enseñar e inculcar "las cosas correctas", incluyendo las ideologías "correctas". De un modo menos organizado, lo mismo ocurre con los diversos discursos de socialización en la familia.

Los medios masivos de comunicación

Aunque de una manera menos explícita, pero por eso tal vez más penetrante e influyente, lo mismo sucede con los medios de comunicación. La producción de noticias, publicidad, documentales, películas, juegos, "talk shows" y otros espectáculos, entre muchos otros géneros mediáticos, pueden, por lo tanto, examinarse en detalle para ver cómo organizan las acciones, los discursos, los sonidos y las imágenes de modo tal que la producción y reproducción ideológicas, también entre la audiencia, sean más efectivas. En la recopilación de noticias, esos intereses ideológicos controlan las tareas asignadas, las noticias exclusivas, las entrevistas, las conferencias de prensa, los comunicados de prensa, los procedimientos de selección y decisión. Es decir, esas prácticas están gobernadas por pericia profesional y actitudes e ideologías sobre lo que es verdadero o falso (hecho u opinión), interesante o no interesante, de interés periodístico o no, relevante o irrelevante, etc. La valoración de las noticias está entre los muchos sistemas ideológicos que guían tales prácticas: ésta especifica, por ejemplo, la preferencia por noticias sobre las elites, eventos negativos (especialmente los causados por otros), nuestro propio grupo cultural y nuestra región del mundo, etcétera.[4]

Pero, de un modo más indirecto, lo mismo sucede con las decisiones aparentemente menos ideológicas sobre quién tiene acceso a los medios, quién es entrevistado, quién tiene cobertura y quién será mencionado. Es bien sabido que las personas, organizaciones y estados de elite tienen preponderancia en estos patrones de acceso y, por lo tanto, también las opiniones e ideologías de esas elites. Y puesto que la mayor parte de los periodistas en Occidente son blancos, hombres, de clase media y heterosexuales (entre otras identidades), es más probable que ellos favorezcan el acceso y las opiniones de protagonistas de las noticias "similares" a ellos. La mayor parte de la investigación confirma esta hipótesis.

En resumen, las rutinas, los actores, los eventos y los acuerdos institucionales en la confección de noticias están sesgados hacia la reproducción de un conjunto de ideologías dominantes, de elite, como hemos visto en un capítulo previo. Esto no sólo es cierto para la producción de noticias, sino también para programas sobre la actualidad, documentales, espectáculos y otras categorías de discurso de los medios.

Lo que se ha dicho sobre las rutinas y restricciones de la producción institucional se refleja en sus productos. De esta manera, el acceso preferencial se manifiesta en menciones preferenciales, opiniones favorables y, por lo tanto, en el estilo, el acceso a la página de opinión, los tópicos preferidos, y, en general, en todos los aspectos de los discursos de los medios. Por estas razones ideológicas complejas, en consecuencia, obtenemos más noticias y opiniones sobre delitos de la "minoría", supuestos o socioeconómicamente menos destructivos, que sobre los delitos reales de discriminación por parte de los empleadores u otras elites, mayor cantidad de noticias por y sobre hombres y sobre tópicos que interesan más a los hombres que a las mujeres, etc. Estos son hallazgos habituales de la investigación, y mi intención es simplemente recordarlos con el objeto de ilustrar las condiciones, prácticas y productos ideológicos de las instituciones.

Lo mismo ocurre, fundamentalmente, con las consecuencias de la reproducción de las ideologías de esas instituciones ideológicas en la población en general, como ya se ha planteado al examinar la tesis de la ideología dominante. A pesar de las diferencias personales y de la libertad de los usuarios de los medios en su procesamiento y utilización del discurso mediático, los efectos ideológicos generales de los medios son innegables: la gama de ideologías sociales aceptables es casi idéntica a la de aquellas que tienen acceso preferencial a los medios masivos de comunicación. Las normas y los valores fundamentales, la selección de asuntos y tópicos de interés y atención (determinación de la agenda), el conocimiento selectivo, si no parcializado, sobre el mundo, y muchos otros elementos o condiciones de control ideológico, actualmente se deben, en gran medida, a los medios masivos, o, indirectamente, a los grupos e instituciones, como los de la política, que tienen acceso preferencial a los medios. Por supuesto, habrá debate, oposición, diferencias de opinión, al igual que diferencias entre los periódicos. Sin embargo, todo esto se da dentro de los límites de una variación ideológica tolerable. Ningún periódico serio preconiza, por ejemplo, la supresión del mercado, la eliminación de todas las armas y los ejércitos, una inversión total de todos los roles de género, de modo que las mujeres se hagan cargo del mundo y de las instituciones más importantes, y menos aún el control de los medios masivos por organizaciones revisoras independientes que evalúen la veracidad, calidad y la total ausencia de distorsiones de género, clase, etnicidad u otros. En resumen, dentro de una teoría de la ideología, el papel omnipresente de instituciones ideológicas tales como las de la política, la educación y, especialmente, los medios masivos, explica las propias condiciones sociales de las ideologías, es decir, los medios y las formas en que son compartidas por grandes cantidades de personas y grupos.

Racismo institucional

Retomando el ejemplo del racismo, deberíamos preguntar cómo las instituciones y las organizaciones sostienen y reproducen ideologías racistas. El ejemplo más obvio en la mayor parte de los países europeos, y otros países dominados por los blancos, es la presencia y actividad de *partidos políticos racistas*.[5] Aunque políticamente éstos no son dominantes más allá del nivel local de algunos barrios y ciudades, y a pesar de que con frecuencia son marginados por los principales medios, su influencia ideológica indirecta es considerable. Aun cuando se les da cobertura en un contexto de conflicto, citando, por ejemplo, comentarios provocativos de sus líderes o destacando manifestaciones en contra y protestas, son conocidos tan ampliamente como lo son sus ideologías. Las versiones radicales de estas ideologías pueden ser generalmente rechazadas por las elites, pero se ha observado a menudo que versiones más moderadas de sus eslóganes xenófobos, o contra los inmigrantes, han ganado amplia circulación, e incluso adhesión, entre los partidos más importantes, como sucedió con los partidos conservadores en los Estados Unidos, el Reino Unido, Francia, Holanda, Alemania, Austria e Italia, entre otros países.

Las restricciones a la inmigración, crecientemente duras, antes apoyadas sólo por los partidos racistas, son ahora políticas gubernamentales estándar casi universales. Lo mismo ocurre con políticas varias que demoran (o nunca introducen) los beneficios y reclamos del Movimiento por los Derechos Civiles, o movimientos similares en otros países. El apoyo popular a tales políticas está garantizado en grandes sectores de la población blanca a partir del violento ataque ideológico de la propaganda racista y conservadora, que atribuye la culpa de muchos males sociales a la presencia o a la actividad de los inmigrantes y de las minorías. La inmigración, en consecuencia, puede ser señalada como una de las causas más importantes del desempleo, la reducción de la asistencia o el real o supuesto incremento de la delincuencia. Los medios masivos, y especialmente la prensa popular conservadora, desempeñan un papel esencial en el sostén y la propagación persuasivos de estas ideologías.

Y si bien me concentro aquí en la producción y reproducción de las ideologías, casi no sería necesario agregar que esas ideologías también sostienen una acción social y política concomitante. Las ideologías se traducen en políticas reales, que se ejecutan en prácticas concretas, por ejemplo, las de los servicios de inmigración, la policía, la justicia o los medios. Los ejemplos negativos de las elites y de los organismos del Estado son seguidos, a menudo más abierta e incluso violentamente, por las organizaciones o grupos juveniles, quienes sin tapujos discriminan o atacan a los inmigrantes y a las minorías. En pocos dominios de la sociedad, la propagación institucional y de elite de las ideologías etnocentristas, xenófobas y racistas influye tan clara y directamente en las prácticas diarias de exclusión, marginación, problematización y violencia dirigida contra otros, como en el área de las relaciones étnicas. El colonialismo, la esclavitud, la segregación, Jim Crow,* el Holocausto y, en la actualidad, Ruanda, Bosnia y Asia del sur, son ilustraciones muy conocidas de esa observación.

En resumen, las ideologías racistas, y especialmente sus versiones populares y populistas, están sostenidas por un gran número de importantes instituciones y organizaciones. Partidos extremistas del ala derecha, partidos conservadores y "think tanks",** la prensa popular, llamadas telefónicas a las radios, panfletos racistas, académicos racistas, marginales pero influyentes, y sus publicaciones, figuran entre los muchos factores institucionales implicados en este proceso de reproducción.[6]

Nuevamente, si bien las versiones radicales de estas ideologías pueden no ser predominantes, las versiones moderadas pueden haberse convertido en dominantes en las sociedades occidentales en las cuales las fuerzas conservadoras son mayoría. Incluso los partidos y las organizaciones de izquierda y socialdemócratas no escapan al amplio apoyo popular (blanco) a tales ideologías, y adaptan sus ideologías y políticas consecuentemente. Esto se nota no sólo en el apoyo a actitudes contra la inmigración o contra las minorías, sino también especialmente en la marginación de grupos e ideologías antirracistas.

Por cierto, uno de los mayores problemas en las sociedades occidentales no es tanto que las ideologías racistas moderadas sean influyentes, sino más bien que la norma oficial no racista, establecida por la ley y la constitución, no esté institucionalizada de modo tal que esas ideologías sean enérgicamente combatidas. Existen grupos e instituciones antirracistas, pero son los menos y a menudo tienen mala prensa o poco apoyo entre la población en general, al igual que entre las elites. Oficialmente pueden estar marginados tanto como la extrema derecha, al ser, supuestamente, demasiado "radicales". En esta evaluación política, en consecuencia, tanto el racismo como el antirracismo son rechazados, dejando así intacto un amplio consenso en el cual pueden florecer ideologías antiinmigrantes porque simplemente no son consideradas racistas, sino de sentido común. Veremos luego cómo el discurso político y mediático construye y sostiene ese consenso de dominación blanca tan ampliamente organizado.

*"Jim Crow" es una expresión ofensiva que indica segregación étnica, especialmente contra personas negras. [T.]
**La expresión "think tank" se refiere a una institución o un grupo de personas que se organizan para llevar a cabo investigación multidisciplinaria con el objeto de aconsejar o brindar ideas sobre problemas de carácter general, como económicos, sociológicos, etcétera. [T.]

PARTE III
DISCURSO

20

La importancia del discurso

La importancia especial del discurso

En la tercera parte de este estudio, me concentraré, finalmente, en otra dimensión fundamental de la ideología, esto es, su expresión y (re)producción en la interacción social en general y en el discurso en particular. Una vez que se ha aceptado que las ideologías son representaciones sociales compartidas que tienen funciones sociales específicas para los grupos, necesitamos descubrir cómo los miembros sociales del grupo adquieren, construyen, utilizan y cambian las ideologías. Esto significa que, luego de la excursión por el dominio social macro de los grupos, de las relaciones de grupo y de las instituciones, necesitamos descender nuevamente al micronivel, esto es, al nivel en que la producción y reproducción ideológicas son realmente logrados por actores sociales en situaciones sociales.

Contra el trasfondo del enfoque clásico de la ideología, ese estudio de la interacción y del discurso a un micronivel es especialmente importante. La explicación tradicional no solamente nos ha dicho poco sobre la naturaleza precisa de las ideologías (es decir, como representaciones mentales), sino que tampoco fue muy específica sobre cómo, exactamente, se producen las ideologías y qué papel desempeñan los actores sociales en su construcción y reproducción. Esto también significó que esos enfoques ignoraron ampliamente cómo se debería relacionar una macronoción, como la ideología, con micronociones típicas tales como actores, acciones, prácticas sociales, discursos y situaciones sociales.[1]

La especial concentración en el papel del discurso en los procesos de reproducción de las ideologías, no implica, tal como lo hacen algunos enfoques corrientes, que *reduzco* las ideologías, o su estudio, al discurso y al análisis del discurso.[2] El discurso, el uso del lenguaje y la comunicación, efectivamente, desempeñan un papel especial en dichos procesos de reproducción, pero las ideologías *también* se expresan y reproducen mediante otras prácticas sociales y semióticas aparte del texto y la conversación. Del estudio de, por ejemplo, las ideologías sexistas y racistas, sabemos que gran parte de la discriminación no verbal también exhibe creencias ideológicas. Además de estas conocidas prácticas de discriminación, otros mensajes semióticos (por ejemplo, fotografías y películas) también pueden expresar, por supuesto, ideologías subyacentes.[3] Cuando los miembros sociales observan y comprenden esas prácticas (no verbales), pueden también inferir opiniones subyacentes de los actores; y esto también puede generalizarse, de un contexto a otro, a actitudes sociales e ideologías subyacentes más abstractas. Pueden efectuar tal cosa por medio de un paso deductivo que les dice a los miembros del grupo: "Este es, aparentemente, el modo en que lo hacemos", o "Este es, aparentemente, el modo de relacionarse con miembros de tal y tal grupo". En resumen, a pesar de que el discurso a menudo es esencial en la expresión y reproducción de las ideologías, no es un "medio" necesario ni suficiente de reproducción.

Si bien esta parte del estudio se centra en el discurso, deberíamos tener en mente que es paradigmática para un estudio más amplio de las prácticas ideológicas en todos los dominios de la sociedad, desde la comunicación no verbal hasta la infinidad de otras acciones e interacciones sociales que definen la vida cotidiana. Además, no deberíamos olvidar que el discurso, a menudo, está inserto en, o, de otro modo, relacionado con, esas interacciones no verbales, como sucede con la conversación y el texto en el hogar, el parlamento, la escuela, la sala de noticias, el taller, la oficina, el comercio, la agencia, el hospital, la estación de policía o la prisión. Por lo tanto, la dominación y la desigualdad basadas en la ideología, el conflicto y la competencia, la resistencia y la oposición, tal como se las discutió antes, se implementan y reproducen de muchas maneras, tanto discursivamente como en otras interacciones.

El discurso, sin embargo, tiene un estatus especial en la reproducción de las ideologías. A diferencia de la mayor parte de las otras prácticas sociales y, de un modo más explícito que la mayoría de los otros códigos semióticos (tales como fotografías, cuadros, imágenes, signos, pinturas, películas, gestos, danza, etc.), diversas propiedades del texto y la conversación les permiten a los miembros sociales *expresar* o *formular* concretamente creencias ideológicas abstractas, o cualquier otra opinión relacionada con esas ideologías. Las acciones específicas sólo permiten inferencias relativamente indeterminadas sobre las opiniones subyacentes de los actores pero, como tales, no pueden expresar opiniones generales, abstractas o compartidas socialmente.

Con los mensajes *visuales,* esto resulta por cierto más fácil y, en algunos casos, más efectivo que por medio del discurso. Pero, en general, no hay un código semiótico tan explícito y articulado como el lenguaje natural (y, por supuesto, diversos lenguajes por señas) para la expresión *directa* de significados, conocimientos, opiniones y diversas creencias sociales. Si una imagen vale más que mil palabras, esto se debe fundamentalmente a los detalles visuales que resultan difíciles de describir verbalmente. Esto significa que las imágenes pueden ser particularmente apropiadas para expresar la dimensión visual de los modelos mentales. Si las imágenes expresan opiniones o creencias generales e ideologías, lo hacen más bien indirectamente y, en consecuencia, necesitan interpretaciones (indeterminadas). Esto no significa que, en la comunicación, esas expresiones indirectas de opiniones e ideologías sean necesariamente menos persuasivas. Por el contrario, una fotografía dramática de una escena, acontecimiento o persona específicos, puede ser un medio mucho más "poderoso" que las palabras para la expresión de opiniones. Sin embargo, esta persuasión está basada, precisamente, en lo concreto del "ejemplo", y necesita inferencias por parte del lector sobre lo que la imagen realmente "significa", como también sucede con la narración de historias basada en modelos, u otros ejemplos utilizados para transmitir opiniones e ideologías.

El discurso permite que los actores sociales formulen conclusiones generales basadas en varias experiencias y observaciones; puede describir acontecimientos pasados y futuros; puede describir y prescribir, y puede describir acciones y creencias en cualquier nivel de especificidad y generalidad. Y, lo que es para nosotros más interesante, el discurso no sólo exhibe indirectamente las ideologías, tal como pueden hacerlo también otras prácticas sociales, sino que también formula explícitamente creencias ideológicas de manera directa.

En consecuencia, en muchas situaciones de texto y conversación intra- e intergrupal, los miembros sociales pueden contar o recordar a otros, o a los novicios, las creencias ideológicas compartidas por el grupo. La socialización ideológica, por lo tanto, tiene lugar principalmente por medio del discurso. En confrontaciones interactivas con miembros de otros grupos, las personas están igualmente capacitadas para explicar, defender o legitimar discursivamente sus ideologías. En otras palabras, el discurso permite la expresión directa y explícita de las ideologías, pero la función fundamental de esas expresiones (usualmente genéricas) está en sus consecuencias sociales, a saber, la adquisición, el cambio o confirmación de creencias ideológicas.[4]

En este capítulo y en los siguientes, describiré algunas de las dimensiones de las relaciones entre el discurso y la ideología. Esta investigación es solamente ilustrativa: pueden escribirse muchos volúmenes sobre las numerosas maneras en que se expresan las ideologías en el texto y la conversación. Mi enfoque aquí es, ante todo, conceptual y teórico: quiero saber, con mayor generalidad, *cómo* el discurso expresa o reproduce las ideologías subyacentes, y no es mi intención estudiar ideologías específicas, o estructuras específicas del lenguaje o del discurso (tales como tópicos, pronombres o metáforas). En un estudio posterior espero centrarme con más detalle en el papel de las estructuras del discurso en la reproducción de las ideologías.

El concepto de discurso

Con el objeto de comprender cómo se relaciona la ideología con el discurso, permítaseme primero resumir mi marco teórico del discurso, especialmente porque es, en cierta manera, distinto de otros que estudian tanto el discurso como la ideología, tal como el enfoque de tipo más filosófico de Foucault.[5] Como ya se indicó, mi enfoque es esencialmente multidisciplinario y combina un análisis de aspectos lingüísticos, cognitivos, sociales y culturales del texto y la conversación en contexto, y lo hace desde una perspectiva sociopolítica crítica.[6]

El concepto de discurso utilizado aquí es tan general y, en consecuencia, tan difuso como el de lenguaje, comunicación, sociedad o, claro está, el de ideología. Si bien su "definición" es la tarea de la disciplina completa de estudios del discurso, deben hacerse algunos comentarios sobre el uso que hago, en este análisis, del término "discurso". Esto también es necesario ya que, en varios estudios actuales sobre las ideologías y sus relaciones con el discurso, se utilizan otros conceptos de discurso (algunas veces confusos).[7]

Acontecimientos comunicativos versus productos verbales

El significado principal del término "discurso" tal como se lo utiliza aquí, y tal como se lo utiliza actualmente de un modo general en la mayoría de los análisis del discurso orientados socialmente, es el de un *evento comunicativo* específico. Ese evento comunicativo es en sí mismo bastante complejo, y al menos involucra a una cantidad de actores sociales, esencialmente en los roles de hablante/escribiente y oyente/lector (pero también en otros roles, como observador o escucha), que intervienen en un acto comunicativo, en una situación específica (tiempo, lugar, circunstancias) y determinado por otras características del contexto. Este acto comunicativo puede ser escrito u oral y usualmente combina, sobre todo en la interacción oral, dimensiones verbales y no verbales (ademanes, expresiones faciales, etc.). Ejemplos típicos son una conversación corriente con amigos durante el almuerzo, un diálogo entre el médico y su paciente o la escritura/lectura de una crónica en el periódico. A esto lo podemos llamar el significado primario *extendido* del término "discurso".

En la práctica cotidiana de los estudios del discurso, sin embargo, también utilizamos a menudo un significado primario más *restringido* de "discurso". En tal caso, abstraemos la dimensión verbal del acto comunicativo oral o escrito de un evento comunicativo y usualmente nos referimos a esa abstracción como *conversación* o *texto*. Es decir, en este sentido se utiliza "discurso" más bien para referirse al "producto" logrado o en desarrollo del acto comunicativo, a saber, su resultado escrito o auditivo tal como se lo pone socialmente a disposición de los receptores para que lo interpreten. En ese caso, "discurso" es el término general que se refiere a un *producto verbal* oral o escrito del acto comunicativo.

En la lingüística del texto más temprana, y hasta el día de hoy entre algunos lingüistas del discurso, se realiza una distinción relacionada entre "discurso" y "texto". "Discurso", aquí, se utiliza para referirse al texto o la conversación concretos, socialmente desplegados, y "texto" se refiere a sus estructuras abstractas (por ejemplo, gramaticales). Esta distinción implementa, para el análisis del discurso, la conocida distinción entre *langue* y *parole*, o entre *competencia* y *actuación* en la lingüística estructural y generativa. "Discurso" es, entonces, una unidad de uso o actuación del lenguaje (parole), y "texto" una unidad teórica abstracta (como una frase nominal, cláusula u oración) que pertenece a la esfera del conocimiento lingüístico abstracto o competencia, o al sistema de la lengua (langue). Si bien es importante, no utilizaré más esta distinción. En el análisis del discurso multidisciplinario contemporáneo, ella se ha tornado demasiado confusa u obsoleta: los estudios del discurso actualmente analizan generalmente los discursos como formas de *uso* de la lengua. Concentrarse en el uso concreto, en desarrollo, del lenguaje *no* significa que la explicación teórica en sí misma sea menos abstracta. Del mismo modo en que los lingüistas abstraen las propiedades gramaticales de los actos verbales reales, los analistas del discurso también lo hacen cuando describen, por ejemplo, gestos, entonación, pausas, enmiendas, diseño gráfico, estructuras narrativas, metáforas, movimientos conversacionales, secuencias de cierre, etcétera.

Casos (*tokens*) versus tipos (*types*)

Ya sea en su significado extendido o restringido, esto es, como un evento comunicativo complejo o como conversación/texto, "discurso" se utiliza, con este significado primario, para referirse a objetos *particulares* o *"tokens"*, es decir, ocurrencias únicas que involucran a actores sociales particulares en una circunstancia y un contexto particulares. A esta singularidad se la define, por ejemplo, en términos de la combinación única de *estas* palabras, *esta* entonación, *estos* gestos, *estos* significados o *estos* actos que se llevan a cabo *en este momento* con *estos* participantes. Para distinguir este uso específico de la noción de "discurso", utilizamos artículos indefinidos o definidos o demostrativos: hablamos de "un discurso", "el discurso" o "aquel discurso". O sea, aquí "discurso" es un sustantivo contable.

En la era de la imprenta, la fotocopia y los archivos de ordenador, pueden efectuarse *copias* de las expresiones orales o escritas de un discurso único, por ejemplo, en una cinta magnetofónica o en un libro o en un periódico. Pero, aun entonces, decimos que son copias (de la expresión) del "mismo" discurso.

Como siempre, aparecen los problemas habituales de delimitación: ¿dónde termina un discurso y comienza el siguiente en, por ejemplo, una secuencia de conversaciones, o en una colección de textos impresos, como un periódico, un libro o una enciclopedia? ¿Son las diferentes entregas de un artículo, un film televisivo, o una narración, uno o más discursos, aun cuando no sean físicamente contiguos en el tiempo o el espacio? Hay muchos ejemplos en los que existe una ambigüedad entre las cuotas discontinuas del "mismo" texto o conversación, por un lado, y conjuntos de discursos relacionados "intertextualmente", por el otro. En tanto que a un diálogo oral continuo se lo considera como representando un discurso, a un diálogo o debate escrito se lo ve más bien como una secuencia de textos relacionada intertextualmente, incluso cuando pudieran llamarse "un" debate en ambos casos.

Sin embargo, éste no es el lugar para resolver los conocidos problemas de delimitación y definición. Para simplificar las cosas, aquí simplemente sigo las prácticas del sentido común, y hablo sobre un solo diálogo cuando tiene continuidad en el tiempo (no en el espacio, porque los participantes pueden hablarse uno a otro por teléfono), tiene los mismos participantes y tiene un principio y un fin marcados. Y para los textos escritos damos por sentado que tienen el (los) mismo(s) escritor(es), tienen un principio y un fin marcados y, usualmente, aunque no siempre, son físicamente continuos (las excepciones son, claro, varias entregas del "mismo texto" que aparecen en diferentes momentos, o partes separadas que aparecen al mismo tiempo en diferentes ubicaciones del mismo medio (por ejemplo, en la prensa, la historia de tapa que continúa en una página interior). Para el discurso tanto oral como escrito, requeriremos, además, que sean globalmente coherentes, esto es, que formen una unidad de significado y no tan sólo una unidad física de expresión continua. Pero este requerimiento es problemático en sí mismo para las conversaciones diarias que están caracterizadas por varios tópicos no relacionados o, por ejemplo, textos literarios, como poemas, que no parecen tener un significado unitario, global, obvio.

Estos problemas y ejemplos también muestran que el "discurso" es una noción altamente compleja y ambigua, y que tan pronto como queremos dar una "definición" debemos comenzar a efectuar todo tipo de distinciones analíticas, utilizar otros conceptos y comenzar a teorizar sobre el discurso. Por ende, habitualmente no tiene demasiado sentido dar definiciones exactas. Como ya se sugirió, el discurso es una noción tan general y, por consiguiente, tan vaga como "lenguaje", "sociedad" o "cultura".

Además de la noción (extendida o restringida) específica de "discurso" también nos encontramos con un concepto más abstracto. En lugar de ocurrencias particulares específicas, únicas, también podemos utilizar "discurso" para referirnos a *tipos* abstractos. En consecuencia, en lugar de referirnos a esta conversación, historia o crónica *particulares,* también podemos utilizar la noción de discurso con el objeto de designar a las conversaciones, historias o crónicas en general. Cuando hacemos aserciones teóricas, esto es, generales, sobre el discurso, por supuesto son sobre tipos y no sobre casos. Podemos decir que "una" noticia o "la" crónica consisten en una cantidad dada de categorías convencionales, como un resumen inicial (por ejemplo, un titular y un encabezado), o una coda final. Es decir, de este modo caracterizamos a un conjunto potencialmente infinito de ocurrencias reales o posibles que satisfacen tales propiedades. Esta noción abstracta de discurso puede igualmente restringirse y extenderse: podemos referirnos a un diálogo como al resultado verbal de un evento comunicativo, o a todo el evento comunicativo. En este capítulo hablamos sólo sobre el discurso y sus propiedades en general, y no sobre instancias particulares del texto o la conversación, tal como hacemos cuando analizamos ejemplos concretos.

Texto y conversación de dominios sociales

Para hacer las cosas aun más complicadas, hay al menos otros dos significados importantes del concepto de discurso. En primer lugar, estrechamente relacionado con la noción de discurso referida a un tipo abstracto, el concepto puede utilizarse para referirse a *géneros* específicos, generalmente combinado con un adjetivo que denota un género o dominio social, como en *discurso político, discurso médico* y *discurso académico.* En este caso, la noción de discurso también es general y abstracta, pero selecciona un conjunto específico de discursos (abstractos) o géneros. Por lo tanto, el discurso político puede ser la designación global de todos los géneros de discurso que se utilizan en el ámbito de la política, o de los discursos utilizados por los políticos, etc. En este sentido, "discurso" no es simplemente un género específico (como un debate parlamentario o un folleto de propaganda), sino más bien un conjunto socialmente constituidos de tales géneros, asociados con un dominio social.

Finalmente, podemos distinguir una noción de discurso de un nivel aun más abstracto y elevado. En lugar de referirnos a todo el texto o la conversación, o a los discursos de un período, una comunidad o toda una cultura específicos, también podemos utilizar la noción muy abstracta y genérica de "el discurso" de ese período, comunidad o cultura, incluyendo todos los posibles géneros de discurso y todos los dominios de comunicación. Aquí también, a veces, se utilizan otras nociones como las de *formación del discurso* o *formación discursiva* y *orden del discurso*, siguiendo los usos sociológicos de los términos "formación social" y "orden social", respectivamente. Dependiendo de la teoría del discurso y la sociedad que uno sostenga, también esta noción altamente abstracta del discurso puede restringirse (a todos los textos y conversaciones) o extenderse (a todos los eventos comunicativos, incluyendo a los usuarios del lenguaje, contextos, etc.). Es esta última noción de discurso, muy abstracta y general, la que a menudo se relaciona con la noción igualmente general, abstracta, social y compartida, de ideología. Ciertamente, esta noción de discurso incluso se funde a veces con la de ideología, una práctica de reducción que rechazo como teórica, empírica y analíticamente errónea.

La confusión aquí es aun peor cuando este concepto amplio, filosófico, del discurso también incluye las ideas e ideologías de un período o campo social específicos. Tal como sucede a menudo, por supuesto, los conceptos mal definidos a veces se convierten en los más populares. Después de todo, en los caprichos y modas culturales, la ambigüedad, el mito y la vaguedad con frecuencia resultan más atractivos que la precisión conceptual. Este es también el caso, actualmente, de muchos usos posmodernos de "discurso" en las humanidades y las ciencias sociales.[8]

A pesar de las ambigüedades y la indeterminación de las diversas nociones de discurso introducidas más arriba, la mayoría comparte propiedades verbales (y otras propiedades semióticas relacionadas). Esto es, no utilizo la palabra "discurso" (o "texto") para estructuras sociales, interacciones o eventos comunicativos que no tengan (también) un carácter verbal. En consecuencia, las sociedades, las (sub)culturas o las prácticas sociales, *no* se describirán aquí como discursos o textos, incluso cuando puedan necesitar comprensión o interpretación, o cuando rutinariamente se "lleven a cabo" casi como discursos.

Otros discursos "semióticos"

Finalmente, otro caso bien conocido son los "mensajes" en otros códigos semióticos, tales como (secuencias de) imágenes, películas, una danza, etc., especialmente cuando éstos *también* tienen una dimensión verbal.[9] Sin embargo, me limitaré aquí a las nociones comunes y utilizaré solamente la noción *restringida* de "discurso" (texto o conversación) cuando me refiera a la dimensión *verbal* de la interacción comunicativa. Obviamente, la noción *extendida* de discurso, cuando se refiere a todo un evento comunicativo, puede también mostrar otras dimensiones (visuales, gestuales) de la comunicación y de la interacción, a veces estrechamente unidas (entrelazadas) con el aspecto verbal, como sucede con las películas habladas y la publicidad. El único problema es que no existe una palabra de uso corriente que se refiera en términos generales a "discursos" (verbales/no verbales) integrados, o a "mensajes" semióticos no verbales exclusivamente, a excepción de palabras específicas como "ilustración", "foto", "película" o "aviso publicitario".

No utilizo aquí los términos semióticos "signos" (o, por cierto, "significante" o "significado"). Estos se han convertido en obsoletos para el análisis del discurso luego de más de treinta años de creciente complejidad en la lingüística y los estudios del discurso. Estas nociones fueron útiles en la semiótica temprana para describir, en los términos de la primera lingüística estructural, algunas propiedades de códigos u objetos semióticos no lingüísticos, tales como historias, películas, sistemas de signos no verbales u otros objetos culturales. Además, siguiendo al primer estructuralismo, la noción de "signo" se utiliza principalmente para denotar unidades mínimas de significado (como palabras) y no unidades máximas de significado, como discursos completos o películas.

Cuando sea necesario, simplemente hablaré de discursos no verbales, o utilizaré designaciones específicas de género. Como ocurre con otras disciplinas más complejas (como la lingüística, la lógica o los estudios de la comunicación), continuar utilizando la terminología semiótica tradicional no es pertinente para describir las estructuras del discurso. Sin embargo, mientras que el estudio de otras prácticas semióticas no tenga su propia terminología teórica, la descripción integrada de "mensajes" verbales y no verbales todavía puede usar dicha terminología semiótica. Este es especialmente el caso si esas descripciones semióticas van más allá de la simple identificación de signos, significantes o significados aislados, y se concentran en complejas estructuras de expresión (significantes), significación (significados) y uso.[10]

El estudio del discurso

Los estudios del discurso, tal como se los entiende en este libro, constituyen un campo de investigación interdisciplinario que ha emergido, sobre todo desde mediados de los años 60, prácticamente en todas las disciplinas de las humanidades y las ciencias sociales. Inicialmente, se desarrolló especialmente en la lingüística, los estudios literarios y la antropología, pero pronto se expandió a la sociología, la psicología, la investigación comunicacional y otras disciplinas. En principio, los estudios del discurso como una interdisciplina separada de la lingüística (o de la semiótica, para el caso), no hubieran sido necesarios si las teorías lingüísticas hubieran prestado atención al estudio del texto y la conversación que realmente se están produciendo. Sin embargo, la mayor parte de la lingüística dura se concentró en la gramática y en oraciones aisladas, aunque haya direcciones de investigación que pueden centrarse en las "funciones" textuales o interaccionales de las estructuras gramaticales de las oraciones. En consecuencia, junto con otras interdisciplinas como la sociolingüística, la pragmática y la etnografía del habla, el análisis del discurso se concentra en la explicación sistemática de las complejas estructuras y estrategias del texto y de la conversación tal como realmente se las lleva a cabo (produce, interpreta, utiliza) en sus contextos sociales.

Como ya se sugirió, esta breve caracterización de lo que entiendo por "estudios del discurso" (o el término, menos adecuado pero más conocido, "análisis del discurso") es importante con el objeto de distinguir este campo de (algunos) estudios del discurso más subjetivos, especialmente en filosofía y estudios literarios. Por supuesto, los estudios del discurso se centran en las amplias funciones, condiciones y consecuencias sociales y culturales del texto y la conversación, incluyendo en nuestro caso el papel del discurso en el estudio de la ideología. No obstante, y de manera más específica, el análisis del discurso y el de la conversación siempre se concentrarán particularmente en análisis sistemáticos, detallados y teóricamente fundamentados de las estructuras del texto y la conversación tal como realmente ocurren. Por lo tanto, una simple paráfrasis o resumen del "contenido" del discurso, como a menudo hacen los usuarios del lenguaje basándose en su conocimiento del discurso, usualmente no es una forma de análisis del discurso en el sentido que se le ha dado aquí.

En sus treinta años de existencia, los estudios del discurso se han convertido en una disciplina bastante compleja, y no sería una contribución seria para nuestra comprensión del discurso (o de la ideología) ignorar los numerosos avances en las diversas áreas de esta nueva disciplina.

Sin embargo, dada la ambigüedad del término "discurso", podemos esperar lo mismo para "análisis del discurso", y hay, por lo tanto, muchas direcciones y enfoques para la investigación y muchos campos para la indagación. Así, además de estudios lingüísticos (gramaticales) del discurso, podemos encontrar estudios pragmáticos de los actos (de habla), análisis conversacional, estilística, retórica o el estudio sociolingüístico de la variación del discurso en su contexto social. La mayor parte de estos estudios se centran en las diversas estructuras o estrategias del texto y la conversación, lo que será discutido en el próximo capítulo. Sin embargo, también la psicología de la producción y comprensión del discurso debería incluirse en una disciplina amplia, multidisciplinaria, del discurso. Lo mismo también es cierto para el estudio de dimensiones microsociales de la interacción y contexto, en el que se teoriza sobre las relaciones entre las estructuras del discurso y, por ejemplo, las propiedades de los participantes.

En otras palabras, el campo de los estudios del discurso como una disciplina sigue, obviamente, al estudio del texto y de conversación en las diversas disciplinas de las humanidades y de las ciencias sociales, y ahora también incluye la psicología social, la investigación comunicacional, la ciencia política y la historia. De modo ideal, un estudio integrado combina el análisis *per se* de las estructuras del discurso con la explicación de sus funciones y contextos cognitivos, sociales, políticos, históricos y culturales. Es en este enfoque amplio, integrado y multidisciplinario donde ubico el estudio de la expresión y reproducción discursiva de las ideologías.

21

Estructuras del discurso

Sobre niveles, estructuras y estrategias

Es típico de un enfoque analítico discursivo de las ideologías y su reproducción que las ideologías no estén relacionadas simplemente con formas indiferenciadas de texto y conversación, sino que se proyecten en diferentes niveles y dimensiones del discurso, cada uno de ellos con sus propias estructuras o estrategias. Estas diversas propiedades del discurso son el resultado de análisis teóricos y, en consecuencia, pueden variar considerablemente en diferentes enfoques.

Por lo tanto, los analistas de la conversación se concentran exclusivamente en diálogos cotidianos espontáneos, los lingüistas en la estructura gramatical del discurso, mientras que la pragmática se centra en propiedades más específicas de la acción e interacción, tales como actos de habla, fuerza ilocutoria o estrategias de cortesía. En tanto la temprana "lingüística del texto" tendía, en la práctica, a estudiar principalmente textos escritos, la mayor parte de los otros enfoques contemporáneos, especialmente en las ciencias sociales, tiene preferencia por el análisis del discurso oral, algunas veces con la hipótesis implícita de que el lenguaje "natural" es esencialmente oral e interactivo. Por otro lado, la psicología favorece el estudio de la comprensión de textos (escritos), quizá porque con ellos resulta más fácil la experimentación en el laboratorio.

De más está decir, sin embargo, que tanto las formas orales como las escritas/impresas del discurso son objeto de estudios del discurso, y que no hay aquí una prioridad relativamente "natural", al menos para todas las culturas que tienen sistemas de escritura. Cualquier enfoque que asocie las ideologías o las representaciones sociales únicamente con la construcción social interactiva, cara a cara, de "significados" es, por definición, en consecuencia, incompleta:

las ideologías también se expresan y reproducen a través del texto escrito. Ciertamente, cuando se llega a la reproducción de las ideologías a través de los medios masivos en la sociedad contemporánea, la interacción cara a cara puede desempeñar un papel aun menos destacado que la comunicación oral/ visual textual o unilateral de los periódicos y la televisión.

De la interdisciplina de los estudios del discurso que surgió de la antropología, la sociología, la lingüística, la psicología y otras disciplinas de las humanidades y las ciencias sociales, apenas podemos esperar algo más que una enorme variedad de enfoques, teorías, métodos y filosofías subyacentes. Con el objeto de dar algunos antecedentes para los capítulos que siguen, resumamos en pocas palabras algunas de las principales estructuras usualmente estudiadas en el análisis del discurso. Al mismo tiempo, daré una breve indicación de los modos en que las ideologías pueden tener impacto en tales estructuras durante sus manifestaciones comunicativas. Nótese, sin embargo, que esas indicaciones serán simplemente ilustrativas. Un adecuado análisis del discurso de las expresiones ideológicas involucraría, por supuesto, una explicación mucho más detallada y sistemática de las estructuras y estrategias relevantes.

Gráficos

Descuidadas en prácticamente todos los enfoques de los estudios del discurso y, obviamente, irrelevantes para el estudio del diálogo oral, las estructuras gráficas del texto escrito o impreso son una propiedad destacada, y realmente visible, del discurso. Fuera de algunos trabajos semióticos sobre imágenes o gráficos textuales, todavía es escasa la formación de teorías en este campo, y los análisis apenas van más allá del impresionismo. Sin embargo, no hace falta demasiada teoría para comprender que las variaciones de la prominencia gráfica pueden ser un elemento fundamental en la expresión de las ideologías: si una crónica aparece en la primera página, o en una página interior del periódico, en la parte superior de la página o al pie, a la izquierda o a la derecha, o si tiene un titular pequeño o a toda página, si es largo, corto o ancho, esto es, impreso a varias columnas, con o sin fotografía, tablas, dibujos, color, etc., son todas propiedades de la presentación gráfica de tan sólo un género que puede tener un gran impacto en la interpretación de los lectores respecto de la importancia o valor noticioso de los acontecimientos reportados. Muchos avisos publicitarios están inherentemente asociados con imágenes, colores y otros elementos gráficos, y algunas veces carecen de texto verbal. El elemento visual de los programas de televisión es esencial y también incluye gráficos especiales de discurso. Los libros de texto modernos tienen un diseño gráfico que se supone que despertará y mantendrá el interés de los niños y adolescentes. Y así para una gran variedad de otros géneros escritos o impresos.[1]

Las estructuras gráficas pueden tener varias funciones cognitivas, sociales e ideológicas. Cognitivamente, controlan la atención y el interés durante la comprensión, e indican qué información es importante o interesante, o debería ser considerada por otras razones y, por consiguiente, ser mejor comprendida y memorizada. Pueden señalar las formas y géneros comunicacionales, tales como la diferencia entre una crónica y un editorial en la prensa, o entre teoría y tarea en un libro de texto. Socialmente, las estructuras gráficas, incluyendo las fotografías, tienen un gran campo de asociaciones con, por ejemplo, los grupos, organizaciones y estilos subculturales, como lo demuestra la diferencia entre un tabloide popular y un periódico serio, o el tipo de publicidad en una revista de lujo, en carteles callejeros, en el subterráneo o en un volante de supermercado.

La posible expresión de las ideologías en todos estos niveles resulta obvia, por ejemplo, a través del énfasis gráfico sobre los valores positivos de nuestro grupo, y los valores negativos del grupo de los otros. Por medio de imágenes, fotos, ubicación del texto, diseño de la página, tipografía, color y otras propiedades gráficas, se puede, entonces, manipular los significados y los modelos mentales e, indirectamente, las opiniones ideológicas implícitas en ellos. Una teoría seria explica *qué* estructuras gráficas, exactamente, pueden tener cuáles de estas variadas funciones.[2]

Sonido

Las estructuras de expresión fonéticas y fonológicas del discurso (los "sonidos"), si bien han sido estudiadas sistemáticamente desde el inicio de la lingüística y la fonética modernas, también han sido descuidadas en el análisis del discurso.[3] La articulación, la recepción auditiva o los fonemas pueden ser marginales para un típico analista del discurso que prefiere mirar las estructuras que están más allá de las palabras, frases u oraciones. Sin embargo, el tono, el volumen y la entonación son una rica fuente de variaciones por las cuales, tal como en las expresiones gráficas, se puede controlar el énfasis, la prominencia o la característica distintiva en función de la importancia semántica e ideológica, o de la opinión, la emoción y la posición social (como en órdenes autoritarias versus solicitudes corteses). Puesto que la mayor parte de los analistas de la conversación trabajan con transcripciones, estas "estructuras de sonido" tienden, precisamente, a ser parcialmente ignoradas en los análisis, o reducidas más bien a formas imperfectas de representación o descripción, a excepción del estudio del aplauso en el discurso público.

Para el análisis ideológico resulta especialmente interesante el hecho de que variaciones sutiles de sonido pueden codificar directamente opiniones subyacentes en modelos de acontecimiento y de contexto, esto es, sin articulación semántica explícita: admiración, alabanza, menosprecio, culpa, y muchas otras funciones del discurso pueden, en consecuencia, ser indicadas implícitamente —y por lo tanto pueden ser negadas— en función de las creencias ideológicas. Las estructuras del sonido en la conversación dirigida a, o entre, mujeres y hombres, blancos y negros, superiores y subordinados y, en general, miembros del propio grupo y miembros de otros grupos, pueden, así, exhibir, enfatizar, ocultar o transmitir persuasivamente opiniones basadas en ideologías sobre acontecimientos o sobre los participantes en el contexto.[4]

Morfología

El estudio de la formación de palabras no es exactamente un motivo de preocupación importante en la mayor parte de los estudios del discurso, y se asocia normalmente con la investigación en la gramática de oraciones tradicional. Puesto que la variación estilística, comparada con otros niveles de los enunciados, aquí está limitada, también parece ser marginal el impacto ideológico relativo a la manera en que están formadas las palabras en el texto y la conversación, especialmente en lenguas que no permiten palabras compuestas. Cuando resultan importantes, por ejemplo en el estudio de neologismos, esos efectos ideológicos se estudian por lo general en la estilística léxica.

Sintaxis

Por otro lado, el estudio de las formas oracionales, la sintaxis, ha atraído desde el comienzo la atención de lingüistas (críticos) interesados en el análisis ideológico.[5] La variación en el orden o en las relaciones jerárquicas de las estructuras de cláusulas y oraciones es una expresión conocida de dimensiones de significado y de otras funciones semánticas y pragmáticas subyacentes. De este modo, el orden y la posición jerárquica pueden señalar la importancia y la relevancia de los significados, y pueden incidir cuando se quiere enfatizar u ocultar significados preferidos o no preferidos, respectivamente.

Se puede enfatizar o quitar énfasis al agente o responsable de las acciones, por ejemplo, por medio de oraciones activas o pasivas, de sujetos explícitos o implícitos, o del orden de las palabras en la oración. No requiere demasiado análisis mostrar que esa función tan importante de la variación sintáctica puede tener un impacto en la descripción de las acciones del propio grupo y de los otros y, por lo tanto, en las implicaciones ideológicas del texto y la conversación. La posición y la función de las cláusulas pueden indicar implicaciones y presuposiciones que están íntimamente relacionadas con lo que los usuarios del lenguaje debieran o no debieran saber y, por lo tanto, con las funciones discursivas ideológicas de exponer u ocultar información.[6]

Entre otros varios rasgos de la sintaxis, los pronombres son quizá la categoría gramatical más conocida de la expresión y manipulación de las relaciones sociales, el estatus y el poder y, por lo tanto, de las ideologías subyacentes. La pertenencia al propio grupo, el distanciamiento y menosprecio de los otros, la polarización intergrupal, la cortesía, la formalidad y la intimidad y muchas otras funciones sociales pueden señalarse mediante la variación pronominal. Se puede dar o denegar respeto a otros, basándose en la ideología, utilizando pronombres de tratamiento familiares o corteses, como *tu* y *vous* en francés, y *tú* (o *vos* en algunos países de América Latina) y *usted* en español. Dado que las ideologías se basan en el grupo, la polarización de los grupos y la lucha social están, así, específicamente expresadas en el conocido par pronominal Nosotros y Ellos. En efecto, hay pocas palabras en el lenguaje que puedan estar tan "cargadas" social e ideológicamente como un simple *nosotros*. La estrecha relación entre identidad, identificación e ideología de grupo, tal como se analizó antes, explica la función particular de este pronombre.[7]

El conjunto específico de elecciones que se efectúan entre las posibles estructuras de la forma sintáctica en un discurso particular se llama, habitualmente, el *estilo* (sintáctico) de ese discurso. Combinado con las variaciones léxicas en la elección de palabras (véase más abajo estilo léxico), ese estilo sintáctico se estudia a menudo en un campo separado del análisis del discurso: la *estilística*. Al estilo generalmente se lo puede describir como el resultado global del uso consistente de estructuras gramaticales variables en función de propiedades del contexto (o, más bien, de la interpretación del contexto tal como se lo representa en modelos de contexto). Esto significa que el estilo es, por definición, una función del control ideológico de esos modelos de contexto, como hemos visto en el ejemplo de los usos corteses o descorteses de las formas de dirigirse a otros.

Semántica

Los gráficos, los sonidos y las formas oracionales están categorizados usualmente como expresiones "observables" del discurso, llamadas tradicionalmente "estructura superficial" en la gramática generativa. En algunos estudios críticos e ideológicos (frecuentes en, pero no exclusivos, de la tradición marxista), esas estructuras pueden incluso recibir el nombre de "materiales" a pesar de que, como ya se sugirió, hay muy poco "material" en las estructuras abstractas (ésta es una de las razones por las que utilizo "observable" entre comillas). Sin embargo, en un sentido poco esmerado pero práctico, podemos decir que las estructuras superficiales son la clase de cosas que son concretas y "observablemente" expresadas, mostradas y desplegadas para su interpretación por parte de los receptores. Pero deberíamos recordar que también estas estructuras de expresión "observables" son de hecho estructuras abstractas o mentales asignadas, tanto por los teóricos como por los usuarios del lenguaje, a las diversas propiedades fisiológicas, auditivas o físicas (fonéticas, impresas) de la comunicación.

El significado de "significado"

Los *significados* expresados o asignados a las estructuras superficiales por los participantes del discurso son, sin lugar a dudas, esenciales en todos los análisis ideológicos del discurso. Desafortunadamente, pocas nociones en el estudio del lenguaje y el discurso son tan vagas y complejas como la de significado. También, especialmente en los estudios críticos o ideológicos, se utiliza a veces esta noción de un modo tan amplio que prácticamente ha perdido todo "significado". Que el discurso expresa, transmite, tiene, construye y hace otras muchas cosas con el significado es una cuestión tanto de sentido común como de conocimiento académico. Sin embargo, necesitamos una semántica compleja, o incluso varios tipos de semántica, para poder explicar *cómo* exactamente, qué *clases* de significados están involucrados aquí. Simplemente hablar sobre la "producción de significado", como es usual en la mayoría de los estudios críticos contemporáneos, no nos dice demasiado sobre el papel del discurso o la ideología en la comunicación, la interacción y la sociedad.

Por lo tanto, no puede hacer daño recordar las viejas distinciones lingüísticas, filosóficas y lógicas entre *significado* (conceptual) o *intensión* por un lado, y *referencia*, como una relación entre expresiones y cosas a las que se hace referencia, que se denotan o de las que se habla (esto es, referentes, denotata o extensión), por otro lado. Del mismo modo, en un análisis abstracto, también tiene sentido distinguir entre significados de la palabra u oración, significados del acto de habla, significados del hablante, significados del oyente y significados socioculturales (incluyendo significados ideológicos).

Como sucede con todas las estructuras del discurso, estos distintos "significados" resultan de diferentes enfoques teóricos. Tanto en la lingüística tradicional como en el sentido común, las palabras están asociadas con significados (de palabra), como todavía sucede en los diccionarios. En las gramáticas estructurales y generativas, los significados de las oraciones son construidos formalmente en función de los significados de las palabras y las estructuras sintácticas. En la lógica filosófica, los significados son funciones abstractas que hacen a las oraciones verdaderas o falsas, o que seleccionan referentes o extensiones (objetos, propiedades, hechos) en alguna situación o mundo posible.

Significado e interpretación

En la filosofía del lenguaje, al igual que en la psicología y la mayoría de las ciencias sociales, los significados no son tanto propiedades abstractas de las palabras o expresiones, sino más bien el tipo de cosas que los usuarios del lenguaje *asignan* a cada expresión en procesos de *interpretación* o *comprensión*. Esto también permite la variación contextual: un hablante y un receptor pueden asignar (pensar, interpretar, inferir) distintos significados a la misma expresión y, por supuesto, la misma expresión puede, en consecuencia, significar distintas cosas en diferentes contextos. De este modo, los significados del discurso o del lenguaje en uso son contextuales y situados, y dependen de (la interpretación de) los participantes.

Los psicólogos explicarán luego cómo se producen mentalmente las asignaciones de significado o interpretaciones, y qué *representaciones de la memoria* (tales como modelos o conocimiento) están implicadas en la producción de significado y en la comprensión. El análisis del discurso socialmente orientado usualmente ignorará este "procesamiento" cognitivo del significado, y se concentrará exclusivamente en la construcción interactiva o social de los significados en, o a través de, el discurso. En este caso, los significados habitualmente son inferidos en forma intuitiva por el analista, y no se los analiza más allá de eso. Es sobre esta base (más bien inconsistente) que se efectúa la mayor parte del análisis ideológico del significado.

Como veremos más adelante, los significados del discurso son el resultado de la selección de porciones relevantes de modelos mentales sobre acontecimientos. Esto es, el conocimiento sobre acontecimientos es proyectado a significados verbalmente expresados del texto y la conversación y, por ende, es restringido parcialmente por los posibles significados de palabras y oraciones en un lenguaje o cultura dados. Puesto que los modelos incluyen opiniones, las que a su vez pueden tener una base ideológica, también los significados que derivan de esos modelos "ideológicos" (distorsionados, etc.) pueden incluir aspectos ideológicos.

Muchas de estas opiniones pueden volverse convencionales y codificarse en el *léxico*, como lo sugieren los significados negativo y positivo, respectivamente, del conocido par "terroristas" versus "luchadores por la libertad". El análisis léxico es, por lo tanto, el componente más obvio (y también fructífero) del análisis ideológico del discurso. El simple hecho de explicar todas las implicaciones de las palabras utilizadas en un discurso y contexto específicos provee, a menudo, un amplio conjunto de significados ideológicos. Como método práctico, la sustitución de una palabra por otras muestra inmediatamente la diferencia semántica y, a menudo, los "efectos" ideológicos de dicha sustitución.

Teóricamente, esto significa que la variación de elementos léxicos (esto es, el *estilo* léxico) es un importante medio de expresión ideológica en el discurso. Dependiendo de cualquier factor contextual (edad, género, "raza", clase, posición, estatus, poder, relación social, etc.) los usuarios de la lengua pueden escoger diferentes palabras para hablar sobre las cosas, las personas, las acciones o los acontecimientos. Las opiniones personales o de grupo de los participantes, esto es, las actitudes e ideologías, son una restricción contextual importante y, en consecuencia, una fuente principal de variación léxica. Dadas las obvias implicaciones ideológicas de la selección léxica, también podemos esperar que los usuarios de la lengua con frecuencia se den cuenta (o se los haga dar cuenta) de su estilo, y puedan, por lo tanto, controlarlo también parcialmente y, así, enfatizar u ocultar sus opiniones ideológicas "reales". El debate actual sobre el lenguaje "políticamente correcto" se concentra, precisamente, en este aspecto del estilo léxico basado en la ideología, y muestra sobre todo la posición de las personas en las relaciones entre grupos dominantes y dominados.

Proposiciones

Más allá de la semántica léxica, el estudio del significado del discurso tiene, por supuesto, otros muchos aspectos que son importantes para la proyección de la ideología en el texto y la conversación. Así, en primer lugar, las *proposiciones* que representan el significado de las cláusulas y oraciones, tienen una estructura interna, de la cual, por ejemplo, los variados roles semánticos (Agente, Paciente, Objeto, etc.) pueden exhibir las formas en que los participantes están asociados con un acontecimiento, activa o pasivamente, responsablemente, o como experimentadores de los acontecimientos y acciones. En otras palabras, las estructuras semánticas resultan de los modelos de estructuras. Esas representaciones semánticas son, obviamente, una función de cómo se representan y evalúan los acontecimientos (en un modelo), y pueden, por lo tanto, estar ideológicamente controladas, según la pertenencia al grupo, la posición o la perspectiva de los participantes en el evento comunicativo. Quién es considerado el héroe o el villano, el victimario o la víctima, qué roles deben ser enfatizados u ocultados, son cuestiones que organizan muchas actitudes ideológicas, y esas percepciones pueden proyectarse directamente en estructuras proposicionales y sus formulaciones sintácticas variables (activas, pasivas, nominalizaciones, etc.).[8]

Coherencia local y global

Mientras que la mayor parte de las estructuras mencionadas más arriba están dentro del dominio tradicional de las gramáticas lingüísticas, el análisis del discurso se desarrolló precisamente para dar cuenta de estructuras y estrategias que están más allá de los límites de la oración. La semántica (al igual que la pragmática y el análisis interaccional) resulta especialmente adecuada para describir esos significados "textuales" más complejos. De este modo, secuencias de oraciones (o, más bien, de proposiciones) constituyen discursos si satisfacen una cantidad determinada de condiciones de *coherencia*, tales como a) relaciones *condicionales* entre los "hechos" denotados por esas oraciones, o b) relaciones *funcionales* (tales como Generalización, Especificación, Contraste) entre proposiciones.

Dicha coherencia se basa en la interpretación de acontecimientos tal como están representados en los modelos mentales de los usuarios de la lengua, y pueden, por lo tanto, estar también ideológicamente influidos. Que los usuarios de la lengua vean un acontecimiento social como la causa o no de otro acontecimiento social, puede tener, en consecuencia, un efecto sobre la coherencia de su discurso. En otras palabras, la coherencia es tanto contextual como socialmente relativa y depende de nuestra interpretación ideológicamente controlada del mundo.

Lo mismo vale para el tipo de coherencia global representada por *tópicos* o *macroestructuras semánticas*, que también indican lo que los hablantes o receptores piensan que es la información más importante de un discurso. Este juicio, obviamente, puede estar basado en la ideología: lo que para algunos se define, específicamente, como un "disturbio racial de una multitud negra violenta", para otros podría resumirse semánticamente como un "acto de resistencia urbana contra oficiales de policía racistas". En otras palabras, las macroestructuras semánticas (derivadas a través de reglas y estrategias de "reducción" semántica de las proposiciones en modelos de acontecimiento) no sólo definen importantes estructuras del discurso como los tópicos, la coherencia global o la importancia de la información, sino que también, esencialmente, explican la conocida práctica ideológica de "definir la situación".

Lo implícito y lo explícito

Otra propiedad ideológicamente importante del significado son las relaciones proposicionales, tales como *implicación, implicación semántica (entailment)* y *presuposición*. De tal forma, la información que está explícitamente aseverada puede enfatizar propiedades negativas de los otros o positivas del propio grupo, mientras que lo inverso es cierto para significados implícitos o presupuestos. La conocida función ideológica de ocultar los hechos o condiciones sociales o políticas "reales" puede ser manejada semánticamente por medio de diversas maneras de dejar información implícita. Esto también muestra la importancia de distinguir entre modelos mentales (creencias) y significados del discurso, si bien con frecuencia podemos inferir lo que las personas "realmente quieren decir" (sus modelos) cuando dicen algo.

Del mismo modo, podemos describir actos o acontecimientos con gran detalle o con pocos detalles, o en un nivel mayor de abstracción. Esta variación también puede codificar posiciones ideológicas: ¿quién tiene interés en conocer u ocultar esos detalles sobre los acontecimientos sociales? En resumen, la semántica es un rico campo de "trabajo" ideológico en el discurso, y prácticamente todas las estructuras de significado pueden "significar" posiciones sociales, perspectivas de grupo e intereses en la descripción de acontecimientos, personas y acciones.

Estructuras esquemáticas

Mientras que los tópicos representan el significado global del discurso, las estructuras esquemáticas globales o superestructuras representan la *forma global* del texto y la conversación. Tales formas globales del discurso o esquemas están organizados por una cantidad dada de categorías convencionales, tales como Introducción y Conclusión, Apertura y Cierre, Problema y Solución, Premisas y Conclusión, etc. Las historias, las crónicas, las conversaciones, los discursos de las reuniones y los artículos académicos, entre muchos otros géneros, están organizados por esquemas convencionales que definen el orden y la posición jerárquica de esas categorías (así como las macroestructuras semánticas o tópicos que definen el "contenido" de estas categorías).

Al igual que en el caso de la sintaxis de las oraciones, esta "sintaxis del discurso" también puede variar y, en consecuencia, "codificar" posiciones ideológicas. Como sucede con todas las estructuras formales del discurso, estos esquemas pueden indicar importancia, relevancia o prominencia. Qué aparece en un titular, qué se enfatiza en una Conclusión, qué descripciones de acontecimientos se presentan como Complicación o Resolución de una historia, depende de los modos en que se interpretan los acontecimientos y, en consecuencia, de posiciones ideológicamente variables. Obviamente, algunas de estas categorías son obligatorias (como en el caso de los titulares en las crónicas), pero otras no lo son (por ejemplo, los antecedentes en la crónica) y, además, las categorías pueden aparecer en diferentes posiciones. Así, los Saludos y las Despedidas son categorías habitualmente obligatorias en la conversación. Además de funciones interaccionales, por ejemplo, de tratamiento y cortesía, también pueden tener funciones ideológicas, como cuando su ausencia tiene el propósito de ser un insulto con base ideológica. Del mismo modo, si las reacciones verbales en una crónica aparecen al comienzo, sabemos que la fuente de tales reacciones es importante, así como sus opiniones, una característica estructural que obviamente tiene implicaciones ideológicas.[9]

Estructuras retóricas

El discurso incluye estructuras o estrategias especiales que ya han sido ampliamente descriptas en la retórica clásica, y a las que usualmente se denomina "figuras de estilo", pero que aquí se llamarán *estructuras retóricas*. Estas estructuras aparecen en todos los niveles del discurso descriptos antes, y les asignan una organización especial (repetición, supresión, sustitución, etc.) a estos niveles, por ejemplo por medio de figuras de rima y aliteración en el nivel de los sonidos, paralelismo en el nivel de la sintaxis, y comparación, metáfora, ironía, etc. en el nivel del significado. A diferencia de otras estructuras del discurso, éstas son opcionales y sirven especialmente en contextos persuasivos y, más generalmente, para atraer o manejar la atención de los receptores.

En un análisis ideológico, esto usualmente significa que las estructuras retóricas se estudian como medios para dar o quitar énfasis a los significados en función de opiniones ideológicas. Se pueden elegir metáforas que destacan el carácter negativo de nuestros enemigos, comparaciones con el objeto de atenuar la culpa de nuestra propia gente, e ironía para desafiar los modelos negativos de nuestros oponentes. La retórica, definida en este sentido, está esencialmente orientada hacia la comunicación persuasiva de modelos preferidos de acontecimientos sociales y, así, maneja cómo los receptores comprenderán y, especialmente, como evaluarán esos acontecimientos, por ejemplo, como una función de los intereses de los participantes. No sorprende, por lo tanto, que las estructuras retóricas desempeñen un papel tan importante en la manipulación ideológica.[10]

Actos de habla

Mientras que las emisiones (*utterances*) eran tradicionalmente analizadas de acuerdo con dos dimensiones principales, a saber, significantes (*signifiants*) y significados (*signifiés*), la filosofía del lenguaje y las ciencias sociales han agregado una importante tercera dimensión: *la acción*. Emitir palabras y oraciones en el texto y la conversación, en una situación específica, es también, y al mismo tiempo, la realización de una gran cantidad de acciones sociales, además de la de participar en la interacción social. En consecuencia, se hacen aseveraciones, promesas o amenazas, y esos *actos de habla* están específicamente definidos en términos de las condiciones sociales de los participantes, a saber, sus creencias mutuas, deseos, intenciones, evaluaciones y objetivos que tienen implicaciones sociales. Los actos de habla, como por ejemplo las amenazas, presuponen poder, y les dicen a los receptores que el hablante hará algo negativo si ellos no se someten a sus deseos. Las órdenes también presuponen poder, pero requieren que el receptor haga algo. Esto es, las relaciones entre los participantes del acto comunicativo son fundamentales en los modos en que los actos de habla se llevan a cabo.

Esto también significa que si las relaciones sociales están ideológicamente fundamentadas, por ejemplo en relaciones de dominación y desigualdad, esas relaciones pueden muy bien desplegarse en los tipos de actos de habla que los hablantes están (o se sienten) autorizados a realizar. Aquí, el control ideológico de las prácticas sociales interfiere directamente en los actos de habla, por ejemplo cuando blancos de igual posición social se sienten con derecho a dar una orden a una persona negra, o cuando los hombres amenazan a las mujeres. En resumen, cuando las relaciones entre los participantes, al igual que otras dimensiones del contexto (tiempo, lugar, etc.) están ideológicamente determinadas, esto puede reflejarse en el tipo de acto de habla llevado a cabo por los participantes.

Interacción

Finalmente, dentro del amplio campo de las acciones sociales que se llevan a cabo en, o por, el discurso, encontramos estrategias de interacción que expresan, indican, reflejan o construyen relaciones sociales específicas entre los participantes y que, por lo tanto, son ideológicamente importantes. Es sobre todo en este nivel de análisis donde la posición social, el poder y el control de los miembros sociales pueden ser ejercidos, opuestos, atenuados o enfatizados.

El control interaccional puede afectar a prácticamente todos los niveles y dimensiones del texto y la conversación. Los hablantes poderosos pueden controlar las estructuras contextuales requiriendo o prohibiendo la presencia de participantes específicos, fijando un tiempo o lugar, permitiendo algunos géneros específicos y no otros, prescribiendo o proscribiendo el lenguaje o la jerga profesional que se habla, iniciando o cambiando los tópicos preferidos o no preferidos o la agenda de un encuentro, sancionando formal o informalmente el estilo léxico, siendo corteses o descorteses, requiriendo la realización de actos de habla específicos o el manejo de turnos para hablar, o abriendo o cerrando la interacción, entre muchas otras maneras de controlar el texto y la conversación. En todas estas formas de control, es la posición social de los participantes y, de un modo más general, la interpretación del contexto basada en la ideología, la que está siendo actuada, expresada o construida en la conversación.

Más específicamente, la dimensión interactiva del discurso es importante en la conversación cotidiana y en otras formas de diálogos orales, cara a cara, tales como reuniones y debates parlamentarios. Estas conversaciones están organizadas con estructuras y estrategias específicas, por ejemplo, las de turnos, interrupción o inicio y fin. Muchas de éstas son obligatorias y, por ende, no son directamente controlables por factores contextuales ideológicamente variables. Sin embargo, como en el caso de la interacción en general, la pertenencia a un grupo sobre la base de una ideología, el poder, la autopresentación positiva o el menosprecio de los del otro grupo, están entre las relaciones sociales subyacentes que pueden afectar las estructuras y los movimientos conversacionales. Esto es, quién puede (o debe) comenzar o finalizar la conversación o el encuentro, quién puede iniciar o cambiar tópicos, o quién puede interrumpir a quién están entre las muchas formas de mostrar el poder en el discurso que también pueden tener una dimensión ideológica, como las basadas en género, "raza" o clase.[11]

Ideología y control del discurso

De esta y de muchas otras maneras, por lo tanto, vemos más concretamente cómo las relaciones de dominio, conflicto o competencia entre participantes del acto comunicativo pueden implementar y representar las relaciones entre grupos. Las personas no sólo se comprometen en esas prácticas sociales verbales como individuos y como miembros culturales, sino que también lo hacen como miembros de grupos específicos, y esas identidades y pertenencias también pueden ser negociadas localmente. Esto es, la dominación de grupo no se proyecta simplemente en las relaciones contextuales entre los participantes, sino que puede ser flexiblemente manejada y ejercitada de modos situacionalmente variables.

Lo mismo vale para las ideologías que sostienen tales prácticas. Desde el nivel abstracto de las representaciones de grupo, ellas pueden proveer opiniones particulares sobre otros miembros de grupo, las que, juntamente con restricciones contextuales específicas, proveen las configuraciones interaccionales únicas que observamos en el discurso en desarrollo. Con carácter más general, también para los niveles introducidos más arriba, la proyección ideológica en las estructuras del discurso es rara vez directa. Tiene lugar por medio de conocimiento y actitudes de grupo más específicos, la formación de modelos "distorsionados" de acontecimientos y contextos, la construcción de representaciones de significado y la expresión en formas variables y estructuras superficiales, en modos que son una función de muchas restricciones sociales y contextuales, de las cuales las creencias ideológicas son sólo un elemento.

Para la práctica del análisis ideológico, esto también significa que las ideologías no se pueden simplemente "leer" a partir del texto y la conversación. Lo que es una expresión ideológicamente destacada en un discurso o contexto puede no serlo en otro, o puede tener una función ideológica opuesta en otro momento. Esto significa que el análisis ideológico del discurso es muy complejo y necesita tener en cuenta todos los niveles de texto y contexto, al igual que los amplios antecedentes sociales del discurso y la interacción. En los capítulos siguientes desarrollaré algunos de los tópicos de este análisis ideológico del discurso.

22

Contexto

¿Qué es el contexto?

Una caracterización amplia del discurso como evento comunicativo no sólo muestra los diversos niveles, estructuras o estrategias del texto y la conversación analizados en el capítulo anterior, sino también los del contexto. A pesar de las muchas discusiones informales de esta noción de contexto en la sociolingüística, la pragmática y los estudios del discurso, estrictamente hablando no existe ninguna *teoría* sobre qué es exactamente el "contexto".[1] El mismo término sugiere que es todo lo que viene "con el texto", esto es, las propiedades del "entorno" del discurso.

Me mantendré tan cerca como sea posible de esta versión lingüística de la noción corriente de contexto, y lo definiré como *el conjunto estructurado de todas las propiedades de una situación social que son posiblemente pertinentes para la producción, estructuras, interpretación y funciones del texto y la conversación.*

De tal manera, es bien sabido que, por ejemplo, el conjunto de las diversas pertenencias a un grupo y las posiciones de los participantes (por ejemplo, edad, género, poder), desempeñan un papel importante en el modo en que se diseñan y comprenden los discursos, y cómo funcionan en la situación social. Otras características de la situación social pueden ser importantes, pero no influyen habitual y sistemáticamente en las estructuras del discurso, por ejemplo, la belleza, la altura o la vestimenta de los participantes, si bien pueden existir algunas sociedades, culturas o situaciones en las que esas propiedades de una situación social resulten contextualmente importantes para el discurso.

¿Por qué es importante esa teoría del contexto para la teoría de la ideología? Como veremos, los contextos —definidos como estructuras de propiedades de situaciones sociales que son relevantes para el discurso—

ejemplifican muchas propiedades de acontecimientos sociales y grupos sociales que están controladas por ideologías. Así, la dominación de grupo, el conflicto y la competencia serán exhibidas de manera múltiple en las prácticas cotidianas de los actores sociales, incluyendo sus prácticas comunicativas. Esto es, los intereses ideológicamente importantes tales como identidad, actividades y objetivos de grupo, normas y relaciones intergrupales de dominación y resistencia, al igual que recursos sociales, también son exhibidos localmente y reproducidos en situaciones sociales y, por lo tanto, en contextos comunicativos. Más específicamente, encontraremos que la dominación basada en la ideología también involucra el control del contexto. El hecho de especificar los contextos provee, en consecuencia, una visión de los detalles del ejercicio de dominación social y sus ideologías subyacentes.

Modelos de contexto

En la mayor parte de los estudios del contexto, esencialmente en el caso del análisis conversacional, la sociolingüística, la pragmática o la etnografía del habla, se supone que las propiedades contextuales afectan directamente a (o son afectadas por) las propiedades del discurso. Dentro del marco sociocognitivo presentado aquí, no existe esa relación directa. Más bien, la noción de relevancia implica que los modelos son relevantes solamente *para* los usuarios de la lengua y, por lo tanto, solamente pueden influir en el discurso a través de las formas en que son *construidos* subjetivamente por los usuarios de la lengua.

Esas construcciones implican, nuevamente, modelos mentales. Esto es, no es el contexto mismo ("exista" o no, objetivamente) el que influye en el texto y la conversación, sino más bien los *modelos de contexto* de los usuarios de la lengua.[2] Esos modelos de contexto están almacenados en la memoria episódica, del mismo modo que los modelos de acontecimiento que se utilizan para representar sobre qué es el discurso. Los modelos de contexto, así, representan cómo los participantes de un evento comunicativo ven, interpretan y representan mentalmente las propiedades de la situación social que ahora son relevantes para ellos. Esto es importante, ya que es, precisamente, esta naturaleza subjetiva de los modelos de contexto la que permite la variación personal y la singularidad contextual: no es el hecho objetivo de que los hablantes sean hombres o mujeres, jóvenes o viejos, poderosos o no, sino cómo se ven y se construyen a sí mismos, en general o en la situación social en desarrollo. En otras palabras, la noción pragmática esencial de relevancia ahora puede ser definida simplemente en términos de modelos de contexto.

Los modelos de contexto están organizados por los esquemas usuales de interacción en general, y, por ende, muestran una estructura jerárquica de categorías de la situación social que los usuarios de la lengua consideran importantes para su producción o recepción del texto y la conversación. Más adelante, analizaré brevemente algunas de estas categorías. En un capítulo posterior, explicaré cómo los modelos de contexto proveen la interfase "personal" entre las representaciones socialmente compartidas como el conocimiento, las actitudes y las creencias, por un lado, y las estructuras del discurso, por el otro. Por el momento, basta decir que los modelos de contexto controlan prácticamente todos los aspectos "pragmáticos" del discurso, esto es, todas las propiedades que pueden variar en función de la (interpretación de la) situación social, tales como los actos conversacionales y de habla realizados, al igual que el estilo, la retórica y los modos en que el significado incorpora información de los modelos de acontecimiento (lo que la gente sabe sobre un acontecimiento del que se está hablando).

Tal como sucede con todos los modelos mentales, los modelos de contexto también muestran un importante componente evaluativo. Esto es, no sólo representan el conocimiento o las creencias que los usuarios de la lengua tienen sobre la situación social, sino también sus *opiniones* sobre el mismo. De este modo, podemos conocer a nuestro interlocutor, o al autor de un artículo del periódico, y también tener una opinión sobre él o ella, y esta opinión, por supuesto, influirá en nuestra interpretación del discurso mismo, por ejemplo, como más o menos veraz o confiable. Del mismo modo, nuestro modelo del receptor (parte del modelo de contexto) influirá también en lo que decimos y, también, especialmente en *cómo* lo hacemos, por ejemplo, con más o menos formalidad, íntimamente, cortésmente o autoritariamente.

Claro que, como en el caso de modelos de acontecimiento, esas opi-niones pueden ser casos particulares de actitudes socialmente compartidas, por ejemplo, cuando los hombres hablan a las mujeres, o los blancos a los negros. Del mismo modo, nuestras creencias sobre las situaciones sociales corrientes también serán un caso concreto del conocimiento más general que compartimos con otros sobre esas situaciones, como cuando visitamos al médico o tomamos parte de una clase en la escuela. En resumen, los modelos de contexto también son parte de la interfase entre las representaciones socialmente compartidas y la conversación y el texto personales. En parte, simplemente representan lo que los miembros sociales comparten, al igual que sus propios conocimientos personales y opiniones basados en sus experiencias personales, tales como creencias sobre sus amigos, los lugares de sus conversaciones cotidianas, sus objetivos destacados, etc. Esta naturaleza combinada, personal y social, es la que hace de los modelos la interfase necesaria entre la cognición social (y la estructura social) y el discurso, entre la macroestructura y la microestructura sociales y, en consecuencia, entre la ideología y el discurso. Sin la noción de contexto sería imposible explicar cómo las ideologías pueden influir no sólo en lo que decimos (por medio de modelos de evento), sino también en *cómo* lo hacemos.

Se debería enfatizar que los modelos de contexto no son estáticos sino *dinámicos*. Representan la interpretación *en desarrollo* de la situación social por parte de los usuarios de la lengua. Esto es, los modelos de contexto pueden ser, en parte, planificados, pero la interacción en curso y el discurso, al igual que otros aspectos cambiantes de la situación social, necesitan actualización continua del modelo de contexto. Por ejemplo, durante una conversación o durante la lectura de un texto, podemos cambiar completamente nuestra interpretación inicial del género ("Esto es un interrogatorio y no una charla informal"), de los objetivos del hablante o del escritor ("¿Esto es una amenaza o una promesa?"), etc. Esta naturaleza dinámica de los modelos de contexto también implica que los fragmentos presentes del discurso serán parte del "contexto previo", tan pronto como han sido realizados.

Esta explicación cognitiva de las relaciones indirectas, mentalmente mediadas entre el contexto y el discurso, *no* significa que *reduzcamos* los contextos sociales a la cognición. Obviamente, los contextos necesitan su propio análisis social, y también lo necesitan los discursos, como formas de interacción social que forman parte de, o constituyen, esos contextos. Solamente la relación entre contexto social y acción, por un lado, y la comprensión subjetiva del contexto y el discurso, por el otro, es la que necesita dicha interfase cognitiva. Ciertamente, sin modelos de contexto variables, todos los usuarios de la lengua del mismo grupo hablarían del mismo modo en la misma situación social.

Como ya lo hemos visto en el capítulo 7, los modelos de contexto son un caso especial de *modelos de experiencia*, que construimos desde el instante en que nos despertamos en la mañana hasta que nos dormimos en la noche: desayuno, ir a trabajar, etc. Esto es, el modo en que representamos la situación social en la que participamos en un evento comunicativo es solamente una de esas experiencias cotidianas. Los recuerdos episódicos o autobiográficos de las personas están constituidos por esos modelos de sus experiencias personales. Las ocurrencias de conversación y texto son simplemente casos especiales de esos modelos mentales, es decir, aquellos que implican al discurso como la categoría relevante de acontecimiento o acción. Aún tenemos escasa idea de cuál es el aspecto de esos modelos generales de experiencia, pero podemos suponer que el sí mismo ocupa un papel central en ellos. La subjetividad, la perspectiva, el punto de vista o la posición social del sí mismo, entonces, se convierten en el núcleo del modelo, el que representa lo que estoy haciendo cuando me comunico.[3]

Nótese finalmente que, tanto los modelos generales de experiencia como los modelos de contexto, sólo representan experiencias personales específicas, particulares, concretas de acontecimientos sociales. La memoria episódica, sin embargo, también muestra información más general, creencias y opiniones sobre uno mismo y los otros. Ese conocimiento general, pero personal, no tiene la misma estructura episódica que los modelos de acontecimientos, sino que está representado de una forma más abstracta. Sin embargo, además de la influencia del conocimiento y las creencias socioculturales, estas creencias personales también son fundamentales en la formación y actualización de los modelos de contexto. En otras palabras, los modelos de contexto se construyen a partir de información de las siguientes fuentes: 1) un esquema general, u objetivos o expectativas sobre la situación social presente; 2) modelos previos activados (cuando se nos hace recordar una conversación previa con X, cuando leemos el mismo periódico en la misma situación, etc.); 3) creencias personales generales sobre una situación ("Mi vecino siempre habla sobre su trabajo, y eso no me gusta"); 4) conocimiento y creencias socioculturales sobre eventos comunicativos (cómo escribir historias periodísticas, etc.); 5) partes previas del discurso en desarrollo; y 6) partes previas del texto. Es importante recordar esta variedad de fuentes subyacentes de los modelos de contexto, especialmente cuando queremos explicar cómo éstos pueden ser una función de las ideologías sociales.

Dimensiones del contexto

Examinemos ahora algunas de las propiedades situacionales que usualmente se admiten como constitutivas del contexto, teniendo en mente que *no* son las propiedades mismas las que influyen el discurso (o que están influidas por el discurso), sino su construcción mental, como categorías, en esquemas de modelo de tales situaciones sociales. En otras palabras, a pesar de las dimensiones generales, sociales y culturales de la relevancia situacional, es la construcción personal de esos criterios de relevancia la que, para cada discurso, ejerce la restricción real del texto y la conversación en curso. Obviamente, esto también significa que los modelos de contexto de los hablantes o escritores pueden estar en discrepancia con los de los receptores, y conducir a conflictos comunicacionales sobre la "definición de la situación en curso", al igual que con la del grupo o de la cultura como un todo.

Provisoriamente, entonces, damos por supuesto que los siguientes parámetros situacionales pueden constituir categorías de modelos de contexto:

Dominio (*Domain*)

Los eventos comunicativos están usualmente ligados a un dominio social o institucional específico. En algunos casos, pueden ser constitutivos de tal dominio. En consecuencia, los muchos tipos de discurso jurídico constituyen el dominio del "derecho", mientras que los tipos de discurso político constituyen ampliamente lo que entendemos por "política" o la "organización política", y el discurso educacional, el dominio de la educación. Esto es, un dominio es la propiedad contextual específica que define clases globales de género, tales como discurso político, discurso médico y discurso académico. Para la definición de contexto ellos señalan de qué ámbito social son parte constituyente los contextos.

Para los participantes, el conocimiento contextual sobre dominios sirve como una orientación global para el manejo de las funciones y circunstancias de los eventos comunicativos, por ejemplo, en la utilización de la jerga profesional. Puesto que los dominios pueden estar relacionados, por ejemplo, con actividades profesionales de grupo (como las de los periodistas en el dominio de los medios masivos de comunicación), y las ideologías pueden estar asociadas con esos grupos, los dominios pueden funcionar al mismo tiempo como "dominios ideológicos", esto es, como aquellos sectores de la sociedad en los cuales los grupos definen su identidad, ejercen sus actividades, realizan sus objetivos, interaccionan con grupos relevantes o ejercitan su poder y donde protegen o controlan sus recursos.

En resumen, los dominios ideológicos son sitios de dominación, lucha, conflicto e intereses. Los dominios pueden estar ideológicamente protegidos por los grupos como "su" dominio, en el cual otros grupos no deberían "interferir": así, es un principio ideológico importante de las ideologías de mercado que el Estado no debería interferir en los mercados, de las ideologías periodísticas que el Estado no debería limitar la libertad de prensa, y de los docentes que nadie debería limitar la libertad de enseñanza e investigación. Muchas de las propiedades del discurso indican esa inserción en los dominios sociales. Por cierto, la legitimación es una función de los eventos comunicativos sensible a los dominios.

Interacción global y tipo de evento comunicativo

Para la planificación, el manejo interaccional en desarrollo, la comprensión y el recuerdo de los eventos comunicativos, los participantes deben poder categorizarlos en un nivel global. Frecuentemente para hacerlo utilizan un nombre o descripción de *género*. De esta manera, pueden describir en qué participaron como una conversación, una charla, una reunión, una lección, un debate parlamentario, una consulta al médico, la lectura del periódico o la escritura de una carta de presentación, entre un número muy grande de géneros distintos. Estos géneros pueden estar caracterizados, entonces, por varias de las estructuras del discurso analizadas en el capítulo previo, y por las características del contexto enumeradas más abajo. Esto es, los géneros son tipos de discurso que requieren una definición en términos de texto/conversación y contexto conjuntamente. En consecuencia, el conocimiento de género de los participantes controlará numerosas propiedades formales del discurso (tales como la organización esquemática y el estilo) al igual que la elección de tópicos.[4] Si las ideologías se reproducen específicamente en, por ejemplo, lecciones, propaganda y crónicas, entonces este proceso de reproducción necesita ser estudiado en todas las propiedades pertinentes del contexto, así como del mismo texto o habla en estos géneros.

Funciones

Los géneros definidos por las diversas propiedades del contexto analizadas aquí, usualmente tienen *funciones* específicas en una secuencia de acción o dominio, por ejemplo, como condición, consecuencia, propósito, objetivo de otros actos o acontecimientos sociales. Por ejemplo, los exámenes funcionan como un test del éxito de la instrucción educativa y de la cualificación de los estudiantes como participantes; los interrogatorios se llevan a cabo con el objeto de obtener conocimiento, característicamente sobre hechos criminales; los debates parlamentarios son constitutivos de la toma de decisiones políticas; las crónicas se escriben y leen con el objeto de proveer u obtener información y opiniones sobre acontecimientos, etc. En la realización de sus discursos, los usuarios de la lengua orientan el evento comunicativo hacia estas funciones sociales o institucionales globales, y, por lo tanto, adaptarán muchas propiedades de su texto o conversación (o sus comprensiones de esos textos y conversaciones) a estas funciones, ya sea porque ésa es la norma o regla, o porque eso resulta estratégicamente más eficiente o exitoso.

Los actores sociales, como miembros de grupo, tienen representaciones ideológicas de las funciones de sus prácticas discursivas. Así, los periodistas pueden considerar que su redacción de noticias sirve de "guardián de la sociedad", los profesores que sus investigaciones "establecen la verdad", y los jueces, que sus sentencias "hacen justicia". Del mismo modo, los géneros pueden tener funciones ideológicas ilegítimas o inmorales en el ejercicio del poder, como puede ser el caso de sesiones de tortura para obtener confesiones, algunos interrogatorios policiales o la propaganda racista que incita al odio racial. Algunas conocidas funciones ideológicas del discurso, que se analizarán luego en más detalle son, por ejemplo, las de legitimación, defensa y control.

Intención

Los actos comunicativos, como todas las formas de acción, son intencionales. Teóricamente, esto significa que los participantes construyen modelos mentales de lo que quieren hacer (decir, escribir) en el contexto presente. El discurso mismo es producido, así, con el objeto de realizar la intención y sus resultados representados. Obviamente, y sobre todo en la conversación espontánea, esas intenciones pueden ser negociadas o interaccionalmente modificadas o abandonadas en el contexto en desarrollo. A pesar de tales posibles modificaciones, los hablantes usualmente manejan y ejecutan su conversación y texto de acuerdo con sus intenciones, y, a menudo, exhiben dichas intenciones en varias posiciones estratégicas del discurso, por ejemplo, con expresiones como "Yo llamo para…", "Sobre lo que quería hablarte es…", y "Este artículo tratará sobre…". Precisamente, el ocultamiento de las "intenciones reales" de los hablantes es importante ideológicamente cuando, por ejemplo, se anuncia una conversación como una charla informal, pero, de hecho, tiene el propósito de ser un interrogatorio, manipulación política o propaganda racista. Esto es, el género global o el tipo de acción comunicativa están esencialmente relacionados, desde el punto de vista del hablante o del escribiente, con intenciones específicas, pero los receptores pueden ser capaces o no de percibir esas intenciones y pueden, por lo tanto, ser manipulados. Más tarde analizaré algunos de los mecanismos de tales formas de manipulación ideológica.

Varias direcciones de investigación, y especialmente también el análisis conversacional, rechazan el análisis en términos de "intenciones", por ejemplo, con el argumento de que de esa manera se ignora el hecho de que las intenciones (si existen) son personales y privadas, y sólo se convierten en socialmente importantes cuando se despliegan en el texto y la conversación. No estoy de acuerdo con esa posición. En primer lugar, las intenciones efectivamente cumplen un papel fundamental en los contextos sociales, a saber, como antecedentes necesarios de la acción social, y no hay razón para privilegiar las interpretaciones de los receptores por sobre las de los hablantes o escribientes a ese respecto. En segundo lugar, los receptores construyen continuamente las intenciones posibles de los hablantes *aun cuando éstas no están completamente desplegadas en el texto o la conversación*. A partir de sus propias experiencias (y de sus propias intenciones) saben que los hablantes a menudo no dicen (exactamente) lo que quieren decir, y los receptores pueden preocuparse por eso, preguntar sobre ello y topicalizar las intenciones de alguna otra manera. Por cierto, también piensan sobre ellas sin decirlo, y esos pensamientos pueden, nuevamente, controlar lo que dirán (o no) a continuación. En tercer lugar, por la misma razón, las intenciones no sólo controlan lo que se dice o se despliega socialmente, sino también aquello que *no* se dice. Esto es, lo no dicho puede ser interpretado por los receptores también como una parte de lo que los hablantes o escribientes quieren decir con su emisión. En cuarto lugar, no es consistente rechazar las intenciones con el argumento de que son personales o privadas y relevantes sólo cuando están exhibidas en la conversación, y no hacer lo mismo con las *comprensiones* (¿sociales?) del receptor. Esto es, la perspectiva del que escucha no es más social que la perspectiva del hablante, y *ambas,* las intenciones e interpretaciones, son tanto mentales como sociales en la interacción. En quinto lugar, rechazar las intenciones por irrelevantes es inconsistente con la amplia aceptación de otras representaciones mentales como discurso subyacente y producción de discurso, es decir, conocimientos y reglas. En resumen, una teoría plenamente desarrollada del discurso y el contexto resulta imposible sin admitir la importancia de las intenciones de los hablantes o escribientes como parte de la dimensión "cognitiva" del contexto. No hay duda de que éstas son esencialmente importantes para los mismos usuarios de la lengua, dadas sus frecuentes referencias a, e inferencias de, sus mutuas representaciones de las intenciones de cada uno.

No hay manera de explicar las acciones y, en consecuencia, los actos discursivos, sin su contrapartida cognitiva, esto es, las intenciones representadas en modelos de acción. Estas están integradas en el modelo más complejo del contexto comunicativo total. Teóricamente, las acciones son combinaciones de esas intenciones y de los "haceres" que realmente las llevan a cabo, del mismo modo que el discurso es una combinación de significados (mentales) y las emisiones "observables" que realizan concretamente esos significados. A la inversa, comprender una acción es una reconstrucción tentativa de un modelo "intencional", inferido de los "haceres" observables en algún contexto de interacción: los coparticipantes u observadores tratan de deducir lo que los actores "significan" o "quieren decir" con sus "haceres" exhibidos. Nuevamente vemos cómo el discurso y la (inter)acción están estrechamente relacionados con las representaciones cognitivas.

Las intenciones parecen puramente individuales y ligadas a las circunstancias personales y a la biografía de los hablantes. Entonces, ¿cómo podría tener funciones ideológicas esa categoría del contexto? Si se define a la ideología como un autoesquema de grupo consistente en varias categorías, pronto se hace evidente de qué modo las intenciones (como planes para la acción) pueden también, por supuesto, tener una base ideológica: pueden representar (planes para) actividades específicas de grupo (por ejemplo, escribir crónicas por parte de los periodistas), incluir normas y valores sobre *cómo* hacerlo apropiadamente, identificar la posición social de sí mismo (como hablante) con la del grupo (por ejemplo, si es dominante o no), y la implementación de recursos sociales específicos (tales como conocimiento o acceso al discurso público). Más específicamente, pueden representar las actitudes sociales, por ejemplo, cuando los blancos pretenden desacreditar a los negros con una calumnia, o cuando los antiabortistas pretenden argumentar contra el aborto. Ciertamente, como vemos, tanto los actos de habla como otras muchas propiedades del discurso, como se sugirió en el capítulo anterior, pueden ser una función de las ideologías, y así ocurrirá a menudo intencionalmente para el hablante, o como intenciones atribuidas al hablante por los receptores en sus modelos de contexto. En otras palabras, las ideologías a menudo pueden "llegar" a las estructuras del discurso, precisamente, a través de las intenciones de los hablantes: el discurso es acción y, por lo tanto, es intencional, y esas intenciones también pueden extenderse a propiedades específicas de los discursos. Esto *no* implica que todas las estructuras ideológicas del discurso sean intencionales, o que las funciones ideológicas del discurso siempre sean intencionales. Los actos de habla lo son por definición, del mismo modo que pueden serlo los tópicos y algunos elementos de estilo. Estructuras superficiales (por ejemplo, entonación o acento, estructura sintáctica de la frase) o dimensiones semánticas más detalladas pueden, algunas veces, ser intencionales y, otras veces, expresiones relativamente "automáticas" de la representación del contexto. En otras palabras, no todas las características del contexto necesitan "pasar" por la categoría de la intención.

Propósito

A menudo confundidos o fundidos con la noción de "intención", los propósitos también deben ser introducidos como una categoría separada en las estructuras del contexto. Así, mientras que las intenciones son modelos mentales de actos (discursivos), los propósitos u *objetivos* son modelos mentales de las consecuencias más amplias de esos actos, por ejemplo, de las *funciones* de los actos discursivos tal como se las analizó antes. De tal manera, las contribuciones a un debate parlamentario pueden tener como propósito promulgar o rechazar una ley, y una lección, enseñar algún conocimiento o habilidad a los estudiantes, tal como ya se trató para las funciones del discurso. La diferencia entre propósitos (al igual que intenciones) y funciones, según se las definió aquí, es que las funciones son sociales, mientras que las intenciones y propósitos son representaciones mentales de los participantes del habla. Esta distinción teórica es fundamental. Nos permite asignar diferentes funciones sociales a los discursos llevados a cabo con el mismo "propósito en mente", explicar las consecuencias sociales "no queridas' de intenciones y propósitos, describir y explicar el papel de hechos de habla individuales en la estructura social, explicar conflictos entre propósitos y funciones, etc. Obviamente, tal distinción tiene numerosas formas de implicaciones con base ideológica. La manipulación, por ejemplo, tiene por objeto lograr un hecho de habla del cual los receptores no conocen o no comprenden los propósitos últimos.

Fecha, tiempo

Por definición, los hechos discursivos tienen principio y fin. Esto es, tienen lugar en el tiempo, en días y fechas específicos, y con una duración específica relativamente estricta o variable. La mayor parte de los discursos oficiales e institucionales (reuniones, citas, sesiones, etc.) tienen tiempos preestablecidos para el comienzo y, frecuentemente, también para la finalización. Las lecciones y los exámenes formales pueden durar, por ejemplo, una o dos horas. Los sermones, según la religión, se pronuncian habitualmente en días festivos, etc. Incluso la conversación informal tiene inicios y cierres negociados, a saber, cuando la gente se encuentra, llama por teléfono o deja de hablar. Las historias periodísticas tienen plazo de entrega y fecha y lugar de origen, y las personas pueden leer el periódico en la mañana o en la tarde. En la mayor parte de las conversaciones informales, y prácticamente en todas las conversaciones formales, hay un manejo del transcurso del tiempo. Los turnos de habla pueden estar restringidos o ser interrumpidos por los presidentes o moderadores "cuando se acabó el tiempo para el expositor", por ejemplo, en reuniones, sesiones de las cortes de justicia o debates parlamentarios. En relaciones de dominación y desigualdad, por ejemplo, las personas pueden no tener ningún tiempo asignado, o su derecho a hablar puede estar limitado. Ese tratamiento desigual puede estar basado en la edad, género, raza, clase, educación o estatus y, en consecuencia, en la ideología, y así también puede ser reproducido.

Lugar

Muchos eventos comunicativos ocurren en lugares específicos. Mientras que las conversaciones informales cotidianas pueden ocurrir prácticamente en cualquier lugar (aunque en algunas situaciones pueden estar prohibidas, por ejemplo, durante muchos eventos comunicativos institucionales: lecciones, sesiones de la corte, reuniones, etc.), una lección tendrá lugar, específicamente, en un aula; un interrogatorio, en una comisaría policial o en la corte; un veredicto siempre en la corte; un debate parlamentario en el "Congreso"; etc. Aquellos que tienen el poder no sólo fijan el tiempo y la duración, sino que también a menudo fijan el lugar de la conversación, como sucede con las citas de los pacientes con los médicos o de los alumnos con los profesores. Dependiendo de las relaciones de poder, los periodistas irán a entrevistar a una persona importante donde ésta quiera que lo hagan, y no donde el periodista propone. En consecuencia, el lugar de la conversación puede ser un elemento de poder y, así, ser ideológicamente importante en la realización de las prácticas del discurso cuando las decisiones sobre la ubicación violan las reglas de comunicación aceptable como una forma de abuso de poder.

Circunstancias

Muchos hechos de habla sólo pueden tener lugar cuando se dan *circunstancias* o *condiciones* sociales específicas. Un veredicto puede pronunciarse solamente "cuando la corte está en sesión"; algunas reuniones se realizan solamente cuando está presente un número específico de participantes (quórum). Estas circunstancias pueden ser discursivas en sí mismas, definiendo, entonces, *complejos intertextuales*, como sesiones judiciales o conferencias. Las sentencias sólo pueden pronunciarse luego del veredicto, y el veredicto luego de las defensas y los alegatos, entre otros géneros de discurso jurídico. El discurso puede tener lugar en circunstancias "inapropiadas" o, inversamente, puede ser inapropiado en determinadas circunstancias. Esos conflictos comunicativos y sociales pueden desempeñar un papel en la reproducción de la dominación: los acusados pueden ser interrogados sin la presencia de sus abogados, las mujeres pueden sufrir acosos sexuales en el trabajo, etcétera.

Soportes y objetos importantes

Puede parecer extraño que se incluyan varios soportes como parte de un análisis del discurso más amplio, pero si el análisis del contexto es parte de esta explicación extendida del texto y la conversación, entonces tiene sentido tenerlos en cuenta. Así, el contexto de una lección puede incluir soportes educativos como pizarrones, tiza o un proyector, entre otros, y, usualmente, mobiliario importante del cual, la mesa del profesor, habitualmente ubicada al frente, será diferente de la de los estudiantes. Del mismo modo, un consultorio médico tendrá sus soportes específicos, comenzando por un saco blanco (al menos en los hospitales), un estetoscopio, y muchos más, los que son tanto indicadores de las rutinas médicas de investigación, como símbolos del estatus y rol del médico. Los fiscales y los defensores pueden ser requeridos por el juez para "acercarse al estrado", y esto influirá en sus maneras de hablar (conversación confidencial, no pública, susurrada). Los jueces y los directores de una reunión probablemente tendrán a mano un martillo para abrir o cerrar los encuentros o para marcar las decisiones que se toman, y lo mismo ocurre en muchos otros eventos comunicativos institucionales.

Como se sugirió, estos soportes también pueden ser indicativos de propiedades ideológicas relevantes de la interacción o del dominio social, tal como las relaciones jerárquicas y la dominación. Quienes controlan los encuentros y las sesiones a menudo se sientan al frente, y posiblemente en un nivel algo superior que el resto (como el juez detrás del "estrado", o el presidente de la Cámara en una posición y silla especiales), aunque sólo sea para mostrar su rol (poderoso) presente. Los participantes (oficiales de policía, militares, médicos, enfermeros, abogados y jueces) pueden vestir uniformes que indiquen su posición, profesión, rol o estatus, y éstos y otros soportes pueden ser legalmente obligatorios, de modo tal que, sin ellos, el evento comunicativo puede incluso no "valer" como social o legalmente vinculante, o pueden ser opcionales (como la bandera en la oficina del presidente o del gobernador) y simplemente simbólicas de la "oficina" del participante. De estos pocos ejemplos podemos inferir que soportes como mobiliario, uniformes, objetos, etc., tienen muchas implicaciones sociales y simbólicas y, por lo tanto, ideológicas, y, de esta forma, pueden también estar representados en los modelos de contexto de los participantes.

Rol de participante

Los actores sociales participan en los eventos comunicativos en varios tipos de roles. En primer lugar, usualmente intervienen *como* hablantes, escribientes, oyentes (escuchas), lectores, y algunos de estos roles, como es el caso en la interacción, se alternarán, como el de hablante y receptor. Pero aquí hay algunas complicaciones. Quien lee las noticias en televisión puede tener un rol de hablante, pero no es siempre la persona que realmente redactó las noticias, por ejemplo, un escritor, editor o reportero, quien puede tener el rol de "generador" de los textos de noticias importantes. Por cierto, sabemos que muchas otras personas pueden estar involucradas en la producción *conjunta* de la emisión de noticias, como productores, directores, camarógrafos, reporteros "en el lugar del hecho", etc. Esto es, la producción del discurso institucional puede tener varios estratos o etapas de confección real del texto, de los cuales la persona que las difunde, publica o distribuye, puede ser tan sólo el último.

Lo mismo es cierto para los diversos roles de receptor. En una conversación con otra persona, esto es fácil y directo: el destinatario es el mismo que el oyente. Pero cuando hay más personas presentes, éstas pueden no estar allí como destinatarios, aun en el caso de que oigan y escuchen lo que se dice; pueden estar allí en el rol de oyentes casuales (*overhearers*) o como público en un "talk show". Y un "talk show" tendrá participantes que se hablan unos a otros, pero los televidentes son los destinatarios "reales" de este diálogo "mediático". Un médico puede hablar a residentes o enfermeras junto a la cama de un paciente en el hospital, pero puede dirigirse oblicuamente a este último, u ocultarle lo que se dice por medio de la utilización de la jerga médica. Se supone que un/a secretario/a que confecciona el acta de una reunión escucha lo que se dice, pero, al mismo tiempo, rara vez es un destinatario de los varios turnos de conversación. Un acusado, en la corte o durante un interrogatorio en una comisaría, puede tener que hablar cuando se le solicite (y cuando el abogado está presente), pero también puede decidir permanecer en silencio bajo condiciones especiales. Se espera, y también se exige, que los estudiantes en una clase escuchen, y que hablen cuando se les pida que lo hagan.[5]

En resumen, en la mayor parte de las situaciones institucionales hay una estructura compleja de roles de participantes, usualmente definida en términos de los roles sociales de la interacción social pero, en este caso, solamente definida en relación a la clase de contribución que efectúan al acontecimiento total, qué derechos y obligaciones tienen y, en consecuencia, quién debe o puede hablar, quién debe o puede escuchar en situaciones dadas. Las dimensiones ideológicas de estos diversos roles comunicativos son tan obvias como las que se dan en situaciones y prácticas sociales en general. Nuevamente, el poder y la dominación pueden ser representados, y esto puede expresar desigualdad con base ideológica, por ejemplo, cuando aquellos que tienen poder abusan de sus roles comunicativos, y evitan que otros asuman sus derechos como hablantes u oyentes, o los fuerzan a hablar cuando tienen derecho a permanecer en silencio.

Rol profesional

Se pueden efectuar comentarios similares para los variados roles profesionales que ejercen los participantes en eventos comunicativos.[6] Los ejemplos previos también ponen esto en evidencia: profesores, jueces, oficiales de policía, etc. Esto es, en este caso los participantes obtienen sus roles comunicativos (por ejemplo, como hablantes, productores o directores) de sus roles profesionales social o legalmente establecidos. Cada uno de estos roles profesionales puede estar asociado con un conjunto de roles de participante, al igual que con tipos de eventos comunicativos o géneros discursivos. Así, mientras que los fiscales tienen acceso al género de las acusaciones, y pueden interrogar a acusados y testigos, obviamente están excluidos de los veredictos y las sentencias, géneros a los que tienen acceso sólo los jurados y los jueces, respectivamente. Del mismo modo, los profesores tiene acceso activo a la explicación en una clase y a hacer preguntas durante los exámenes, y los estudiantes tendrán la obligación de actuar como respondedores.

Al igual que para las otras categorías pertinentes ya analizadas, ésta también es un elemento propio del contexto si está sistemáticamente relacionada con las estructuras del texto y la conversación. De este modo, en su rol participante de hablantes y en su rol legal profesional de "conductores" de juicios, los jueces pueden controlar los tipos de actos de habla (los acusados deben hacer aserciones), los tópicos (los acusados deben hablar sobre los hechos que se discuten), el estilo (los acusados deben hablar con cortesía, de lo contrario puede ser responsabilizado de "desacato a la corte"), el género (a los acusados se les puede permitir o no contar una historia personal de sus experiencias), y, especialmente, las numerosas características interaccionales del diálogo: los acusados no pueden interrumpir al juez; deben comenzar y finalizar su contribución cuando se les requiere, y deben seguir otras muchas reglas del discurso juez-acusado en la sala de audiencias. Ciertamente, lo más importante de un análisis contextual es, precisamente, separar esas propiedades del evento comunicativo que puedan tener tales relaciones sistemáticas con tales propiedades del texto y la conversación.

Las implicaciones ideológicas de estas relaciones entre los roles profesionales, por un lado, y los roles participantes y géneros o actos de habla, por el otro, son claras, como ya se ha visto. Tan pronto como los profesionales rompen las reglas de la interacción comunicativa y limitan los derechos de los coparticipantes, pueden darse formas de dominación que pueden estar basadas en creencias ideológicas. Este puede ser el caso de las relaciones de médicos hombres con sus pacientes, de profesores hombres con estudiantes mujeres, etc. Nótese aquí que, al igual que en los otros ejemplos dados antes, la dominación, al igual que la ideología sobre la que ésta descansa, son representadas (*enacted*) y, por lo tanto, reproducidas por el habla misma.

Rol social

En la compleja red de los variados tipos de roles de los participantes del habla, podemos distinguir todavía otro tipo, al que podríamos llamar, simplemente, *rol social*. A diferencia de los roles comunicativos, éste no está limitado a las contribuciones al texto y la conversación, y, a diferencia de los roles profesionales, no necesitan estar relacionados con organizaciones e instituciones. Por cierto, estos roles sociales están presentes en prácticamente toda acción e interacción. Por ejemplo, cualquiera sea nuestra posición o rol profesional, podemos actuar y hablar como un amigo, un enemigo, un aliado, un defensor o un oponente de otros participantes. Los oradores en el parlamento, en su rol profesional de parlamentarios (o ministros de gabinete) asociados a la legislatura de un país o Estado, también pueden hablar como oponentes a una ley, o como aliados de aquellos que presentan la ley. Lo mismo vale para las conversaciones cotidianas al igual que para las conversaciones formales. Estos roles sociales usualmente serán representados por características específicas del discurso, tales como formas de tratamiento, movimientos conversacionales de cortesía, estrategias de autopresentación positiva (resguardo de la propia imagen) o presentación negativa de otros, argumentos (contra los oponentes, o a favor de los aliados, etc.) y retórica favorable o desfavorable.

Nótese que, incluso dentro de esta categoría, hay niveles o estratos de roles. En las conversaciones cotidianas, o en los debates parlamentarios, los oponentes pueden ser "directos" y confrontar unos con otros cara a cara. En un debate en la página op-ed, los oponentes también pueden confrontar unos con otros personalmente, pero no cara a cara y tampoco al mismo tiempo.[7] Pero, tal como ocurre con diversos roles comunicativos, puede haber destinatarios o relaciones indirectas, a largo plazo. Oponerse a un hablante puede significar oponerse a su jefe, o jefa, o a la organización a la que pertenecen, y hablar como un miembro de un grupo de acción puede interpretarse como una defensa de la postura del grupo de acción mismo. Así, los oradores parlamentarios pueden oponerse a lo que dijo el orador previo; pueden, más ampliamente, oponerse a la ley que propuso alguien y, de esa manera, oponerse al partido al que pertenece esa persona, y al mismo tiempo pueden, por supuesto, defender su propia posición y/o la de su propio partido (la que puede no ser idéntica), y como representantes políticos pueden, al mismo tiempo, representar u oponerse a "intereses especiales" fuera del parlamento. En otras palabras, análisis de contexto más profundos y sutiles revelan, en principio, complejos conjuntos o niveles de roles diversos.

Hemos visto que, además de la pertenencia a grupos y organizaciones, las ideologías implican, característicamente, polarización, lucha, conflicto o competencia, y estas relaciones se proyectan, precisamente, sobre los roles sociales que se han introducido aquí dentro del contexto. Un grupo y los otros y sus ideologías asociadas se manifiestan y reproducen a sí mismos precisamente por la "posición" que sus miembros toman en situaciones de debate y conflicto, y también en la comunicación. Argumentar a favor de una ley que restringe la inmigración puede, por su misma postura, ser parte de la reproducción del nacionalismo o etnocentrismo. Un discurso anticomunista en el parlamento es una toma de posición en un conflicto ideológico. En otras palabras, los roles sociales son representaciones contextualmente variables de posiciones, incluyendo las posiciones ideológicas.

Afiliación

Los participantes en roles profesionales frecuentemente no hablan "por ellos mismos", sino como representantes de una organización o institución, y como representantes que, en principio, pueden ser reemplazados por cualquier otro miembro institucional. Esto es, su afiliación desempeña un papel destacado en el contexto: confesar ante un oficial de policía o en los tribunales, rendir un examen, hacer una declaración a un auditor impositivo, etc., son el tipo de hechos de habla que a menudo se realizan apropiadamente en presencia de cualquier representante (en el mismo rol profesional) de la organización. Las personas hablan en el parlamento o en el congreso, pero habitualmente lo hacen como representantes de sus partidos, y lo mismo sucede con los que escuchan esos discursos. Con más generalidad, esos eventos y sus participantes también están integrados en una red de afiliaciones institucionales. Algunas de éstas pueden ser muy estrictas y legalmente bien descriptas (también con respecto a tipos de eventos comunicativos), otras pueden ser más vagas y abiertas a la variación y negociación. De esta manera, los maestros usualmente tendrán más libertad para el cumplimiento de sus roles comunicativos y profesionales que los oradores del parlamento o los jueces.

Una de las consecuencias de la afiliación institucional u organizativa de los eventos comunicativos es, precisamente, el hecho de que los participantes toman parte *como* representantes de instituciones y, por lo tanto, a menudo arrastran las ideologías institucionales, si es que las tienen, al contexto en desarrollo. Por cierto, los representantes de una organización están habilitados u obligados, por hábito, norma o ley, a representar los "intereses" de la organización y, por lo tanto, su conversación y texto indicarán de múltiples maneras esos compromisos ideológicos. Así, un maestro puede implementar la ideología educativa de la escuela o universidad, el periodista una ideología de la prensa, etc. Esas ideologías pueden aplicarse al contenido del texto o conversación (tales como el valor noticioso de los acontecimientos en entrevistas o crónicas), y también a la naturaleza misma de la interacción. Las ideologías educativas o médicas pueden o no permitir a los estudiantes o pacientes una iniciativa más o menos independiente o autónoma, dependiendo de si la ideología es más autoritaria o permisiva.

Pertenencia

De una manera más general, los participantes pueden hablar, escribir, escuchar o leer (también) *como* miembros de *grupos* o *categorías sociales*, además de la afiliación institucional y los variados roles descriptos más arriba. Las personas pueden ser hombres, mujeres, blancos, negros, viejos o jóvenes, etc., y serán categorizados como tales, ya sea por ellos mismos o por sus coparticipantes, y actuarán (hablarán, escribirán) en consecuencia. Puesto que dichos grupos sociales y categorías son la base de las ideologías, éstas, en principio, también se exhibirán en las prácticas sociales comunicativas relevantes en las que los miembros de grupo se comprometen. Que la pertenencia al grupo afecta la estructura misma del texto y la conversación ha sido demostrado en numerosas investigaciones sociolingüísticas, por ejemplo, sobre la entonación, las unidades léxicas, los tópicos, la retórica o los movimientos interaccionales, como se analizó en el capítulo anterior. En términos del contexto, las personas de diferentes grupos sociales o categorías son definidas y tratadas como tales también en el evento comunicativo: se les puede dar preferencia en la asignación de turnos, libertad en la selección de tópico o estilo, pero también pueden ser directamente discriminadas sólo porque son miembros de un grupo específico. En consecuencia, quizás en mayor grado que cualquier otra categoría del contexto, la pertenencia a un grupo social es lo que proyecta las ideologías a los eventos comunicativos. Luego veremos cómo esto se lleva a cabo en el texto y la conversación.[8]

A esta altura debería enfatizarse nuevamente que los roles, la afiliación y la pertenencia al grupo no siempre están "dadas" en situaciones sociales, y tal es, a fortiori, el caso de los modelos de esas situaciones sociales construidos subjetivamente. Es decir, esas "posiciones" sociales pueden negociarse o cambiarse, puede haber una orientación hacia ellas o una desviación respecto de ellas, se pueden olvidar, ignorar, o pueden tornarse menos (o más) relevantes en una situación específica. Esto es, una teoría dinámica del discurso enfatiza esa flexibilidad situacional y personal. Lo mismo será válido para las condiciones y consecuencias ideológicas de los modos en que esas categorías son construidas por los participantes en el texto en curso. Los hombres pueden disociarse temporariamente de su grupo y hablar en nombre de las mujeres; los hablantes pueden defender la opinión de sus oponentes cuando actúan como abogados del diablo; y los disidentes, por definición, hablan desafiando las ideologías de los grupos dominantes.

Los otros sociales

Hasta aquí, los roles de participación importantes analizados antes atañen a personas involucradas a diversos títulos en el contexto comunicativo mismo. Sin embargo, el texto y la conversación a menudo también son *sobre* otras personas, habitualmente personas que no están presentes en el contexto. Estrictamente hablando, ésta es una propiedad del *significado* del discurso y, por lo tanto, parte de un análisis semántico y no de un análisis (pragmático) del contexto. Esto es, los referentes del discurso no son parte del modelo de contexto, sino parte del modelo de acontecimiento (parcialmente) expresado por el discurso. De esta manera, los hombres hablan rutinariamente sobre las mujeres, los blancos sobre los negros, y los médicos sobre los pacientes y estos *otros sociales* son, en consecuencia, los referentes de su conversación. Es también de este modo que las ideologías que relacionan a los participantes comunicativos con los otros sociales, como miembros de otros grupos, son proyectadas en los significados de un discurso. Sin embargo, uno podría también argumentar que estos otros sociales son una especie de "participantes ausentes" en el contexto.

La conversación racista dirigida a otros blancos puede estar oblicuamente dirigida, en un contexto social más amplio, a los otros sociales y, de esta manera, ser relevante no tan sólo semánticamente sino también pragmáticamente, o sea, un elemento inherente al acto de conversación discriminatoria, como una forma de reproducción de ideologías racistas. Esto es, se puede hablar *sobre* los otros sociales, como parte del grupo que se tiene en la mira, pero al mismo tiempo se puede, indirectamente, *dirigirse* a ellos social e ideológicamente. Vale decir, los actos de discriminación también pueden ser categorizados e interpretados como tales cuando la parte discriminada no está presente; sin embargo son, de algún modo, "parte" de la interacción comunicativa.

Representaciones sociales

La mayor parte de las categorías de contexto analizadas anteriormente tienen una naturaleza social particular, y se explicitan típicamente en términos sociológicos. Obviamente, sin embargo, los participantes no sólo tienen posiciones, derechos, deberes y relaciones en situaciones sociales, instituciones y estructuras sociales globales, sino que también comparten las representaciones sociales, tales como conocimiento, actitudes e ideologías. Algunas de estas dimensiones mentales de los participantes han sido analizadas en términos de intenciones y objetivos, que son más individuales y contextuales.

Sin embargo, especialmente como miembros de diversos grupos e instituciones sociales, los participantes comunicativos también comparten las representaciones sociales que tienen impacto en la interacción, el texto y la conversación en desarrollo. Así, para todos los eventos comunicativos es fundamental el respectivo conocimiento de los participantes, tanto personal como social y cultural. De tal manera, los hablantes tienen *conocimiento* mutuo (esto es, tienen un modelo sobre sí mismos al igual que sobre los otros), y ese conocimiento puede ser un ejemplo particular de conocimientos y creencias más generales sobre el grupo al que pertenecen los otros.[9]

Del mismo modo, las *ideologías* de los participantes afectan, de varias maneras, la forma en que se va definiendo la situación comunicativa, las diversas acciones, los roles de los participantes y el discurso mismo. Lo mismo vale para las actitudes socialmente compartidas controladas por estas ideologías. Por cierto, esas actitudes pueden incluso ser específicas y adaptadas a un evento comunicativo particular. Así, y de un modo trivial, en una discusión informal sobre el aborto, o en un debate parlamentario sobre energía nuclear, los oradores aplican sus actitudes específicas sobre estas cuestiones, y esas actitudes multiplican la influencia de los modelos de acontecimiento y de contexto que controlan la conversación en curso: a quién se define como defensor u oponente, si a un hablante se lo ve como representante de un grupo social (hombre o mujer en el debate sobre el aborto), a quién se tratará con mayor o menor cortesía, etcétera.

En resumen, todos los aspectos sociales del evento comunicativo complejo están diversamente controlados por las representaciones sociales de los participantes como miembros de grupos, categorías o instituciones. Por consiguiente, el conocimiento será mutuamente presupuesto, como cuando los médicos o abogados hablan con miembros del mismo grupo profesional, o cuando las mujeres presuponen el conocimiento, las actitudes y las ideologías de otras mujeres del mismo movimiento feminista. Ciertamente, la mayor parte del contexto comunicativo y del discurso no necesita hacerse explícito a causa de esas representaciones sociales supuestamente compartidas dentro del mismo grupo, sociedad o cultura.

Junto con los modelos mentales de los individuos, las representaciones sociales son parte de la interfase cognitiva entre estructura social, pertenencia al grupo y discurso. Si las personas hablan o escriben como miembros de grupos, su pertenencia a un grupo tendrá un amplio efecto en el contexto en términos de las representaciones sociales compartidas con el grupo, esto es, como instancias del conocimiento, actitudes e ideologías de grupo.

Esto *no* significa, dicho sea de paso, que las representaciones sociales, incluyendo las ideologías, causen o determinen el texto y el contexto. Se ha explicado con algún detalle en la Parte I que todavía hay una amplia "distancia mental" entre las representaciones sociales y la influencia de grupos sociales, por un lado, y las estructuras del discurso (incluyendo al contexto), por el otro. Fundamentalmente, si bien de modo variable en distintas situaciones, los hablantes también son individuos con su propia biografía, objetivos, preferencias, planes, emociones, esto es, con sus propios modelos personales. Intencional o involuntariamente, esos modelos pueden incluir elementos compartidos de representaciones sociales, pero aun así el contexto y el individuo y, por lo tanto, su texto o conversación, serán únicos. De lo contrario, como se sugirió antes, todos los miembros de un grupo dirían o escribirían lo mismo en la misma situación. Esta es también una de las razones por las que incluyo aspectos relevantes de los modelos personales (por ejemplo, intenciones y propósitos) en el contexto en curso.

Las representaciones sociales pueden aplicarse no solamente a la dimensión semántica del discurso (por ejemplo, el aborto como un tópico de conversación), sino también a la interacción discursiva misma: ¿Quién puede/ debe hablar/escribir sobre qué/quién, para quién, de qué modo? Los periodistas saben cómo entrevistar a fuentes o actores de noticias, cómo escribir crónicas y seguir reglas y estrategias que han aprendido como miembros de grupo, y lo mismo ocurre con todos los otros roles profesionales analizados arriba. De esta manera, tanto en la conversación como en el parlamento, las personas muestran las mismas formas ideológicas de pertenencia que rutinariamente asignamos a los hablantes: él es conservador, ella es liberal, etcétera.

A esta altura, hemos cerrado el círculo. Las ideologías, indirectamente, pueden controlar las propiedades de todas las categorías de modelos de contexto para el discurso. Pero ahora resulta que una de estas categorías por sí misma corresponde a las creencias sociales y, por lo tanto, a las ideologías de los participantes. En otras palabras, el control ideológico no es, por así decirlo, externo o determinista, sino interno, es decir, se produce a través de las creencias de los participantes mismos. De este modo, puedo participar en una conversación como un antirracista, y esta posición influye sobre el modo en que construyo el contexto presente, al igual que lo que digo y cómo lo digo. Al mismo tiempo, tanto el receptor como yo mismo representamos (parte de) mis creencias antirracistas como parte de nuestros respectivos modelos de contexto, tanto de nosotros mismos como de cada uno de nosotros (por cierto, puedo saber que mi interlocutor sabe que soy antirracista, y moldear mi conversación de acuerdo con ello).

Puede haber incluso una discrepancia entre mi rol y mi rol tal como está representado en mi modelo de mí mismo en el contexto presente. Las personas pueden hablar como antirracistas sin demasiado autocontrol o automonitoreo y, así, expresar más o menos directamente y actuar su pertenencia a grupos. Sin embargo, también pueden hacerlo controlando su identidad presente y manejando cuidadosamente su "imagen" como antirracistas, por ejemplo, para receptores que son hostiles hacia los antirracistas. Además este juego sutil entre las identidades sociales "reales" de los participantes del discurso, por un lado, y aquellas que están representadas local e intersubjetivamente en sus modelos de contexto presentes y están desplegadas en su discurso, por el otro, muestra lo complejas que pueden ser las relaciones entre ideología y discurso.

Comentario final

El análisis del contexto presentado arriba muestra que la reproducción discursiva de las ideologías también se aplica a los aspectos contextuales de los eventos comunicativos. Los contextos, o, más bien, los modelos de contexto, explican las variaciones personales, situacionales y sociales en las formas en que las ideologías subyacentes pueden afectar o no al texto y la conversación. Ellos funcionan, de este modo, como otro nivel de restricciones, otra interfase, entre ideología y discurso, y explican que las ideologías no son "deterministas" en el sentido de que necesariamente afectan las estructuras del discurso: esto dependerá siempre, literalmente, del contexto. Por lo tanto, ninguna teoría discursiva de la expresión y reproducción ideológicas puede ser adecuada sin un análisis detallado del contexto. Más tarde explicaremos en mayor detalle cómo, exactamente, los modelos mentales de esos contextos intervienen entre las representaciones sociales, incluyendo las ideologías, y las estructuras del discurso.

23

Reproducción

¿Qué es la reproducción?

A menudo se ha sostenido en este trabajo que las ideologías típicamente se *reproducen* por medio de las prácticas sociales y, especialmente, del discurso. ¿Qué significa esto, exactamente? Al igual que la mayoría de las nociones generales, el concepto de reproducción tampoco es demasiado preciso. En general, implica que las ideologías son "continuas", "hechas para permanecer, durar, persistir...", etc. Como lo indica la segunda parte de la palabra, sin embargo, reproducción implica una dimensión activa, humana: es lo que las personas hacen, hacen que suceda, al mismo tiempo que hacen algo nuevo, crean algo. La partícula repetitiva "re-" implica que el acto de producción es reiterado. En las prácticas sociales y el discurso, esto habitualmente implica que esos actos de producción tienen lugar cada día, son una rutina, y son parte de la definición de la vida cotidiana.

De un modo más específico, sin embargo, cuando nos referimos a la reproducción de ideologías, estamos tratando con una noción sociológica igualmente vaga, también utilizada para denotar la reproducción de grupos, estructuras sociales o, incluso, culturas enteras. Una vez más, aquí reproducción implica continuidad de un sistema o estructura al igual que actividad humana. Desde un punto de visto teórico, se utiliza la noción para unir la conocida brecha entre el macronivel y el micronivel de la estructura social. Se dice, entonces, que los sistemas o las estructuras abstractas, como las ideologías, las lenguas naturales y los ordenamientos societales, se manifiestan en, al igual que están hechos para persistir como tales a través de las prácticas sociales de los actores sociales en el micronivel. Una lengua como el inglés es reproducida, diariamente, por millones de personas, por su uso cotidiano. Y lo mismo sucede con las ideologías capitalista, sexista o racista.[1]

El concepto activo de "producción" es importante aquí porque esos sistemas no sólo se "aplican", "implementan" o "utilizan" pasivamente, sino que al mismo tiempo se constituyen y reconstituyen, al mismo tiempo que cambian gradualmente, por esos usos contextuales de muchos actores sociales. Incluso el desarrollo gradual de las ideologías de un grupo está basado en esas prácticas sociales. Esto es, las ideologías se (re)producen al igual que se (re)construyen por las prácticas sociales.

Hay otra dimensión macro-micro involucrada aquí. Esta vez no es la de un sistema abstracto, por un lado, y prácticas reales, por el otro, sino la distinción entre el grupo y sus miembros y, especialmente, entre sus nuevos miembros. Así como los grupos se reproducen (también) consiguiendo o reclutando nuevos miembros, las ideologías se reproducen obteniendo nuevos "usuarios", como es el caso de las lenguas naturales. Ya sea por socialización o por otros procesos que implican compartir representaciones sociales (iniciación, enseñanza, entrenamiento, prédica, propaganda), las ideologías se reproducen continuamente porque nuevos miembros sociales las "adquieren" o "aprenden a utilizarlas".

Como veremos luego en más detalle, esto puede suceder directamente a través del discurso ideológico explícito, o, indirectamente, haciendo inferencias del discurso y otras prácticas sociales sobre qué opiniones comparten otros miembros del grupo. La gente blanca "aprende el racismo" aceptando afirmaciones racistas generales como "las mujeres negras son las reinas de la asistencia social", tal como se expresa en conversaciones con amigos o colegas, o infieren esa creencia de historias repetidas en los medios de comunicación en las cuales se retrata a las mujeres negras como dependiendo de la asistencia social, o porque sobregeneralizan a partir de una o unas pocas mujeres negras que ellos conocen y que dependen de la asistencia social. Este último caso, como experiencia personal, es relatado con frecuencia en historias que se cuentan a otros miembros del grupo, y puede producirse en la conversación, entonces, la inferencia relevante de manera conjunta, es decir, como una conclusión sugerida o aceptada por los coparticipantes. Esto es, el compartir usualmente no es tan sólo un hecho unilateral, pasivo, sino un procedimiento complejo, cooperativo, que involucra a personas que (ya) "saben", al igual que a personas que "aún no saben". En otras palabras, la reproducción también implica socialización, aprendizaje, inculcación o adopción, por los jóvenes o los nuevos miembros, de las representaciones socialmente compartidas de un grupo.

Y, finalmente, además de sus dimensiones micro-macro (sistema-acciones, grupo-miembros), también tenemos la dimensión local y contextual versus la dimensión global y descontextualizada de la reproducción. Los miembros que han aprendido a hacer una deducción de un caso o ejemplo, o a expresar una opinión ideológica en un contexto, son específicamente capaces de hacerlo en casos similares y en contextos similares. O sea, la reproducción no es tan sólo de arriba hacia abajo y de abajo hacia arriba, sino que también permite ir del caso particular al tipo y del tipo al caso particular, de hoy a mañana, y de aquí a cualquier otro lugar. La reproducción, entonces, también implica generalización. Conjuntamente con las relaciones verticales entre sistema y acciones, esto también explica el proceso de abajo hacia arriba que tiene lugar en la reproducción: las representaciones sociales no se adquieren tan sólo directamente, de una manera abstracta (y usualmente discursiva), sino también como generalizaciones sobre las experiencias diarias. En situaciones sociales específicas de desigualdad étnica, esas generalizaciones pueden ser sobregeneralizaciones moralmente inaceptables (prejuicios), pero también pueden ser formas de aprendizaje social (correcto, justificado), por ejemplo, cuando las minorías aprenden a detectar e interpretar acontecimientos racistas como tales y, así, adquieren una ideología antirracista.[2]

Resumiendo estos diferentes aspectos de la reproducción social de las ideologías, tenemos, entonces, las siguientes dimensiones:

1) Sistema-Acción: aplicación, utilización e implementación de arriba hacia abajo de creencias ideológicas generales, abstractas, en prácticas sociales concretas.

2) Acción-Sistema: sostenimiento, continuación y cambio de abajo hacia arriba, del sistema social compartido a través de sus usos diarios en prácticas sociales. En esta dimensión, las ideologías son efectivamente construidas, constituidas y cambiadas por prácticas sociales, incluyendo al discurso.

3) Grupo-Miembros: comunicación ideológica, inculcación, enseñanza, socialización e iniciación de nuevos miembros por parte de miembros del grupo (bien informados).

4) Miembros-Grupo: aceptación y cumplimiento o no aceptación, resistencia o disidencia de uno o algunos miembros del grupo, con respecto a la ideología del grupo o sus elites.

5) Local-Global: generalización, extensión, descontextualización de experiencias y opiniones específicas a contextos abstractos, experiencias, casos o circunstancias similares. Aprendizaje social, sobregeneralización, creación de estereotipos, formación de prejuicios y construcción de ideología.

En 4) vemos que la relación grupo-miembro también puede ser revertida cuando los miembros del grupo rechazan o no aceptan la ideología del grupo. Esta puede no parecer una dimensión de reproducción, pero es necesaria para explicar las variaciones personales y el cambio de ideologías, que también son parte de su reproducción. Obviamente, tan pronto como la mayor parte de los miembros rechazan las ideologías o algunas creencias ideológicas, entonces el cambio puede llevar finalmente a la eliminación de las ideologías.[3]

Discurso y reproducción

Muchos de los tipos y modalidades de reproducción analizados arriba, se muestran como discursivos. Las ideologías pueden expresarse en muchos géneros y contextos de discurso y sus respectivas estructuras, como se planteó en los capítulos previos. Esos discursos ideológicos tienen varias funciones, tales como una exhibición del conocimiento, la pertenencia y la lealtad al grupo; la comparación y la normalización de valores y criterios de evaluación; la evaluación de prácticas sociales; la socialización o la persuasión y manipulación. Algunas de estas funciones serán tratadas más específicamente en los próximos capítulos. Aquí me concentro en algunos de los aspectos más generales de la reproducción discursiva de las ideologías.

Contexto

En el capítulo precedente vimos cómo las ideologías pueden intervenir en la construcción o las interpretaciones sociales de las categorías contextuales que, a su vez, restringen (o están influidas o constituidas por) el texto y la conversación. Así, los participantes pueden actuar como hablantes, como proponentes, como periodistas, como representantes de una institución como un periódico, y como miembros de grupos diversos (edad, género, etnicidad, nacionalidad, etc.). En todos estos roles, los participantes pueden poner en ejecución (y, algunas veces, descuidar) las representaciones sociales, incluyendo las ideologías, relacionadas con su identidad social. Esto es, las situaciones sociales en general, y los contextos de discurso en particular, son literalmente el sitio donde se ponen en ejecución las ideologías en la sociedad. Mientras los participantes del habla se identifiquen con, o voluntaria o involuntariamente representen (o tengan que representar) a los grupos e instituciones de los cuales son miembros, ellos contribuyen, por definición, al uso y la reproducción de las ideologías asociadas con estas formaciones sociales.

Los ejemplos mencionados en el capítulo anterior sugieren, sin embargo, que esos alineamientos ideológicos no son directos. En primer lugar, los usuarios de la lengua pueden tener sus propios modelos personales, y éstos pueden estar en relativo desacuerdo con las representaciones sociales que ellos comparten como miembros de grupo, dadas las constricciones de un contexto particular. Ciertamente, sus intereses como miembros de grupo pueden ser menos sobresalientes o menos relevantes que sus intereses personales actuales, y sus intenciones y objetivos pueden estar formulados conforme a ello. En segundo lugar, los usuarios de la lengua son miembros de varios grupos sociales, y, de esta manera, comparten varias representaciones sociales al mismo tiempo. Nuevamente, algunas de estas pueden ser más importantes o más poderosas que otras. El resultado es que los modelos de acontecimiento y contexto que monitorean el evento comunicativo pueden tener contenidos y estructuras que, de muchas maneras, son inconsistentes con los esperados de los miembros leales del grupo. Si esto ocurre con los modelos, lo mismo sucederá con las propiedades del discurso que son una función de estos modelos, tales como el significado derivado de los modelos de acontecimiento (incluyendo las opiniones específicas), la estructura superficial, el estilo, los actos de habla o estrategias interaccionales que están controladas por los modelos de contexto.

Las consecuencias de estos actos complejos y sutiles de manejo interaccional y comunicativo en situaciones sociales específicas son que las ideologías no son simplemente reproducidas en la conversación y el texto por los miembros de los grupos que comparten esas ideologías. Existen variaciones relativamente sustanciales, desviaciones explícitas e intencionales, dilemas, y conflictos personales e interpersonales que deben negociarse y resolverse.[4] En consecuencia, no todas las crónicas de un periódico muestran la ideología o las lealtades políticas del periódico. No todos los periodistas dan siempre prioridad a las ideologías periodísticas en sus crónicas, y no todos los racistas tratarán a las minorías, siempre y en cualquier lugar, con comentarios despectivos.

La imagen empírica que emerge de esta variación puede ser la de que las ideologías, en primera instancia, parecen no "existir": las constricciones locales y personales del contexto pueden distorsionar o prohibir su expresión libre. La pregunta es, entonces, en qué sentido podemos hablar de "reproducción" de ideologías cuando las situaciones sociales tan a menudo impiden su implementación directa. Teóricamente, entonces, podemos explicar la reproducción ideológica sólo cuando damos por sentado que, en los usuarios de la lengua y los contextos, hay "suficientes" ejemplos de expresión ideológica.

¿Cuánto es "suficiente"? Obviamente, esto puede variar. Por ejemplo, puede suponerse que los periodistas deberán seguir, la mayor parte del tiempo, los principios ideológicos de su profesión. De lo contrario, no serán contratados o serán despedidos. Existirán excepciones, especialmente para periodistas altamente calificados o populares, pero habrá un margen de variación dentro del cual deberá permanecer cada periodista cuando trabaje para un medio masivo de comunicación. En algunos casos. por ejemplo, en la función pública, una sola desviación de la "línea partidaria" ideológica puede ser suficiente para que, a un político se lo margine, se lo desacredite o, por votación, se lo desplace de su puesto.

Es interesante notar que la cantidad, como tal, puede no ser la medida correcta. Una afirmación racista pública puede ser suficiente para concluir que alguien está expresando una ideología racista, aun cuando en otras ocasiones estas expresiones estuvieran mejor controladas. La razón fundamental detrás de dicha conclusión es que una persona que no tiene una ideología racista simplemente nunca haría una observación racista notoria. En la práctica, habrá una amplia gama de expresiones de ideología, desde regulares a únicas, para que los otros participantes y los observadores saquen conclusiones sobre las ideologías subyacentes de los miembros del grupo. Algunas de esas expresiones pueden ser muy indirectas y sutiles, y los participantes u observadores ni siquiera pueden darse cuenta de ellas si la ideología que las inspira se da por sentada. Así, la prensa de calidad, incluso la prensa liberal de calidad, puede no hacer comentarios diarios estridentes sobre minorías étnicas o inmigrantes. Sin embargo, más sutil e indirectamente, por ejemplo, por medio de la elección de los tópicos (por ejemplo, sobre crimen, violencia o desviación cultural), puede muy bien crear lentamente una imagen negativa de los otros culturales y así contribuir a la reproducción de una ideología etnocéntrica.

Dados los procesos de memoria, atención y recuerdo, los lectores pueden concentrarse selectivamente en, y memorizar, una historia ocasional en la que las minorías están negativamente representadas, y olvidar la mayor cantidad de historias negativas en las cuales los miembros de su propio grupo mayoritario están representados negativamente. Este es un hallazgo conocido en la atribución diferencial para el propio grupo y otros grupos.[5]

En resumen, las condiciones de reproducción son tan complejas como las estructuras del contexto y el discurso, y las estrategias de procesamiento de la información y representación social combinadas. Bajo qué condiciones se atiende, lee o escucha, se comprende y se representa en modelos un texto o conversación específicos, y bajo qué condiciones estos modelos son aceptados como verdaderos, y generalizados en conocimientos y creencias sociales más abstractos, son preguntas que necesitan ser respondidas en una teoría de la reproducción.

Todo esto también se aplica a la proyección de las ideologías en modelos de contexto y, en consecuencia, a la puesta en ejecución o interpretación del contexto mismo. Las creencias negativas sobre minorías, cuando son emitidas por miembros prominentes de los mismos grupos minoritarios o por un ministro de gabinete blanco, pueden ser mucho más creíbles que las de un miembro de un partido racista. Esto es, la credibilidad es un elemento del proceso de aceptabilidad, y es en sí misma una función de la pertenencia a un grupo del hablante, esto es, una categoría del contexto.

Generalmente, entonces, la aceptabilidad de las creencias, que es el criterio nuclear en la reproducción de las ideologías, depende también de la interpretación y la evaluación de las estructuras del contexto y, especialmente, de los diversos roles y posiciones de los participantes. Incluso las categorías de contexto del dominio comunicativo, tipo de acción y circunstancias, pueden ser especialmente conducentes a la reproducción ideológica, como sucede con las aulas y la educación, el parlamento y los políticos, las salas de redacción y los medios de comunicación. Esto es así, primero, por la credibilidad o el prestigio de los actores sociales involucrados, además de las consecuencias "mediáticas" del texto y la conversación. Un comentario "desgraciado", pero ampliamente publicitado, de un político destacado sobre los inmigrantes puede contribuir más a la reproducción de prejuicios e ideologías étnicos que miles de conversaciones abiertamente racistas que tengan lugar en los hogares de los ciudadanos.

Estructuras del discurso

Si bien las categorías del contexto mismas pueden influir poderosamente en la aceptación de las representaciones sociales, los factores realmente influyentes deberían buscarse por lo general en las estructuras mismas del discurso. Esto es, ¿hay estructuras del discurso que prohíben, perjudican o favorecen la reproducción ideológica? El análisis de las estructuras y estrategias del discurso del capítulo 21 sugiere que las ideologías pueden, en principio, proyectarse en todos los niveles y dimensiones del discurso: gráficos, entonación, sintaxis, significados locales y coherencia, tópicos, estilo, retórica, actos de habla y rasgos interaccionales. No obstante, las estructuras de expresión, *como tales*. usualmente no codifican la ideología: esto sucede principalmente con relación a los significados y funciones subyacentes. Entonces, para transmitir persuasivamente el "contenido" ideológico, desempeña un papel importante, especialmente, la semántica del texto y la conversación.

Para probar esta hipótesis, necesitamos descubrir cómo las variaciones semánticas tienen consecuencias diferentes en la construcción de modelos, y cómo estos modelos pueden, a su vez, ser utilizados para confirmar o construir representaciones sociales. Por ejemplo, los tópicos o las macroestructuras semánticas del discurso representan información dominante e importante, y, en consecuencia, generalmente se les prestará atención, y se utilizarán para construir proposiciones clave (superiores) en los modelos. Si esos tópicos se repiten (por ejemplo, "Indios Negros del Oeste amotinados" en la prensa popular del Reino Unido), entonces la construcción del modelo puede convertirse en una rutina y generalizarse una actitud negativa sobre la juventud negra, o sobre los negros en general, si no hay contraideologías alternativas que puedan provocar el rechazo de esos modelos.

Al mismo tiempo, los lectores con actitudes ambiguas sobre las minorías, pueden encontrar esas expresiones prominentes de parcialidad demasiado crudas para ser creíbles, y pueden no construir los modelos tendenciosos que se pretende. Pueden, sin embargo, ser incapaces de detectar formas más sutiles de sesgo étnico semántico en las crónicas, y, siguiendo su interpretación, construir modelos cuya generalización también conduce a una actitud negativa sobre las minorías. Esto es, además de las condiciones contextuales de credibilidad, también la naturaleza de las estructuras semánticas (y otras) puede tener (para distintos participantes) diferentes influencias en la construcción y aceptación de modelos, y en la subsiguiente generalización a representaciones sociales que son parte de la reproducción ideológica.

La reproducción, sin embargo, no se limita a la interpretación y a las influencias del discurso en las representaciones mentales. También necesita ser tenida en cuenta la producción del evento comunicativo. Esto se ha hecho, en parte, en el análisis del contexto. Esto significa, entre otras cosas, que el acceso a roles sociales específicos, y especialmente roles de elite, provee a los miembros del grupo de medios ampliamente más influyentes para reproducir las ideologías que los que tienen los ciudadanos ordinarios sin mucho acceso al discurso público. Estas son, entonces, las conocidas condiciones sociales que controlan el contexto de la producción.

Pero, además de estas categorías contextuales de posición, roles y pertenencia al grupo, también necesitamos establecer, en primer lugar, qué estructuras del discurso pueden ser controladas de manera más o menos explícita. Parte de este control, como sucede en el caso de programas de televisión, puede ser el resultado de complejos procesos de producción. El control ideológico, en ese caso, presupone que la mayoría de los participantes, y al menos los más influyentes, están ideológicamente en la misma línea. Otra cuestión es si los hablantes o escribientes que tienen control sobre el discurso siempre pueden "traducir" sus ideologías a las propiedades más o menos sutiles del texto y la conversación.

Así, nuevamente, la elección explícita de tópicos negativos con el objeto de despreciar a los otros es relativamente fácil y directa y, simplemente, involucra la proyección de modelos de acontecimiento ideológicamente tendenciosos sobre los tópicos de la conversación y el texto, como en el caso de historias sobre crímenes relacionadas con las minorías. Sin embargo, muchas otras estructuras del discurso, tales como la sintaxis de los titulares, las negaciones semánticas locales, o la elección de metáforas, están controladas sólo moderadamente o no están controladas conscientemente en absoluto. La influencia ideológica del discurso, en este caso, no es intencional sino una expresión relativamente automática de modelos tendenciosos.

Por supuesto, esto no impide la reproducción ideológica. Por el contrario, puesto que no hay un control consciente, no puede haber "autocensura", ya sea por normas predominantes o por valores (por ejemplo, los de la no discriminación), de tal modo que la reproducción ideológica se da sin que los hablantes estén conscientes de ello. Por cierto, cuando se enfrentan con análisis críticos de esas prácticas racistas sutiles, generalmente niegan que son racistas. De este modo, además de la manipulación explícita de modelos y representaciones sociales, la reproducción ideológica puede manifestarse más indirectamente y sin intencionalidad a través de los procesos de producción del discurso que son rutinarios y se dan por sentados. En el próximo capítulo, estudiaré instancias más específicas de estos variados aspectos de la reproducción discursiva de las ideologías.

24

De la cognición al discurso

Introducción

Luego del bosquejo general del papel del discurso en la reproducción de las ideologías del capítulo anterior, estoy ahora en condiciones de detallar algunos los componentes de una teoría apropiada de la reproducción ideológica discursiva. Comienzo donde dejé en la Parte I, esto es, en el nivel cognitivo del análisis, y luego pasaré a las diversas estructuras y estrategias del texto y la conversación que son importantes en la expresión de las ideologías.

Se debería recordar aquí que la base cognitiva de una teoría de la reproducción ideológica no es ni un lujo ni una reducción de lo social a lo personal. En primer lugar, he acentuado que también la mente es social, al adquirirse, compartirse, utilizarse y cambiar socialmente. Muchos aspectos de la estructura social presuponen esos conocimientos y creencias compartidas de los miembros. Gran parte de nuestra mente consiste de representaciones social y culturalmente compartidas. Estas también son necesarias en la comprensión de las experiencias personales y en la realización de acciones individuales y, en consecuencia, también en la producción y la comprensión del discurso.

En segundo lugar, si queremos describir y explicar cómo las ideologías de grupo afectan al discurso, y viceversa, necesitamos aclarar cómo pasamos de las representaciones sociales a las representaciones individuales que representan experiencias personales o texto y conversación personales. La única forma de hacer esto es en términos de una teoría cognitiva del procesamiento del discurso.

Actualmente no hay ninguna teoría alternativa seria que explique cómo las estructuras sociales, incluyendo las de los contextos comunicativos, pueden restringir las estructuras del texto y la conversación: simplemente necesitamos el constructo teórico de las "mentes" de las personas como una interfase entre lo social y lo personal. Como sucede con todas las teorías, sin embargo, esto puede cambiar, de modo que la "arquitectura" mental, tal como se la adoptó de la ciencia cognitiva actual, es, por supuesto, sólo una hipótesis sobre las formas en que las personas producen y comprenden el discurso y realizan muchas otras tareas.

Lo mismo es cierto para el "procesamiento de la información", metáfora predominante en la ciencia cognitiva. En este momento, éste es el único marco teórico viable para explicar el uso de la lengua, la comunicación y los modos en que el conocimiento y otras creencias (por ejemplo, ideológicas) interactúan con el discurso. Sin embargo, también se enfatizó que ese marco resulta incompleto cuando no está inmerso en una teoría más amplia de la interacción social (verbal u otra) y la estructura social. Es decir, las creencias y el discurso tienen dimensiones tanto cognitivas como sociales, y el objetivo fundamental de este libro es conectar esas dos grandes dimensiones.

Producción del discurso

La producción del discurso implica un conjunto de representaciones y operaciones complejas las que, conjuntamente, pueden considerarse teóricamente como una unidad de producción de discurso en la mente. Esta unidad tiene tres módulos principales, a saber, uno pragmático, uno semántico y uno de formulación, que operan en estrecha colaboración.[1]

El módulo pragmático

Cuando las personas quieren hablar o escribir, construyen primero un modelo de contexto relevante. Este modelo selecciona la información relevante de las creencias del hablante sobre la situación social, tal como se describió en el capítulo 22, por ejemplo, el acontecimiento comunicativo en desarrollo (por ejemplo, conversación informal con un amigo, redacción de una crónica, dictado de una clase, o visita al médico), los objetivos o intenciones, el entorno espacio-temporal y los participantes del habla. Como se sugirió antes, ese modelo de contexto puede ser simplemente una especificación relevante del modelo de experiencia actual que el hablante tiene sobre el episodio en curso.[2]

El modelo de contexto, entonces, especifica qué actos de habla adecuados deben ser realizados, y generalmente provee la información que se necesita en los otros módulos (semántico, de formulación) para la producción de un discurso que es apropiado para el contexto presente. En otras palabras, un modelo de contexto contiene un "plan" que incluye toda la información necesaria para realizar un acto de habla apropiado. Por ejemplo, las creencias sobre la naturaleza de la relación social entre hablante y oyente proveen la información adecuada para lograr deferencia o cortesía, tal como pronombres

296

específicos, o el utilizar o evitar elementos léxicos específicos. Todas las posibles variaciones de las estructuras del discurso que no son una función del módulo semántico están controladas por el módulo pragmático y su modelo de contexto presente. Esto es, los actos de habla, la interacción, al igual que las dimensiones estilística y retórica del texto y la conversación, son controlados por este módulo pragmático.

En otras palabras, mientras que el módulo semántico especifica *qué* quieren decir o escribir las personas, el módulo pragmático controla *cómo* deben hacerlo en un modo interaccional y socialmente apropiado y efectivo, cómo el discurso "encaja" en el contexto presente, y qué actos sociales se logran con el discurso.

Mientras que en la escritura o la comunicación monológica, el modelo de contexto puede ser relativamente fijo durante la producción, en la interacción conversacional ese modelo es, por supuesto, continuamente actualizado, debido a la retroalimentación recibida de los otros participantes. Los modelos de cada participante en un evento comunicativo serán parcialmente idénticos o similares, pero también parcialmente diferentes: cada participante interpreta y representa el "contexto presente" de una manera al menos ligeramente distinta. Estas diferentes construcciones pueden ser la base de malentendidos y conflictos comunicativos, a pesar de que los usuarios de la lengua tienen estrategias efectivas para resolver esos problemas de comprensión.

El módulo semántico

El módulo semántico provee la información necesaria para la construcción del significado del discurso. Puede recurrir prácticamente a todas las representaciones en las memorias personal y social. Esto no sorprende, ya que podemos hablar sobre casi todo lo que sabemos o creemos, incluyendo lo que otras persona conocen o creen. Con el objeto de hablar sobre experiencias personales pasadas o presentes, al igual que sobre intenciones para acciones futuras, o sobre lo que los usuarios de la lengua saben por otros o por los medios masivos sobre cualquier situación o acontecimiento, ellos recurren a los modelos de experiencia y acontecimiento relevantes en la memoria personal. Pero conocen y creen mucho más que los hechos específicos representados en sus modelos sobre experiencias personales. Por ejemplo, también pueden querer expresar representaciones sociales, es decir, lo que *nosotros* sabemos y creemos en nuestro grupo o cultura.

Obviamente, las personas por lo general no expresan todo lo que saben o creen, simplemente porque todo esto no sería relevante en la situación presente, porque los receptores ya pueden conocer o creer muchas de estas cosas o porque, por algún motivo, no quieren que los receptores sepan lo que ellos saben o creen. Estas restricciones son contextuales y, por lo tanto, son provistas por el módulo pragmático y la información del modelo de contexto (la representación de lo que el hablante cree sobre las creencias del receptor). Generalmente, entonces, se seleccionará sólo un pequeño fragmento de la información contextualmente relevante de los modelos de acontecimiento para la construcción del significado del discurso. Otra información se mantendrá implícita, y puede, cuanto mucho, ser señalada por medio de estructuras de discurso apropiadas, de modo tal que los receptores puedan inferirla cuando necesiten o quieran hacerlo. Obviamente, cuanto mayor sea la cantidad de creencias ya compartidas por los participantes, el discurso puede dejar más significado (que representa esas creencias) implícito.

El resultado de la operación combinada (en curso) de los módulos pragmático y semántico es una representación semántica. Mientras que nuestro conocimiento, tal como se lo representa en modelos personales de acontecimiento, bien puede ser accesible y estar a disposición, usualmente no sabemos por adelantado qué información del modelo estará incluida en esta representación semántica. Esto es, los usuarios de la lengua pueden recurrir a estrategias efectivas que les permiten adaptar continuamente la selección de lo que saben y creen a las restricciones del modelo de contexto construido y actualizado sobre la marcha (por ejemplo, lo que piensan que es interesante para los receptores, lo que necesitan decir con el objeto de continuar siendo coherentes, etcétera).

Lo que los usuarios de la lengua normalmente sí conocen por adelantado, sin embargo, son los *tópicos* o temas del discurso (o fragmento del discurso) que están a punto de producir. En el módulo semántico, por lo tanto, estos tópicos globales, o macroestructuras semánticas, cumplen un papel estratégico fundamental: permiten no sólo la planificación global (y la comprensión global) del discurso, sino también el manejo de una gran cantidad de información por un período más prolongado de habla o escritura (o lectura).[3] Los tópicos, entonces, también les permiten a los usuarios de la lengua hacer sus discursos coherentes y anunciar a los receptores sobre qué van a hablar (lo que puede ser esencial para tomar la palabra o captar la atención). Es también por esta razón que muchos tipos de discurso específicamente expresan al principio los tópicos "que vienen", por ejemplo, en diversas formas de anuncios, sumarios o titulares. En la comprensión, esto permitirá a los receptores activar o construir la estructura superior de los modelos mentales relevantes: sabrán "sobre qué" tratará el discurso, y este conocimiento facilita la comprensión subsiguiente.

Bajo el control global de los tópicos, el módulo de producción semántica produce, finalmente, los "significados" reales del discurso, en la forma de una secuencia de proposiciones localmente coherentes. Esto sucede seleccionando las proposiciones de niveles inferiores más detallados, del modelo que un hablante tiene sobre un acontecimiento. Como se sugirió, el modelo de contexto especifica qué información de nivel inferior será apropiada para la expresión real, y qué información puede dejarse implícita. Además de la construcción de una coherencia local mínima, el hablante también puede dar forma a sus representaciones semánticas siguiendo estrategias que permiten la diferenciación de importancia, foco, primer plano, y otras formas de distribución y énfasis de la información. Obviamente, esta producción lineal del (los) significado(s) de un discurso es también un proceso estratégico, en desarrollo, en el cual las construcciones de otros módulos puede influir en la presente producción de significado: el pensamiento y las inferencias en curso, las percepciones y experiencias actuales, las interpretaciones de las reacciones de los receptores (en el discurso oral), al igual que cualquier cambio en el modelo de contexto en curso.

El módulo de formulación

El módulo de formulación toma el producto de los módulos pragmático y semántico y genera emisiones reales en una lengua natural dada, utilizando las diversas reglas discursivas, la gramática y el léxico de esa lengua. Este proceso de producción es extraordinariamente complejo. Tiene lugar en la memoria activa y tiene también una naturaleza estratégica, con retroalimentación continua de los módulos pragmático y semántico. La producción es lineal, y prosigue palabra por palabra, frase por frase, cláusula por cláusula, traduciendo gradualmente unidades de representaciones semánticas, tales como conceptos o proposiciones, a expresiones léxicas en su orden gramatical apropiado. Si bien los errores pueden ser corregidos, la naturaleza estratégica de la producción del discurso permite una gran cantidad de "imperfecciones", siempre y cuando el usuario de la lengua sea comprendido y hable o escriba apropiadamente en el contexto presente.

Las estructuras semánticas específicas de los significados a expresar, pueden, entonces, proyectarse a las estructuras sintácticas específicas (orden de las palabras, estructura de las cláusulas); el agente puede, por ejemplo, estar incluido en la expresión de un elemento léxico en posición inicial ("temática") y como sujeto de la oración; las relaciones entre proposiciones pueden estar marcadas por funciones condicionales o conectivas, y los tópicos principales pueden estar ubicados arriba, al comienzo, en los titulares.

En estos ejemplos vemos también que el módulo de formulación no solamente convoca a la gramática y el léxico, sino también a otras reglas y estrategias de la estructura del discurso, tales como las estructuras de las historias o las crónicas. Para escribir una crónica, un periodista sabe que ésta debe tener un titular (o esperará que alguna otra persona escriba una para la crónica) y un encabezamiento como categorías iniciales del discurso, y que éstas deberán expresar la información más destacada en el contexto presente, es decir, los tópicos construidos para el discurso presente.

Finalmente, cuando se lo combina con expresiones léxicas, el "contenido" ·
semántico derivado del módulo semántico (y su modelo de acontecimiento) y
controlado por el módulo pragmático (y su modelo de contexto) será realmente
expresado en el habla o la escritura, siguiendo las reglas fonológicas usuales,
por ejemplo, de entonación, o las reglas gráficas para el género en cuestión.

Produciendo ideología

Los detalles de estos módulos no son importantes aquí.[4] Mi breve resumen tiene simplemente el propósito de dar una idea de cómo las representaciones mentales "entran" en el texto y la conversación reales. A la inversa,
también explican cómo la comprensión del texto y la conversación puede
contribuir a la construcción de representaciones mentales. La cuestión ahora es
cómo las ideologías pueden interferir en estos procesos. Nuevamente, hay
varias maneras en que esto puede suceder.

Expresión directa

Puesto que, bajo condiciones especiales, todas las representaciones mentales accesibles están disponibles para la expresión directa, las proposiciones
ideológicas también pueden expresarse, algunas veces, directamente. Esto es,
si las restricciones contextuales del módulo pragmático lo permiten, el módulo
semántico puede seleccionar directamente las proposiciones ideológicas pertinentes como input para las representaciones semánticas (significados) del
discurso. Este es, por ejemplo, el caso de los discursos ideológicos explícitos,
tales como la propaganda, el análisis teórico, y de los discursos en los cuales la
explicación, justificación o legitimación ideológicas están en juego. Las personas, en ese caso, hablan, en primer lugar, como miembros de un grupo, y
expresan aquello en lo que "nosotros" creemos. En una disputa con los
sindicatos o el gobierno, por ejemplo, los gerentes pueden directamente
sostener que "el mercado no quiere ninguna interferencia del gobierno".
Obviamente, esas expresiones directas pueden combinarse con otras más
particulares, como las experiencias personales. Las conclusiones morales de
historias sobre minorías, por ejemplo, pueden expresar la evaluación negativa
de grupo de que "nosotros, aquí, no estamos habituados a eso". Dada la
naturaleza abstracta y general de las creencias ideológicas, también los significados (y sus formulaciones) necesitan ser generales y abstractos, e incluyen
conceptos y expresiones genéricas.

Expresiones directas particularizadas

Las creencias ideológicas pueden también expresarse a través de la particularización (o especificación) en modelos mentales en la memoria episódica (personal) de las proposiciones generales de la memoria social. Por ejemplo, en lugar de hablar sobre mercados y gobiernos en general, algunos gerentes pueden decir que a *ellos* no les gusta la interferencia de *este* gobierno. Las justificaciones a menudo incluyen esas expresiones directas particularizadas. Como una estrategia de autopresentación positiva, las personas pueden comenzar una afirmación sobre minorías diciendo "Yo no tengo nada en contra de las minorías, pero...". La primera cláusula de este tipo de emisiones que efectúan una negació aparente particulariza para el hablante presente la opinión general, derivada de una ideología no racista, de que uno no debería decir cosas negativas sobre las minorías. Esto es, tan pronto como se aplican reglas morales, actitudes e ideologías generales al contexto presente y a sus participantes, tenemos un ejemplo de una expresión directa particularizada de las ideologías. En términos formales, esto significa que las variables se reemplazan por las constantes (para participantes, tiempo, lugar, etc.) del contexto presente.

Expresiones directas de actitudes ideológicas

Lo que se ha dicho sobre la expresión directa de las ideologías también se aplica a la expresión directa de las *actitudes* de un dominio específico controladas por las ideologías. Por ejemplo, bajo el control de una ideología racista, los miembros del grupo pueden decir que están a favor de una restricción de la inmigración de gente no europea. Al igual que con la expresión de las ideologías, ellos pueden hacerlo en términos generales, abstractos, utilizando el reflexivo de grupo "nosotros", o pueden hacer esto en forma particular utilizando pronombres personales ("yo", "nosotros") con referencia a participantes específicos o subgrupos.

En todos los casos mencionados arriba, la información de representaciones sociales está directamente combinada con las constricciones del módulo pragmático e introducida en el módulo semántico de la unidad de producción del discurso. A la inversa, en la interpretación y el análisis (crítico), el discurso producido de esta manera puede ser comprendido como una expresión explícita o señal indirecta de esas creencias ideológicas. No deberíamos olvidar, sin embargo, las posibles restricciones del modelo de contexto: tanto los receptores como los analistas deberían saber que esas expresiones pueden ser efectuadas por razones sociales especiales, tales como acatamiento social, o la realización de objetivos específicos (por ejemplo, conseguir un trabajo). Esto es, el módulo pragmático puede requerir que las personas sean corteses, que tengan tacto o, que de alguna manera se vean obligadas a esconder sus "opiniones reales".

Expresión de modelos de acontecimiento

La mayor parte del discurso trata sobre experiencias y hechos concretos y, en consecuencia, deriva su información de los modelos de acontecimiento, como se describió más arriba. Las creencias ideológicas y actitudinales de grupo, en este caso, pueden ser particularizadas y aplicadas a situaciones personales concretas. En lugar de opiniones generales sobre la no interferencia del gobierno en el mercado, podemos, por ejemplo, tener una historia periodística en la cual gerentes específicos rechazan una política gubernamental que los obliga a registrar el número de miembros de minorías étnicas en las empresas, con el objeto de obtener información sobre el empleo de minorías y la discriminación. Del mismo modo, las creencias sobre las actividades delictivas de un vecino turco, las que pueden estar o no basadas en experiencias personales del narrador de la historia, pueden igualmente ser una particularización y aplicación de la opinión ideológica general de que los miembros de minorías son delincuentes. Una vez que forma parte del modelo de acontecimiento (la construcción personal o interpretación del acontecimiento), esta opinión personal puede usarse como input para el módulo semántico: bajo las restricciones del modelo de contexto, las personas pueden incluir o no esas opiniones en la representación semántica de una historia o un argumento.

Expresión del modelo de contexto

Puesto que todos los modelos pueden, entonces, estar ideológicamente influidos, esto también sucede con los modelos de contexto. Las personas pueden representar a los coparticipantes de un modo negativo tan sólo porque son miembros de grupos sociales específicos. Sus intenciones, objetivos y acciones pueden representar creencias derivadas de ideologías y actitudes, por ejemplo, cuando ellos directamente pretenden menospreciar a los coparticipantes. De este modo, emitir una orden, intencionalmente o sin ninguna intención, en lugar de un pedido amable en un contexto en el cual aquélla no sería apropiada, puede contar como un acto de discriminación. Lo mismo es cierto para las restricciones contextuales sobre deferencia y cortesía, y otras condiciones interaccionales de corrección.

Las representaciones negativas de otros participantes influyen, de muchos modos, en los módulos semántico y de formulación. Creencias de modelos de acontecimiento que normalmente no se expresarían en razón de restricciones contextuales de cortesía o no discriminación, pueden admitirse ahora en la representación semántica del discurso. Del mismo modo, esos modelos de contexto "distorsionados", también pueden afectar directamente a diversas estructuras expresivas, por ejemplo, en el uso de pronombres o entonación descorteses, y pueden seleccionarse unidades léxicas que señalen las opiniones negativas sobre las personas a las que, o de las que, se habla.

El papel fundamental de los modelos de contexto en el moldeado (e interpretación) del discurso por los participantes en eventos comunicativos, nuevamente nos debería advertir que un análisis ideológico "directo" del discurso es teórica y prácticamente imposible. Siempre deberíamos conocer los detalles del contexto para saber si está en funcionamiento un control ideológico, y de qué tipo. Por cierto, la "misma" afirmación puede tener una fuente ideológica en un contexto, pero no en otro, dependiendo del hablante, de la pertenencia a un grupo, de las intenciones y objetivos, las circunstancias, etc. Las personas pueden, por muchos motivos, ocultar sus creencias personales o de grupo, o pueden expresar creencias que no tienen. Pueden fingir, mentir, disimular, ser irónicos o metafóricos y, de muchas otras formas, decir lo que no significan literalmente. De este modo, los contextos "afinan" los significados y las expresiones del discurso, y sin conocimiento de esa afinación, no podemos comprender, inferir o criticar el discurso o el acto comunicativo. En el análisis de estrategias ideológicas y discursivas específicas en los siguientes capítulos, esta importante advertencia será debidamente atendida.

Comentario final

Los procesos de producción del discurso brevemente tratados en este capítulo parecen superponerse con los modos en que las ideologías subyacentes controlan otras representaciones sociales, tales como las actitudes, las que a su vez pueden influir en las opiniones de los modelos de contexto y acontecimiento que finalmente definen el contenido de los módulos de producción del discurso. La producción y la reproducción discursivas e ideológicas, entonces, marchan paralelas pero, al mismo tiempo, se ha mostrado que la expresión de las ideologías usualmente requiere varias etapas. Pocos discursos son completamente ideológicos en el sentido de que expresen ideología de grupo "pura". Sin embargo, las opiniones ideológicas generales pueden, por supuesto, aplicarse en modelos específicos y, de este modo, proveer la base ideológica para la producción real del discurso.

25

Persuasión

Influir sobre la mente

Si bien el marco teórico propuesto en los capítulos anteriores explica tanto el lado de la expresión como el de la recepción de las relaciones entre discurso e ideología, la teoría se centró principalmente en los modos en que se expresan las ideologías en el texto y la conversación. En este capítulo y en el próximo, tomaré la otra perspectiva y examinaré algunas de las estrategias discursivas y cognitivas de los modos en que el discurso ideológico puede ser utilizado persuasivamente en la formación o cambio de las ideologías. Así, suponiendo que los miembros de un grupo expresan efectivamente sus ideologías en sus discursos, ahora necesitamos saber los "efectos" de esos discursos en las mentes, tanto de los miembros que pertenecen al grupo, como en las de aquéllos de otros grupos.

Como en el caso de otras nociones fundamentales estudiadas en capítulos previos, la noción de "efectos" y "persuasión" han dado origen a una enorme cantidad de literatura en la psicología social y la investigación en comunicación mediática.[1] Los resultados empíricos de todo este trabajo, especialmente en la tradicional investigación de los estudios de los efectos de la comunicación masiva, han sido, cuanto mucho, poco concluyentes. Los medios masivos, que, indudablemente, son los principales medios de reproducción ideológica en las sociedades contemporáneas, han sido descriptos de modos diversos, como poderosos o como incompetentes para influir las mentes de la audiencia. Algunas investigaciones enfatizan que lo mínimo que pueden hacer es fijar la agenda del discurso y opinión públicos. Esto es, pueden no decirle a la gente qué pensar, pero pueden ser bastante efectivos para influir en aquello en lo que la gente pensará.[2]

Este no es el lugar para revisar esa vasta tradición investigativa. Un problema importante de la mayor parte de la investigación previa es su insuficiencia teórica en la explicación de los dos dominios principales implicados en las nociones de "efecto" y "persuasión", a saber, el discurso y la mente. Esto es, con el objeto de poder decir algo analíticamente aceptable sobre la influencia del discurso, uno necesita una teoría explícita sobre las diversas estructuras del texto y la conversación y sus contextos, al igual que una teoría cognitiva de la comprensión del discurso y otras representaciones mentales involucradas en la comprensión y los efectos cognitivos. Este último problema ha comenzado a ser tratado tan sólo recientemente, mientras que los enfoques analíticos del discurso aún muestran carencias en la investigación de los efectos y la persuasión, principalmente como consecuencia del desafortunado aislamiento de la investigación empírica (léase: experimental) en la mayor parte de la psicología social, especialmente en los Estados Unidos.

Otro problema importante para mi análisis es la confusión sobre el tipo de representaciones mentales comprometidas en los procesos de cambio involucrados en los efectos persuasivos del discurso. Usualmente no se ha efectuado ninguna distinción entre opiniones y actitudes, como tampoco entre cambios personales o contextuales y los cambios socialmente compartidos a largo plazo, como sucede con la influencia ideológica. A pesar de que se ha trabajado sobre los cambios de actitud en circunstancias más naturales, la mayor parte del trabajo experimental se concentra en cambios a corto plazo, experimentalmente controlados, observados en el laboratorio. Además, buena parte del trabajo también está obstaculizada por la extraña división del trabajo entre psicólogos cognitivos y sociales, los primeros de los cuales tratan el conocimiento y el aprendizaje, y los segundos las opiniones y actitudes, a pesar de que, en ambos casos, los procesos y representaciones involucrados están estrechamente relacionados.

Diferentes tipos de influencia y persuasión

Con este trasfondo, entonces, el análisis de la persuasión debe estar basado en la teoría de la cognición y el procesamiento del texto resumida en los capítulos anteriores. Las implicancias de este enfoque para el estudio de la influencia ideológica del discurso son las siguientes:

1. La comprensión y la influencia del discurso constituyen un proceso complejo que es una función tanto de las estructuras del discurso como del procesamiento y la representación mental del receptor. Esto es, si las personas son influidas o no, y cómo, por la conversación y el texto, también depende de lo que ya saben y creen.

2. La comprensión del discurso no sólo implica el procesamiento de las estructuras del texto y la conversación, sino también, y de modo esencial, las del

contexto tal como los receptores lo construyen subjetivamente en sus modelos de contexto. En mis propios términos, esto significa que la construcción o cambio de cualquier representación mental de acontecimientos es una función de los contenidos y estructuras de los modelos de contexto en desarrollo. Una noción conocida que debe ser explicada en esos términos es, por ejemplo, la de "credibilidad".

3. Si bien las relaciones entre creencias fácticas (conocimiento) y creencias evaluativas (opiniones, actitudes) son bastante complejas, puede suponerse generalmente que los discursos tienen influencia en las creencias evaluativas sólo cuando son, al menos, marginalmente comprendidos. En otras palabras, la persuasión presupone la comprensión. Solamente en circunstancias muy específicas, las personas pueden ser persuadidas por los discursos que no comprenden, e incluso entonces una comprensión al menos parcial es una condición mínima para la formación y cambio de la opinión.

4. Si se define a la persuasión como un proceso en el cual las personas cambian sus opiniones como consecuencia del discurso, es fundamental hacer una distinción entre los diferentes tipos de creencia evaluativa y, en consecuencia, entre los diferentes tipos de persuasión. De este modo, ya se hizo una distinción entre opiniones personales y opiniones socialmente compartidas. Las primeras están representadas tanto en los modelos de acontecimiento como en los modelos de contexto, almacenados en la memoria episódica (personal); las últimas, en las representaciones sociales, tales como actitudes e ideologías, almacenadas en la memoria social. Además, se debería distinguir entre opiniones particulares y generales o abstractas. La mayor parte de las actitudes socialmente compartidas están, por definición, desligadas del contexto y, por lo tanto, son abstractas y generales. Las opiniones personales pueden ser tanto particulares como generales: puede disgustarme mi jefe hoy, puede disgustarme mi jefe en general y pueden disgustarme todos los jefes. Las opiniones socialmente compartidas también pueden cambiar, pero debido a que se las adquiere con bastante lentitud, esos cambios también llevan tiempo. En resumen, a diferencia de muchos trabajos tradicionales sobre actitudes y cambio de actitudes, no fusiono simplemente todas las creencias evaluativas dentro de una categoría indiferenciada de "actitudes". El concepto de actitud aquí es utilizado con su sentido original de (un conjunto de) opiniones socialmente compartidas.

5. Se deriva de estas distinciones que los discursos pueden afectar diversamente a esos diferentes tipos de creencias evaluativas. Mi conversación se puede dirigir ahora, temporariamente, a la formación o cambio de una opinión particular de mi receptor hoy, o puede tener efectos más generales: el cambio de opinión puede ser más permanente, o puede afectar opiniones más generales y abstractas del receptor. Y, por último, una gran cantidad de discursos puede tener efectos persuasivos sobre un gran número de miembros

de grupo y, de este modo, construir o cambiar gradualmente sus representaciones sociales, tal como es el típico caso del aprendizaje más "estructural" del discurso educativo o del discurso de los medios. Obviamente, la adquisición o cambio de ideologías pertenece al último tipo de cambios, basados en el discurso, de la "mente social" compartida por los miembros de un grupo, sociedad o cultura.

6. En principio, todo discurso puede tener efectos ideológicos, ya sea que exprese o no las ideologías explícita o implícitamente. En la práctica, sin embargo, a menudo limitamos la investigación de la influencia ideológica a aquellos discursos que expresan ideologías. Esto es, si estamos interesados en la producción y reproducción de las ideologías, usualmente nos concentraremos en la presencia o ausencia de efectos ideológicos del discurso ideológico.

7. También se desprende de las distinciones teóricas hechas antes que el análisis de todos los procesos de efecto, influencia o persuasión necesita relacionar detalladamente las estructuras del texto y del contexto con las del procesamiento del discurso a corto plazo, al igual que con los detalles de las representaciones mentales en la memoria, tanto episódica (personal) como social.

La influencia ideológica

Luego de este breve resumen de algunos de los principios fundamentales presupuestos en el análisis de la influencia ideológica del discurso, volvamos ahora, más específicamente, a las estructuras y estrategias discursivas y cognitivas implicadas en la formación y cambio de las ideologías como un resultado de la comunicación verbal.

Además del discurso verbal, otros mensajes semióticos (imágenes, fotos, películas, etc.) al igual que otras prácticas sociales, también pueden tener "efectos" ideológicos sobre los miembros sociales. Ciertamente, muchas prácticas sexistas, así como las ideologías de los hombres, pueden estar inspiradas en la observación, la interacción y las películas que se ven, y no tan sólo por la conversación y el texto que tiene lugar entre hombres sobre las mujeres. Sin embargo, en el resto de este libro, daré por sentadas esas otras influencias semióticas y "prácticas", y me concentraré en el discurso, en el entendimiento de que los procesos básicos de la influencia ideológica involucrados son muy similares.

Condiciones cognitivas

La influencia discursiva sobre las ideologías presupone una serie de condiciones cognitivas. Antes de que se adquieran y cambien las ideologías, la gente ya tiene un gran número de creencias fácticas y evaluativas, representadas de los modos explicados anteriormente. Durante la socialización, educación e interacción entre pares, entonces, el conocimiento personal de los miembros de grupos y culturas sobre personas, acontecimientos y hechos concretos se extiende gradualmente con las creencias socialmente compartidas. Esto es, las personas aprenden que otras personas, en circunstancias similares, tienen las mismas o similares creencias, o, viceversa, aprenden a aceptar (o rechazar) lo que otros les dicen. En otras palabras, la adquisición de nuevas ideologías por usuarios competentes de la lengua y miembros sociales no se produce sobre una "tabla rasa".

De este modo, en términos generales podemos suponer que la persuasión ideológica está facilitada por la falta de conocimiento social y político, si los receptores no tienen opiniones alternativas, y si las proposiciones ideológicas obviamente no están en conflicto con sus experiencias personales.[3]

Más específicamente, los miembros sociales han aprendido en forma gradual a distinguir entre creencias fácticas (verdaderas o falsas) y creencias evaluativas, esto es, entre creencias que en principio deberían seguir, o volverse verosímiles por, los criterios de verdad, y aquellas creencias que representan las evaluaciones personales de situaciones, acontecimientos, objetos, personas o sus propiedades, en términos de valores culturales compartidos. Como se sugirió, ellos también han adquirido la competencia cognitiva que les permite distinguir entre sus opiniones personales y las de los otros, y que los grupos de personas tienen algunas veces las mismas o similares opiniones.

Y, finalmente, las personas han aprendido que sus propios conocimientos, al igual que sus creencias, y los conocimientos y creencias de otros, pueden cambiar como una consecuencia de lo que otros les dicen. Para el cambio del conocimiento, esto normalmente significa que los hechos deben ser sostenidos por los criterios de verdad corrientes (o científicos), tales como observación confiable, correcta inferencia o comunicación originada en fuentes creíbles. Para las opiniones, por otro lado, el cambio generalmente está relacionado con "buenos argumentos", basados tanto en hechos como en valores básicos sobre lo que es bueno o malo, correcto o incorrecto.[4]

En resumen, la adquisición de ideologías se produce en un ambiente rico y bien desarrollado social y cognitivamente: las personas saben que otros pueden tener las mismas opiniones u opiniones diferentes sobre el mundo, y que esas opiniones pueden ser influidas por el discurso. En un estadio posterior, aprenden a discernir que la distribución de las opiniones de los "otros" no es arbitraria, sino que diversos "tipos" de personas también tienden a tener diversos "tipos" de opiniones, y que muchas opiniones coinciden. Como en el caso de todo el aprendizaje social, pueden adquirir esas comprensiones indirectamente sobre la base de sus propias observaciones e interacciones, o más directamente por medio del discurso: pueden escuchar de sus padres, amigos, cuentos infantiles o de la televisión, que las personas no sólo tienen opiniones que pueden cambiar o permanecer relativamente inalterables, sino también que la pertenencia al grupo puede estar relacionada con lo que la gente específicamente piensa o debería pensar. Por cierto, la adquisición temprana del conocimiento de género y roles es un ejemplo en el que los niños y las niñas aprenden que pueden tener opiniones diferentes, precisamente porque son niños y niñas.

Al mismo tiempo, las personas aprenden a comprender que muchas de las opiniones generales tempranas (por ejemplo, sobre niños y niñas y mayores o, en general, "nosotros" y "ellos") parecen ser adecuadas para la evaluación de muchas situaciones y acontecimientos diferentes. Es entonces cuando las actitudes más complejas que adquirieron durante la adolescencia comienzan a cristalizarse en sistemas ideológicos fragmentarios con los cuales pueden identificares personalmente.

Condiciones sociales

La adquisición de representaciones sociales no sólo tiene condiciones cognitivas como las resumidas arriba informalmente, sino también condiciones sociales. Las personas han aprendido que la interacción social en general, y el discurso en particular, son relevantes para la manera en que ellos y los otros adquieren o cambian sus opiniones. Saben que tienen que defender las suyas contra las de los otros, y comprenden que los otros argumentan a favor de sus propias opiniones. Y han comprendido que las opiniones no son solamente personales, sino que también pueden estar relacionadas con el grupo o la pertenencia a una categoría (ser un muchacho, una chica o un niño). En resumen, saben que las opiniones son, frecuentemente, sobre acontecimientos o asuntos sociales, que a menudo son compartidas o combatidas por otros, adquiridas o desafiadas en la interacción social, y ligadas a los grupos sociales y diferentes para "nosotros" y para "ellos".

Obviamente, ese conocimiento sobre la adquisición y cambio de opinión tiene su base social "empírica" en las variadas formas de la interacción social, la comunicación y las relaciones de grupo de las cuales los miembros sociales son parte. Esto es, las ideologías, al igual que otras representaciones sociales, son una construcción tanto cognitiva como social: no sólo son mentalmente compartidas con otros como formas de cognición social, sino también producidas socialmente con otros como miembros de grupo.

Todo esto también se aplica a las dimensiones cognitiva y social del discurso y sus influencias ideológicas. Los miembros no solamente han adquirido la competencia social para comprender las opiniones de los otros, sino que también saben que éstas se expresan específicamente en el texto o la conversación, y a menudo en forma de argumentos. Saben que las personas pueden expresar persuasivamente tanto sus propias opiniones como la del grupo u organización a la que pertenecen. La interacción discursiva cotidiana en la cual se expresan las opiniones son ellas mismas, a menudo, parte de ordenamientos, organizaciones o instituciones sociales más amplios.

Los niños leen o escuchan historias y miran televisión y saben que las opiniones pueden ser expresadas por los políticos que hablan o que son citados en televisión o en el periódico; y lo mismo es cierto para la expresión de opiniones por los sacerdotes en los sermones en la iglesia, por los maestros en las lecciones en la escuela, o por los padres o madres en el hogar. Muchas de estas opiniones parecen ser recurrentes en las mismas situaciones sociales, expresadas por miembros del mismo grupo (otros políticos, otros maestros, otros padres, otras jóvenes), y es en esos contextos sociales, entonces, donde los grupos y sistemas de creencias sociales tienden a ser asociados a estructuras sociales, a grupos sociales a intereses sociales y a la conversación y el texto propios de los miembros de esos grupos. En resumen, a través de procesos bastante complicados de percepción, interacción, comunicación y discurso sociales, los miembros de grupo adquieren gradualmente la noción misma de actitudes de grupo.

La complejidad social y cognitiva implicada aquí sugiere que la misma noción de ideología, que difícilmente sea una noción de sentido común para los niños más pequeños, al igual que las ideologías mismas, se adquieren gradualmente sólo durante la adolescencia. Por cierto, la definición de ideología en términos de un esquema complejo de categorías que definen las evaluaciones del grupo propio y sus propiedades (identidad, actividad, objetivos, normas, relaciones de grupo y recursos) sugiere que las personas sólo adquieren ideologías cuando han aprendido qué significa ser miembro de un grupo. Esto es, de pensar en términos de "yo", deben aprender a pensar en términos de "nosotros" y "ellos", a distinguir diferencias de grupo, identificarse con el grupo, participar en sus actividades, compartir algunos de sus objetivos, sujetarse a sus normas, valores y reglas, haber participado en la interacción y el conflicto entre grupos, y habérseles dado (o negado) el acceso a los recursos sociales.

Como tal, este esquema ideológico y las condiciones sociales de su adquisición (social), no necesariamente son adquiridos sólo en la adolescencia: los niños ya tienen adquiridas, en cuanto a edad y género, muchas de las experiencias sociales acerca de grupos y relaciones sociales involucradas: saben que sus mayores a menudo tienen opiniones diferentes de las de los niños, y que niños/hombres y niñas/mujeres también pueden tener esas diferencias, y entonces, habrán aprendido a identificarse a sí mismos como niños, a actuar como niños, a defender sus intereses o recursos especiales, etc. En otras palabras, aunque se adquieran las ideologías sociopolíticas mucho más tarde, las condiciones sociales de la socialización primaria y secundaria son tales que los niños ya aprenden en una etapa temprana las condiciones cognitivas y sociales relevantes de pertenencia al grupo y los modos en que esa pertenencia está relacionada con las opiniones.[5]

Comprensión del discurso de opinión

Bajo las condiciones sociales y cognitivas resumidas más arriba, los miembros sociales se encuentran, rutinaria y cotidianamente, con muchos tipos de discurso que expresan opiniones sociales relevantes. Para que esos discursos tengan consecuencias en la formación de ideologías, necesitan ser comprendidos en general, y necesitan ser comprendidos como expresión de opiniones, en particular. Esto no significa que el discurso que expresa creencias fácticas no desempeñe un papel en la formación de ideología. Lo hace. Podemos aprender diariamente sobre los duros hechos de las matanzas en Bosnia, y podemos nosotros mismos asociar con estos hechos las evaluaciones que apoyen o desafíen, por ejemplo, actitudes sobre los serbios, croatas y musulmanes, o sobre ejércitos, o ideologías sobre conflictos étnicos o sobre el pacifismo en general. Si bien las explicaciones que efectúan los medios de los hechos en Bosnia están, obviamente, repletas de opiniones críticas, que también influirán en nuestras propias actitudes, este ejemplo también muestra que la formación de ideologías específicas no necesita producirse a través de discursos explíci-tos de opinión. Puede bastar que la gente tome lo que ve como los "hechos" y dé su propia evaluación personal o socialmente compartida de ellos sobre la base de valores específicos, en este caso, los de la no violencia o aquellos que defienden al débil contra el fuerte.

Con esta importante advertencia en mente, sin embargo, las opiniones que se infieren del discurso a menudo están preformuladas en los discursos mismos. Comprender esos discursos de opinión tiene dos consecuencias cognitivas. Las personas representan los acontecimientos (como los de la guerra de Bosnia) en sus modelos de acontecimiento y, al mismo tiempo, las opiniones sobre estos eventos, también, en el modelo de acontecimiento. Por otro lado, ellas pueden representar los acontecimientos en el modelo de acontecimiento, pero pueden separar las opiniones expresadas por el texto como opiniones del hablante o del escribiente, y, entonces, almacenar esas opiniones en el modelo del hablante/escribiente, que es parte del modelo de contexto.

En el segundo caso, el receptor puede estar de acuerdo o no con esas opiniones, pero al menos puede representarlas como las opiniones de un escribiente o hablante particular. La conclusión de que los receptores construyen esos modelos de hablantes/escribientes se deriva del hecho de que los receptores pueden, por lo general, reproducir más tarde las opiniones del hablante/escribiente. Cuando son generalizados, estos modelos pueden, más tarde, incluso permitirles a los receptores concluir que el hablante/escribiente es un pacifista o un militarista, que está a favor o en contra de los serbios, etc., aun cuando no recuerden los hechos concretos del modelo de acontecimiento.

Si las opiniones se almacenan con la representación mental de los acontecimientos mismos, esto es, como parte de un modelo de acontecimiento, podríamos suponer que la opinión es provisionalmente aceptada o adoptada por el receptor. Del mismo modo en que se puede evaluar el discurso que se comprende como más o menos fáctico y como probablemente verdadero o falso, sobre la base de los criterios de verdad, los argumentos y lo que los receptores ya saben o creen, también las opiniones expresadas en el discurso pueden ser evaluadas así. Si se ajusta a las opiniones personales o sociales generales del receptor, entonces la opinión puede ser provisionalmente adoptada y asociada con el acontecimiento en el modelo de acontecimiento. Si el resultado de este proceso de evaluación es negativo, entonces la opinión puede simplemente atribuirse al hablante/escribiente y almacenarse en el modelo de contexto, como se explicó más arriba. Probablemente, lo mismo ocurre con las creencias fácticas expresadas en el discurso. Esto es, si el receptor no cree que lo que se dice es cierto, entonces no tiene sentido construir un "modelo de los acontecimientos", porque los acontecimientos no existen. En cambio, se le atribuirá también al hablante/escribiente lo que él o ella "afirme", y entonces no se construirá ningún modelo de acontecimiento.

Si bien esta solución para el conocido problema de la "aceptación" de opiniones parece elegante, también tiene sus inconvenientes. Los modelos mentales fueron introducidos en la psicología cognitiva con el objeto de explicar una variedad de problemas en la comprensión (del discurso). Esto es, más allá de las representaciones semánticas, la comprensión de un discurso implica la construcción de un modelo. Cuando las personas pueden construir al menos un modelo fragmentario de aquello sobre lo que trata el discurso, decimos que han comprendido (al menos parcialmente) un texto. La cuestión de la verdad o falsedad no es una condición de esa comprensión. Ciertamente, desde niños hemos aprendido a comprender y construir modelos para los mitos, cuentos de hadas, mentiras y ficciones. Esto es, un modelo representa cualquier tipo de acontecimiento, ficticio o real. De hecho, una de las razones para introducir la noción de modelo fue que esos modelos son construidos por las personas ya sea que ellas crean o no, o sepan o no, que los acontecimientos sobre los que se habla son verdaderos o falsos.

Si éste es el caso, deberíamos concluir que al menos para la representación de creencias "fácticas" (verdaderas, falsas, ficticias o no), los usuarios de la lengua construyen modelos. Vale decir, incluso el discurso "falso" necesita ser comprendido, y el modo de hacerlo es construyendo un modelo para él. No sirve simplemente construir "lo que se dijo", o sea, una representación semántica, y asociarla con el "modelo de discurso" que es parte del contexto o de los modelos del hablante sobre la situación corriente.

Ahora, si esto es cierto, todavía necesitamos dar cuenta de una evaluación independiente de la verdad o falsedad de los acontecimientos representados por el modelo. Nuevamente, el camino más fácil sería simplemente "marcar" al modelo como verdadero o falso (o asignarle un valor de probabilidad), como resultado del procedimiento de evaluación que compara los "hechos" del modelo con otros modelos (verdaderos) o con instancias concretas de conocimiento, general, compartido, "certificado". Esto también significa que si esa marca luego ya no resulta accesible, las personas pueden "creer" erróneamente lo que una vez representaron en el modelo, una condición que es bastante familiar en los estudios de recepción de los medios. Otra opción sería almacenar modelos (estimados) "verdaderos" en una ubicación separada de la memoria, y marcar esa ubicación como "conocimiento" (personal). La ventaja de esa solución sería que a un reservorio separado de conocimiento se lo relaciona más fácilmente con conocimiento "aceptado", socialmente compartido.

Teóricamente, sin embargo, estas dos formas de representar la verdad y la falsedad subjetivas serían prácticamente "variantes notacionales", como dirían los lingüistas, aunque, empíricamente, una u otra de las propuestas puede tener diferentes consecuencias en el procesamiento. Lo importante, sin embargo, es que todos los modelos se almacenan en la memoria episódica, y la mayoría de ellos serán evaluados durante el procesamiento (o algunas veces más tarde), y serán entonces marcados como (más o menos) veraces.

Sin embargo, no se aplica el mismo argumento a la representación de las opiniones. Por cierto, las opiniones no son propiedades de los hechos sino de las personas, de modo que no están almacenadas "con" el acontecimiento, salvo que sean (como las verdades) el resultado del procedimiento de evaluación de los receptores mismos. Esto es, si el receptor representa un hecho, como las violaciones de mujeres en Bosnia, entonces será su opinión asociada con su propio modelo de estos hechos la que sea representada. Las opiniones de los hablantes u oyentes, por otro lado, no se vinculan así a los acontecimientos y a los modelos de acontecimiento, sino al hablante/escribiente y sus modelos como parte del modelo de contexto. Esto parece ser confirmado por el hecho de que, por ejemplo, los lectores de noticias pueden construir un modelo (su modelo) sobre un acontecimiento, independientemente de las posibles opiniones tendenciosas del hablante/escribiente. Por cierto, pueden incluso dejar de lado el estilo tendencioso del discurso y reconstruir el modelo contrario a las intenciones persuasivas del escribiente/hablante. Volveré más tarde sobre esta noción de interpretaciones "preferidas".

Lamentablemente, todavía no hay un modo teóricamente satisfactorio y sutil para representar aquello que estamos tratando: las opiniones. Se había decidido simplificar el asunto, por el momento, y representarlas como proposiciones "evaluativas", esto es, como proposiciones con un predicado evaluativo, donde ese predicado es cualquier concepto que se deriva de algún valor social o cultural. Pero hemos visto en el capítulo 11 que la diferencia entre proposiciones y predicados "fácticos" y "evaluativos" es más complicada: si bien en una sociedad y cultura específicas, muchos predicados son generalmente tratados como evaluativos ("hermoso", "bueno", "correcto", "incorrecto", etc.)

o como fácticos ("silla", piedra", "papel" o "automóvil"), hay muchos otros que, según la perspectiva, valores y, por cierto, las ideologías de los miembros del grupo, pueden ser nociones fácticas o evaluativas ("ladrón", "terrorista", "pesado" o "contaminación").

Dada esta incertidumbre teórica sobre los formatos de representación, no tenemos, por el momento, otra alternativa que representar las opiniones en modelos como proposiciones de creencias evaluativas. Pero se debería agregar que esto implica, precisamente, aquello que las ideologías se supone que hacen, es decir, que algunas personas representarán como modelos de "hechos" lo que otras representarán como modelos de contexto de opiniones de otras personas. Esto se relaciona adecuadamente con la propuesta de que el tipo de "sesgo" de las representaciones mentales como una función de ideologías diferentes es exactamente lo que es, a saber, un sistema de modelos organizado de un modo diferente. Podemos conjeturar que diversas tareas de procesamiento, incluyendo el uso de modelos en la comprensión y producción del discurso, serán afectadas por esas distintas representaciones. Esto es, en las diversas estructuras del discurso, al igual que en el procesamiento de ese discurso, debería quedar en claro si se representa un acontecimiento como verídico o si se lo representa como falso, y debería notarse, especialmente, si mis opiniones sobre ese acontecimiento son parte de *mi* modelo de acontecimiento, o si son atribuidas al hablante o escribiente. En el último caso, la opinión está representada en el modelo que yo tengo sobre los modelos del hablante o escribiente, y esa representación es parte de mi modelo de contexto y no de mi modelo de acontecimiento.

Lo que se acaba de proponer también muestra cómo se procesan las opiniones sobre contextos. Esto es, las personas no solamente construyen modelos de los hablantes o escribientes (con sus opiniones sobre ellos) sobre la base de lo que éstos dicen, sino también sobre otros fundamentos, que han sido analizados antes, tales como pertenencia al grupo, aspecto físico, actividades no verbales, etc. Lo mismo vale para los otros aspectos del contexto, tales como el evento comunicativo como un todo, la ubicación, los soportes, las circunstancias, etc. Obviamente, éstos pueden desempeñar un papel esencial en la construcción de modelos de acontecimiento y opiniones. Se dan aquí las conocidas comprensiones en el campo de la investigación de credibilidad. De este modo, cuando una afirmación sobre un acontecimiento es emitida por alguien conocido como un especialista en el estudio de ese acontecimiento, entonces esa afirmación será más creíble que las efectuadas por alguien que no es especialista, a menos que otra información (como intereses personales específicos del especialista) anule este criterio de verdad.

En otras palabras, los contextos, o más bien las interpretaciones subjetivas del contexto, esto es, los modelos de contexto, proveen los recursos utilizados en la aplicación de la evaluación epistémica de los discursos en la construcción de los modelos de acontecimiento: las personas recurren a su conocimiento personal y social al igual que a lo que saben sobre el contexto (identidad del hablante, etc.) para decidir si lo que se está diciendo es más o menos verídico. Hemos visto que esto también explica la evaluación ideológicamente tergiversada del contexto (y, en consecuencia, del discurso): si, por motivos racistas, se considera a los negros como menos competentes o veraces, los blancos pueden asignar un valor de verdad menor a lo que los negros dicen. Esto es, la pertenencia al grupo percibida influye en la construcción de los modelos de contexto y de los modelos de acontecimiento, incluyendo las opiniones y las evaluaciones generales (de verdad) que se les asignan.

Generalización y abstracción

Una vez construidos los modelos de acontecimiento y contexto que incluyen las opiniones derivadas de los discursos de opinión o construidas por los receptores como su propia opinión sobre los acontecimientos o el contexto, se aplicarán otras estrategias para hacer de esas opiniones algo más útil para los miembros sociales. Esto es, las opiniones también deben ser relevantes en otras situaciones y en el juicio sobre otros acontecimientos y contextos. Esto requiere descontextualización, abstracción y generalización, como se describió antes: se harán abstracciones de los modelos de acontecimiento y contextos particulares de tal modo que puedan ser utilizados en la comprensión y evaluación de otros acontecimientos. Esto puede producir modelos personales generales que representan las experiencias y opiniones personales de cada individuo, y también representaciones sociales compartidas por otros. Para mi objetivo, esta última estrategia es especialmente importante.

Nuevamente, poco se sabe sobre los detalles de estas estrategias y bajo qué condiciones se producen. Para los miembros sociales de grupo, debería darse un proceso de "normalización" para saber que las creencias fácticas o evaluativas específicas son compartidas por muchos o la mayoría de ellos: las creencias propias, basadas en las experiencias personales, necesitan ser comparadas con las de los otros. Esto, una vez más, usualmente requerirá del discurso: los hablantes pertenecientes a un grupo que están hablándoles a otros miembros (o leyendo textos de otros miembros, por ejemplo, en la prensa) construyen modelos de sus interlocutores y sus creencias, y pueden generalizar esos modelos a representaciones sociales que incluyen las creencias compartidas del grupo propio. Una variedad de contextos, hablantes y circunstancias como propiedades de los contextos, al igual que características específicas del discurso, como las presuposiciones, pueden, así, sugerir a los miembros del grupo que al parecer está "generalmente aceptado" que tal o cual cosa es verdadera o falsa. Vemos que la abstracción y generalización de los modelos de contexto, esto es, la descontextualización, provee precisamente el criterio fundamental para la transformación del conocimiento personal en conocimiento social.

Lo mismo obviamente es cierto para las opiniones. Si los miembros sociales reiteradamente representan a muchos otros miembros del grupo expresando una opinión específica, pueden generalizar y suponer que esa es una opinión característica del grupo como un todo. Esto es cierto tanto para la generalización de opiniones de miembros del propio grupo como para opiniones de los otros, si bien las opiniones de miembros del grupo aparecerán más frecuentemente, se las encontrará más creíbles, etc., y, por lo tanto, más fácilmente aceptables que las de los miembros de otros grupos. La percepción y la diferenciación intergrupal, de ese modo, tienen lugar en el nivel de diferenciación de opinión: nuestros hechos u opiniones pueden ser razón suficiente para rechazar, a priori, los de los otros, haciendo caso omiso de una evaluación "independiente" de su validez. De hecho, la diferenciación de grupo puede estar basada solamente en la percepción de diferentes opiniones sociales, y no en otros criterios de pertenencia social.

Finalmente, se pueden hacer generalizaciones y abstracciones de los conglomerados de opiniones sociales (actitudes) en forma de ideologías, como se describió antes. En este caso, la "descontextualización" adicional concierne a dominios o circunstancias sociales específicas. Así, las mujeres pueden adquirir ciertas actitudes relevantes, por ejemplo, sobre igual remuneración, topes a la promoción, cuidado de los niños o aborto, y luego hacer abstracciones de los diversos roles (y de la desigualdad o falta de autonomía) en situaciones laborales, familiares o políticas, y derivar las proposiciones ideológicas generales que representan lo que estas distintas situaciones sociales tienen en común. Los detalles teóricos y empíricos de estos procesos son, hasta el momento, desconocidos.

Se sugirió antes que la adquisición de ideologías no necesita ser indirecta ni basada en modelos, sino que también puede ser directa, esto es, basada en aseveraciones generales sobre representaciones sociales e ideologías en el discurso. En lugar de experiencias y opiniones personales, entonces, los miembros sociales pueden encontrarse con un discurso actitudinal o ideológico explícito y derivar proposiciones de opinión relevantes directamente de este discurso, sin la intervención de modelos. Puesto que ningún "hecho" sostiene esas representaciones sociales, las condiciones contextuales son fundamentales: los hablantes/escribientes necesitan ser muy creíbles para que la gente acepte sus aseveraciones generales como válidas. Nuevamente, la descontextualización puede operar aquí: las mismas aseveraciones son hechas por muchos otros miembros del grupo, de modo tal que esa información consensual por sí sola aumentará la credibilidad. Sin embargo, los miembros sociales aún pueden querer evaluar esas aseveraciones generales con respecto a sus otras representaciones sociales, y pueden, entonces, aceptarlas como válidas cuando sean consistentes con estas otras representaciones, o pueden suspender el juicio cuando no haya consistencia, y rechazarlas como distorsionadas cuando sean inconsistentes con (muchas) otras representaciones, o, finalmente, reevaluar sus representaciones sociales presentes. Es únicamente este último proceso el que debería llamarse "cambio de actitud".

Ahora tenemos una idea aproximada sobre las formas en que el discurso (de opinión) influye en la mente, qué representaciones están implicadas, y cómo las creencias sociales, incluyendo las ideologías, pueden ser confirmadas o cambiadas por el discurso. Hemos encontrado que los modelos de contexto cumplen un papel esencial en la construcción de opiniones personales y sociales, y que lo mismo vale para los modelos de acontecimiento y las representaciones sociales de los miembros sociales. Ambas fuentes son utilizadas como la base para la evaluación del discurso como válido o no válido. Las ideologías pueden adquirirse "empíricamente", pero indirectamente, por medio de la descontextualización de modelos particulares y personales a representaciones más generales y más abstractas, o pueden formarse más directamente por expresiones explícitas de creencias sociales. Sin embargo, la evaluación de las creencias sociales habitualmente requiere de la descontextualización, de modo que, aun para el discurso ideológico explícito, puede necesitarse la repetición por parte de varias fuentes creíbles antes de que se acepte una ideología. No obstante, lo esencial para todas las representaciones sociales, y en especial para su soporte ideológico, es que deberían "funcionar". Esto es, deberían poder aplicarse en la vida diaria de las personas, en la realización adecuada de las prácticas sociales, en la comprensión de tales prácticas y de otras personas, y en la participación exitosa en el discurso.

26

Legitimación

¿Qué es legitimación?

La legitimación es una de las principales funciones sociales de las ideologías. En los enfoques clásicos, habitualmente se describía a las ideologías dominantes en términos de su papel en la legitimación de la clase gobernante, en particular, y del orden dominante, en general. En este capítulo, examino las propiedades de la legitimación y sus relaciones con la ideología y el discurso.[1] En la filosofía, el derecho y las ciencias sociales y políticas, la legitimación es una noción que ha sido estudiada extensamente.[2] Sin embargo, en el análisis del discurso está mucho menos estudiada que, por ejemplo, la cortesía o la persuasión, a pesar de que la legitimación es una importante función del uso de la lengua y del discurso.

Tal como puede esperarse dentro de los lineamientos de este libro, la legitimación será definida ante todo en el marco del análisis del discurso.[3] Es, obviamente, un acto social (y político), y se lleva a cabo, específicamente, por el texto o la conversación. Con frecuencia también tiene una dimensión interactiva, es decir, como una respuesta discursiva a un desafío a la propia legitimidad. Pragmáticamente, la legitimación está relacionada con el acto de habla de defenderse a uno mismo, una de cuyas condiciones de adecuación es a menudo que el hablante provea buenas razones, fundamentos o motivaciones aceptables para acciones pasadas o presentes que han sido o podrían ser criticadas por otros.

Sin embargo, el acto comunicativo de legitimación tiene varias restricciones adicionales, y no presupone, como las defensas, ataques reales o desafíos, sino, cuanto mucho, probables. Teóricamente, la legitimación no es en absoluto un acto ilocutorio, sino (como la argumentación y la narración) un acto comunicativo más ampliamente definido, que habitualmente requiere más que la emisión de una sola proposición. La legitimación puede ser una práctica discursiva compleja, continuada, que involucra a un conjunto de discursos interrelacionados.[4]

El discurso legitimador se realiza en contextos institucionales. Si bien puede decirse, quizá, que las personas "legitiman" sus acciones cotidianas en conversaciones informales, ese uso probablemente se podría considerar como derivado de un registro léxico más formal. En la conversación diaria informal, más bien hablaríamos de justificaciones o explicaciones. En todos estos casos, la cuestión fundamental es que los hablantes explican por qué hicieron o hacen algo, y por qué esa acción es razonable o, en general, socialmente aceptable. En esos actos, podemos esperar argumentos, esto es, referencias a razones y a cursos de acción que debieron o deben tomarse debido a restricciones contextuales, causas u opiniones. Además, las personas se embarcan interactivamente en esta familia de actos comunicativos, como ya hemos visto, sobre todo cuando estas razones o las acciones a que se refieren no son claramente aceptables. Las personas justifican o explican sus acciones, principalmente, si saben o esperan que los otros puedan sorprenderse o, más aún, si los otros están en desacuerdo, los condenan, los desafían o los atacan en razón de estas acciones.[5]

La legitimación, entonces, es la contrapartida institucional de esas justificaciones. Esto es, normalmente se considera que los hablantes se involucran en la legitimación como miembros de una institución, y, especialmente, como detentadores de un rol o posición especiales. La legitimación, en ese caso, es un discurso que justifica la acción "oficial" en términos de derechos y obligaciones asociados con ese rol política, social o legalmente. Por cierto, el acto de legitimación implica que un actor institucional cree o dice respetar las normas oficiales y, en consecuencia, permanece dentro del orden moral prevaleciente.

La legitimación presupone restricciones institucionales del poder social, como las definidas por la ley, los reglamentos, los derechos o las obligaciones, que establecen los límites de la toma de decisiones y la acción institucionales. Todos aquellos que no tienen poder absoluto pueden necesitar legitimar rutinariamente sus acciones, aunque incluso los dictadores recurrirán regularmente a diversas formas de legitimación[6] por muchas razones (por ejemplo, para mantener la imagen).

Debido a esta naturaleza institucional, la legitimación puede no estar restringida a una justificación de la acción oficial, sino también de la posición, del papel o de la institución misma. Las acusaciones de ilegitimidad a menudo hacen inferencias normativas de las acciones del actor, o sobre su derecho a la posición. Por cierto, cuando en una democracia se descubre que el presidente está comprometido, *ex officio*, en acciones ilegales graves, se lo puede someter a juicio. Y los servicios de seguridad de una dictadura, acusados de violación de los derechos humanos, pueden ser abolidos por gobiernos democráticos en razón de su ilegitimidad.

Estos ejemplos también sugieren que no sólo se ocupan de la legitimación personas en una posición oficial, sino también actores institucionales, tales como organizaciones, organismos oficiales, parlamentos, etc. Esto es, la legitimación puede ser una forma de acción colectiva y, en consecuencia, apunta a justificar las acciones de la institución misma.

Los discursos legitimadores presuponen normas y valores. Explícita o implícitamente, ellos afirman que un curso de acción, decisión o política es "justa" dentro del sistema jurídico o político dado o, más ampliamente, dentro del orden moral predominante en la sociedad.

Dadas las relaciones entre la legitimación y el poder institucional, el discurso de legitimación es prototípicamente político. Los que se legitiman a sí mismos, como es de esperar, son aquellos que ocupan o son designados en cargos públicos, y que ejercen el poder en razón de ese cargo. En un estado de derecho, obviamente esto implica que ellos no sólo respetan las convenciones sociales, los acuerdos y las normas compartidos en general, sino especialmente la ley.[7]

En el mundo real de la política, sin embargo, el discurso de legitimación se da especialmente cuando se acusa a los funcionarios de violar la ley, o cuando éstos esperan una oposición de principios contra sus decisiones, sus políticas o su acción política. Por supuesto, la legitimación puede no ser necesaria en el curso normal de los acontecimientos, en las rutinas, y cuando no hay un desafío inminente al poder institucional o a la autoridad. Es imperativa, sin embargo, en momentos de crisis, cuando la legitimidad del Estado, de una institución o de un cargo está en juego. La legitimación, entonces, se convierte en parte de las estrategias de manejo de crisis, cuando los miembros del grupo y sus instituciones necesitan autolegitimación, y los otros deben ser deslegitimados.

Nótese que el concepto de legitimación utilizado aquí tiene una dirección de arriba hacia abajo: las elites o las instituciones se legitiman a sí mismas especialmente "hacia abajo", por ejemplo, con respecto a los clientes, los ciudadanos o la población en general. También existe una forma complementaria de legitimación, que es *de abajo hacia arriba*, e implica la legitimación de, por ejemplo, el Estado, las elites o los líderes por parte de las "masas". Por ejemplo, a menudo ha intrigado a los científicos sociales por qué muchas formas de opresión y desigualdad son tan frecuentemente aceptadas o toleradas, e incluso aprobadas normativamente por las personas en posiciones subordinadas.[8] Una explicación de esa aprobación es la "justicia natural": las personas piensan a menudo que su posición subordinada, o la dominación de las elites, son merecidas en razón de sus respectivas acciones o desempeño. Los criterios para este tipo de autoevaluación, sin embargo, frecuentemente están establecidos por las elites mismas, de modo que, en los hechos, esta forma popular de legitimación está manipulada desde el comienzo.

Legitimación e ideología

Dentro de estos principios generales de legitimación sucintamente resumidos, ahora necesitamos examinar qué papel tiene la ideología en esos actos de legitimación. Por cierto, ¿cómo pueden ser las ideologías un "instrumento" de legitimación?

Hemos visto que la legitimación presupone fundamentos morales o jurídicos para el juzgamiento de la acción oficial, tales como normas, valores o leyes formales. En nuestro análisis de la ideología, observamos que las ideologías, como base de las representaciones sociales de los grupos y sus miembros, también presuponen normas y valores. Para grupos específicos, entonces, las ideologías proveen el fundamento del juicio y la acción, y, en consecuencia, también la base para la legitimación relacionada con el grupo. Así, las ideologías democráticas proveen la base para los juicios sobre la legitimidad de la "acción democrática".[9]

Del mismo modo, los grupos o partidos xenófobos pueden comprometerse en acciones racistas, pero usualmente negar que esas acciones sean racistas y, por lo tanto, fuera del orden moral.[10] En cambio, afirmarán que es "natural" hacer una distinción o, incluso, establecer una jerarquía entre Nosotros y Ellos, dar prioridad a Nosotros, o dar acceso preferencial a recursos simbólicos o materiales por Nuestra sangre, Nuestro suelo o Nuestras características innatas. La ideología racista, que se apropia de normas y valores sociales generales sobre prioridad y derechos de los miembros del propio grupo, encarna entonces los principios básicos de las opiniones compartidas que controlan las acciones racistas, al igual que su legitimación.[11] Como en el caso de las justificaciones y explicaciones en general, las representaciones socialmente compartidas y, especialmente, las evaluativas, proveen los fundamentos para los juicios sobre lo que es correcto y lo que es incorrecto, lo bueno o lo malo.

En resumen, las ideologías forman los principios básicos de la legitimación interna del grupo. Lo hacen especificando las categorías ideológicas de los criterios de pertenencia, las actividades, los objetivos, la posición social, los recursos (o base del poder), al igual que las normas y valores para cada grupo. Estas normas y valores no sólo regulan y organizan las acciones de los miembros del grupo, sino que también pueden ser utilizadas para justificar (o, por cierto, desafiar) la posición social del grupo con relación a otros grupos.

Es aquí donde la ideología y la legitimación interactúan más específicamente, a saber, en el control de las relaciones entre grupos, como las de poder, dominación y resistencia. Ciertamente, como hemos visto, el enfoque clásico de las ideologías era definirlas en términos de su papel en la legitimación de la dominación.

Puesto que las ideologías, por definición, están basadas en el grupo y, en consecuencia, incluyen las proposiciones que buscan el beneficio del propio grupo, sus consecuencias para las acciones de grupo pueden colisionar con las de otros, Por cierto, los criterios de pertenencia, acciones, objetivos, valores o acceso a los recursos de un grupo pueden ser inconsistentes con los de otros grupos. Esto significa que para legitimar la acción de grupo, no sólo para propósitos internos del grupo, sino para propósitos intergrupales, un grupo necesita mostrar que sus principios básicos son justos, y que, posiblemente, los de otros grupos son incorrectos. O, más bien, pueden afirmar que sus principios básicos son generales, si no universales, y, por lo tanto, se aplican a todos.

Legitimar acciones en un conflicto social y en una situación de desigualdad en la que un grupo es, o puede ser, desafiado por otro, habitualmente implica la afirmación de que esas acciones están dentro del orden moral general y, por lo tanto, no justificadas sólo por fundamentos partidarios, interesados. Las ideologías de grupo pueden, entonces, ser declaradas como de "sentido común" o como principios que deberían ser seguidos por todos los miembros sociales, también los de otros grupos. Como hemos visto, la persuasión y la manipulación pueden, entonces, combinarse con la legitimación tan pronto como un grupo trata de imponer su ideología a otro grupo o puede hacer que la adopte por medios más sutiles.[12]

Deslegitimación

Al mismo tiempo, esto obviamente implica que los grupos opositores, al igual que sus principios básicos (ideologías), serán deslegitimados. Los conflictos ideológicos y sociales, entonces, toman la forma de una lucha no sólo por ideas, o por recursos sociales escasos, sino también por la legitimidad. En este caso, la dominación implicará fundamentalmente aquellas estrategias que están dirigidas a la deslegitimación tanto de la disidencia interna como de la competencia o "amenaza" exterior. Estas estrategias pueden, ellas mismas, seguir las categorías del esquema ideológico, y así desafiar la misma existencia o identidad del otro grupo, por ejemplo, como se muestra a continuación, con respecto a la deslegitimación de grupos minoritarios, refugiados u otros inmigrantes.[13]

1. Deslegitimación de la pertenencia: ellos no pertenecen a este lugar, a nuestro grupo, a nuestro país, a nuestra ciudad, a nuestro vecindario, a nuestra organización

2. Deslegitimación de acciones, incluyendo al discurso: ellos no tienen derecho a hacer lo que hacen o decir lo que dicen, por ejemplo, trabajar aquí, o acusarnos de racismo; sus acciones son delictivas (por ejemplo, "ingreso ilegal").

3. Deslegitimación de objetivos: ellos sólo vienen aquí a sacar ventaja de nuestro sistema de bienestar.

4. Deslegitimación de normas y valores: sus valores no son los nuestros;

Ellos deberían adaptarse a nuestra cultura; Nosotros no estamos habituados a eso aquí.

5. Deslegitimación de la posición social: por ejemplo, ellos no son refugiados reales, sino apenas ("falsos") refugiados económicos.

6. Deslegitimación del acceso a los recursos sociales: ellos no tienen prioridad para obtener trabajo, vivienda, asistencia social, educación, conocimiento, etcétera.

Para cada grupo social que se estima que desafía al (los) grupo(s) dominante(s) o el statu quo, las principales categorías identificatorias que definen al grupo pueden ser deslegitimadas. De este modo, para los grupos definidos por objetivos, como los movimientos sociales, la estrategia se concentrará en la deslegitimación de sus objetivos, como en el caso de los movimientos femeninos o los movimientos por la paz. Si, por ejemplo, el objetivo es terminar con el patriarcado o el sexismo, este objetivo puede ser deslegitimado negando que la desigualdad de género sea un problema importante en la sociedad.[14] Para los oponentes ideológicos, las ideologías básicas serán atacadas por ser inconsistentes con los valores dominantes. Y en los movimientos neoliberales para eliminar el bienestar social, ese acceso a un recurso esencial será deslegitimado haciendo referencia a la necesidad de hacer retroceder el papel del Estado, y enfatizando la necesidad de que las personas tomen sus propias iniciativas para encontrar un empleo.

Estos ejemplos también muestran que las estrategias de deslegitimación generalmente presuponen normas, valores e ideologías que se presentan como universales o ampliamente aceptadas en la sociedad. Los grupos dominantes, en ese caso, no se referirán abiertamente a sus propios intereses sino que, por el contrario, utilizarán argumentos que afirmen que sus acciones o políticas son para el bien común, o son buenas para los grupos dominados mismos. Este es específicamente el caso, por ejemplo, de la deslegitimación de la inmigración y, por lo tanto, de todos los inmigrantes. No resulta sorprendente que el adjetivo más difundido en el discurso oficial sobre inmigrantes sea "ilegal". La estrategia de presentar, entonces, a los inmigrantes como a gente que viola la ley implica, al mismo tiempo, que son delincuentes, y los ubica fuera de la sociedad civil, de modo que las restricciones a la inmigración, la expulsión y la negación de los servicios sociales a los inmigrantes se torna legítima.

De este modo, en Europa, las elites no se referirán a sus propios privilegios cuando se opongan a la inmigración, sino que se concentrarán en las consecuencias para la gente pobre (blanca) de los barrios carecientes, o pueden enfatizar que sería mejor para los inmigrantes que pudieran ayudar a construir su propio país.

Del mismo modo el movimiento pacifista puede ser deslegitimado enfatizando su violencia, que consecuentemente viola el valor de no violencia.[15] Los sindicatos, o los huelguistas, pueden ser deslegitimados destacando las desastrosas consecuencias que tiene en la economía (el bien común) la satisfacción de sus demandas, cuando no sus acciones ilegales, su violencia, su ideología "comunista", o la amenaza a la libertad (del mercado).[16]

Legitimación, deslegitimación y discurso

Ha quedado claro más arriba que la legitimación es un acto social complejo ejercitado específicamente por el texto y la conversación. Las estrategias de legitimación y deslegitimación son igualmente discursivas, e implican los movimientos usuales de autopresentación positiva y la presentación negativa de los otros que examinaremos en más detalle en el próximo capítulo.

Pero, como en el caso de toda acción social, el discurso mismo también puede ser (des)legitimado. Esta es una estrategia fundamental, ya que vimos que el discurso tiene un papel primordial en la formación y cambio de las actitudes e ideologías subyacentes, esto es, en la persuasión. Si el discurso público de cualquier grupo social puede ser controlado o deslegitimado, un grupo dominante o competidor puede establecer la hegemonía sobre el campo simbólico, esto es, el control de los significados y las mentes de los receptores de ese discurso. En una guerra, una guerra civil, una revolución o un conflicto social, algunos de los principales blancos de ataque serán las estaciones de radio o televisión, o el ejercicio de la censura. Y cuando la fuerza coercitiva, la prohibición u otras medidas legales sean imposibles o no sean efectivas, se recurrirá a estrategias de deslegitimación o marginación del discurso del oponente.

Las estrategias orientadas a la deslegitimación del discurso adoptan varias formas. En primer lugar, pueden concentrarse en el contexto de producción, en el acceso y utilización del discurso, por ejemplo, cuestionando la legitimidad de los participantes en la comunicación (¿quién tiene derecho a hablar, o a hablar en nombre de otros?), los roles de los hablantes, las circunstancias, los objetivos, el conocimiento, la pericia, etc. Los periódicos pueden, así, evitar que representantes de grupos "ilegítimos" tengan acceso al periódico, boicotear las conferencias de prensa, ignorar los comunicados de prensa, o representar a los líderes u oradores de los movimientos como fuentes no confiables para la recolección de noticias.[17]

Una forma muy efectiva de control ideológico del hablante se da cuando los grupos dominantes pueden influir sobre las mentes de los hablantes mismos, a saber, por medio de la interiorización de creencias, actitudes o ideologías dominantes. Hay muchos ejemplos, como en las esferas de clase, género o "raza", en los que los grupos dominados han sido expuestos tan consistentemente a discursos legítimos, oficiales, que pueden aceptar que ellos son realmente inferiores, desviados o, de alguna manera, ilegítimos. Hemos visto en el capítulo anterior cómo los procesos sutiles de persuasión y manipulación pueden crear modelos mentales preferidos de acontecimientos. Estos modelos pueden luego generalizarse a autorrepresentaciones sociales compartidas más fundamentales de un grupo. Esto, a su vez, controlará los juicios cotidianos y las prácticas sociales de los miembros del grupo dominado, de modo que sean consistentes con los intereses del grupo dominante. Por supuesto, éste es el ejemplo estándar de cómo funcionan las ideologías en la formación de "falsa conciencia", y hemos visto que en el mundo real, esa hegemonía ideológica rara vez es completa, dadas las muchas formas de resistencia mental y social de los grupos dominados. Obviamente, estas formas de contrapoder y resistencia necesitan, en sí mismas, nuevamente, la legitimación, que a su vez está basada en una contraideología.[18]

Con todo, dada la estrecha relación entre ideología e identidad social, ese lavado ideológico de cerebro puede también afectar la propia confianza en sí mismo de grupos enteros. Esto ha sido observado frecuentemente en mujeres y negros confrontados con una profusión de discursos despreciativos de hombres y blancos, respectivamente. Los efectos de esta hegemonía ideológica sólo pueden ser contrarrestados por medio de la elevación de la autoconciencia de grupo y de la des-programación ideológica.

En segundo lugar, cuando ya no pueda prohibirse o negarse el acceso al discurso público, el discurso opositor puede ser deslegitimado por varias acciones. Estas pueden incluir, por ejemplo, citar fuera de contexto, focalizar elementos negativos o amenazadores en el discurso, enfatizar la violación de valores comunes, o enmarcar ese discurso de un modo específico, por ejemplo, por medio de la descripción negativa del hablante ("militante", "marxista", "radical", "fundamentalista", etc.). De este modo, en los discursos "radicales" de Farrakhan, el líder de la Nación del Islam, los medios se concentrarán específicamente en sus comentarios antisemitas, al igual que lo hicieron cuando el líder afroamericano Jessie Jackson habló sobre Nueva York como "Hymie-town".* En este caso, puede dejarse que los lectores saquen conclusiones sobre la confiabilidad y la legitimidad del orador de los otros. Otra estrategia enmarcadora es utilizar oradores autorizados y, en consecuencia, "legítimos", como oficiales de policía o el alcalde, con el objeto de corregir posibles acusaciones por parte de grupos minoritarios luego de un "disturbio". Por cierto, como he descubierto en mi trabajo sobre el racismo y la prensa: a los representantes de las minorías rara vez se les permite hablar solos y, de ese modo, funcionar como la única fuente sobre acontecimientos étnicos. Este es especialmente el caso en acusaciones esenciales, por ejemplo, de racismo. Estas

---

* "Hymietown" es un término despectivo utilizado para referirse a la numerosa población judía de Nueva York. [T.]

no sólo se presentarán como fundamentalmente dudosas, y, por lo tanto, entre comillas, sino que también nunca aparecerán incuestionadas por las autoridades (blancas).

Finalmente, la deslegitimación del discurso opositor o disidente por los grupos y organizaciones dominantes (políticos, medios, etc.) puede centrarse en los posibles efectos de ese discurso y, por consiguiente, en los receptores. Por supuesto, esto puede hacerse, indirectamente, presentando a los oradores y al discurso mismo como ilegítimos, por ejemplo, por ser no confiables, violentos, radicales o desviados. Los modelos de acontecimiento y los modelos de contexto de los receptores están, así, orientados persuasivamente hacia representaciones negativas de los hablantes "ilegítimos" o hacia un rechazo de lo que dicen que es verdad. Pero incluso puede dificultarse la recepción misma, por ejemplo, programando emisiones en los momentos en que la audiencia es pequeña, publicando artículos en páginas interiores o lugares poco llamativos, interfiriendo las frecuencias radiales, imponiendo cargos sobre la distribución de medios radicales, evitando que el público escuche los discursos, etcétera.

También en los sistemas democráticos que exaltan la libertad de expresión, hay muchos medios para deslegitimar el discurso disidente u opositor de modos abiertos o sutiles. Esto ocurre esencialmente impidiendo o dificultando el acceso a los medios del discurso público, a la representación equitativa, y, especialmente, a las mentes de la audiencia en general. Al mismo tiempo, por supuesto, los discursos del propio grupo serán favorecidos, precisamente, en la dirección contraria, y tendrán óptimo acceso al contexto, al texto y a la recepción.

En la argumentación de este libro, este análisis de la (des)legitimación del discurso es importante para comprender el conflicto y la reproducción ideológicos. Si se deslegitima el discurso disidente u opositor y, en consecuencia, se deterioran los procesos "normales" de comunicación y persuasión, también será más difícil la construcción de ideologías alternativas. En conflictos y crisis sociales, políticos e ideológicos, es vital que los miembros del grupo, o miembros de grupos aliados o neutrales, no estén "infectados" por los virus ideológicos de los opositores. Una vez que se permita la difusión de esa ideología, controlará crecientemente las representaciones sociales, los modelos y, por lo tanto, los discursos y otras acciones de la población en general. En ese caso, no sólo se puede perder la lucha ideológica, sino también la lucha social y política si los otros persuadidos actúan de acuerdo con su nueva ideología. Las estrategias de la virulenta caza de brujas anticomunista de Joe McCarthy en los Estados Unidos son un ejemplo destacado de las formas de deslegitimación ideológica aquí descrita.

Como hemos visto, las estrategias de deslegitimación presuponen poder e implican dominación, es decir, abuso de poder. En el dominio del discurso y la comunicación, ese poder puede no ser simplemente político o socioeconómico, sino también simbólico. Esto es, el discurso dominante puede considerarse legítimo debido a que tiene autoridad y prestigio y, por lo tanto, está asociado con la verdad.[19] Así, los políticos y, especialmente, los medios masivos y la ciencia ejercen el control ideológico porque sus discursos están legitimados por el control sobre los criterios de verdad, como la información, evidencia y pericia. Si no hay contraevidencias, contrapericias o información alternativa disponibles por parte de sus opositores, ese discurso de elite es autolegitimado por su exclusivo acceso a recursos simbólicos como el conocimiento autorizado y la opinión.

Además, las elites poderosas también controlan las instituciones que organizan esos accesos especiales al conocimiento, la verdad y la opinión, como universidades, laboratorios, "think tanks", agencias de inteligencia, servicios secretos, burocracias, etc. Esto es, su autoridad definida en términos de afirmaciones de verdad puede ser efectiva no simplemente por el acceso preferencial al discurso público o el control de los medios, sino también por la evidencia "incontrovertida" (confiable, científica, etc.) que respaldará esas afirmaciones. De tal modo, las estrategias de legitimación son más efectivas cuando pueden establecer las normas, valores e ideologías mismos por medio de los cuales se juzga a los grupos, tanto dominantes como dominados, y sus acciones. En el próximo capítulo, examinaremos algunas de las propiedades discursivas que pueden aplicarse en la legitimación y el control ideológicos.

27

Estructuras ideológicas del discurso

Introducción

La expresión de la ideología en el discurso habitualmente es más que un simple despliegue explícito u oculto de las creencias de una persona, sino que tiene también, principalmente, una función persuasiva: los hablantes quieren cambiar la mentalidad de los receptores de un modo que sea consistente con las creencias, intenciones y objetivos de los primeros. Esto significa que un estudio más detallado de las "estructuras ideológicas del discurso" tiene implicancias en nuestra comprensión de los modos en que se utiliza el discurso para expresar las ideologías y, al mismo tiempo, de los procesos de recepción y persuasión. Esto es, aquí me concentro en el doble aspecto del núcleo del proceso de reproducción ideológica, es decir, los modos en que se expresan y difunden las ideologías dentro de los grupos al igual que entre los grupos en la sociedad como un todo.

La noción de "estructuras ideológicas del discurso" puede ser, sin embargo, engañosa en el sentido de que sugiere que se utilizan estructuras específicas para la expresión y la comunicación persuasiva de las ideologías. Nada es menos cierto. Por un lado, deberíamos asumir que en un texto y contexto dados, prácticamente *cualquier* estructura o estrategia puede ser utilizada de este modo. Por otro lado, estructuras específicas que en un contexto funcionan ideológicamente, pueden no tener esa función en otro contexto.

Con esta importante advertencia, podemos, sin embargo, examinar algunas de las estructuras que frecuente o típicamente exhiben o implican creencias ideológicas y/o aquellas estructuras que típicamente pueden tener "efectos" ideológicos sobre los receptores. Esto es, aquí me centro específicamente en una selección de estructuras del discurso introducidas en el capítulo 21. Al mismo tiempo, explicaré brevemente qué papel pueden tener esas estructuras del discurso en la (re)producción cognitiva y social de las ideologías.[1]

Las relaciones relevantes entre cognición y discurso han sido desarrolladas antes y forman el telón de fondo del análisis con orientación más discursiva de este capítulo. Se ha encontrado que existen esencialmente dos modos en que las ideologías pueden expresarse y transmitirse, a saber, directamente a través de expresiones generales (genéricas) de creencias sociales abstractas con base ideológica, o indirectamente por medio de la formación de creencias personales específicas en modelos de acontecimiento y contexto. Teniendo en cuenta que me concentré en la adquisición persuasiva de las ideologías en el capítulo 25 sin examinar las estructuras del discurso que específicamente aparecen en esa persuasión, aquí prestaré especial atención a esas estructuras del discurso y, particularmente, al aspecto "social" de los usuarios de la lengua que se enfrentan con discursos ideológicos como receptores. Se entiende, sin embargo, que estas mismas estructuras también deberían ser vistas como expresiones intencionales o no intencionales de ideologías subyacentes de los hablantes/escribientes.

Puesto que las expresiones explícitas de creencias ideológicas casi no causan problemas al analista (crítico), deberían estudiarse específicamente esas estructuras que expresan las ideologías persuasivamente, de un modo más indirecto, implícito o sutil. Hemos visto que la comprensión del discurso implica la construcción de modelos mentales. La comunicación en general, y, en consecuencia, también la comunicación ideológica, está orientada hacia el manejo de esos modelos, que, desde el punto de vista del hablante/escribiente, pueden llamarse "modelos preferidos", puesto que representan lo que el hablante/escribiente quiere que el receptor sepa o crea. La cuestión, entonces, es qué estructuras del discurso son particularmente relevantes en el manejo persuasivo de esos modelos.

Restricciones contextuales

Se ha acentuado repetidamente que la reproducción discursiva de las ideologías depende, de varios modos, de los contextos comunicativos percibidos del texto y la conversación, esto es, de los modelos de contexto de los participantes. Ya se sugirió que, por ejemplo, la misma estructura de discurso puede funcionar ideológicamente en un contexto y no hacerlo en otro, según sean las intenciones, objetivos, roles o pertenencia al grupo de los participantes. Es decir, los negros pueden hablar de "negro"* sin insinuaciones racistas, mientras que los blancos pueden hacerlo sin expresar una ideología racista únicamente en circunstancias muy específicas. Un debate sobre políticas de

---

* El autor utiliza la palabra inglesa "nigger", que designa, ofensivamente, a una persona negra. [T.]

inmigración en un estudio académico crítico tiene, habitualmente, implicancias ideológicas diferentes de las de un debate sobre el mismo tópico en la
propaganda extremista de derecha.

Cada una de las categorías contextuales analizadas en el capítulo 22 puede
ser importante para la expresión, interpretación y funciones sociales del
discurso ideológico, y para cada tipo de estructura analizada más abajo, por lo
tanto, se debería explicar cuáles son las condiciones contextuales precisas de
sus efectos ideológicos. Con el objeto de poder concentrarnos en las estructuras mismas del discurso, lo haré aquí en una forma más global para todas las
estructuras mencionadas más abajo.

De las estructuras de contexto ideológicamente importantes, mencionaré
solamente dos, a saber: 1) el tipo de evento comunicativo como un todo, esto
es, el género comunicativo (por ejemplo, una conversación informal entre
amigos, un debate parlamentario, un artículo en la página op-ed en el periódico),
y 2) los tipos de participantes y los roles de los participantes.

La primera restricción contextual, esto es, el tipo de evento comunicativo,
al igual que las intenciones y objetivos discursivos globales asociados con el
mismo, tiene numerosas implicancias para la producción y comprensión de las
estructuras del discurso y, por lo tanto, también para las funciones ideológicas
del texto y la conversación. De este modo, podemos esperar que en un artículo
en la página op-ed, un debate parlamentario, un folleto de propaganda o un
sermón, se puedan expresar persuasivamente muchas opiniones con base
ideológica. Si bien, en principio, todos los tipos de discurso pueden expresar
ideologías, podemos suponer, sin embargo, que otros eventos comunicativos
tienen menos expresiones, implicaciones y funciones ideológicas, como puede
suceder con un manual de instrucciones para un televisor, un artículo sobre
fonología o una conversación cotidiana sobre horticultura. Esto es, algunos
géneros funcionan más específicamente como expresiones persuasivas de
opinión que otros, aunque más no sea que por medio del tipo de tópicos que
están asociados con él: la mayor parte de los géneros que tienen funciones o
implicaciones persuasivas y que son sobre tópicos sociales tienen consecuencias ideológicas.

El segundo conjunto de restricciones contextuales es el tipo de participante. Una vez más, las personas esperan opiniones sociales ideológicamente
importantes de miembros de grupo específicos y no de otros. De este modo, un
político, un gerente corporativo, un sacerdote o un periodista que escribe o habla
sobre asuntos sociales, es más probable que exprese (o sea escuchado como
expresando) opiniones con base ideológica que un niño o un carpintero cuando
habla sobre cómo construir una mesa. Por cierto, cuando representantes de
grupos sociales específicos hablan sobre asuntos importantes para el grupo, por
ejemplo, mujeres, negros, pacifistas o ecologistas, sus discursos serán escu-
chados más genuinamente como expresiones de ideología que los de las

personas que no hablan primordialmente como miembros del grupo. Esto no sólo constriñe las estructuras del discurso, sino también, y fundamentalmente, la definición de la situación comunicativa por el receptor, esto es, el modelo de contexto del receptor, el que, a su vez, controlará la comprensión y la formación del modelo de acontecimiento.

Es decir, en muchas situaciones, los receptores ya saben que puede esperarse un discurso con base ideológica de los hablantes o escribientes. Esto implica que la comunicación ideológica puede ser más efectiva cuando los receptores no esperan, o casi no esperan, implicancias ideológicas, por ejemplo, en historias para niños, libros de texto o noticias en la televisión, cuyas funciones principales habitualmente se consideran como desprovistas de opiniones persuasivas. Para el caso de las noticias, en la mayor parte de los medios occidentales, uno de los más importantes criterios (ideológicos) es que los "hechos" deberían separarse de las "opiniones". No necesita comentario que cuando se efectúan esas afirmaciones, esto es, cuando se niega la ideología, es especialmente relevante hacer un análisis ideológico.

Además de los tipos de evento comunicativo y participantes, hay otra característica contextual que es fundamental en la reproducción de las ideologías, a saber, las propiedades de los receptores. Esto es, el discurso de los medios masivos de comunicación, o cualquier otro tipo de discurso público, tendrá consecuencias ideológicas más serias, aunque más no sea por las dimensiones de su audiencia, que los diálogos interpersonales mundanos. Ambos géneros pueden, en contextos específicos, ser igualmente ideológicos, pero las ideologías expresadas en el discurso público transmiten opiniones a muchos más miembros del propio grupo y de otros grupos. Además, el discurso público, tal como el de los políticos o el de los medios, habitualmente incluye hablantes o representantes institucionales que tienen más autoridad y, por ende, más credibilidad. Gran parte del consenso ideológico construido entre grupos o en la sociedad hoy sería difícil de obtener sin la cobertura de asuntos importantes por los medios masivos. La dimensión de la audiencia de un discurso puede llamarse su "alcance". De un modo trivial, y si todo lo demás se mantiene igual, a más grande el alcance de un discurso, mayores serán sus efectos ideológicos. Y puesto que aquellos que tienen acceso activo a, y control sobre, los medios masivos son generalmente miembros de las elites, un alcance mayor será frecuentemente combinado con una mayor credibilidad de los hablantes/ escribientes y, en consecuencia, una mayor posibilidad de que los modelos sean construidos como preferidos.

Tópicos

Volvamos ahora a la pregunta sobre qué estructuras del discurso están específicamente implicadas en la expresión o formación de la ideología.[2]

Tal vez no existan estructuras del texto y la conversación que tengan un efecto más destacado en la construcción y procesamiento ulterior de los modelos que las macroestructuras semánticas o tópicos. Derivadas (formalmente o por estrategias de producción y comprensión) de las proposiciones de un discurso o un modelo de acontecimiento, ellas incluyen lo que es más relevante o importante para los participantes. A menos que los receptores tengan "lecturas" alternativas de un discurso, los tópicos encabezarán el modelo, y generalmente serán más accesibles para el procesamiento posterior: si las personas recuerdan algo de un discurso luego de un tiempo, es el tópico y, quizás, algunos detalles que son personalmente importantes para el receptor.

Puesto que los tópicos están representados por (macro) proposiciones, también pueden expresar opiniones y, en consecuencia, ideologías. Estas proposiciones pueden expresarse en categorías esquemáticas específicas de un texto, por ejemplo, en el resumen inicial de una historia (del tipo "Lo que particularmente me molesta de los extranjeros es que no quieran aprender nuestra lengua") o el titular de una crónica ("Joven negro implicado en ola de crímenes"). Los estereotipos y prejuicios basados en la ideología pueden, así, destacarse dos veces, a saber: por su importante función semántica de tópico que organiza las microestructuras semánticas de un discurso, y por su énfasis esquemático en el inicio o en la parte superior de una historia (a menudo marcados por gráficos especiales, tales como titulares a toda página, o por la entonación especial en un diálogo conversacional). Obviamente, el alcance, en este caso, de la crónica en el periódico y, en consecuencia, la contribución a la reproducción de ideologías racistas en la sociedad, es ampliamente mayor que los de una historia cotidiana entre vecinos.

Dado que los tópicos expresados en el discurso sugieren macroestructuras preferidas de modelos de acontecimiento, y puesto que esas macroestructuras se mantienen más accesibles, ellos también proveen los "hechos" utilizados en los argumentos retóricos de la conversación cotidiana como sustento de opiniones ideológicas ("Ayer se publicó en los periódicos que…"). Del mismo modo, estas estructuras de modelo también serán utilizadas para una abstracción y generalización ulteriores y, por lo tanto, como la base para la confirmación o construcción de actitudes ideológicas e ideologías mismas, a menos que alguna contrainformación desacredite el discurso o a sus escribientes/hablantes por ser tendenciosos. En resumen, los tópicos del discurso son esenciales en la formación y accesibilidad de modelos ideológicos preferidos y por lo tanto, indirectamente, en la formación o confirmación de las ideologías.

Significado local

En la comprensión del discurso, los tópicos expresados con preeminencia desempeñan un papel importante en la comprensión local del texto y la conversación. Ellos definen la coherencia global del discurso. Al mismo tiempo, activan el conocimiento relevante y ayudan a construir el nivel superior de los modelos utilizados para la interpretación posiblemente tendenciosa del resto del discurso. Los significados locales pueden, entonces, ser ignorados o, literalmente, "de-gradados" al nivel de detalle insignificante.

Cuando examinamos estos significados locales como tales, tratamos con el "contenido" real del discurso, y es aquí donde la mayoría de las creencias ideológicas se incorporará en el texto y la conversación. Como hemos visto antes para el proceso de expresión, esto significa que las creencias en los modelos de acontecimientos son selectivamente construidas para formar la representación semántica del texto y la conversación. Por razones contextuales obvias, no todo lo que sabemos sobre un acontecimiento necesita ser incluido en el significado de un discurso, de tal modo que los hablantes/escribientes hacen una selección, y es esa selección la que es susceptible de múltiples formas de control ideológico. La restricción general es la relevancia contextual: se expresan aquellas proposiciones que el hablante/escribiente piensa que el receptor debiera saber. Es obvio que esas decisiones sobre relevancia pueden ser en beneficio del hablante/escribiente: por ejemplo, la información sobre un acontecimiento que pueda dar una mala impresión del hablante/escribiente, o que pueda ser utilizada luego "en su contra", puede ser dejada de lado con el objeto de influir en los modelos de un receptor en la dirección preferida.

Aquí encontramos dos principios importantes de la reproducción ideológica en el discurso, a saber, la presencia o ausencia de información en la representación semántica derivada de los modelos de acontecimiento, y la función de expresión o supresión de información en beneficio del hablante/escribiente. Este último principio es parte de una estrategia global de la comunicación ideológica que consiste de los siguientes movimientos:

1. Expresar/enfatizar información positiva sobre Nosotros.
2. Expresar/enfatizar información negativa sobre Ellos.
3. Suprimir/des-enfatizar información positiva sobre Ellos.
4. Suprimir/des-enfatizar información negativa sobre Nosotros.

Estos cuatro movimientos, que constituyen lo que podemos llamar el "cuadrado ideológico", cumplen obviamente un papel en la estrategia contextual más amplia de la autopresentación positiva o del resguardo de la imagen y su corolario para los de otro grupo, esto es, "presentación negativa de otros". A diferencia de los movimientos de autopresentación habitualmente analizados en la literatura, sin embargo, éstos no se centran primordialmente en los participantes como individuos, sino en los participantes que están actuando como miembros de grupo. Esto sugiere un tercer principio importante del análisis ideológico del discurso, a saber, el hecho de que, puesto que las ideologías son sociales y basadas en el grupo, también las opiniones ideológicas expresadas en el discurso deben tener implicancias para los grupos o las cuestiones sociales.

Detalle y nivel de descripción

Cuando estos principios y estrategias se aplican al análisis semántico, permiten una amplia variedad de opciones. Una de ellas ya se sugirió más arriba: en las descripciones de situaciones (tal como están representadas en los modelos del hablante), puede expresarse alguna información, y dejar de lado otra. Esto es, con relación al modelo original, los discursos pueden ser relativamente incompletos. Si la crónica de un "disturbio" menciona solamente la violencia de "una multitud negra" y no de la policía, o tampoco las causas del disturbio, entonces específicamente tenemos una descripción incompleta con relación a lo que se sabe y a lo que debe ser información importante sobre el "disturbio". La consecuencia de esa *incompletitud relativa* pueden ser modelos incompletos de receptores (por ejemplo, los lectores de los periódicos), lo que a su vez puede tener consecuencias en la construcción distorsionada de actitudes, tal como se describió antes.

Esta característica semántica también puede operar en la dirección opuesta: los discursos pueden ser de algún modo *excesivamente completos* cuando expresan proposiciones que son, de hecho, contextualmente irrelevantes para la comprensión de un acontecimiento (esto es, para la construcción de un modelo), pero que están, sin embargo, incluidas en la representación semántica de una descripción. Siguiendo los movimientos del cuadrado ideológico, podemos suponer que esto sucederá específicamente cuando esa información excesivamente completa se refleje negativamente en los otros grupos (o positivamente en nosotros mismos). El ejemplo estándar en crónicas sobre asuntos étnicos es mencionar la irrelevante pertenencia a un grupo étnico cuando se trata de un delito.

Los mismos principios se aplican no sólo a la selección, inclusión o exclusión de proposiciones de modelo en el significado de un discurso, sino también al *nivel* de las proposiciones incluidas: éstas pueden ser bastante generales y abstractas (como en los tópicos), pero también pueden ser de un nivel inferior y detallado. Las condiciones y consecuencias ideológicas son las mismas: los discursos tendenciosos tenderán a ser muy detallados sobre los malos actos de Ellos y sobre Nuestros buenos actos, y bastante abstractos y generales sobre los buenos actos de Ellos y los malos Nuestros. A pesar de que las consecuencias mentales precisas de los niveles de descripción son desconocidas, es posible que sus resultados sean modelos de acontecimientos más o menos detallados. Mencionar varios detalles "preferidos" requiere organización, esto es, delinear los tópicos, de modo que los fragmentos de texto relativamente detallados tengan, sin embargo, estatus de tópico. Esto, a su vez, permitirá que se los recuerde mejor que a una descripción de la misma secuencia de acontecimientos con solamente una proposición global. Este es también el caso cuando los detalles son "vívidos", por ejemplo, cuando se presentan muchos detalles "visuales" de las acciones. Precisamente, esos detalles pueden implicar evaluaciones negativas (no mencionadas) las que, a su vez, pueden incluirse en la proposición tópico que resume este acontecimiento en el modelo del receptor. Si bien estas y muchas otras hipótesis de este análisis teórico de las estructuras del discurso ideológico necesitan ser probadas empíricamente, son consistentes con lo que ahora sabemos sobre el procesamiento del discurso.[3]

Lo implícito versus lo explícito

Las conocidas propiedades semánticas de implicitud y explicitud del discurso pueden explicarse fácilmente en términos de modelos mentales: la información implícita es la información de un modelo mental que podría o debería haber sido incluida en la representación semántica de un discurso. Tal como ocurre con el nivel de especificidad y los discursos incompletos o completos en exceso, podemos decir, con mayor generalidad, que las proposiciones pueden selectivamente ser explicitadas o permanecer implícitas en función de los intereses de los hablantes como miembros de grupo. Además de los componentes relevantes de las acciones, éste puede ser específicamente el caso en la expresión de condiciones (causas) y consecuencias de los acontecimientos, como se sugirió para las omisiones frecuentes de las causas de conflictos étnicos que se reflejan negativamente en nuestro propio grupo (por ejemplo, brutalidad policial, abandono de los barrios pobres, pobreza, desempleo o discriminación por parte de los empleadores). Por otro lado, culpar ideológicamente a la víctima, en este caso, significa que las propiedades negativas atribuidas a los de otro grupo (por ejemplo, exceso de droga, desviación cultural) se harán explícitas. La investigación sobre las representaciones de asuntos étnicos en los medios masivos ha encontrado a menudo esas dimensiones ideológicas de implicitud o explicitud semántica.[4] (Para ejemplos detallados, véase capítulo 28).

Un paso intermedio entre presencia y ausencia de información se da cuando las proposiciones no están expresadas como tales en el discurso, sino implicadas por otras proposiciones que están expresadas. *Implicación* y *presuposición* son las conocidas relaciones semánticas involucradas aquí, y ambas tienen que ver con inferencias basadas en modelos y conocimiento social. La función ideológica de la utilización de esas relaciones semánticas no siempre es clara. Siguiendo el cuadrado ideológico, podemos suponer, como antes, que la información implicada no está explícitamente aseverada y, en consecuencia, no está enfatizada y, por lo tanto, será típicamente información que necesita ser ocultada en beneficio del hablante y del grupo propio. Esto es especialmente así cuando la información implícita no puede ser fácilmente inferida del conocimiento social compartido. Cuando esa información implícita debe ser conocida para que las proposiciones del texto sean verdaderas o falsas, hablamos de presuposiciones, y éstas pueden tener las mismas funciones ideológicas: se admite que la información está "dada" o es "verdadera" y, por lo tanto, está presupuesta en el discurso, pero muy bien puede ser que la información presupuesta sea cuestionable o no sea de ningún modo verdadera. O sea, en este caso se afirma oblicuamente que es verdad, pero sin enfatizar esa "afirmación". Siguiendo las estrategias del cuadrado ideológico, es fácil explicar qué información sobre el propio grupo y los de otros esencialmente se expresará, y qué información se dejará implícita.

Coherencia local

Las secuencias de proposiciones están linealmente conectadas por relaciones de coherencia "local". Esas condiciones de coherencia están definidas antes que nada en relación con los modelos de acontecimiento: dos proposiciones están coherentemente relacionadas si expresan "hechos" en un modelo mental que están relacionados (por ejemplo, causalmente, condicionalmente). Pero si los modelos mentales están ideológicamente distorsionados, esto también significa que la coherencia del discurso puede estar distorsionada y tener como resultado, modelos tendenciosos de receptores. Tomando el mismo ejemplo de un "disturbio racial" analizado más arriba, una crónica policial cuya versión de los hechos, esto es, cuyo modelo subyacente, es adoptada por la prensa, puede describir los acontecimientos de tal modo que el comportamiento delictivo de los jóvenes negros sea tomado como la causa del disturbio, y no la "dura" represión policial. Del mismo modo, las explicaciones coherentes de acontecimientos sociales, en general, están basadas en hipótesis sobre causas y consecuencias, de modo tal que el sesgo ideológico de la coherencia puede presuponer o implicar modelos distorsionados de la situación social.[5]

Las proposiciones también pueden estar relacionadas en una secuencia por medio de relaciones semánticas "funcionales", tales como Generalización, Especificación, Ejemplo o Contraste. En el discurso ideológico, éstos desempeñan un papel importante porque manejan el modo en que se comprenden las afirmaciones con relación a otras. Por ejemplo, una historia prejuiciosa sobre minorías puede contener descripciones de acontecimientos negativos sobre minorías, seguidos por la generalización "Ellos siempre hacen eso". Esa generalización, por supuesto, es fundamental en la transición de modelos a modelos generalizados y representaciones sociales. Sugiere persuasivamente que no fue simplemente un incidente o una experiencia personal, sino un fenómeno general, estructural. De este modo, acontecimientos concretos (y sus modelos) están relacionados con, y al mismo tiempo explicados y legitimados por, actitudes generales.

Lo inverso también sucede: un hablante puede hacer una afirmación general, prejuiciosa, sobre los inmigrantes, y, sabiendo que esa generalización podría ser entendida como prejuiciosa, puede entonces agregar "evidencia" bajo la forma de un ejemplo, una especificación o una historia completa. Del mismo modo, la polarización de grupo puede ser enfatizada discursivamente por contrastes semánticos y retóricos específicos, como en "*Nosotros* siempre tenemos que trabajar duro y *ellos* sólo tienen que pedir la asistencia social". Encontramos otro conocido tipo de contraste en negaciones como "Yo no tengo nada contra los turcos, pero...", en el cual algo positivo sobre Mí (Nosotros) se combina con un comentario negativo sobre "Ellos". Esto es, esas negaciones también desempeñan un papel en las complejas estrategias de la autopresentación positiva y la presentación negativa de los otros, que es tan característico del discurso ideológico.[6]

Lexicalización

La forma más obvia, y por lo tanto más ampliamente estudiada, de expresión ideológica en el discurso puede encontrarse en las palabras escogidas para expresar un concepto. El par "luchador por la libertad" versus "terrorista" es el ejemplo paradigmático de este tipo de lexicalización basada en la ideología. Es decir, un concepto negativo de un grupo está representado en un modelo, y, dependiendo del contexto, se selecciona la palabra más "apropiada", de tal modo que se refiera al otro grupo y, al mismo tiempo, que ofrezca una opinión sobre ellos.

Siguiendo el cuadrado ideológico, esto significa que, en general, podemos esperar que, según el contexto, los de otro grupo sean descriptos con palabras neutras o negativas, y los de nuestro grupo con términos neutros o positivos. E inversamente, también podemos esperar que, con el objeto de describir grupos y sus prácticas, se seleccionen diversas formas de mitigación y *eufemismos*, agregando así una dimensión retórica a la lexicalización.

Finalmente, la lexicalización también puede extenderse a la *nominalización* de las proposiciones, en las cuales los agentes o pacientes quedan implícitos. El "patrullaje" de los suburbios pobres se concentra en un verbo, sin hacer realmente explícito *quién* va a ser patrullado, mientras que el papel de la policía está también des-enfatizado. No es necesario repetir qué influencia pueden tener esas nominalizaciones en la estructuración de los roles de la acción en los modelos de los receptores.

Esquemas de discurso

Los discursos no sólo tienen un significado global, sino también una forma global o esquema convencional, que consiste en categorías características que aparecen en un orden específico. De este modo, los argumentos pueden incluir diversos tipos de premisas y una conclusión; las historias están organizadas en esquemas narrativos con las categorías de Orientación, Complicación y Resolución; y las crónicas comienzan con la conocida categoría de Resumen, consistente en un titular y un encabezado. Como sucede con los significados o tópicos globales, esos esquemas también funcionan como organizadores de información compleja y, al mismo tiempo, como propiedades que ayudan a definir los géneros del discurso. Las historias organizadas por un esquema convencional son, así, más fáciles para contar, mejores para comprender y mejores para memorizar, mientras que un titular en una crónica tiene la función convencional de expresar el tópico principal, de tal modo que los lectores sepan de qué se trata la crónica y puedan decidir si leerla o no.

Teniendo en cuenta que estas categorías son convencionales, y varían según el género y la cultura, también tienen importantes funciones *sociales*. Redactar titulares para una crónica es parte de las rutinas de producir noticias, como lo es el encontrar citas para una categoría de reacción verbal en una crónica. Como sucede en el caso de la organización de las conversaciones cotidianas (comienzo con saludo y terminación con despedida), o la organización esquemática de las reuniones, sesiones y otros acontecimientos comunicativos institucionales, estos esquemas organizan el discurso tanto como la interacción.

Dadas las importantes funciones cognitivas y sociales de los esquemas, es razonable suponer que ellos también pueden tener funciones ideológicas. Resulta vital si la información está expresada en un titular o no, y esto puede influir, por supuesto, en la forma de los modelos resultantes: la información o la opinión negativas sobre minorías puede así aparecer en el titular, y la información que es importante pero positiva sobre ellos, puede mantenerse, precisamente, fuera de los titulares, como lo muestra la investigación sobre noticias "étnicas". Lo mismo vale para el aspecto de las opiniones en las conclusiones de argumentos, para el tipo de grupos sociales que tienen "acceso" a la categoría de reacciones verbales de una noticia, etc. La información y las opiniones sobre Nosotros y Ellos pueden ser organizadas, y convertirse en más o menos destacadas, por medio de esos esquemas.

Estilo

La lexicalización puede variar en función de las opiniones, y si eso ocurre a través del discurso, hablamos entonces de un estilo léxico específico.

Generalmente, dados ciertos significados específicos o información de modelo, pueden utilizarse distintas expresiones para expresar ese "contenido", y esta variación puede señalar de muchos modos el contexto social del evento comunicativo. Según la naturaleza del evento comunicativo, el género, las circunstancias o los participantes, entonces, las estructuras "superficiales" (elementos léxicos, estructuras sintácticas, pronunciación y gráficos) pueden variar con el objeto de señalar intencional o no intencionalmente su circunscripción contextual: la situación puede ser más o menos formal, las relaciones entre los participantes pueden ser amistosas, familiares o distantes, y los participantes pueden tener diversas opiniones unos sobre otros. El resultado puede ser un estilo más o menos formal, familiar o cortés, y al mismo tiempo una indicación de las "oscuras" ideologías subyacentes del hablante. Los acontecimientos racistas diarios, por ejemplos, implican frecuentemente "violaciones" del estilo interaccional apropiado, por ejemplo, cuando hablantes blancos utilizan palabras ofensivas o pronombres descorteses para dirigirse a, o hablar sobre, las minorías.[7]

En resumen, el estilo léxico y gramatical es uno de los medios más obvios que tienen los hablantes para expresar explícitamente o señalar sutilmente sus opiniones ideológicas sobre acontecimientos, personas y participantes. Lo mismo ocurre con las estructuras sintácticas y su posible variación. Las oraciones pueden expresarse en voz activa o pasiva, y los agentes y pacientes de las acciones descriptas por esas oraciones pueden, entonces, ser más o menos prominentes o quedar completamente implícitos, como en el caso de las nominalizaciones sugeridas más arriba.[8] De un modo general, el orden de las palabras, la estructura de la cláusula o las relaciones entre cláusulas pueden ubicar la información en posiciones relativamente destacadas, y como sucede con todas las estructuras y estrategias discutidas aquí, esto afectará sutilmente el procesamiento y la construcción de los modelos. De acuerdo con el cuadrado ideológico, encontraremos que los roles de acción positiva de miembros de otros grupos serán colocados en un orden o posición menos destacados y, viceversa, para sus roles de acción negativa (e inversamente para los roles positivos y negativos de los miembros del propio grupo).

El estilo, entonces, puede señalar de varias maneras las estructuras del contexto social, incluyendo las relaciones de poder. Una posición social poderosa de un hablante no estará, entonces, solamente "expresada" por las palabras o sintaxis elegidas, sino que al mismo tiempo será representada y reproducida por ellas. Esto puede evidenciarse en las diferencias estilísticas entre la conversación y texto masculinos y femeninos, al igual que entre mayorías y minorías, médicos y pacientes, empleados públicos y clientes, profesores y estudiantes, jueces y acusados u oficiales de policía y sospechosos. El estilo define entonces las posiciones de los participantes, y dondequiera que éstos sean controlados por las ideologías, como en el caso de los ejemplos mencionados, el estilo puede ser un "rastro" directo de las ideologías en el discurso. La discriminación social, entonces, está implementada directamente por aquellos que controlan el estilo del texto y la conversación.

Retórica

Ya se han dado varios ejemplos de las dimensiones retóricas del discurso, definido aquí (algo restringidamente) como el sistema de "figuras retóricas" especiales que tienen funciones persuasivas específicas en varios niveles estructurales del discurso, como metáforas, eufemismos, ironía o contrastes a nivel semántico, o aliteración y rima a nivel fonológico. Observaciones similares pueden hacerse para estructuras gráficas, las que están organizadas principalmente para controlar la atención y dirigir la interpretación a través del énfasis.

La función principal de esas estructuras y estrategias retóricas es manejar los procesos de comprensión del receptor e indirectamente, en consecuencia, las estructuras de los modelos mentales. Una opinión negativa específica puede enfatizarse con una metáfora pegadiza de un dominio conceptual negativo (por ejemplo, describiendo a los miembros del otro grupo en términos de animales como ratas, perros, sabuesos, serpientes o cucarachas), con comparaciones del mismo tipo, o con hipérboles que describen sus características negativas. Los movimientos de repetición, como el paralelismo sintáctico, la rima o la aliteración, pueden incrementar aun más la atención sobre esas propiedades semánticas del discurso y, por consiguiente, aumentar las posibilidades de que se las almacene, tal como se pretende, en el modelo preferido de un acontecimiento. Lo inverso es cierto para propiedades negativas de los miembros del propio grupo, en cuyo caso esperaremos diversas formas de mitigación retórica, como eufemismos, información deficiente y otras maneras de desviar la atención de los significados específicos.

Estrategias de interacción

Finalmente, y en particular para diálogos orales, muchas de las estructuras analizadas arriba serán, además, acompañadas de movimientos y estrategias de una índole interaccional. Si el objetivo básico de la comunicación ideológica es influir en los modelos y las representaciones sociales de los receptores de tal modo que las opiniones preferidas sean representadas de modo prominente, recordadas y finalmente aceptadas, varias formas de manejo interaccional también cumplirán un papel en esta forma de "control mental" social.

Antes que nada, sin embargo, debería enfatizarse que las estrategias interaccionales mismas son pasibles de control ideológico, como también sucede con el contexto y sus modelos. La dominación y la desigualdad con base ideológica no sólo están expresadas en las estructuras del texto y la conversación descriptas arriba, sino también en las relaciones de grupo manifestadas en los roles y las acciones de los participantes. Del mismo modo en que los hablantes pueden controlar los tópicos o el estilo, ellos pueden controlar la distribución de turnos, las secuencias "esquemáticas" (quién comienza o finaliza un diálogo, reunión o sesión), las pausas, las risas, etc. El abuso de poder de los hablantes de grupos dominantes pueden también ponerse en acción, abierta o sutilmente, limitando la libertad conversacional de los otros. Si las mujeres, las minorías, los estudiantes, los clientes, los pacientes o la "gente común" tienen menos para "decir" en la sociedad, esto también se hará evidente y será reproducido en muchas situaciones conversacionales. El análisis detallado de la conversación ha mostrado cómo esas formas de desigualdad social pueden estar representadas en los detalles sutiles de la conversación y la interacción mundanas e institucionales.[9]

Al mismo tiempo, estas estrategias interaccionales pueden tener efecto también durante la construcción de modelos (semánticos) de acontecimientos. Esto resulta obvio en el control interaccional del significado, por ejemplo, en el manejo de tópicos, como se describió arriba. Sin embargo, el control de la interacción misma, como los turnos y la secuenciación, puede también influir en los modos en que los receptores construyen los modelos de acontecimientos. Por ejemplo, los roles de los participantes son importantes en la comunicación ideológica, en el manejo de la credibilidad. El poder y el estatus de los hablantes es una condición conocida del modo en que las afirmaciones son aceptadas por los receptores. Sin embargo, la investigación analítica de la conversación observaría correctamente que esas propiedades sociales no son simplemente algo que las personas "tienen", sino que (también) son logros interaccionales: el estatus y el poder son contextualmente puestos en acción y reproducidos de varias maneras sutiles, como la posición del cuerpo, la distancia entre los hablantes, la vestimenta y los soportes, y las formas en que los hablantes controlan la conversación.

De una manera fundamental, entonces, los modelos y sus representaciones dependen de quién dice qué, y el manejo interaccional puede controlar esos efectos. Por ejemplo, se puede evitar que los hablantes digan cosas no deseadas mediante interrupciones, o, alternativamente, se los puede alentar para que hablen por medio de la distribución selectiva de turnos, si se espera que digan cosas deseables. Del mismo modo, las estrategias interaccionales para manifestar acuerdo o desacuerdo, desempeñan un papel importante en el manejo de los modelos de acontecimiento y sus opiniones. Se pueden realizar actos de habla específicos (imposiciones, órdenes) para implementar el poder social, pero también para enfatizar las características negativas de los miembros del otro grupo (acusaciones, culpar a la víctima). Estos son simplemente algunos de los muchos ejemplos de las maneras en que los movimientos y las estrategias interaccionales expresan, implementan, representan o realizan opiniones, perspectivas y posiciones de los hablantes que están basadas en ideologías, y de los modos en que los modelos de los receptores son moldeados de acuerdo con las preferencias e intereses de los hablantes o de los grupos u organizaciones que ellos representan.

Manipulación

La comunicación ideológica a menudo está asociada con diversas formas de manipulación, con estrategias que manejan o controlan la mente del público en general y con intentos para manufacturar el consentimiento o fabricar el consenso en beneficio de aquellos que tienen el poder.[10] Por cierto, el poder moderno y la hegemonía ideológica están definidos, precisamente, en términos de estrategias efectivas en el logro del acatamiento y el consentimiento, de modo que las personas actuarán como se desea por su propia voluntad. En ese caso, el poder y la dominación parecerán naturales, legítimos y una cuestión de sentido común, y se los dará por sentado sin oposición significativa.

Formulado de esta manera, obtenemos un cuadro simplificado de los complejos procesos en funcionamiento en el ejercicio de la dominación y el logro de la hegemonía. Sin un estudio mucho más detallado de los elementos sociales, cognitivos y discursivos de las estructuras, estrategias, procesos o representaciones implicados en esta forma de reproducción "moderna" de la dominación y las ideologías, los análisis apenas llegan más allá de eslóganes fáciles o análisis y crítica sociales superficiales.

En el capítulo precedente y en éste, he bosquejado algunas ideas sobre las estructuras mentales, las condiciones sociales y la reproducción discursiva implicadas en la reproducción de la dominación y la hegemonía. Un estudio de la manipulación, el control de la mente o la manufacturación del consenso, necesita ubicarse en ese marco complejo.[11] Antes, he dado algunos ejemplos de cómo las ideologías se expresan y, especialmente, se transmiten persuasivamente a través del texto y la conversación, y cómo los modelos y las representaciones sociales pueden ser afectados por las estructuras del discurso y del contexto.

De este modo, la manipulación esencialmente implica formas de control mental de las cuales los receptores no están, o están escasamente, conscientes, o cuyas consecuencias no pueden controlar fácilmente. Se construyen modelos de acontecimientos de una manera que tiene implicancias para la construcción de representaciones sociales compartidas que la gente tiene sobre el mundo, las que, a su vez, influyen en el desarrollo o cambio de las ideologías. Dado el papel fundamental de las ideologías en el manejo de las cogniciones sociales y los modelos para el discurso y otras prácticas sociales, el control ideológico y el acatamiento son el máximo objetivo de la hegemonía. Hemos visto cómo las estructuras y estrategias específicas del discurso, como el control de tópicos, el estilo o las estrategias de interacción, pueden tener influencias en los modelos y otras representaciones de la mente. Debido a esas propiedades discursivas, el conocimiento sobre acontecimientos será incompleto o tendencioso a favor de los hablantes o de su propio grupo, y esto puede afectar el conocimiento más general sobre el mundo. De un modo aun más fundamental, éste es el caso del manejo de las opiniones, de tal forma que una opinión negativa específica sobre miembros del otro grupo parece la conclusión más "natural" y "lógica" derivada de los modelos controlados persuasivamente por el discurso.

Conclusión

De la amplia riqueza de estructuras y estrategias del discurso, sólo he mencionado unas pocas. Sería necesario un estudio detallado para identificar todos los posibles modos en que el texto y la conversación contextualizados exhiben y reproducen las ideologías. Aunque breve, la descripción muestra los principios básicos en juego. La comunicación ideológica es un doble proceso en el cual las creencias con base ideológica se expresan (u ocultan) y controlan persuasivamente las mentes de los receptores. El control de la mente, por supuesto, es un proceso extraordinariamente complejo. Pero aquí también, algunos formatos básicos de influencia ideológica parecen emerger del análisis: con el objeto de contribuir a la construcción de modelos preferidos en un contexto dado, las estructuras del discurso deben ser diseñadas de modo tal que la consecuencia más probable sean estructuras específicas de modelo.

En la situación ideológica de dominación, abuso de poder, conflicto o competencia de grupo, esto significa, en general, que los (miembros de los) otros grupos necesitan ser tratados y retratados negativamente, y los miembros del propio grupo, positivamente. Este principio se aplica tanto al contexto pragmático o interaccional como a las formas y significados del texto y la conversación: en cada nivel de análisis, entonces, encontramos énfasis (prominencia, importancia, foco, etc.) en nuestras cosas buenas y las cosas malas de ellos, y viceversa, para nuestras cosas malas y las cosas buenas de ellos. Además de este control de grupo relacionado con opiniones sobre Nosotros y Ellos y sus propiedades y acciones, las estructuras del discurso controlan de un modo más general el manejo de las estructuras de modelos y representaciones sociales, por ejemplo, a través de lo explícito versus lo implícito, la manifestación versus el ocultamiento, los niveles o detalles de la descripción, la distribución de agencia, responsabilidad o culpa, la relación entre los hechos, etcétera.

En resumen, cualquiera sea la forma ideológica de las actitudes subyacentes, éstas aparecerán en los modelos de los hablantes, y éstos tratarán de expresar apropiada y efectivamente esas representaciones sociales en el texto y la conversación y sus contextos, de un modo que probablemente resultará en la construcción de modelos preferidos. A menudo, y especialmente en lo que llamamos manipulación, esto sucede sin que los receptores se den cuenta. Es aproximadamente de este modo como las ideologías se reproducen en la vida cotidiana. Estudios posteriores del discurso y la ideología tendrán que explicar los detalles del marco general presentado aquí.

28

La ideología y el discurso del racismo moderno

Un ejemplo concreto

Luego de los capítulos teóricos de este libro, permítaseme analizar finalmente un ejemplo concreto. En concordancia con mi elección del racismo y de las ideologías racistas como ilustraciones de principios generales, este capítulo examina con cierto detalle la ideología y el discurso expresados en un libro reciente: *The End of Racism. Principles for a Multiracial Society* [El fin del racismo. Principios para una sociedad multirracial], de Dinesh D'Souza (Nueva York: Free Press, 1995). También en algunos de sus otros libros, por ejemplo, sobre multiculturalismo, D'Souza se ha convertido en un vociferante portavoz de la Nueva Derecha en los Estados Unidos y en un firme defensor de las ideas conservadoras. Por cierto, podríamos llamar a D'Souza uno de los principales "ideólogos" de las ideologías conservadoras contemporáneas en los Estados Unidos.

En *The End of Racism*, D'Souza se refiere a lo que él ve como una "crisis de la civilización" en los Estados Unidos y se concentra en lo que consistentemente llama las "patologías" que, según él, caracterizan la comunidad afroamericana en general, y a la "clase marginada" negra, en particular (en mi análisis, las palabras utilizadas efectivamente por D'Souza están destacadas). Dadas las dimensiones del libro en cuestión (724 páginas), no se trata simplemente de un opúsculo. Por el contrario, D'Souza se ha asignado a sí mismo la tarea de escribir un estudio ampliamente documentado sobre la situación étnica y racial en los Estados Unidos. Un comentario laudatorio de George M. Frederickson en *The New York Review of Books*, impreso en la tapa, dice: "La presentación más completa, inteligente y bien informada de la causa contra las políticas raciales liberales que ha aparecido hasta el momento".

De esta manera, D'Souza trata lo que él considera como el fracaso de la "esperanza liberal" acerca de las relaciones raciales en los Estados Unidos, los orígenes del racismo, la esclavitud, la aparición del antirracismo liberal, los movimientos de derechos civiles, el eurocentrismo y el afrocentrismo, el debate sobre el cociente intelectual, culminando, finalmente, con una visión apocalíptica de las "patologías" de la cultura negra. En muchos sentidos, este libro puede ser considerado como la fundamentación ideológica de un programa conservador de las relaciones raciales en los Estados Unidos. Puesto que D'Souza es un académico adherido al "think tank" conservador del American Enterprise Institute, podemos concluir que este libro no expresa simplemente una opinión personal, sino que tiene también un poderoso respaldo institucional. Ya hemos visto en el capítulo 19 que las ideologías contemporáneas están producidas y reproducidas, frecuentemente, por esas instituciones ideológicas.

Dado su radicalismo derechista en aspectos étnico-raciales, D'Souza ha sido severamente criticado y acusado de racismo (en la introducción de la segunda edición del libro, él discute y rechaza esas críticas). Luego de haber examinado en detalle sus tesis y la evidencia, y analizado la formulación discursiva de sus ideologías subyacentes, he llegado a la conclusión, junto con otras personas, de que este libro realmente articula una forma especial de "racismo cultural", que celebra la hegemonía de la cultura y civilización de los occidentales blancos, y, especialmente, problematiza y ataca la cultura afroamericana. De la mayor parte de la literatura sobre el "racismo moderno" surge claramente que la mayoría de las formas de racismo ya no están biológicamente fundamentadas, sino que adoptan una forma más "aceptable", como racismo cultural: los otros no son denostados por lo que son, sino por lo que hacen o piensan. En un sentido más general, D'Souza defiende ideas que, algunas veces, son llamadas "racismo simbólico": un enérgico rechazo hacia cualquier forma de acción afirmativa, un fuerte repudio hacia los valores igualitarios, la problematización de los negros, la culpabilización de la víctima, etc.[1] Por cierto, propone incluso rechazar la Ley de Derechos Civiles de 1964 (pág. 544) y favorece la "discriminación racional" en la esfera privada.

Nuestros enemigos ideológicos y sociales y Nosotros

Dadas sus múltiples pertenencias a grupos, los individuos pueden adquirir y adaptar personalmente varias ideologías o fragmentos de ideologías. Esto significa que el libro de D'Souza tampoco es, simplemente, una expresión del conservadurismo y racismo modernos, sino una combinación personal de éstas y otras ideologías, actitudes, creencias, valores, modelos y otras representaciones sociales y personales.

Sin embargo, donde él expresa posiciones y opiniones que parecen estar ampliamente compartidas, al menos entre los conservadores, en los Estados

Unidos (y también en Europa), podemos conjeturar que no está escribiendo simplemente como un individuo, sino también como miembro de varias comunidades ideológicas. Así, al final de su libro se alinea en forma explícita con otros "conservadores culturales" (pág. 521). Sus opiniones sobre el multiculturalismo, la acción afirmativa, los guetos de los suburbios y tópicos relacionados son ampliamente compartidas por otros conservadores en los Estados Unidos. Por lo tanto, abstrayéndonos de visiones más personales, podemos leer y analizar su libro como una formulación de ideologías de grupo.[2]

El enemigo ideológico

Las ideologías se formulan a menudo, explícita o implícitamente, como ataques contra opositores ideológicos o enemigos. El anticomunismo ha sido el ejemplo más destacado de este tipo de antiideología, especialmente en los Estados Unidos. En el libro de D'Souza, este enemigo ideológico es lo que él llama el "relativismo cultural", cuyo principio más importante es que todas las culturas son iguales y que no deberíamos asumir ninguna jerarquía de valores entre culturas diferentes. D'Souza rastrea esta tendencia en los antropólogos de principios del siglo xx y, especialmente, en Franz Boas y sus alumnos.

A lo largo de este libro, con frecuencia se culpa al relativismo cultural de prácticamente todos los males de la sociedad norteamericana, y, especialmente, se lo considera la fuente ideológica de las políticas y prácticas "antirracistas" contemporáneas en los Estados Unidos:

> 1) [El principal problema es] el antirracismo liberal. Al afirmar la igualdad de todas las culturas, el relativismo cultural evita que los liberales manejen la crisis contemporánea de la nación, una desintegración de la civilización que afecta a todos los grupos, pero está especialmente concentrada en la clase marginada negra. (pág. 24)

> 2) Los principios liberales fundamentales están siendo sacrificados en el altar del relativismo cultural. En su compromiso fanático con la ideología relativista de la igualdad de grupos, el liberalismo se está autodestruyendo inexorablemente. (pág. 530)

> 3) El relativismo se ha convertido en una especie de virus, que ataca los sistemas inmunológicos de la legitimidad institucional y la decencia pública. (pág. 532)

Como también lo muestran estos ejemplos, la referencia al liberalismo como una orientación ideológica es, al menos, ambigua. Por un lado, puede tener el sentido específico, en los Estados Unidos, de "progresismo" político o cultural, como en el ejemplo 1), mientras que D'Souza mismo no niega su fidelidad al significado original, filosófico-político, del término, como en el ejemplo 2). Podemos esperar, por lo tanto, como se ha argumentado en los capítulos previos, que el conflicto ideológico presentado en su libro estará articulado en términos rígidamente polarizados, donde todo lo que Ellos piensan es inherentemente malo, y todo lo que Nosotros pensamos es inherentemente bueno. El estilo retórico y léxico de estos ejemplos expresa esta polarización ideológica, tal como se muestra en el uso de metáforas del dominio de la salud ("virus", "sistema inmunológico") en 3) y de la religión tradicional ("sacrificados en el altar de"), al igual que en el uso de hipérboles ("desintegración de la civilización") en el ejemplo 1). El contraste retórico en 3) sugiere que hay una lucha entre Nosotros y Ellos. *Ellos* son enemigos que nos "atacan", y Nosotros defendemos —como un "sistema inmunológico"— la legitimidad y la decencia en los Estados Unidos. Enmarcado en esos términos, el debate ideológico se convierte en una feroz batalla entre el Bien y el Mal, tal como sucedió con el clásico anticomunismo hasta la era de Reagan.

El enemigo social

D'Souza y sus compañeros culturales conservadores no sólo tienen un enemigo intelectual, ideológico, sino también uno social, a saber, los afroamericanos. A pesar de que, como veremos en detalle más adelante, él enfatiza que su animosidad no está dirigida contra los negros como una "raza", sino más bien contra la cultura afroamericana, su concentración especial en los negros apenas puede ocultar el hecho de que no está librando simplemente una guerra cultural. Es por esta razón que en su libro, y en la ideología subyacente, "cultura" y "etnicidad" representan la respetable máscara detrás de la cual el etnocentrismo (reconocido) se mezcla con diversos tipos de racismo moderno. Si bien mucha de su furia apunta a la "clase marginada" negra y a sus "patologías" sociales, a menudo él olvida esta especificación y problematiza a toda la "cultura" negra, a la que ve como coherente y asociada con todos los afroamericanos de los Estados Unidos.

Este es un libro muy antinegros. Si D'Souza se hubiera preocupado de modo más general por la "desintegración de la civilización", como llama tan hiperbólicamente a la "crisis" actual en los Estados Unidos, podría haber apuntado a muchos otros grupos sociales o culturales. Con varios de los mismos argumentos y ejemplos, también podría haberse centrado en los latinos, los indígenas, la clase marginada blanca "dependiente", todas las madres solteras, todos los delincuentes o todas las minorías que sacan ventaja de la acción afirmativa. No lo hace. El escoge específicamente a los negros, y sus juicios extremadamente tendenciosos, si no racistas, sólo pueden llevar a la conclusión de que éstos son sus enemigos sociales reales:

4) Las últimas décadas han sido testigos nada menos que de la desintegración de la civilización dentro de la comunidad afroamericana. La desintegración se caracteriza por índices extremadamente altos de actividad delictiva, por la normalización de la ilegitimidad, por la preponderancia de familias monoparentales, por los altos niveles de adicción al alcohol y a las drogas, por una dependencia parasitaria de la ayuda del gobierno, por una animosidad hacia los logros académicos y por una escasez de emprendimientos independientes. (pág. 477)

Esta cita resume los principales puntos del resentimiento de D'Souza contra la comunidad afroamericana. Ciertamente, aquí no habla de una sección (relativamente pequeña) de esta comunidad, sino de la comunidad como un todo. Allí donde muchos otros hubieran hablado de "problemas sociales" de algunas áreas marginales, la visión de D'Souza es más apocalíptica. El ve "nada menos que la desintegración de la civilización". En muchos lugares de su libro, habla explícitamente de los afroamericanos como una "amenaza", no sólo para ellos mismos, sino para toda la sociedad:

5) las conspicuas patologías de los negros son el producto de un cambio cultural catastrófico que representa una amenaza, tanto para la comunidad afroamericana como para la sociedad como un todo. (pág. 478)

Mientras que los conservadores tuvieron antes a los comunistas como al mayor enemigo interno y externo, este tipo de paranoia sociopolítica apunta ahora a los negros. Con el objeto de enfatizar las "patologías" de los negros, se coloca a la comunidad asiática de los Estados Unidos como un buen ejemplo, un ejemplo que al mismo tiempo sirve como un argumento estratégico contra aquellos que pudieran ver racismo en los ataques de D'Souza contra los negros:

6) Al probar que la movilidad ascendente y la aceptación social no dependen de la ausencia de características raciales distintivas, los asiáticos han puesto en tela de juicio, involuntaria pero poderosamente, la atribución del fracaso de las minorías a la discriminación por la mayoría. Muchos liberales tienen problemas para dar una respuesta completa a la embarazosa pregunta: "¿Por qué los afroamericanos no pueden parecerse más a los asiáticos?"

Uno podría fácilmente explicar este principio racial de dividir para gobernar por el hecho de que D'Souza mismo es un ejemplo de la historia del éxito asiático (él es originario de la India), pero hay muy pocos rastros de sus lealtades asiáticas (o indias) en el libro. El no habla en absoluto de inmigrantes o minorías. Por el contrario, como sucede con muchos inmigrantes conservadores, se identifica completamente con la civilización occidental y la mayoría blanca dominante, la que, obviamente, no podría tener un portavoz más persuasivo cuando se trata de atacar el multiculturalismo y la acción afirmativa:

¿quién resulta más creíble cuando se ataca a otros que uno de ellos? Tal como puede esperarse, los negros conservadores y otras personas de color en los Estados Unidos son ampliamente ensalzados y promocionados y tienen pleno acceso a los medios y otras instituciones ideológicas, particularmente cuando sirven como "idiotas útiles" y apoyan el consenso dominante de las elites blancas.

Obviamente, tales grupos y relaciones de grupo necesitan ser ubicados en el marco sociopolítico e intelectual más complejo de los Estados Unidos. De esta manera, entre los enemigos ideológicos (los "relativistas" o los "boasianos"),* D'Souza identifica, además, a la mayoría de los académicos, políticos y periodistas liberales (progresistas), a los promotores de derechos civiles y acción afirmativa, a los antirracistas y a todos aquellos que él retrata como condescendientes o que tienen intereses creados para la continuación de las "patologías negras". Una táctica estilística para desacreditar a sus enemigos ideológicos es llamarlos "activistas", incluyendo a los profesores cuyas opiniones le disgustan. De paso, también incluye algunos otros grupos e ideologías que son blanco del desdén conservador:

7) (…) los activistas se inspiran en movimientos izquierdistas como el marxismo, el desconstructivismo y la cultura académica anticolonialista o tercermundista. (pág. 345)

8) (…) las soluciones [del académico afroamericano Cornell West] son una combinación quijotesca de marxismo diluido, feminismo radical y defensa de los derechos de los homosexuales, ninguno de los cuales ofrece una esperanza realista para el mejoramiento de las patologías negras. (pág. 520)

En resumen, si bien no son el blanco principal de su furia, sus enemigos ideológicos se extienden a lo ancho del horizonte social e incluyen a todos los grupos progresistas, alternativos o que, de algún modo, no siguen la tendencia general y a las instituciones asociadas con ellos.

Nosotros

Mientras que no hay mayor ambigüedad sobre quiénes son sus enemigos, ¿quiénes son *Nosotros* en esta representación polarizada del conflicto de la civilización? Como es habitual en este tipo de discurso, *Nosotros* está en gran medida implícito y presupuesto, y no necesita mayor identificación. En gran parte de este libro sobre "la desintegración de la civilización", *Nosotros* es, simplemente, toda la gente civilizada. Más específicamente, incluso en las secciones históricas del libro, *Nosotros* son aquellos (principalmente euro-

* Por el famoso antropólogo norteamericano Franz Boas. [T.]

350

peos) que inventaron la civilización "occidental". Dentro del contexto de los Estados Unidos, *Nosotros* pueden ser, indistintamente, todos los no negros, o blancos, o todos aquellos opuestos al multiculturalismo, a la acción afirmativa y a la interferencia del Estado.

Mientras que sus descripciones positivas de todos esos diferentes grupos de Nosotros, con los que D'Souza se identifica, no dejan ninguna duda sobre sus lealtades, su grupo de referencia ideológico más cercano es lo que él llama "conservadores culturales":

> 9) Las únicas personas que están enfrentando con seriedad las deficiencias de la cultura negra y ofrecen propuestas constructivas para tratarlas son los miembros de un grupo que podemos llamar reformadores. Muchos de ellos son conservadores... (pág. 521)

Ellos son quienes, al final del libro, han "comprendido" la seriedad de la "desintegración de la civilización" en la comunidad afroamericana y han hecho propuestas para subsanarla. Muy predeciblemente, D'Souza incluye a un grupo de negros conservadores entre sus filas, y no parece perturbado por las inconsistencias que esa selección provoca cuando, al mismo tiempo, censura con dureza a toda la comunidad afroamericana. Aparentemente, y como siempre, hay excepciones, y éstas son Nuestros amigos.

Puesto que las ideologías se articulan dentro de, y entre grupos, ahora tenemos el primer elemento del marco social que sostiene las ideologías de D'Souza. Conocemos a sus enemigos y conocemos a sus amigos, y sabemos que él les sirve de ideólogo a estos amigos y sirve como oponente ideal a sus enemigos.

El conflicto y la "crisis"

Las luchas ideológicas están enraizadas en conflictos políticos, sociales o económicos reales. Ellas no involucran simplemente a grupos arbitrarios, sino a relaciones de poder, dominación o competencia entre grupos. Está en juego el acceso a recursos sociales escasos, tanto materiales como simbólicos. El conflicto que sirve como antecedente para la lucha ideológica en la cual D'Souza toma parte involucra tanto a la "raza" como a la clase, y se concentra especialmente en las relaciones entre la mayoría blanca y la minoría afroamericana en los Estados Unidos.

Como también resulta obvio de los capítulos históricos de su libro, este conflicto tiene una larga historia, esto es, la exploración y colonización del mundo por los europeos, la esclavitud de los africanos impuesta por los europeos (y árabes), la economía de las plantaciones en el sur rural, la abolición, el nacimiento del racismo científico, las leyes desventajosas para los negros, la segregación racial, el movimiento de derechos civiles, el fin de la segregación formal y el racismo oficial, la acción afirmativa, la inmigración en gran escala de Asia y América Latina, el multiculturalismo en la educación y, finalmente, la reacción conservadora de la cual el libro de D'Souza es un ejemplo sobresaliente.

A pesar de sus antecedentes socioeconómicos "reales", los conflictos son constructos sociopolíticos, que están definidos de modos diferentes por los diversos grupos implicados en ellos, dependiendo de la orientación ideológica, los objetivos y los intereses de cada grupo, así como de las experiencias cotidianas de sus miembros. Los conflictos sociopolíticos en curso, tales como los de relaciones raciales en los Estados Unidos, están caracterizados no sólo por las numerosas propiedades estructurales de la desigualdad social y la reforma ocasional; ellos también conocen una serie de "crisis", las que asimismo están definidas por representaciones mentales compartidas de (y, en consecuencia, interpretadas de modos diferentes por) grupos en conflicto. Una crisis puede ocurrir cuando uno de los grupos participantes incrementa su dominación u opresión política, económica o ideológica, o cuando el grupo dominado se compromete en formas explícitas de resistencia. De este modo, la reacción conservadora que coincidió con la Reaganomics conservadora y la victoria del neoliberalismo en los años 80 y 90 es una de esas crisis. Esta crisis, a su vez, encontró su motivación ideológica en la reacción contra los (modestos) logros políticos y económicos de los afroamericanos que resultaron de otra crisis, a saber, el movimiento de los derechos civiles y las políticas sociales gubernamentales de los años 60 y 70.

La función social y política del libro de D'Souza debiera ser definida dentro de estos antecedentes generales de las relaciones raciales, la política y las políticas gubernamentales en los Estados Unidos, pero adquiere su importancia retórica y su poder de persuasión especialmente a partir de una autodefinida "crisis de la civilización". Esto es, las propiedades estructurales de la sociedad norteamericana (tales como la pobreza, especialmente en los guetos negros o los cambios socioculturales globales) son interpretadas y presentadas como una amenaza mayor. Una vez definida como "catastrófica", esa amenaza percibida requiere acción y políticas urgentes, y el libro de D'Souza provee los principios ideológicos para tal "sociedad multirracial", como el subtítulo lo especifica. Hemos visto que en un libro retórico como ése, tan sólo hablar de "problemas" (conocidos) no servirá de nada. Por lo tanto, esos problemas sociales necesitan ser magnificados como un desastre de proporciones mayores, como también lo muestra el estilo frecuentemente hiperbólico de D'Souza:

10) (…) la crisis contemporánea de la nación —una desintegración de la civilización que afecta a todos los grupos (…). (pág. 24)

11) (…) un deterioro de las normas básicas de la civilización en el gueto. (pág. 241)

12) Las conspicuas patologías de los negros son el producto de un cambio cultural catastrófico que representa una amenaza tanto para la comunidad afroamericana como para la sociedad como un todo. (pág. 478)

13) Para muchos blancos, la clase marginada negra delincuente e irresponsable, representa un renacimiento de la barbarie en medio de la civilización occidental. (pág. 527)

En otras palabras, no tenemos simplemente un conflicto entre dos grupos, blancos y negros en los Estados Unidos, sino una lucha trascendental, esto es, entre la "civilización" (blanca) y la "barbarie" (negra). Y, tal como se podría esperar, D'Souza es el héroe que ha encarado la hercúlea tarea de luchar contra las fuerzas de la barbarie, así como los griegos defendieron sus civilizaciones contra los extranjeros bárbaros. D'Souza se refiere explícitamente a la historia griega de la "civilización occidental" y la democracia, como un ejemplo que, hasta el día de hoy, merece emulación, incluyendo la discriminación "racional", etnocéntrica de los otros bárbaros. De este modo, su lucha no sólo trata de salvaguardar los intereses y privilegios de la clase media blanca dominante, sino que se presenta con más grandiosidad como una defensa valerosa de la civilización occidental contra el ataque furioso de una coalición tipo "arcoiris" de negros, inmigrantes, izquierdistas, homosexuales, lesbianas, multicultura-listas, relativistas boasianos y otros que amenazan el statu quo. En este sentido, D'Souza y su libro, y las ideologías que él define, son coherentemente conservadoras y etnocéntricas. Tratemos ahora de reconstruir estas ideologías y otras representaciones sociales a partir de su libro y, luego, examinemos con más detalle sus manifestaciones discursivas persuasivas.

Reconstruyendo las ideologías

Se debe recordar que las ideologías, definidas como representaciones sociales básicas de grupos, no deberían identificarse con sus expresiones discursivas. Por cierto, la relación entre ideologías y discurso puede ser muy indirecta: habitualmente, creencias más específicas derivadas de las actitudes sociales y de los modelos personales de acontecimientos aparecen en el texto y la conversación, modificadas adicionalmente por las restricciones de los modelos de contexto de hablantes y escribientes. Esto es, la mayoría de las veces las creencias ideológicas deben ser inferidas, reconstruidas hipotéticamente, del discurso real, por ejemplo, comparándolo con discursos repetidos (contex-tualmente diferentes) de otros miembros del grupo. Puesto que aquí sólo tenemos un texto (extenso), esas comparaciones pueden hacerse solamente dentro del libro mismo, al igual que con los textos o ejemplos a los que el autor se refiere y con los que está de acuerdo. Además, en tratados ideológicos específicos de este tipo, la misma formulación de los "principios" implicados puede estar próxima a las ideologías subyacentes, porque D'Souza no cuenta demasiadas historias concretas, sino que argumenta en un nivel general, abstracto. Además, el propósito global, contextual, del libro es atacar lo que él ve como una ideología amenazante (el relativismo cultural) y promover otra, a la que no nombra explícitamente, a pesar de que él se alinea con lo que llama "conservadurismo cultural".

Tal como puede esperarse de un libro que trata sobre diversas cuestiones políticas, sociales, económicas y culturales, el libro de D'Souza también manifiesta varias ideologías relacionadas, como se explicó arriba, según sus respectivas identificaciones con distintos grupos o comunidades: elites occidentales, blancas, de clase media, masculinas, heterosexuales, profesionales, conservadoras. No obstante, D'Souza se centra en sus enemigos ideológicos y sociales más importantes, a saber, los relativistas culturales y los afroamericanos. La clase es también una dimensión destacada, como resulta obvio de su ira especial contra la "clase marginada" negra. Sus frecuentes generalizaciones muestran, sin embargo, que él toma la totalidad de la comunidad negra como a una representación metonímica (*totum pro parte*) de los negros pobres.

En resumen, podemos esperar aquí cuatro tipos de ideología —aquéllas de la raza-etnicidad, clase, cultura y política— y una "metaideología" global que las organiza: la del conservadurismo. Es esta ideología conservadora abarcativa la que establece la coherencia y los numerosos lazos entre las creencias en las respectivas ideologías. Por ejemplo, donde D'Souza defiende creencias sociopolíticas, neoliberales, sobre la intervención limitada del Estado, podemos esperar creencias racistas sobre la dependencia de los afroamericanos del Estado, en general, y la de las mujeres negras respecto del bienestar social, en particular. Y donde sus ideologías culturales defienden la unicidad y hegemonía de la civilización occidental, podemos esperar que las ideologías, tanto de clase como de raza, incluyan creencias sobre la "barbarie" de la clase marginada. Las mismas ideologías culturales pueden estar conectadas con las creencias ideológicas sobre la "bancarrota" del multiculturalismo relativista, mientras que el individualismo conservador-liberal enfatiza la importancia del mérito personal contra la acción afirmativa colectiva basada en el grupo. Del mismo modo, la ideología conservadora de la ley y el orden será "racializada", en este caso, en la evaluación de la "delincuencia negra". Muchos otros lazos cruzados entre ideologías principales y actitudes específicas pueden ser reconstruidas a partir de este libro.

Como veremos más adelante con más detalle, ese complejo ideológico será aplicado a la actitud central que provee la base y el título de este libro; es decir, contrariamente a lo que sostienen los negros y sus defensores blancos, los

Estados Unidos no son (o ya no son más) un país racista. Como se sugirió en el capítulo precedente, es esta negación del racismo la que constituye una de las actitudes nucleares del moderno racismo de elite. Disfrazado por lo que se define como una "guerra cultural" entre relativistas liberales y la supremacía cultural conservadora, descubrimos la continuación de la "guerra de razas" en curso que ha caracterizado el "dilema norteamericano" desde hace siglos. Por cierto, el subtítulo del libro aboga por una sociedad "multirracial", pero el contenido del libro muestra que la supremacía de la "raza" blanca dominante no debiera ser desafiada. La "discriminación racional" es un derecho "natural" de este grupo étnico dominante:

14) Los griegos fueron etnocéntricos, mostraron preferencia por el grupo propio. Ellos hubieran considerado ese tribalismo como natural, y ciertamente sabemos que es universal. En algunas situaciones, un etnocentrismo instintivo es inevitable, como cuando una sociedad está sometida a ataques externos y todos deben unirse en su defensa. (pág. 533).

Aquí vemos en funcionamiento uno de los artificios más destacados de la legitimación ideológica de la desigualdad, esto es, que esa situación es "natural" y, por lo tanto, "universal". Al mismo tiempo, este pasaje muestra otra forma de representar a los otros, a saber, cómo se construye a los grupos externos como enemigos contra cuyos "ataques externos" debemos, "naturalmente", defendernos. De tal modo, el racismo no sólo se presenta como respetable, por ser natural, sino también como un deber patriótico de los blancos en la "guerra cultural" y la "crisis de la civilización". (pág. 535)

Luego de esta breve caracterización global de las diversas ideologías involucradas, examinemos algunos de sus contenidos y estructuras.

Conservadurismo

Se argumentó antes que el "conservadurismo" no es tanto una ideología (de grupo), sino más bien una metaideología abarcativa que organiza a otras ideologías. Por ejemplo, aplicada a las ideologías neoliberales en el campo de la economía política, las ideologías conservadoras abogan específicamente por un papel limitado del Estado (o del Gobierno) en el mercado. Del mismo modo, cuando se aplican a las ideologías culturales, los metaprincipios conservadores pueden adoptar dos variantes complementarias, a saber, intervención limitada del Estado en algunos ámbitos culturales (educación, medios, religión), o intervención activa del Estado, por ejemplo, por medio de legislación dura en las áreas que se consideran como una amenaza al orden moral (valores familiares, sexualidad, multiculturalismo). Y, finalmente, cuando se aplica a ideologías raciales o étnicas, el conservadurismo igualmente permitirá (condonar o no vigilar estrictamente) diversas formas de discriminación, como, por ejemplo, el derecho de cada persona o grupo étnico a "preferir a los suyos".

Valores

Como todas las ideologías, también las metaideologías conservadoras están basadas en una selección y combinación de valores extraídos de un terreno común cultural. D'Souza, por ejemplo, se refiere positivamente a los siguientes valores (de los cuales, las estructuras ideológicas, actitudinales y discursivas se examinarán luego):
- Libertad
- Mérito personal
- Disciplina
- Prudencia
- Moderación
- Responsabilidad
- Autocontrol
- Trabajo arduo
- Autoridad
- Orden
- Decencia
- Elitismo
- No permisividad.

Esa selección ideológica de valores culturales relativamente generales también implica un conjunto de contravalores cuando se utiliza la ideología en una lucha ideológica con oponentes ideológicos. Así, estos valores son seleccionados y enfatizados especialmente contra (ciertas variantes de) los valores del liberalismo igualitario, progresista: igualdad, responsabilidad social, asistencia social, libertad moral, relativismo cultural, liberación de la opresión, representatividad, antiautoritarismo, permisividad, creatividad, autocrítica, progreso, democracia, etcétera.

Dados estos valores y sus contrapartidas, algunas de las creencias ideológicas conservadoras defendidas por D'Souza en su libro son:

1) El statu quo social y de la civilización están siendo amenazados.

2) El Estado no debería interferir donde no le corresponde.

3) Los programas sociales para ayudar a los pobres son contraproducentes.

4) Las personas debieran ser juzgadas individualmente por sus propios logros.

5) La desigualdad tiene causas individuales, no sociales.

6) Las personas tienen obligaciones y no tan sólo derechos.

7) Una sociedad coherente no permite culturas o visiones del mundo múltiples.

8) Existen desigualdades naturales entre (grupos de) personas.

9) La sociedad debe estar caracterizada por la ley y el orden.

10) Todos los individuos debieran tener iniciativa y perseguir la excelencia.

11) Todos los niños deben nacer dentro del matrimonio.

12) Todas las personas deben trabajar.

Estos principios ideológicos no siempre están formulados directamente en *The End of Racism*, sino que aparecen sobre todo en la evaluación negativa de las ideologías y actitudes de los enemigos de D'Souza, por ejemplo, a favor de la intervención del Estado en el gueto, el bienestar social, la acción afirmativa, la responsabilidad social de las empresas de negocios, la desventaja social, la legitimidad de madres solteras u otras estructuras familiares, los trabajos decentes, la representación grupal igualitaria, iguales resultados, etcétera.

Como se sugirió antes, estos valores y creencias ideológicas aparecerán manifestadas en ideologías y actitudes de grupo más específicas. Por cierto, algunas de las creencias ideológicas mencionadas arriba podrían incluso omitirse porque son creencias generales específicas de un grupo o dominio. De este modo, la libertad respecto de la intervención estatal implica, de hecho, que el Estado tampoco debería ser (muy) activo en los dominios sociales, por ejemplo, con programas sociales para los pobres o para la tercera edad. De una manera similar, la oposición a la "ilegitimidad" de los niños o a las madres solteras es, por supuesto, una especificación adicional de las creencias conservadoras globales sobre los valores de la familia.

Etnocentrismo/racismo Moderno

Si bien el conservadurismo es el marco ideológico abarcativo que organiza las creencias sociales y culturales de *The End of Racism*, el racismo etnocéntrico moderno es su núcleo ideológico específico. Esta conclusión puede ser algo irónica dado el título del libro de D'Souza, pero dentro del marco de nuestra teoría de elite del racismo, esas negaciones son predominantes en todas las formas del racismo moderno. De allí la ira de D'Souza contra los antirracistas, sus sistemáticas mitigaciones de la continuada relevancia de la "raza" en los Estados Unidos, su supuesta "ignorancia" de la difundida discriminación contra los afroamericanos en prácticamente todos los dominios sociales. Por las mismas razones ideológicas, él ataca a los "activistas" de los derechos civiles, a quienes abogan por (o no ven otra alternativa más que) la acción afirmativa, y a quienes él considera que utilizan el racismo como una excusa para su propio fracaso y para la "desintegración de la civilización".

Como ideologías de grupos, el etnocentrismo y el racismo modernos incluyen las siguientes creencias básicas sobre el propio grupo, esto es, occidentales (blancos) y sus relaciones con otros grupos. La mayor parte de estos principios ideológicos están basados en el valor nuclear de la desigualdad (cultural, si no natural) entre los grupos:

1) Nuestra cultura occidental es superior.

2) El etnocentrismo es natural y, algunas veces, inevitable.

3) La discriminación puede ser racional.

4) Los Estados Unidos no son, y no debieran ser, una sociedad multicultural.

5) La asimilación cultural de grupos culturalmente desviados es necesaria.

6) Nosotros somos tolerantes.

7) Los Estados Unidos no son una sociedad racista. / Nosotros no somos racistas.

Relacionada con estas autorrepresentaciones ideológicas está la representación polarizada, negativa, de los otros: primero los relativistas culturales liberales, por ejemplo, en términos de las siguientes creencias:

1) Ellos piensan que todas las culturas son igualmente valiosas.

2) Ellos apoyan el multiculturalismo.

3) Ellos critican la civilización occidental.

4) Ellos nos acusan de colonialismo y racismo.

5) Ellos pretenden la representación proporcional de las minorías étnicas.

El segundo principal enemigo, en el libro, son los oponentes sociales, los negros, los afroamericanos y, más generalmente, todos los no occidentales. Se los describe de diversas maneras sobre la base de las siguientes creencias ideológicas:

1) Ellos son primitivos, incivilizados, bárbaros.

2) Las patologías afroamericanas son culturales.

3) Ellos son culturalmente desviados.

4) Ellos quiebran la ley.

5) Ellos tienden a ser delincuentes.

6) Su(s) cultura(s) están estancadas.

7) Ellos dependen del Estado.

8) Ellos no toman ninguna iniciativa.

9) Ellos son promiscuos.

10) Ellos no procuran la excelencia.

11) Ellos utilizan el racismo como una excusa para su propio fracaso.

En otras palabras, como hemos visto en el capítulo 6, las presentaciones negativas de los otros que derivan de ideologías etnocéntricas y racistas, a menudo están articuladas alrededor de la atribución de violaciones de nuestros valores básicos y principios ideológicos. Así, donde nosotros somos tolerantes, el antirracismo es intolerante; donde nosotros valoramos el mérito personal y la disciplina, ellos carecen de esos valores; donde nosotros somos decentes, ellos son promiscuos; donde nosotros trabajamos duro, ellos son demasiado perezosos para trabajar; etcétera.

Estructuras ideológicas

Uno de los asuntos teóricos tratados anteriormente en este libro fue la estructura de las ideologías (capítulo 5). Sobre la base de proposiciones generales repetidas en el libro de D'Souza, se seleccionaron algunas creencias que son suficientemente generales como para ser incluidas en la metaideología conservadora y en las ideologías del racismo cultural o etnocentrismo. Sin embargo, se argumentó que las ideologías tienen, probablemente, algún tipo de organización interna, por ejemplo, una estructura esquemática de categorías fijas. Ese esquema sería relevante cada vez que las personas necesitan adquirir o cambiar una ideología, por ejemplo, cuando se convierten en nuevos miembros de un grupo social. Buscando un formato para ese esquema, supuse que, dado el estrecho vínculo entre ideología de grupo y la autorrepresentación del grupo, un esquema de grupo diseñado según el modelo de las coordenadas societales del grupo sería un buen candidato. La cuestión ahora es si las proposiciones ideológicas inferidas del libro de D'Souza se pueden asignar válidamente a ese esquema.

En consecuencia, si tenemos que diseñar un marco para las ideologías del racismo y el etnocentrismo, podemos proponer la siguiente estructura (simplificada):

• *Criterios de pertenencia*: Solamente los miembros de nuestra propia cultura, grupo étnico, "raza" o nación.

• *Actividades*: Discriminar a los otros.

• *Objetivos*: Exclusión, segregación o asimilación de los otros.

• *Valores*: Desigualdad natural, homogeneidad cultural.

• *Posición societal: Relación con otros grupos*: Nosotros somos superiores a los otros (nuestra cultura es superior a las otras).

• *Recursos*: Civilización occidental, poder (político y económico), cualidad de blanco.

Obviamente, puesto que los autoesquemas de grupo habitualmente (aunque no siempre) son positivos, y el "racismo" está sancionado cultural y socialmente, al menos de manera oficial, la mayor parte de las personas que comparten este esquema no se describirían a sí mismas como "racistas", sino, por ejemplo, como nacionalistas. Debe recordarse que el esquema de grupo y sus categorías incluirán las creencias fundamentales de grupo que definen la identidad al igual que los intereses básicos del grupo. Cuando estos intereses estén bajo amenaza, serán más enérgicamente defendidos, o serán reclamados cuando se los pierda.

Este es también el caso del libro de D'Souza. De esta manera, los criterios de pertenencia definen quién pertenece o puede pertenecer a Nosotros y, por lo tanto, los otros están definidos por los racistas o etnocéntricos como extranjeros, diferentes, inmigrantes, foráneos, etc. Las actividades de los miembros deberían estar dirigidas hacia el logro del objetivo esencial del grupo, que es, esencialmente, mantener a los otros afuera o abajo o, si eso resulta imposible, asimilarlos completamente (en este caso, culturalmente). Estos objetivos son la base de las evaluaciones negativas en la actitud del multiculturalismo, como veremos más abajo.

El valor básico del etnocentrismo y el racismo es enfatizar la desigualdad "natural' entre los grupos, contra los igualitaristas y los relativistas. No sorprende que ese valor sólo sirva a los intereses de los que están en posición dominante y, en consecuencia, en la categoría posición societal encontramos la definición fundamental de Nuestra posición, a saber, Nosotros somos superiores a Ellos (por ejemplo, Nuestra civilización, cultura, conocimiento, etc., es mejor que la/el de Ellos).

Puesto que la posición dominante de un grupo y su reproducción necesitan de recursos, el recurso esencial en una ideología racista es el poder simbólico de ser parte de la civilización (occidental) y ser blanco, o sea, los mismos criterios de la pertenencia al grupo. Dada la naturaleza fundamental de los recursos para el poder y la reproducción del grupo, éstos son los intereses ideológicos que serán defendidos con más fuerza. Tal es, por cierto, el caso en el libro de D'Souza, en el que se expresa repetidamente la preocupación de que la civilización (occidental) está decayendo, que otras culturas pueden tomar el control, y que Nuestro grupo (occidental, blanco, masculino, de clase media, etc.) y sus intereses pueden perder poder.

La categoría posición societal en el esquema ideológico incluye típicamente la relación con los otros grupos, en este caso, obviamente, el (los) grupo(s) que es (son) el blanco de ataque de grupos racistas o etnocéntricos, esto es, extranjeros, inmigrantes, forasteros, minorías, etc., especialmente aquéllos de otras culturas y/o aspecto físico ("raza"). Dada la relación de superioridad implicada aquí, el esquema del otro grupo asociada con este autoesquema incluye específicamente aquellas categorías y creencias que son opuestas a las de nuestro propio grupo. Su categoría de pertenencia (tal como la definimos Nosotros) es, por ejemplo, "ser negro" o, como insiste D'Souza, "tener una cultura negra coherente". Aquí también está representada la evaluación "esencial" de los otros, a saber, que son primitivos, incivilizados, bárbaros, sin iniciativa, promiscuos, etcétera.

Sus actividades (negativas) pueden resumirse ideológicamente como "Ellos violan todas nuestras normas" (son delincuentes, venden drogas, tienen hijos ilegítimos, no quieren trabajar, nos acusan de racistas, etc.). Su objetivo está representado como, por ejemplo, igualdad de derechos, multiculturalismo y participación económica igualitaria. Sus valores son todos aquellos opuestos a los Nuestros: igualitarismo, relativismo, permisividad, dependencia del Estado, falta de respeto por la ley y el orden, indecencia, etc. Su posición está representada, por un lado, como inferior (culturalmente), y, por el otro, como una amenaza a nuestra cultura, civilización y otros recursos; además, nos acusan de racismo e intolerancia. Puesto que el otro grupo es escasamente poderoso, se le atribuirán pocos recursos, y el hecho es, precisamente, asegurarse de que no tendrán acceso a nuestros recursos, o que sus recursos (tales como su propia cultura) serán valorados negativamente, como sucede, y lo veremos, con la actitud hacia el afrocentrismo.

Estos esquemas ideológicos básicos de grupo para Nosotros y Ellos, entonces, luego serán analizados en dominios sociales específicos con actitudes más detalladas acerca de grupos particulares, por ejemplo, afroamericanos, o Nosotros (blancos, etc.) en los Estados Unidos, y para asuntos específicos, tales como racismo, multiculturalismo o acción afirmativa, como lo explicaré más adelante.

Nótese finalmente que no he tratado de esquematizar la lista de creencias conservadoras básicas, puesto que el conservadurismo no es una ideología específica de grupo, sino más bien una metaideología que organiza algunos principios básicos de otras ideologías de grupo, Las creencias conservadoras típicas (sobre intervención estatal, individualismo, ley y orden, estructura familiar, etc.) son, en realidad, especificaciones de valores conservadores fundamentales. Así, la libertad está definida como estar libre de la intervención del Estado, y el mérito personal es inconsistente con la asistencia social, la decencia prohíbe los hijos ilegítimos, etc. Si tuviéramos que definir a los conservadores como a un "grupo", podríamos decir que está constituido, precisamente, por la categoría de sus valores (contra los progresistas). Esto es, la identidad, las acciones, los objetivos, la posición y los recursos de los conservadores se centran todos en la realización de esos valores. Es de esta manera como la metaideología del conservadurismo restringe otras ideologías (de grupo), como las de los racistas, o profesores, o gente de negocios, para quienes el sistema de valores conservador tendrá aplicaciones diferentes según los objetivos, intereses y objetivos específicos de grupo de los mismos.

Actitudes

Teóricamente, las ideologías controlan y organizan actitudes más específicas. De esta manera, mientras que las ideologías etnocéntricas y racistas básicas representan las propiedades globales de Nosotros (occidentales, blancos) y de Ellos (no occidentales, negros), las actitudes incluyen creencias sociales más específicas, tales como prejuicios, sobre miembros específicos del grupo de los otros. Así, los afroamericanos están representados, además, de la siguiente manera:

1) Ellos son la causa de la desintegración de la civilización.
2) Ellos tienen una cultura (negra) coherente.
3) Los negros (pobres) tienen patologías escandalosas:
   • excesiva dependencia del gobierno;
   • paranoia conspirativa sobre el racismo;
   • resistencia a logros académicos;
   • celebración de los delincuentes;
   • normalización de la ilegitimidad;
   • familias monoparentales.
4) Sus patologías son debidas a la cultura afroamericana.
5) Su cultura es funcionalmente inadecuada.
6) Ellos mismos son racistas:
   • tienen la ideología de la supremacía negra.
7) Son violentos y delincuentes.
8) Abusan de las drogas.
9) Tienen un estilo de vida caro (son "ostentosos").
10) Pueden tener una menor inteligencia.
11) Tienen menos habilidades.
12) No tienen costumbres establecidas.
13) Celebran o condonan a las familias destruidas.
14) No se adaptan a la cultura dominante (Nuestra).
15) No tienen responsabilidad.
16) Tienen una paranoia sobre el racismo.
17) Su clase media tiene una ira infundada hacia los negros.
18) No son buenos en los negocios.
19) Repudian el inglés estándar.
20) Celebran al "Negro Malo'.
21) Visten ropa llamativa.
22) Utilizan un lenguaje obsceno.

23) No quieren trabajar.

24) No son puntuales.

25) No respetan el matrimonio.

26) Producen la bastardización de Norteamérica.

27) Sus intelectuales se niegan a criticar las patologías de la clase marginada.

Estas creencias pueden estar organizadas, además, en un esquema más estructurado, del cual, sin embargo, el principio global nuevamente está claro: los otros (aquí, los negros) están representados como el reflejo negativo de nuestra imagen: literalmente, como nuestro lado negro. Cualesquiera que sean los valores y principios que Nosotros compartamos, Ellos no los tienen.

El núcleo de los conceptos que organizan estas creencias es *diferencia*, *desviación* y *amenaza*, aplicados a todos los dominios sociales, por ejemplo, la cultura en general, los hábitos, el lenguaje, la vestimenta, la ética del trabajo, los valores familiares, el carácter, la tolerancia, la modestia, la industriosidad, el mérito y logro individuales, etc. Esto es, sus hábitos culturales establecidos no sólo son diferentes de los nuestros, sino que también están desviados de nuestras normas y leyes y, por último, su desviación cultural, al igual que su agresión, delincuencia y otros comportamientos, son una amenaza para Nosotros y la nación toda, incluyéndolos a ellos mismos. Nótese que dentro de la representación actitudinal de los afroamericanos, también encontramos algunas creencias específicas sobre los subgrupos negros, tales como los intelectuales, las mujeres o los "marginados" negros.

Sin embargo, frecuentemente el texto no es tan específico, de tal modo que muchos atributos negativos adscriptos a un grupo relativamente pequeño de hombres jóvenes en los guetos se generalizan, de hecho, a todo el grupo. Esta (sobre)generalización es uno de los sellos distintivos del racismo: ellos son todos iguales. Si bien D'Souza recuerda (sin mucha convicción) que "no está en sus genes" y que, por lo tanto, él no puede ser llamado racista, la distinción entre "cultura" y "raza" afroamericanas es muy sutil en su argumentación, y a menudo inexistente. Por cierto, la mayor parte de los negros vería su estereotipación negativa y agresiva como poco más que una forma de menosprecio racista oculto tras un fino velo de crítica cultural.

En su rechazo del racismo como la causa de la condición social deplorable de la comunidad afroamericana, D'Souza no tiene otra opción que culpar a las víctimas mismas (una estrategia que él niega enérgicamente, e incluso ataca, como una de las formas criticadas de antirracismo). Esto es, él se centra en las "patologías negras" y las ve como una "desintegración de la civilización", como se explicó más arriba. De este modo, los negros, y ningún otro grupo u organización, son la causa de la "catástrofe" que nos está amenazando a "Nosotros" en los Estados Unidos.

Analistas más sobrios de la situación sociopolítica en los Estados Unidos (o en cualquier otro lugar del mundo), quizá se preguntarían por qué la retórica de D'Souza se concentra, justamente, en esas "patologías", y por qué éstas constituirían algo tan dramático como una "desintegración de la civilización" y una "amenaza" para la nación toda. ¿Desde cuándo el bienestar social, cuando no hay trabajos disponibles, es una forma patológica de "dependencia parasitaria"? De ser así, la mayor parte del sistema de bienestar social de Europa Occidental no sería objeto de envidia. ¿Y qué sucede con las familias monoparentales? Este tipo de familia es crecientemente habitual en muchos lugares del mundo, especialmente en naciones altamente desarrolladas, tales como las de Escandinavia, donde alrededor del 40% de las madres no están casadas. Lo que tenemos aquí, obviamente, es una diferencia sociocultural, y difícilmente una patología, y aun menos algo tan apocalíptico como la "bastardización de Norteamérica", como D'Souza tan delicadamente caracteriza a las familias negras. ¿Y cómo podrían interpretar los amigos negros conservadores de D'Souza que son profesores destacados (al igual que otros negros con grados académicos) su conclusión de que los afroamericanos son "hostiles" a los logros? Seguramente, hay otros problemas sociales y económicos en los Estados Unidos más fundamentales, tales como la pobreza de muchos millones de familias y niños.

Lo que resulta importante para mi análisis, sin embargo, no es tanto un desafío crítico al trabajo de D'Souza (muchos otros ya lo han hecho), sino demostrar cómo los valores, las ideologías y las actitudes influyen en la definición y evaluación de la situación social. Donde muchos ven pobreza, racismo, marginación y muchos otros males sociales en los Estados Unidos, la ideología ha cegado a D'Souza respecto de esas realidades. Por el contrario, en un gran movimiento de inversión, él culpa a las víctimas por esta situación. Incluso un estudio bien fundamentado de la sociedad de los Estados Unidos, no solamente hecho por negros, es considerado, entonces, patológico. En consecuencia, vemos cómo ideologías diferentes pueden conducir a evaluaciones opuestas de los "hechos".

Actitudes con respecto al racismo

Las ideologías de D'Souza también controlan otras actitudes además de las que ya se tienen hacia los afroamericanos, por ejemplo, y como hemos visto, las actitudes acerca del racismo. Nuevamente, tanto su conocimiento como sus opiniones sobre el racismo parecen estar marcadamente distorsionadas por su ideología subyacente de etnocentrismo y racismo moderno. En primer lugar, sin embargo, es esencial que sus opiniones sobre raza y racismo estén cuidadosamente protegidas contra cualquier acusación de racismo. El lo hace, como es habitual en muchos otros discursos de elite y también entre muchos científicos sociales, limitando la definición de racismo a una "creencia en la superioridad intrínseca, con base biológica". Puesto que sólo pequeños grupos de blancos supremacistas comparten esta creencia, las creencias de D'Souza y las de muchos otros racistas modernos están salvaguardadas contra cualquier acusación de racismo. El racismo, definido como él lo hace, es ciertamente un problema marginal en los Estados Unidos o en cualquier otro lugar. El problema es que el sistema de desigualdad étnica/racial en los Estados Unidos (y otros países dominados por europeos) es mucho más complejo que eso y no está limitado a todas las creencias sobre superioridad basada en la biología. Más bien, especialmente cuando están asociados con el aspecto físico, todos los sentimientos de superioridad del grupo, y de la cultura, y las muchas formas cotidianas de discriminación basadas en ellos son formas de racismo contemporáneo.

Lo mismo vale para la mayor parte de las otras creencias sobre racismo que D'Souza expresa en su libro. Esto es, están orientadas a protegerlo a él mismo y a la cultura y civilización blancas dominantes, de la contaminación incivilizada del racismo. De tal modo, un capítulo entero está dedicado a un tratado histórico sobre racismo (y esclavitud) tal como existe en muchos otros países y civilizaciones, y concluye que los europeos blancos no fueron los únicos "culpables". Ese capítulo debiera también interpretarse como un movimiento táctico para, al menos, compartir la culpa del racismo. Y cuando el título, y gran parte del contenido de su libro, enfatiza (correctamente) que el racismo no es universal, sino que tiene un principio y fin específicos, él concluye (falsamente) que, en consecuencia, el racismo en los Estados Unidos ha terminado (en consonancia con la ideología e historia que otros influyentes autores conservadores, antes que él, declararon que había "terminado). Una vez establecido (sin pruebas, y descuidando bibliotecas repletas de evidencia en contrario) que el racismo ha terminado, el verdadero objetivo de su argumento se hace claro: si ya no existe un racismo significativo en los Estados Unidos, los negros pueden ser ellos mismos culpados, sin peligro, por sus "patologías", y Nosotros (blancos) estamos nuevamente libres de toda sospecha. Y, de modo aun más vigoroso, aquellos que afirman que el racismo, hoy, está vivito y coleando en los Estados Unidos, pueden ser acusados de desviación o de mentir (o peor, de obtener ganancias), mientras no limitemos su definición a fenómenos marginales tales como creencias en la "superioridad biológica de la raza blanca". Así, donde D'Souza afirma que las "acusaciones de racismo son una racionalización del fracaso negro", otros pueden revertir la afirmación y decir que la negación del racismo de D'Souza es una racionalización del continuo fracaso blanco para llegar a un acuerdo con los negros en la sociedad de los Estados Unidos. No es de extrañarse que en la jerarquía de valores ideológicos de D'Souza, el problema real no sea el racismo sino el antirracismo definido como "coerción intelectual y moral".

En la actitud de D'Souza sobre el racismo, aun cuando se lo defina a su modo, el racismo es una opinión legítima (pág. 538), que puede ser criticada, pero que no es un delito, a pesar de muchas leyes internacionales, cartas de las Naciones Unidas contra el racismo, y la Declaración Universal de los Derechos Humanos. A esta altura vemos que los valores conservadores de ley y orden chocan con los principios de su ideología racista; poner en vigencia las numerosas leyes contra la discriminación no tiene exactamente prioridad en esta actitud. Por el contrario, la discriminación, como argumenta D'Souza, puede ser racional y legítima en algunas situaciones. La supremacía etnocéntrica, y la libertad neoliberal para discriminar (por ejemplo, en los negocios) son ideológicamente superiores al principio liberal de no violar los derechos de los otros.

Cuando la discriminación y el racismo no pueden ser negados, son mitigados, su importancia corriente y su seriedad son atenuadas, o incluso son legitimados en situaciones específicas. La discriminación sistemática cotidiana en los Estados Unidos está, entonces, eufemísticamente reducida a esas incorrecciones como "los desaires de los taxistas que no levantan a los afroamericanos" (pág. 525), una forma de discriminación que está completamente legitimada por D'Souza, porque es "racional".

Del mismo modo, si bien estructuralmente muy similar y socialmente tan destructora, la segregación en los Estados Unidos es considerada como totalmente incomparable al apartheid, un conocido movimiento de negación mitigadora. Y cuando D'Souza afirma que "nosotros no sabemos cuánto racismo existe en los Estados Unidos", ese conocido movimiento de aparente ignorancia ("nadie sabe cómo medirlo"), resulta curiosamente inconsistente con su propia afirmación repetida de que el racismo ha declinado en los Estados Unidos. Pero si aún existe algo de racismo, es debido especialmente al comportamiento de la clase marginada negra, que viola todos los códigos sociales y culturales de la sociedad de los Estados Unidos, otra inversión para culpar a la víctima.

Hay muchos puntos en los que las creencias de D'Souza sobre racismo coinciden con académicos críticos que han estudiado el racismo. Así, como hemos visto, el racismo ciertamente no es universal, sino un invento científico que, en los siglos XVIII y XIX los europeos, por ejemplo, utilizaban para explicar las observaciones del "primitivismo" de otras culturas. D'Souza aquí no menciona que también fue inventado para legitimar la esclavitud, el genocidio, la apropiación de la tierra, la colonización y muchos otros rasgos sobresalientes de la "civilización" occidental. Por cierto, el racismo no es una antipatía irracional de las personas tontas, no educadas, sino que tiene bases científicas (y esa ciencia nunca debería llamarse "pseudociencia", advierte D'Souza). Es cierto, y el libro de D'Souza es un claro ejemplo de ello, que el racismo, el etnocentrismo y muchas otras formas de desigualdad siempre han sido preformuladas y legitimadas en términos académicos más o menos respetables, hasta hoy, por las elites. Para D'Souza, sin embargo, el argumento tiene otras consecuencias: si la discriminación no es irracional, sino racional, esto significa que las personas (blancas) tienen buenas razones, incluso respetables, para discriminar a los negros. De este modo, D'Souza defiende la actitud de que el prejuicio, la discriminación y el etnocentrismo pueden ser naturales, racionales, ventajosos (buenos para los negocios) y, por lo tanto, justificados.

Dada su actitud con respecto al racismo, no deberíamos sorprendernos de la actitud de D'Souza sobre el colonialismo, otro invento de la "civilización" occidental. La negación, la mitigación, la legitimación y, simplemente, la ignorancia de los hechos históricos, son sólo algunas de las estrategias empleadas para proteger la ideología de la supremacía de la civilización occidental contra los exámenes demasiados críticos. Así, las exploraciones no fueron "llevadas a cabo con intenciones hostiles", afirma D'Souza, y no deberían verse como apropiaciones rapaces de tierras, robo de recursos o (algunas veces) genocidios, sino como una contribución europea para la "transformación del mundo", como un signo de progreso y como empresas intelectuales. Lo que resulta claro de esas creencias actitudinales es que las ideologías tienen un control muy poderoso sobre la propia selección, enfoque, representación y construcción de "hechos" históricos. Y cuando las ideologías, como la de la supremacía de la civilización occidental, pueden ser inconsistentes con estos hechos, pueden ser aisladas de estos hechos por medio de una versión totalmente diferente de la realidad.

Acción afirmativa*

Se requiere poca especulación para predecir las actitudes de D'Souza sobre la acción afirmativa (AA), dada su negación del racismo y sus valores e ideologías conservadores del mérito personal, la disciplina, el trabajo arduo y el rechazo de cualquier intervención gubernamental. Mientras que en muchos otros asuntos D'Souza rechaza los valores igualitarios, la política social debería ser, de acuerdo con él, "ciega a los colores". El insiste en que este principio de Martin Luther King debería ser respetado, pero lo hace especialmente para demostrar que los intelectuales contemporáneos negros violan el legado de King. Una conocida táctica de dividir al enemigo.

Mientras que en otro lugar de su libro él demuestra la legitimidad de la discriminación "racional", la acción afirmativa es rechazada estrictamente porque está definida como discriminación, es decir, de los blancos. Siguiendo sus propios criterios, que permiten la discriminación, uno podría preguntar si la

---

* En los Estados Unidos, los "Movimientos de Acción Afirmativa" tienen por objeto rectificar la discriminación contra las minorías y las mujeres. [T.]

acción afirmativa es una "antipatía irracional" más que una política racional para terminar con la desigualdad y las restantes disparidades en la contratación, promoción y condiciones de trabajo de las minorías en general, y de los negros en particular.

Que la AA corrompería a las empresas de los Estados Unidos, como lo sugiere otra de las creencias actitudinales de D'Souza, es otra definición de la situación distorsionada por la creencia ideológica fundamental de que la desigualdad social y étnica no debería ser tomada muy en serio. Esto, ciertamente, no explica por qué muchas grandes empresas, cuando son libres de aplicar o no la AA, deciden hacerlo.

La creencia actitudinal más familiar sobre la AA es que ésta "bajaría los estándares", lo que presupone que las minorías (y en especial los negros) generalmente están menos calificadas. D'Souza cita extensamente todas las estadísticas para probar justamente eso. Puesto que ha rechazado una explicación "racial" (biológica) de esa calificación más baja, está libre para jugar la "carta cultural" y, por lo tanto, acusar a los negros por la falta de una cultura del logro. Por supuesto, apenas si son destacadas otras explicaciones sociales (malas escuelas), y tampoco podemos esperar la conclusión de que si los negros (como grupo) no se desempeñan tan bien, no son ellos sino las escuelas las que debieran ser culpadas.

Finalmente, en esta serie de acusaciones, reproches y culpas atribuidas a la víctima, la actitud de D'Souza hacia la AA, al igual que, de forma más general, hacia los derechos civiles, es que este sistema significa mucha cantidad de dinero para la "industria de los derechos civiles", y, especialmente, para los intelectuales negros y (otros) "activistas". El no nos dice cuánto dinero, una de las muchas afirmaciones sobre las cuales las notas al pie son repentinamente escasas. Tampoco nos dice cómo los empleados públicos blancos sacan provecho del sistema. Aquí se ve que esas actitudes no siempre son consistentes unas con otras, porque mientras que la "Industria de los Derechos Civiles" (y sus empleados negros) son acusados de devorar megadólares, los negros son acusados, en otra parte, por no tomar suficientes iniciativas corporativas o financieras. D'Souza encuentra la pista de esta "patología" en las actitudes de los negros durante la esclavitud: "una serie de medidas para evitar, posponer y minimizar el trabajo" (pág. 97). En un lenguaje más tradicional, esa actitud era rutinariamente expresada como "Ellos son perezosos". El asunto, entonces, no es tratar de establecer un retrato equilibrado de la situación social de los afroamericanos y las relaciones raciales en los Estados Unidos, sino encontrar *cualquier* argumento para desacreditar a los negros.

Multiculturalismo

La ideología del conservadurismo cultural no tiene mucha simpatía por el multiculturalismo. Como D'Souza también ha mostrado en su trabajo anterior,[3] en el que ridiculiza la diversidad educativa, curricular y científica, su ideología de la supremacía de la cultura occidental es inconsistente con el relativismo cultural de los "boasianos" y con la de la mayoría de los científicos sociales en el mundo.

El conglomerado actitudinal específico que organiza sus creencias sobre el multiculturalismo está constituido por dimensiones conocidas, tal como la triple conceptualización, ya encontrada para la representación de los afroamericanos: diferencia, desviación, amenaza. Los multiculturalistas son distintos de nosotros, se desvían de nuestras normas culturales y educativas e incluso son una amenaza para nuestra civilización occidental.

Para justificar la "amenaza", son necesarios, por supuesto, varios artificios de exageración hiperbólica, como ha ocurrido en el debate sobre el multiculturalismo.[4] En ese marco actitudinal, no resulta consistente, por ejemplo, considerar versiones alternativas de la realidad, por ejemplo el hecho de que la educación multicultural en las escuelas, colegios y universidades de los Estados Unidos es, hasta ahora, marginal respecto de la enseñanza e investigación sobre la cultura occidental dominante desde Aristóteles a Shakespeare y Einstein.

Otro truco para enfatizar la desviación del multiculturalismo es asociarlo con otros desarrollos culturales perversos, según los conservadores culturales: el marxismo, el desconstruccionismo y el estudio académico del Tercer Mundo, ninguno de los cuales es exactamente una fuerza dominante en el mundo académico de los Estados Unidos. Sin embargo, recurrir a ideologías anticomunistas (esto es, no norteamericanas), a dudas etnocéntricas sobre la excelencia de los académicos del Tercer Mundo y a la burla antiintelectual del descontruccionismo (también extranjero, por ser francés) es, por supuesto, consistente con las ideologías tanto conservadoras como etnocéntricas.

Que el multiculturalismo podría "resultar en desequilibrio y distorsión", como lo establece otra creencia de estas actitudes, es una estrategia final en la representación negativa de los currículos que enfatizan la necesidad de diversidad educativa para una creciente población étnicamente variada. Por supuesto, no se considera con mayor amplitud el desequilibrio que provoca restringir la educación principalmente a autores y científicos occidentales, y tampoco escribieron D'Souza u otros representantes del conservadurismo cultural libros alarmantes sobre esta forma de distorsión académica, que ha dominado la educación en los Estados Unidos (y otros países occidentales) hasta el día de hoy.

Afrocentrismo

Las ideologías combinadas del conservadurismo cultural, el etnocentrismo y el racismo moderno, apuntan a la construcción de una actitud extremadamente negativa sobre el afrocentrismo. El ridículo, la sobregeneralización y la hipérbole son también aquí los movimientos estratégicos más importantes. El afrocentrismo está representado, entonces, como una filosofía peligrosa. Como es usual en la representación de los negros, las visiones de una minoría radical, primero, son generalizadas y exageradas por medio de citas seleccionadas, y, luego, menospreciadas. Las representaciones alternativas del afrocentrismo, como una corrección de las ideologías eurocéntricas dominantes y como un medio para incrementar la identificación con el grupo y el orgullo entre los negros, implicaría una posición relativista que, por supuesto, es inconcebible para D'Souza.

Allí donde los argumentos sobre la erudición, el arte u otros elementos de la cultura no son suficientes, siempre está la opción de ridiculizar y menospreciar el aspecto físico o el comportamiento de los negros que se entregan a las creencias afrocéntricas, siguiendo las restricciones conocidas del racismo moderno:

15) (…) el destello endurecido en muchos ojos afrocéntricos… prácticamente una característica de culto de un comportamiento de adherencia ciega: todos se visten igual, y cuando el líder se ríe, todos ríen… (pág. 381)

Según la ideología y actitudes sociales que uno tenga, esa descripción, por supuesto, se ajusta a muchos miembros de otros grupos, desde los militares hasta aquellos que frecuentan Wall Street. Esto es, no hay ninguna intención de describir a los otros, sino de construir un estereotipo negativo, de acuerdo con el cual los otros son "todos parecidos" y les falta humanidad, individualidad y autonomía.

El debate sobre el Cociente Intelectual

Finalmente, D'Souza entra en una prolongada discusión sobre el debate del Cociente Intelectual, generado por el controvertido libro de Hernnstein y Murray, *The Bell Curve* [La curva de Bell]. Aquí, su posición es muy ambigua. Se siente ideológicamente relacionado con estos autores porque ellos también cuestionan "el fundamento del liberalismo del siglo xx: la negación de las diferencias naturales y la premisa de la igualdad inherente de los grupos" (pág. 434). Por cierto, él pregunta:

16) ¿Por qué grupos con diferente color de piel, forma de cabeza y otras características visibles deberían ser idénticos en la habilidad para razonar o para construir una civilización avanzada? (pág. 440)

De este modo, concuerda plenamente con las presuposiciones racistas de Hernnstein y Murray. El cita extensamente toda la evidencia científica que afirma mostrar la inferioridad genética negra, como también lo hace cuando discute la presunta falta de logros académicos de los negros. Así, ignora la numerosa literatura que muestra que la inteligencia es ampliamente contextual y socioeconómica, y puede, incluso, cambiar dramáticamente dentro del mismo grupo en una generación. Esto muestra que, para la persuasión basada en una ideología, la evidencia específica está selectivamente enfocada y presentada de acuerdo con las actitudes del propio grupo: se les prestará la debida atención sólo a aquellos datos que confirman las características negativas de los otros.

El argumento completo de las diferencias raciales de inteligencia (y cultura) sobre una base biológica presupone, por supuesto, la viabilidad de la misma noción de "raza", la que, él afirma, aceptan muchos científicos:

17) La mayor parte de los antropólogos y de los biólogos concuerdan sobre la existencia de tres grandes grupos raciales: los caucásicos, los negroides y los mongoloides. (pág. 449)

Una vez más, permanece prácticamente en silencio sobre (o, simplemente, rechaza) toda la literatura académica que concluye que, a pesar de diferencias obvias e innegables de aspectos físicos entre las personas en el mundo, una clasificación en "razas" sobre la base de esas diferencias (superficiales) de aspecto sólo tienen sentido en el sentido común. Es el mismo sentido común, más que la evidencia experta, la que hace que D'Souza utilice presuntamente el siguiente *argumentum ad absurdum*:

18) Si el concepto de raza es enteramente ficticio, ¿no deberían ser derribadas por la Corte Suprema todas las leyes sobre derechos civiles que dependen de una clasificación racial por no tener sentido y ser inconstitucionalmente imprecisas? (pág. 447)

Uno de los muchos problemas con este argumento es que ignora la diferencia entre una clasificación biológica y una sociopolítica o legal. "Raza" es un constructo social, del sentido común, y el racismo está basado en esa clasificación del sentido común. Las medidas legales para contrarrestar el racismo, por supuesto, reconocen la existencia de una categoría social de "raza" sobre la cual se basa el racismo, pero no presupone la existencia de clasificaciones biológicas de las personas en razas.

De nuevo, el sentido estratégico del argumento de D'Souza no es tanto probar o negar la existencia de razas biológicas, sino más bien incitar a los defensores de los derechos civiles y, en consecuencia, a sus enemigos ideológicos, para que acepten las razas biológicas a través de la puerta trasera de las clasificaciones sociales y legales de "razas". Además, el argumento es inconsistente con su crítica de la "regla de una gota de sangre" que define (social-mente) a las personas en los Estados Unidos como "negros" si tienen una gota de sangre "negra". Si la mayor parte de los negros en los Estados Unidos tienen efectivamente ancestros "mezclados", entonces el mismo argumento de su clasificación biológica como negros (y, por lo tanto, de su inferioridad racial en las pruebas del CI) apenas tiene sentido. Así, lo que los afroamericanos tienen en común, no obstante, es, su posición social, esto es, al ser autodefinidos y definidos por los otros como negros.

Por último, D'Souza rechaza (sin demasiados argumentos) la explicación biológica de las diferencias "raciales" y de la brecha en el CI entre negros y blancos, porque eso sería inconsistente con sus ideologías de conservadurismo y etnocentrismo culturales. Después de todo, si las "patologías" de la comunidad negra fueran causadas en gran parte por su predisposición genética, no se les podría culpar por ello. Una explicación cultural, según la cual la cultura negra desviada es considerada como la fuente de todos los problemas, es mucho más convincente en un argumento que demuestre con énfasis la supremacía de la civilización blanca, occidental. Ese argumento también descarta, como hemos visto, cualquier explicación socioeconómica del "fracaso" afroamericano:

19) Mi conclusión es que es una ilusión creer que las diferencias raciales entre negros y blancos son principalmente un fenómeno de clase socioeconómica, y que esas diferencias desaparecerán con el menú actual de intervenciones gubernamentales en la educación preescolar y en las escuelas públicas. (pág. 457)

20) Contrariamente a la hipótesis del relativismo cultural, el problema, parece, no es el sesgo de la prueba, sino la inadecuación funcional de la cultura afroamericana. (pág. 461)

Estas manifestaciones discursivas de actitudes subyacentes muestran, nuevamente, cómo las creencias están diseñadas estratégicamente de acuerdo con las ideologías predominantes. De acuerdo con las ideologías etnocéntricas y del racismo moderno, los negros debe representarse como inferiores a los blancos. La ideología cultural provee, entonces, la explicación de tal inferioridad en términos de la "inadecuación funcional de la cultura afroamericana", lo que nuevamente es la creencia que sostiene al ataque vehemente contra los afroamericanos. Las explicaciones biológicas de la inferioridad negra invalidarían ese argumento, si bien D'Souza parece bastante impresionado con la evidencia biológica que podría explicar la brecha del CI, al igual que la inferioridad cultural de los negros. Sin embargo, si D'Souza aceptara que los negros podrían ser genéticamente incapaces de competir con los blancos (o los asiáticos), una solución sería otra vez la acción afirmativa y la educación correctiva y, por lo tanto (más) intervención gubernamental, lo que, por supuesto, está fuera de los límites del ideólogo conservador.

Modelos

Ya hemos indicado brevemente que las ideologías y las actitudes sociales que ellas controlan no sólo aparecen directamente en el discurso, a saber, como afirmaciones generales, sino que también afectan a los modelos mentales, esto es, las interpretaciones y opiniones personales sobre acontecimientos concretos. El libro de D'Souza tiene pocos relatos de esas experiencias personales: la "definición de la situación" que presenta es, generalmente, bastante abstracta. Sin embargo, cuando efectivamente cuenta sobre una experiencia, vemos cómo las ideologías subyacentes también controlan sus modelos mentales. Aquí van algunos pequeños fragmentos de una de las historias que expresan ese modelo personal, esto es, su experiencia de la celebración, el 28 de agosto de 1993, del trigésimo aniversario de la marcha de Martin Luther King y del discurso "Yo tuve un sueño":

21) (…) Uno por uno, los voceros líderes de los derechos humanos tomaron el podio, invocaron gravemente la memoria de Martin Luther King, Jr. y exigieron que los norteamericanos hicieran más para vencer a las fuerzas del racismo blanco, de tal modo que los negros pudieran lograr lo que un orador llamó "igualdad significativa". (…)
Pero no escuché a nadie invocar el principio de King de una sociedad racialmente neutra en la cual las leyes y las políticas sean indiferentes al color. La razón de esta renuencia fue implícitamente expresada por el grito aglutinante del activista negro Benjamin Chavis. "Nosotros no queremos sólo igualdad de derechos", dijo. "Nosotros queremos nuestra participación justa en la economía." Otros oradores condenaron lo que ellos llamaron "racismo institucional", si bien no fueron precisos sobre este término. La retórica sugería la existencia de una nueva agenda de los derechos civiles, diferente, en importantes sentidos, respecto de la que Martin Luther King defendió. (…)
Ciertamente, el estilo y el tono de la asamblea de 1993 se diferenció en dos aspectos importantes respecto de los de la marcha de King tres décadas antes. En primer lugar, muchos de los participantes de la audiencia parecían de clase media, y había signos conspicuos de prosperidad. Algunos oradores llegaron en vehículos con chofer. Yo alcancé a oír conversaciones sobre citas y horarios. "Tengo que estar en la reunión de la coalición a las seis." "Espero que me mantengan la reserva para la cena." (…) Algunos activistas se trabaron en una contienda territorial menor, discutiendo si habían hecho reservas en el hotel Willard o el Madison, o sobre quién habló primero en el podio, o quién se sentó dónde en el estrado, etc. Un profesor negro que se sintió abandonado estalló: "Este acontecimiento es una réplica de las estructuras de opresión en la sociedad norteamericana". A pesar de esta angustia, fue gratificante ver que las vidas de muchos negros en los Estados Unidos había mejorado dramáticamente. Personas cuya condición es, económica y socialmente, desesperante, no se preocupan por los horarios de los oradores o las reservas de hoteles. (págs. 201-2)

Como lo muestra este pasaje, su modelo personal del acontecimiento sigue estrechamente sus actitudes generales sobre la condición de la Norteamérica negra: una clase media negra exitosa que no se preocupa por la clase negra marginada, personas negras que son "conspicuas" con su riqueza y que le atribuyen todos los problemas al racismo, mientras que el problema "real" es la violencia del gueto. Alineándose estratégicamente con Martin Luther King (un movimiento de autopresentación positiva), ve la manifestación como una contradicción con lo que King y D'Souza apoyan: "una sociedad racialmente neutra". La descripción y el estilo irónico y despreciativo de esta historia definen, obviamente, el acontecimiento en términos que son consistentes con esta actitud hacia la comunidad negra. En esa actitud es destacable el rechazo del racismo como el problema principal de la Norteamérica negra y el énfasis sobre la violencia y otras "patologías" de los suburbios pobres de las ciudades y de "una segunda Norteamérica negra". Esto es, no es *nuestro* fracaso (racismo) sino el fracaso *de ellos* (patologías), el que se explica entonces en términos de una "cultura negra" global (pág. 204). Esa clasificación global ignora la división de clases, de tal modo que toda la comunidad negra puede ser culpada, como también lo hace en el pasaje recién citado. En otras palabras, las ideologías del racismo moderno y el conservadurismo cultural combinados producen una posición mental que tiene como resultado esos modelos distorsionados: D'Souza solamente puede "ver" los acontecimientos del modo en que los describe.

Discurso

Las representaciones sociales y los modelos personales controlan el estilo y el contenido del texto y la conversación. Examinemos finalmente cómo las ideologías y las actitudes de D'Souza, al igual que sus visiones personales, inciden en el discurso de su libro. Las limitaciones de espacio no nos permiten proveer un análisis del discurso detallado de un libro de 724 páginas, de modo que debo limitarme a unos comentarios breves sobre algunos pasajes significativos. Puesto que están involucradas las ideologías sobre grupos y culturas, me concentraré en el conocido cuadrado de *autopresentación positiva y presentación negativa de los otros*. Además, el análisis será relativamente informal para favorecer su legibilidad. Dentro del marco más amplio de un Análisis Crítico del Discurso, también efectuaré, ocasionalmente, comentarios críticos sobre el libro de D'Souza, pero mi objetivo es ilustrar las relaciones entre ideologías, actitudes, modelos y discurso, más que atacar al libro de D'Souza o a las ideologías que él representa.

Arriba, ya he presentado algunos textos del libro de D'Souza como ejemplos, y también hice brevemente algunos comentarios analíticos sobre ellos. Típicas para un libro retórico como aquél, que tiene la intención de contribuir a un debate ideológico en curso y que apunta a criticar agudamente a la comunidad negra, son las diversas estrategias que representan a Nosotros y a Ellos. Así, Nuestro grupo, al igual que aquellos con quienes D'Souza se identifica a sí mismo, a saber, Occidente, la civilización occidental, Europa, personas blancas, conservadores, etc., están descriptos consistentemente en términos positivos, mientras que cualquier característica negativa será ignorada o mitigada, a la vez que los otros, y especialmente los afroamericanos, están descriptos consistentemente en términos negativos.

Despreciando a los afroamericanos

De este modo, las "patologías" negras aparecen en marcado contraste respecto de Nosotros, y con las formas habituales de la exageración hiperbólica. Se utilizarán la elección léxica, las comparaciones, las metáforas y cualquier otro artificio que pueda ser usado para pintar una imagen negativa de los negros. Aquí van algunos ejemplos, que cito en extenso con el objeto de tener una buena percepción del estilo discursivo de D'Souza (algunos son repetición de citas anteriores):

22) (…) el destello endurecido en muchos ojos afrocéntricos… prácticamente una característica de culto de un comportamiento de adherencia ciega: todos se visten igual, y cuando el líder se ríe, todos se ríen… (pág. 381)

23) (…) el racismo negro es más explícitamente amenazador. (pág. 421)

24) Louis Farrakhan, según se dice, utiliza las ganancias para subsidiar un estilo de vida ostentoso, que incluye caros trajes de seda y largas limusinas. (pág. 426)

25) Las últimas décadas han sido testigos nada menos que de la desintegración de la civilización dentro de la comunidad afroamericana. La desintegración se caracteriza por índices extremadamente altos de actividad delictiva, por la normalización de la ilegitimidad, por la preponderancia de familias monoparentales, por los altos niveles de adicción al alcohol y a las drogas, por una dependencia parasitaria de la ayuda del gobierno, por una animosidad hacia los logros académicos y por una escasez de emprendimientos independientes. (pág. 477)

26) Las conspicuas patologías de los negros son el producto de un catastrófico cambio cultural que representa una amenaza tanto para la comunidad afroamericana como para la sociedad como un todo. (pág. 478)

27) Por supuesto, nadie puede ser culpado por ser una víctima. Pero, si como una reacción al hecho de ser victimizado, un grupo desarrolla patrones de comportamiento disfuncionales o destructivos que perpetúan un círculo vicioso de pobreza, dependencia y violencia, entonces continuar vituperando al opresor no puede ofrecer mucho consuelo a la víctima. (pág. 482)

28) Sin embargo, la cultura negra también tiene un lado oculto vicioso, contraproducente, repulsivo, al que ya no es posible ignorar o expresar con eufemismos. Como parecieran darse cuenta más y más negros, no se obtiene nada bueno disfrazando estas patologías con la jerga sociológica, con todo su lenguaje familiar de la desventaja y esperando que la sociedad rinda cuenta. La sociedad debe hacer su parte y los negros deben hacer la suya. Pero primero, debe reconocerse la magnitud de la crisis de civilización que enfrenta la comunidad negra. Esta crisis señala las deficiencias no de la biología sino de la cultura; sin embargo, ellas son deficiencias y deberían ser corregidas. (pág. 486)

29) Para ellos [negros de clase media], aparentemente, la militancia antirracista está llevada al punto de la virtual inestabilidad mental. Resulta difícil imaginarse que los blancos puedan sentirse seguros trabajando con esas personas: seguramente, esas inflamadas insensibilidades étnicas son lo que ahora las compañías tienen en mente cuando elogian la diversidad de los ambientes laborales. Sin embargo, si estos individuos son extravagantes, están en una compañía respetable. (pág. 492)

30) [¿Trabajos?] Sin embargo, parece irreal, bordeando el surrealismo, imaginar a los negros de la clase marginada con sus cadenas de oro, su paso relajado, su lenguaje obsceno y arsenales de armas, haciendo su trabajo de nueve-a-cinco en Procter y Gamble o el Departamento de Estado. A muchos de esos jóvenes hombres parecen faltarles las habilidades más básicas exigidas para un empleo estable: puntualidad, dependencia, voluntad para llevar a cabo tareas rutinarias, aceptación de la autoridad. Además, los estudios muestran que, incluso cuando hay empleos disponibles, muchos jóvenes negros los rechazan, aparentemente con el fundamento de que en los trabajos no se paga lo suficiente, o que el delito es más rentable. (págs. 504-5)

31) Con cierto malestar, vemos que hay algo de verdad en el estereotipo histórico del hombre negro como semental o, al menos, en el caso de los negros marginales; lo que fuera un estereotipo ahora contiene un ingrediente de verdad. (pág. 517)

Estos pasajes dan una muestra ilustrativa de las diversas estrategias de la representación negativa de los otros empleada por D'Souza. Las *descripciones de personas* de los activistas negros y afrocentristas producen estereotipos racistas conocidos sobre vestimentas llamativas y estilos de vida ostentosos. Los negros son pobres y por ello también sus líderes deberían vestirse sobriamente, y al menos no más llamativamente de como "nosotros" lo hacemos. La diferencia cultural aquí está interpretada como una desviación cultural, si no como una falta de solidaridad con los negros de la clase baja. Y mientras se describe la forma de vida de la clase media como llamativa, los jóvenes de la clase baja están igualmente caracterizados en términos de la contrapartida callejera del carácter conspicuo, desviado (cadenas de oro, paso relajado, lenguaje obsceno, etc.) (ejemplo 30), y son descriptos de modo de legitimar el hecho de que no son contratados.

Así, los hombres negros jóvenes de la "clase marginada" están considerados como violadores de todos los valores básicos de la ideología conservadora: "puntualidad, dependencia, voluntad para llevar a cabo tareas rutinarias, aceptación de la autoridad" (ejemplo 29). No es de extrañar que no consigan trabajos, y son ellos mismos los culpables de esto. La individualidad negra está negada cuando son descriptos como un grupo sin mente siguiendo a sus líderes (como en el ejemplo 22), comportamiento que resulta inconsistente con la norma blanca dominante del individualismo. Si no se los ve como diferentes o desviados, los negros y su ira son caracterizados como una amenaza (ejemplo 23). La conclusión de D'Souza es admitir que éstos pueden ser estereotipos (por ejemplo, sobre el "hombre negro semental"), pero entonces acepta la hipótesis de un ingrediente de verdad para probar que él debe estar en lo correcto sobre sus generalizaciones (ejemplo 31). Su análisis entonces se reduce a crear el estereotipo racista familiar del "negro malo" (pág. 524), que está retratado como una "amenaza para la sociedad". Para las mujeres negras jóvenes, como veremos más en detalle, el estereotipo es igualmente predecible: tienen demasiados niños, a una edad muy temprana, son solteras y, en consecuencia, contribuyen a la "bastardización" de Norteamérica.

Los problemas sociales del gueto negro están caracterizados hiperbólicamente en términos de "desintegración de la civilización" (ejemplo 25) o como un "cambio cultural catastrófico" (ejemplo 26). La dependencia del bienestar social está representada negativamente y las víctimas son culpabilizadas mediante expresiones como "dependencia parasitaria de la ayuda del gobierno" (ejemplo 25). En otras palabras, los negros son parásitos perezosos que viven de "nuestros" bolsillos. Estar mal preparados para los estudios universitarios a causa de una mala educación es, igualmente, responsabilidad de los negros mismos, también en términos de agresión. Basado en unos pocos ejemplos de algunos negros que ven esos logros como "actuar como blancos", D'Souza concluye que (¿todos?) los negros comparten una "animosidad hacia los logros académicos". El comportamiento negro está interpretado con expresiones de estilo formal como "disfuncional", o, menos formalmente, como "destructivo" (ejemplo 27), mientras que de la cultura negra se dice que tiene "un lado oculto vicioso, contraproducente, repulsivo". Las personas negras que han perdido la paciencia por el racismo cotidiano y han desarrollado una ira permanente contra las instituciones dominadas por los blancos son llamadas "mentalmente inestables" (ejemplo 29), de modo tal que los blancos parecen tener una buena razón para no dar empleo a "esa gente".

Mujeres negras

Las mujeres negras constituyen un blanco especial para el diagnóstico de la "patología" negra efectuado por D'Souza. Su doble peligro, cuando se trata de discriminación y prejuicios, está claramente ilustrado por el mismo discurso despreciativo de D'Souza:

> 32) Quizá, la patología más seria de los afroamericanos —no menos seria que la violencia— es hacer rutinaria la ilegitimidad como una forma de vida. La bastardización de la Norteamérica negra está confirmada por el hecho de que cerca del 70% de los niños negros nacidos en los Estados Unidos hoy son ilegítimos, comparado con el 22% de niños blancos. Más del 50% de los hogares negros están mantenidos por mujeres. Casi el 95% de las madres negras adolescentes son solteras, comparado con el 55% de sus pares blancas. (pág. 515)

Nótense las hipérboles habituales, adicionalmente enfatizadas aquí por la frase "quizás, ...la más seria". Para aquellos que no pertenecen a la ideología conservadora, puede parecer descabellado suponer que el fenómeno de madres que deciden no casarse se haya convertido en una amenaza mayor que la violencia, y que esté en el tope de una lista de las "patologías" que D'Souza le atribuye a la comunidad afroamericana. Ellos podrían concluir que si *ese* es el problema principal que enfrentan los Estados Unidos y la civilización occidental, aparentemente D'Souza es incapaz de emitir juicios sensatos sobre cuáles son los problemas sociales reales que afectan a los Estados Unidos y a las sociedades occidentales.

Podrían mirar las cifras y recordar que muchas sociedades, también ricas y prósperas (como los países escandinavos), tienen porcentajes similares de madres solteras, y que la mayor parte de estas madres está muy bien, gracias. Podrían preguntarse sobre las funciones de términos pasados de moda como "ilegítimo" y, especialmente, "bastardización" en un libro de los años 90, que no son las de menospreciar, tildar de delincuentes y marginalizar desconsideradamente a mujeres y niños negros.

Permaneciendo dentro de la familiar retórica del "juego de los números", que sugiere credibilidad científica, observadores más realistas podrían nuevamente mirar las cifras (suponiendo que son correctas y que no están selectivamente enmarcadas, como es habitual con las estadísticas) y preguntarse sobre los porcentajes notablemente altos entre las mujeres *blancas*. ¿Esto también contribuye a la "bastardización" de los Estados Unidos? ¿Y cómo es que (como D'Souza no lo dice) todos estos porcentajes, en la mayoría de los países occidentales, están creciendo? ¿Puede haber allí un cambio cultural en los valores familiares que le adjudica menor importancia al hecho de estar casado, y están las familias afroamericanas (como las caribeñas) simplemente más avanzadas en ese cambio cultural, por ejemplo, atribuyéndole mayor valor al papel conductivo de las mujeres?

O podrían preguntarse sobre alguna de las otras causas que producen familias monoparentales, no en los términos estereotipados de padres negros irresponsables que actúan como "sementales" (como tan delicadamente utiliza D'Souza los viejos estereotipos racistas), sino en términos de una marginación social más amplia de los hombres negros pobres en la Norteamérica blanca hasta el día de hoy. D'Souza es incluso cínico cuando legitima abiertamente la discriminación "racional" de esos hombres jóvenes.

Ciertamente, como también está claro en 31), dentro del marco conservador de las actitudes de D'Souza, el racismo y el sexismo están estrechamente relacionados. Que esa retórica no carece totalmente de efecto puede concluirse de las decisiones recientes de los gobiernos locales, estatales y nacional en los Estados Unidos, para reducir dramáticamente la asistencia social a las familias pobres, una política de la cual las mujeres negras jóvenes sentirán el mayor impacto. En este sentido, el libro de D'Souza y su discurso no son simplemente una inocente diatriba conservadora y racista-sexista contra mujeres y hombres negros, o contra los liberales que prefieren tratar los problemas sociales como tales y no como patologías incriminatorias.

En el área de las relaciones raciales, las ideologías y sus discursos, e incluso los detalles de su retórica, pueden ser muy peligrosos: pueden marginar aun más a millones de mujeres, niños y hombres negros pobres, conduciéndolos, además, a las "patologías" selectiva e hiperbólicamente atribuidas a ellos, en especial con el objeto de destacar la supremacía cultural blanca.

No resulta sorprendente que la mayoría de los afroamericanos y muchos liberales blancos estén de acuerdo en que esta clase de racismo "respetable" de los conservadores culturales es más insidioso que el racismo irracional flagrante de los viejos tiempos. Estarán de acuerdo con D'Souza en un asunto, esto es, que el racismo no es una "antipatía irracional". Su racismo de elite es, ciertamente, un intento deliberado, explícito y muy racional, de inferiorizar a los negros y, de ese modo, exacerbar la desigualdad racial en los Estados Unidos de Norteamérica.

En resumen, las clases media y baja negras, mujeres y hombres, están retratados negativamente, léxica y retóricamente, en términos de desviación cultural y amenaza, como violadores de normas y valores de la Norteamérica blanca, de tal modo que la "desintegración de la civilización" de su comunidad es completa responsabilidad de ellos mismos. Cuando no son suficientes las descripciones sobrias de los problemas sociales, se utilizan hipérboles apocalípticas sobre la "desintegración de la civilización" o el "catastrófico cambio cultural". Se toman metáforas prestadas, como es habitual en estos casos, del dominio de animales o plantas amenazantes: los negros son parásitos del bienestar social. D'Souza es consciente de su estilo negativo cuando admite la "franqueza" y cuando afirma temerariamente que ya no podemos expresarnos con "eufemismos" (ejemplo 28), una negación familiar cuando los blancos se empeñan en desprecios hacia los negros .[5] Hemos visto antes que, a pesar de que los afroamericanos son el blanco principal del libro de D'Souza, otros no europeos (excepto los asiáticos) también pueden compartir las acusaciones de barbarie, primitivismo, amenaza, desviación o falta de civilización. Por supuesto, en el mundo contemporáneo, los musulmanes son un blanco preferido:

> 33) A los musulmanes, en los Estados Unidos, se les debería permitir practicar su religión, pero no hasta el punto en que amenacen la libertad religiosa de otros, como por medio de la práctica de la *yihad** contra los no musulmanes. (pág. 548)

De este modo, históricamente, los otros fueron descriptos como "salvajes", y uno podría esperar que D'Souza tomara alguna distancia, pero su propio estilo es, simplemente, una continuación contemporánea del viejo estilo del racismo etnocéntrico.

Por supuesto que si hay otros malos, debe haber otros buenos que sirvan de Buen Ejemplo y, al mismo tiempo, como evidencia de que "nosotros" no somos racistas. Ese papel, en los Estados Unidos, está representado ahora por los asiáticos, quienes se han convertido en la minoría modelo, cuyos éxitos comerciales y académicos frecuentemente son utilizados para avergonzar a los afroamericanos o a los latinos. Hasta tal punto llega esto, que, puesto que a menudo superan el desempeño de los blancos en las universidades, se han tomado medidas para *limitar* su número, de modo de poder darles una oportunidad a los blancos pobres. Por supuesto, D'Souza no discute esos desarrollos de acción afirmativa inversa. Para él, los asiáticos sirven, especialmente, para marginalizar a los negros y desacreditar el argumento de que la discriminación es todavía un factor importante en la situación de los afroamericanos:

> 34) Al probar que la movilidad ascendente y la aceptación social no dependen de la ausencia de características raciales distintivas, los asiáticos han puesto en tela de juicio, involuntaria pero poderosamente, la atribución del fracaso de las minorías a la discriminación por la mayoría. Muchos liberales tienen problemas para dar una respuesta completa a la embarazosa pregunta: "¿Por qué los afroamericanos no pueden parecerse más a los asiáticos?"

Este pasaje tiene varias presuposiciones interesantes, tales como que los asiáticos realmente *tienen* movilidad ascendente, y que socialmente *están* discriminados como los negros. Está implícito el argumento de que los asiáticos y los afroamericanos viven dentro de las mismas circunstancias socioeconómicas y tienen la misma posición inicial.

* Guerra santa emprendida por los musulmanes contra los no creyentes. [T.]

Curiosamente, si los blancos se desempeñan peor que los asiáticos, podría, por supuesto, plantearse la cuestión sobre las patologías *blancas* que provocan ese retraso, y también por qué un euroamericano no puede parecerse más a un asiático. Muchas otras comparaciones vienen a la mente, tales como por qué los norteamericanos no pueden parecerse más a los europeos en lo que respecta a los derechos de los trabajadores y la previsión social, y por qué, a pesar de las "patologías" europeas, y a pesar del eurorracismo, en Europa no hay guetos comparables con los de los Estados Unidos. En otras palabras, los liberales pueden tener muchas más preguntas embarazosas de las que D'Souza sería capaz de responder. Probablemente, la única respuesta sensata es la que él mismo provee al final del libro:

35) Ninguna raza tiene el monopolio de los logros. (pág. 472)

Si grupos "mezclados" han contribuido significativamente a la economía y a la cultura del mundo, como lo afirma D'Souza, entonces uno podría preguntarse por qué niega esa contribución al afroamericano "mezclado". El no trata, en ninguna de las 724 páginas del libro, de evaluar esas contribuciones ni siquiera una vez. Esto es, puede ver a los afroamericanos solamente a la luz de su ideología racista.

Enemigos ideológicos

Si bien sus enemigos sociales cargan el peso de su ataque discursivo, sus enemigos ideológicos, los "relativistas boasianos", tampoco están descriptos en términos positivos, como puede esperarse, por supuesto, de un enemigo. Antes bien, sus teorías son menospreciadas en términos de una "ideología profundamente arraigada" (pág. 527), una descripción que D'Souza casi no utiliza para sus propias ideas y las de sus compañeros conservadores. Y porque los boasianos criticaron los "usos y costumbres norteamericanos" pero se abstuvieron de criticar otras culturas, son acusados de utilizar un "estándar doble" (pág. 155). Los relativistas han causado, presumiblemente, la "crisis contemporánea" y no "permiten el progreso social", porque ellos tratan a todas las culturas por igual. Los relativistas no llevan adelante investigaciones y no asignan conclusiones a sus hallazgos, sino que "dictaminan" sus opiniones:

36) El relativismo cultural dictamina que las culturas no occidentales sean consideradas víctimas de la opresión occidental: del colonialismo, el imperialismo, el racismo, etc. (pág. 358)

Del mismo modo, los relativistas son vistos como la fuente de la "doctrina" legal de la representación proporcional, lo que implica que esa representación, para D'Souza, no es un "derecho" democrático. De un modo más hiperbólico, las ideas de los otros no son simplemente menospreciadas como una "ideología", sino que sus adherentes tienen un "compromiso fanático" con esa ideología (pág. 530). Esta asociación léxica con el fundamentalismo religioso está adicionalmente enfatizada al presentar las ideas liberales como un cordero inocente matado sanguinariamente por los relativistas: "Los principios liberales fundamentales están siendo sacrificados en el altar del relativismo cultural" (pág. 530). Y como hemos visto, también se utilizará aquí la metáfora de formas de vida amenazantes:

37) El relativismo se ha convertido en una especie de virus, que ataca al sistema inmunológico de la legitimación institucional y la decencia pública. (pág. 532)

Además de llamar "dogmáticos" a los relativistas, como sucede normalmente con los opositores ideológicos, otra forma útil de presentación negativa de los otros es representar metafóricamente al enemigo ideológico como embustero:

38) Los activistas multiculturales confían en la prestidigitación en la que "Yo no puedo saber" se convierte en "Yo no puedo juzgar", que se convierte en "Yo sé que todos somos iguales". Una confesión escéptica de ignorancia se convierte, misteriosamente, en una afirmación dogmática de igualitarismo cultural. (pág. 383)

En otras palabras, esos académicos no son académicos en absoluto sino "activistas", que esconden su ignorancia detrás del dogmatismo ideológico con el objeto de evitar juzgar a otros. Así, los relativistas son habitualmente acusados de ser "ciegos" a los hechos, por ejemplo, sobre un supuesto "racismo negro" (pág. 88). Obviamente, puesto que D'Souza sí afirma saber, él también tiene el derecho de juzgar a la comunidad negra, como lo muestra ampliamente su libro. Ese rechazo de los académicos liberales puede, de hecho, extenderse a la erudición académica en general, una característica bien conocida por los conservadores de los Estados Unidos, como también se ha hecho obvio en el debate sobre el multiculturalismo y la corrección política:

39) (…) no se obtiene nada bueno disfrazando estas patologías con la jerga sociológica, con todo su vocabulario familiar de la desventaja y esperando que la sociedad rinda cuenta. (pág. 486)

La etiqueta despreciativa de "jerga sociológica", conocida también a partir de las reacciones de los periódicos sensacionalistas del Reino Unido contra los académicos antirracistas,[6] además de expresar las actitudes conservadoras y antirrelativistas de D'Souza, también puede interpretarse como un movimiento en una estrategia más amplia de "sentido común", en la cual las relaciones étnicas y el racismo deberían más bien ser examinadas en términos populistas (por supuesto, aquéllos de los conservadores). Los sociólogos podrían argumentar persuasivamente, y probar, que las soluciones conservadoras ofrecidas por D'Souza sólo exacerbarían la miseria social de muchos negros de los suburbios, tal como las políticas neoliberales tienden a exacerbar la pobreza en todos lados, haciendo más ricos a los ricos. O ellos podrían mostrar (como *han mostrado*, pero todos esos estudios sobre racismo moderno son ignorados o rechazados) que el racismo todavía está generalizado en los Estados Unidos y que todavía es un factor importante para explicar las numerosas brechas sociales y económicas entre blancos y negros.[7]

No extraña que esos sociólogos sean simplemente descartados por D'Souza. Sus comprensiones pueden ser peligrosas para su análisis conservador de la situación, como sucede con el libro de Joe Feagin y Melvin Sikes, *Living with Racism* [Viviendo con el racismo]; estos autores no son llamados "distinguidos académicos" o, simplemente, "sociólogos", sino "académicos activistas" (pág. 491). De este modo, cualquier evidencia seria de racismo cotidiano simplemente es marginada o ignorada y presentada negativamente, desacreditando a sus autores como "activistas" y, por lo tanto, no "objetivos".

Lo mismo vale para aquellos profesionales negros cuyas experiencias con el racismo cotidiano figuran en el libro de Feagin y Sikes. La ira impotente y el discurso de esas mujeres y hombres negros está clínicamente diagnosticada por D'Souza como una forma de "inestabilidad mental" (pág. 492), otra muy conocida estrategia para problematizar y marginalizar a los otros. Así, D'Souza aplica todos los artificios discursivos para rechazar cualquier inconsistencia en su afirmación de que el racismo en los Estados Unidos ya no es más un problema. De este modo, destacados académicos negros que no son miembros de su liga de conservadores negros, pueden ser ridiculizados, según hemos visto antes, como en el caso de Cornell West, cuyas

40) soluciones son una combinación quijotesca de marxismo diluido, feminismo radical y defensa de los derechos de los homosexuales, ninguno de los cuales ofrece una esperanza realista de mejoramiento de las patologías negras. (pág. 520)

Hacen falta unas pocas teorías explícitas del discurso para analizar la etiqueta despreciativa de ese pasaje y quiénes son los otros malos en el universo de D'Souza. Irónicamente, cuando los negros *efectivamente* triunfan en la Norteamérica blanca y se convierten en profesores destacados, aún parecen no escapar a las "patologías" diagnosticadas por D'Souza, a menos que, por supuesto, se unan, como algunos lo hacen, a la ideología de D'Souza. Su condena de la comunidad afroamericana es de principios, y no de hecho o criterios generalmente compartidos.

Este es, entonces, el sello distintivo de las ideologías racistas y conservadoras promovidas por D'Souza, en cuyos estándares los negros (con algunas excepciones que sirven de fachada) son inferiores, ya sean madres pobres en el gueto, o académicos destacados de Princeton, especialmente cuando escriben libros, como lo hizo West, apropiadamente llamado *Race Matters* [Cuestiones raciales]. Por cierto, muchos pasajes del libro de D'Souza sobre la "inferioridad" de los negros muestran cuán válidas son las conclusiones a las que, por ejemplo, llega West, como sucede en la siguiente combinación de las metáforas "exorcismo" y "demonios" que tiene la intención de ridiculizar a los académicos y negar el racismo:

41) La acusación de racismo se convierte en una suerte de exorcismo que tiene la intención de desviar los demonios de la inferioridad negra. (pág. 529)

La acusación más nefasta contra los académicos es que su relativismo "termina negando la posibilidad de la verdad" (pág. 384), una verdad que D'Souza, por supuesto, afirma mostrar en su libro. Puesto que los relativistas han mostrado estar "ciegos" al racismo negro, D'Souza ve como su tarea iluminar a sus lectores sobre lo que él ve. Los otros, relativistas y negros intelectuales, son acusados de "parálisis moral" (pág. 520). Este ejemplo también muestra la estrecha relación entre las ideologías de grupo y la autoatribución de la verdad en las representaciones sociales, al igual que la relación entre ideología, verdad y orden moral.

De esta manera, D'Souza resume el menosprecio hacia sus enemigos ideológicos presentándolos como aquellos que están condonando, si no promoviendo, la "barbarie" y, por lo tanto, como enemigos de la nación, si no más allá de los límites de la civilización occidental en general:

42) Al negarse a reconocer que una cultura es mejor que otra —al eliminar la distinción entre barbarie y civilización— el relativismo cultural inhibe cruelmente a la nación de identificar y trabajar para mejorar las patologías que están destruyendo las posibilidades de vida de millones de afroamericanos. (pág. 528)

Por supuesto, la aparente empatía expresada por la frase "las posibilidades de vida de millones de afroamericanos", es simplemente un artificio de manejo de la impresión de la dura ideología racista subyacente en esos pasajes, a saber, la de la supremacía cultural blanca.

Autopresentación positiva

Contrariamente a esa pintura apocalíptica de los negros y de su cultura, al igual que la de todos los otros, la descripción de Nosotros, blancos, de la civilización occidental, exploradores europeos, e incluso científicos racistas, es frontalmente positiva o mitigada cuando éstos están empeñados en una acción repulsiva. El primer racismo es descripto como "una ideología científica para explicar grandes diferencias en el desarrollo de la civilización que no podrían ser explicadas por el entorno" (pág. 22), dándole así, al menos, alguna legitimidad científica, como también lo sugieren las frases descriptivas "científicos más destacados" y "pensadores progresistas" (pág. 120). El etnocentrismo es, simplemente, una "intensa preferencia por el propio grupo" (pág. 35). De la tecnología occidental que se expande sobre el mundo, se mencionan solamente el "bienestar" positivo y la "conciencia cosmopolita", y no se dice nada sobre las consecuencias negativas.

Que esa evaluación positiva no está limitada al racismo histórico, sino que aún se aplica al día de hoy, puede también verse en las muchas maneras en que las formas actuales de racismo o etnocentrismo se expresan mediante eufemismos, se mitigan, se excusan o se minimizan dando explicaciones, cuando no se las niega llanamente:

> 43) (…) es enteramente posible que los prejuicios pudieran ser prudentes, que los estereotipos pudieran contener elementos de verdad y que la discriminación racial pudiera estar justificada en ciertas circunstancias. (pág. 120)

Esto es, excepto cuando se lo utiliza en conexión con el "racismo negro", ese "racismo blanco" (un término raramente utilizado por D'Souza, claro) está firmemente puesto entre comillas, o en contextos acusatorios, excepto en sus formas extremistas, irracionales (que considera que ocurrieron principalmente sólo en el pasado). El racismo, entonces, se convierte en algo que "inventan" los otros (pág. 238), o que es "imaginario". En caso de que se lo reconozca, es mitigado, relegado al pasado o racionalizado como una "preferencia por el propio grupo", etnocéntrica y "natural". O, en términos más académicos, puede negársele afirmando que "es imposible contestar la pregunta de cuánto racismo existe en los Estados Unidos porque nadie sabe cómo medirlo y no existen unidades para calibrar esas medidas" (pág. 276). Ese estilo científico funciona, simplemente, para impresionar o persuadir a quienes no tienen ningún conocimiento de los estudios académicos sobre el racismo.

La negación o mitigación del racismo, entonces, no sólo es útil dentro de la estrategia de autopresentación positiva sino que, al mismo tiempo, puede ser utilizada, dando vuelta la acusación, para culpar a los negros, como en el pasaje siguiente, que merece ser citado por completo y analizado con más detalle, porque expresa varias de las creencias de D'Souza sobre el racismo:

> 44) Algunas veces, el racismo es demasiado real, pero es suficientemente malo tener que soportar el racismo real sin tener que sufrir también el racismo imaginario. El racismo se ha convertido en el opio de muchos negros de clase media. Para la sociedad, las acusaciones promiscuas de racismo son peligrosas

porque socavan la credibilidad de la acusación y hacen más difícil la identificación de los racistas reales. Para los negros, el riesgo de acusaciones de racismo exageradas y falsas es que distraen la atención de las posibilidades del presente y del futuro. Las excesivas acusaciones de racismo presentan una batalla con un adversario que, a veces, no existe (...). Una vez más, el racismo se convierte en el reo, acusado ahora de haber tomado una forma aun más sutil y más insidiosa. (pág. 487)

Este pasaje comienza con un movimiento estratégico conocido de auto-presentación positiva, esto es, una, así llamada, concesión aparente. Esta concesión es aparente porque en el resto del pasaje, y en el resto del libro, apenas si se detalla algo sobre el racismo blanco. En segundo lugar, "es suficientemente malo..." es otro movimiento, esta vez de empatía aparente, a la que llamo "aparente" porque el libro de D'Souza no es empático en absoluto con las víctimas del racismo. Ambos movimientos, aquí, sirven de introducción a lo inverso, que es introducido con la afirmación de que los negros no sólo imaginan el racismo sino que, incluso, éste sirve a los intereses de la clase media negra. De este modo, las víctimas del racismo no solamente son culpables de él, sino que hasta son acusadas de disfrutarlo, como lo muestra el uso de la metáfora de adicción ("opio"), una carga que, por supuesto, es consistente con el prejuicio dominante sobre que los negros venden o están "en la droga".

En la siguiente oración, se expresa otra dimensión de las "patologías" negras, esto es, el conocido elemento de "amenaza" a la sociedad. La misma oración enfatiza, además, ("promiscuo") la familiar contraacusación de que el racismo está sólo en la mente de los acusadores. Nótese que, aquí, "promiscuo" se liga con otra "patología" de la comunidad negra, y de las mujeres negras en particular, a saber, que son sexualmente promiscuas. Una vez que se ha admitido "algún" racismo, debe ser identificado, y se lo atribuye a los "racistas reales", quienes anteriormente fueron definidos como aquellos que creen en la superioridad racial biológica y que discriminan "irracionalmente" a los negros. Esa utilización implica, por supuesto, que la mayor parte de la sociedad blanca *no* es racista, tal como lo ha mostrado la actitud subyacente.

Del mismo modo, cuando el racismo es negado, mitigado, o atribuido sin riesgos a los "racistas reales" (un movimiento que puede ser llamado transferencia de culpa, que es específico del racismo de elite), lo opuesto es verdad para las acusaciones de racismo, las que son llamadas "excesivas", incrementando así el contraste entre Nosotros y Ellos. La naturaleza "imaginaria" del racismo está aun más enfatizada al acusar a los negros de paranoia, es decir, que imaginan adversarios no existentes, introduciendo así en la descripción las fallas en la salud mental, como hemos visto antes, de aquellos cuya "ira" no puede ser comprendida. Finalmente, este pasaje ridiculiza la acusación de que el racismo moderno es más sutil e insidioso que el anterior y también rechaza esa carga. En resumen, D'Souza utiliza varios artificios discursivos para formular persuasivamente su actitud sobre el racismo, y estos artificios ubican en segundo plano al racismo blanco y ponen en primer plano las patologías negras (la imaginación de cosas, el uso de opiáceos, el exceso, la paranoia).

Mientras que a lo largo del libro se realza la descripción color de rosa de la Civilización Occidental, incluyendo la abolición de la esclavitud ("La abolición constituye uno de los mayores logros morales de la civilización occidental", pág. 112), no se utiliza ni una sola palabra para describir la dimensión negativa de Nuestra cultura. ¿Esclavitud? No, eso no fue invento nuestro. Además, D'Souza afirma que "el esclavo norteamericano *fue* tratado como una propiedad, que es lo mismo que decir, bastante bien" (pág. 91). Y, en cualquier caso, la esclavitud no puede continuar siendo culpada por las "patologías" de los negros hoy en día. ¿Colonialismo? No, porque el colonialismo sólo trajo progreso y puso fin a la barbarie y el primitivismo; fue un "emprendimiento intelectual valiente para disipar la ignorancia" (pág. 121).

Sólo a veces encontramos una disculpa provisoria sobre Nuestro fracaso, como, por ejemplo, en la siguiente concesión aparente (en la que se hace debido uso del eufemismo) sobre "motivos entremezclados":

45) Cualesquiera que fueran sus deficiencias o motivos entremezclados, los europeos que viajaron al exterior fueron los instrumentos históricos de una gran transformación mundial. (pág. 49)

En otros pasajes, encontramos negaciones llanas, algunas veces acompañadas por una reversión completa de la carga, como en 38):

46) Estos europeos no se acercaron a Asia, Africa o a América con intenciones hostiles. (pág. 48)

47) Lo que distinguió al colonialismo occidental no fue ni la ocupación ni la brutalidad, sino una filosofía compensatoria de derechos que es única en la historia humana. (pág. 354)

De este modo, nuestra civilización occidental se describe en términos de "ideas poderosas" y "progreso" (pág. 50), como "moviéndose hacia adelante" mientras que "otros grupos" están retratados como "estancados", aumentando retóricamente el contraste entre Nosotros y Ellos. Por supuesto, describir nuestra cultura en esos términos genera algo de inquietud, pero hay una estrategia para manejar eso, como es culpar a los otros por no hacer lo mismo:

48) Puesto que a los académicos contemporáneos no les gusta pensar en las culturas como superiores o inferiores, avanzadas o atrasadas, los mismos temas de primitivismo y progreso, desarrollo y subdesarrollo, frecuentemente generan malestar e incluso indignación. (pág. 55)

Ni una palabra, por supuesto, sobre otros hechos sobresalientes de Nuestra cultura, tales como el Holocausto, o la contaminación, o las guerras mundiales, o la bomba atómica, para nombrar tan sólo unos pocos. De esta manera, la ideología subyacente de la supremacía occidental también se muestra en las actitudes unidimensionales y, por último, en el léxico y las formas retóricas de autodescripciones selectivamente positivas o eufemísticas. El contraste con la "barbarie" negra no podría ser mayor, tal como lo predice la estructura polarizada de las ideologías intergrupales.

Conclusiones

La finalidad de nuestro análisis parcial de algunos pasajes del libro de D'Souza *The End of Racism* ha sido ver las ideologías en funcionamiento. Examiné algunos de los contenidos proposicionales, sus estructuras y cómo controlan actitudes específicas ante algunos asuntos. Finalmente, mostré cómo esa representación social subyacente también controla varias propiedades del discurso.

El análisis ha mostrado cómo un texto ideológico específico de un autor individual puede combinar influencias de varias ideologías, dentro de un marco mayor de conservadurismo cultural. De esta manera, encontramos una combinación de ideologías etnocéntricas, racistas, sexistas, antirrelativistas y neoliberales en la construcción de actitudes complejas sobre los afroamericanos, el racismo y el antirracismo, el multiculturalismo y el afrocentrismo y otras actitudes. El marco conservador y sus proposiciones y valores subyacentes dan coherencia a estas actitudes y muestran cómo están mutuamente relacionadas. La polarización ideológica ha sido mostrada en la representación de negros y blancos, bárbaros y civilizados, realistas y relativistas, Nosotros y Ellos. Los esquemas ideológicos que organizan a esas proposiciones en términos de qué son Ellos, qué hacen típicamente (si no estereotipadamente), cuáles son sus propósitos y valores, cómo estamos relacionados Nosotros y Ellos (esto es, como superiores e inferiores), o cuáles son sus recursos.

Un análisis del discurso sucinto e informal detalla más ampliamente este análisis ideológico global y pone de relieve las funciones sociales y políticas de este texto y cómo sus artificios discursivos están sintonizados con la comunicación persuasiva de la ideología del racismo moderno. La polarización de grupos se expresa y realza por una serie de medios muy conocidos que enfatizan cuán malos son Ellos y cuán buenos somos Nosotros, o que mitigan sus éxitos y nuestros fracasos. Estilo léxico global, peyorativo, artificios retóricos (como metáforas e hipérboles), movimientos semánticos locales o negaciones y concesiones aparentes, la retórica de la objetividad por medio del uso de estadísticas (seleccionadas) y muchas otras características de este texto pueden describirse y explicarse sobre la base de las ideologías subyacentes y las actitudes prejuiciosas.

Se ha concluido que esas ideologías racistas y los discursos que las transmiten o las refuerzan, no son simples ejercicios académicos o alimento para debates en los medios. Ellos formulan y proponen explícitamente políticas sociales crueles. Son leídos por políticos conservadores influyentes y otras elites, ansiosamente aceptados como una legitimación científica de la intolerancia racial, del prejuicio y de la marginación de los negros, y utilizados realmente como la base de políticas racistas que contribuyen a la desigualdad étnica y racial en los Estados Unidos.

29

Conclusiones

En lugar de una larga exposición sobre los hallazgos de este estudio teórico, simplemente haré una lista de sus conclusiones principales en la forma de breves enunciados:

General

1. Dentro del amplio campo del estudio de la ideología, se necesita una *teoría multidisciplinaria* para explicar la naturaleza, las estructuras y las funciones de la ideología.

2. En este estudio, el enfoque multidisciplinario está representado por un análisis de la ideología en términos del "triángulo" *cognición* (social), *sociedad* y *discurso*. Esta base disciplinaria compleja es necesaria para evitar la reducción. En estudios anteriores ha faltado, especialmente, la comprensión de la naturaleza sociocognitiva y las funciones de las ideologías, y cómo éstas están relacionadas con su expresión y reproducción en el discurso.

3. Muchos de los enfoques tradicionales de la ideología son de una naturaleza más *filosófica* que sistemática, analítica y teórica. La naturaleza confusa y, frecuentemente, imprecisa de los estudios tradicionales de la ideología también se debe a la repetición y aceptación no crítica de conceptos estándar anteriores de la ideología. Un ejemplo claro es la noción de "falsa conciencia". Quizás un trabajo promisorio sobre ideología es el que se efectúa actualmente en el estudio de la cognición política y las representaciones sociales.

4. En un sentido general y abstracto, las ideologías están concebidas como la *interfase* entre propiedades fundamentales (por ejemplo, intereses, objetivos) de grupos sociales y las cogniciones sociales compartidas de sus miembros.

5. Comparadas con las definiciones del sentido común, de la tradición

marxista u otras definiciones sociopolíticas, las ideologías aquí están definidas con un sentido *general*, *no peyorativo* (y no necesariamente como ideas falsas o distorsionadas).

Análisis sociocognitivo de las ideologías

6. El análisis cognitivo de las ideologías *no* implica que las ideologías sean individuales o solamente mentales. Son *tanto* mentales *como* sociales, y sus propiedades mentales también se adquieren, comparten y cambian socialmente.

7. Las ideologías están definidas de un modo más general como *sistemas de creencias*, especialmente en psicología política. Sin embargo, se ha argumentado que hay muchos tipos de creencias, muchas de las cuales no son "ideológicas". De este modo, una teoría de la ideología debe concentrarse en creencias específicas, ideológicas.

8. La distinción tradicional entre memoria episódica y semántica se utiliza para distinguir entre *creencias personales*, por un lado, y *creencias sociales* o *representaciones sociales*, por el otro. Las ideologías pertenecen al último tipo, y, por lo tanto, son definidas en primer lugar (y aún de modo incompleto) como *creencias sociales compartidas de grupos sociales (específicos)*.

9. Puesto que, por otro lado, también hay muchos tipos de creencias socialmente compartidas (conocimiento, actitudes, normas, valores, etc.), algunas de las cuales no son ideológicas, se propone, además, que las ideologías son *creencias abstractas, generales* que subyacen a (otras) representaciones sociales. En este sentido, son como *axiomas* básicos del sistema de representaciones sociales compartido por el grupo.

10. Las ideologías no son listas arbitrarias de proposiciones, sino están organizadas por *categorías* sociales específicas que constituyen *un esquema de ideología*, tales como Pertenencia, Actividades, Objetivos, Valores, Posición y Recursos. Estas categorías son la (re)construcción cognitiva de los criterios sociales básicos para los grupos. Cognitivamente, este esquema funciona también como el *esquema de sí mismo* del grupo, que define su *identidad social* y sus *intereses*.

11. Las ideologías también pueden tener otras características estructurales, como las de *polarización* de grupo (Nosotros versus Ellos).

12. Las ideologías son las creencias sociales básicas de grupos específicos, pero ellas mismas están enraizadas en las creencias generales (conocimiento, opiniones, valores, criterios de verdad, etc.) de sociedades enteras o *culturas*. Esto permite la comprensión misma, la comunicación y la interacción entre (miembros de) diferentes grupos.

13. Se supone generalmente que las ideologías, como representaciones *sociales*, son, al menos, coherentes. Esa coherencia explica la coherencia y la

continuidad frecuentemente observadas en las opiniones, prácticas y discursos ideológicos entre distintos miembros sociales y en distintas situaciones.

14. La coherencia ideológica *no* implica que las ideologías siempre sean *utilizadas* coherentemente por los miembros del grupo. Esto es, la *variabilidad*, observada con igual frecuencia, del discurso o de las prácticas sociales controladas por las ideologías, no se debe a la falta de ideologías o a ideologías incoherentes, sino a muchos otros factores, como la interacción de varias ideologías (y pertenencias a grupos) de los miembros sociales, las experiencias personales y las restricciones de la situación.

15. Las ideologías son coherentes y complejas sólo en el nivel del grupo para el cual están definidas. Según su posición social y socialización, distintos (sub)grupos de miembros sociales (por ejemplo, los ideólogos) pueden tener distinta *habilidad ideológica*.

16. La principal *función cognitiva* de las ideologías es organizar las representaciones sociales de un grupo. Indirectamente, esto es, a través de actitudes y conocimiento más específicos, relevantes al dominio, ellas controlan las creencias sociales y personales y, fundamentalmente, las prácticas sociales y el discurso basado en las últimas.

17. Aquí se define a las actitudes como complejos socialmente compartidos de las opiniones compartidas de los grupos sociales, y se las distingue cuidadosamente de las *opiniones personales*.

18. También se hace una distinción entre *creencias fácticas* (conocimiento verdadero o falso) y *creencias evaluativas* (opiniones, actitudes, ideologías), que son la base de aplicación de valores socioculturales.

19. El conocido problema de la relación entre *conocimiento* social e *ideología* fue resuelto haciendo una distinción entre conocimiento cultural (históricamente variable) que sirve como un "terreno común" para todos los miembros (competentes), por un lado, y el conocimiento específico de un grupo (que miembros de otros grupos pueden llamar "opiniones"). Es esta última clase de conocimiento de grupo la que puede ser ideológicamente controlada. El conocimiento de grupo algunas veces puede convertirse en conocimiento cultural general, y viceversa.

20. Si bien las ideologías pueden controlar el conocimiento de grupo, ellas especialmente controlan las *creencias evaluativas* (opiniones) compartidas por un grupo. Ellas son la base de los *juicios sociales* de los grupos y sus miembros.

21. Las ideologías *no* se definen como creencias incorrectas, erróneas, falsas o distorsionadas de un grupo. Epistémicamente, cualquiera sea su estatus de verdad para el grupo mismo, ellas pueden ser verdaderas o falsas. No es su valor de verdad, sino su papel cognitivo y social (por ejemplo, efectividad, utilidad) en el manejo del pensamiento y la interacción lo que forma el criterio para su evaluación.

22. Las nociones sociocognitivas introducidas arriba explican más analíticamente nociones tales como ideas, creencias, (falsa) conciencia, sentido común, en los estudios tradicionales de la ideología.

23. Con el objeto de explicar cómo las representaciones socialmente compartidas, en general, y las ideologías en particular, pueden relacionarse con las cogniciones personales (y, entonces, con el discurso), se utiliza la noción de *modelo* mental, por ejemplo, para explicar la *subjetividad* de las experiencias, interpretaciones y representaciones personales del discurso y la acción y la representación de contextos.

24. Los modelos son la *interfase* entre lo social y lo personal, entre lo general y lo específico, entre lo macro y lo micro. Ellos aplican o particularizan la información socialmente compartida (conocimiento, actitudes, ideologías) con relación al sí mismo, a las situaciones corrientes, las tareas, los problemas, las acciones y los discursos. Inversamente, son la base experimental para la generalización de las creencias personales hacia el conocimiento, las actitudes e ideologías sociales.

25. Los modelos subsumen las creencias sociales personales y aplicadas y, de este modo, indirectamente, las ideologías. Es a través de los *modelos ideológicamente controlados* que las prácticas sociales ideológicas y los discursos pueden ser producidos por los miembros sociales.

Análisis social de las ideologías

26. Las ideologías, por definición, son *sociales*, y a la vez compartidas socialmente por los grupos. Son individuales únicamente en sus *usos personales*, contextuales, en sus aplicaciones o implementaciones por miembros sociales individuales. En ese sentido, son como los sistemas de la lengua (o gramáticas, o reglas del discurso).

27. Las ideologías generalmente no son sociales o culturales, sino definidas para *grupos* sociales específicos. No todas las colectividades de personas forman esos grupos, sino sólo aquellas colectividades que satisfacen algunos criterios de grupo, tales como condiciones de pertenencia (relativamente continua, permanente y organizada), actividades conjuntas, interacción, objetivos, normas y valores, una posición específica en la sociedad y recursos sociales y, especialmente, representaciones sociales compartidas. Estas, precisamente, se proyectan sobre las estructuras cognitivas de las ideologías compartidas. Así, los grupos constituyen ideologías (y, en consecuencia, identidad social) del mismo modo que las ideologías constituyen a los grupos.

28. Las *funciones sociales* de la ideología están ligadas a estas propiedades de los grupos. Representan la identidad y los intereses del grupo, definen la cohesión y la solidaridad del grupo, y organizan acciones e interacciones conjuntas que llevan a cabo óptimamente los objetivos del grupo. Esto es, las

ideologías resuelven el problema fundamental de la *coordinación* social e interaccional, es decir, a pesar de la variación personal y contextual, los actores sociales individuales generalmente pueden actuar *como* miembros de grupo, y a menudo en beneficio del grupo como un todo.

29. Las ideologías son especialmente relevantes para el manejo de las *relaciones sociales de grupo*, como las de dominación y conflicto, pero también las de competencia y cooperación. Es en este sentido que las ideologías pueden funcionar como legitimadoras del abuso de poder y la desigualdad, por un lado, y como base de la resistencia, desafío, disidencia y cambio, por el otro.

30. Dada la definición de ideología en términos de grupos sociales, ellas *no* están limitadas a grupos dominantes. Esto restringiría indebidamente la noción y la haría teóricamente mucho menos interesante. Por lo menos, no permitiría un análisis ideológico de los grupos dominados y las prácticas de resistencia.

31. Por su acceso preferente a, y control sobre, el discurso público y, especialmente, los medios y la educación, variadas *elites* tienen un papel especial en la formulación y reproducción de las ideologías. Si bien la reproducción ideológica es tanto de arriba hacia abajo como de abajo hacia arriba, esto sugiere que un número relativamente pequeño de elites "simbólicas" (escritores, pensadores, políticos, académicos, periodistas, etc.) pueden ejercer el rol especial de líderes ideológicos, que preformulan y estimulan el debate ideológico.

32. La reproducción y la implementación efectivas de las ideologías de grupo a menudo requieren *organización* e *institucionalización*, como el caso de instituciones ideológicas de la política, los medios y la educación.

Ideologías y discurso

33. Como se describió más arriba, las ideologías sociales de grupo controlan *indirectamente* (y, por lo tanto, no en forma determinista) las *prácticas sociales* en general, y el *discurso* en particular, a saber, por medio de las creencias sociales (conocimiento, actitudes) y las creencias personales (modelos).

34. El discurso tiene una *función especial* en la expresión, implementación y, especialmente, en la reproducción de las ideologías, puesto que es sólo por medio del uso de la lengua, el discurso o la comunicación (u otras prácticas semióticas) que ellas pueden formularse explícitamente. Esto es esencial en contextos de adquisición, argumentación, conflicto ideológico, persuasión y otros procesos de formulación y cambio de las ideologías.

35. A pesar del papel fundamental del discurso en la expresión y reproducción de las ideologías, *las ideologías no pueden ser reducidas al discurso*. Esto es, no deberían definirse como aseveraciones, y su naturaleza y estructura

no deberían identificarse con las estructuras del texto o la conversación. Debiera efectuarse una distinción analítica entre ideologías como representaciones (mentales) generales, abstractas, sociocognitivas, compartidas por un grupo, por un lado, y los usos específicos, personales, interaccionales, contextualizados de la ideología en situaciones sociales específicas por parte de miembros sociales individuales, por el otro. Ciertamente, si las ideologías fueran reducidas a (o identificadas con) el discurso, sería imposible explicar cómo pueden influir en otras prácticas sociales.

36. Un análisis de la expresión y reproducción discursivas de las ideologías requiere una *descripción detallada, sistemática*, de los diversos niveles, estructuras, unidades y estrategias del texto y la conversación, definidos como eventos comunicativos. Un análisis como ése no debiera, tal como tradicionalmente sucedió a menudo, limitarse a un estudio vago de la "producción de significado". Además del análisis semántico complejo de diversos tipos de significado, también se necesitan otras teorías explícitas para explicar esas estructuras del discurso y cómo ellas pueden expresar los contenidos y estructuras ideológicas subyacentes, por ejemplo, estructuras fonológicas, gráficas, sintácticas, léxicas, estilísticas, retóricas, esquemáticas (por ejemplo, argumentativa, narrativa), pragmáticas y conversacionales.

37. Además de una explicación de los niveles y estructuras del texto y la conversación, el análisis del discurso también provee un análisis detallado de las muchas propiedades del *contexto*, definido como las estructuras de la situación social que son relevantes para el discurso. El contexto influye en los "usos" del discurso (producción y comprensión) a través de modelos mentales subjetivos de los usuarios de la lengua, esto es, a través de *modelos de contexto*.

38. La *producción ideológica del discurso* es un complejo proceso social y cognitivo en el cual los modelos mentales subyacentes están proyectados sobre las estructuras del discurso: por ejemplo, modelos mentales de acontecimientos se proyectan sobre estructuras semánticas, y modelos mentales de contexto, sobre la gran cantidad de estructuras variables del discurso (formas, expresiones, esquemas, etc.). Los modelos de contexto ejercen el control global sobre esa producción del discurso y aseguran que los discursos sean socialmente (o, por cierto, ideológicamente) *apropiados* para la situación social.

39. Los modelos mentales con base ideológica, al igual que las representaciones sociales más generales, pueden ser expresados o señalados en todos los niveles de la estructura del discurso, esto es, formas, significados y acciones. La estrategia global está, por esto, en línea con la polarización ideológica y otras estructuras, tales como *autopresentación positiva* interesada y *presentación negativa* de los otros.

40. Esta estrategia global puede implementarse por medio de una *gran variedad de formas y significados* que enfatizan (o mitigan) propiedades positivas (o negativas) de los miembros del propio grupo y de los del otro grupo,

396

respectivamente, por ejemplo, por medio de la entonación, acento, volumen, estructura de la cláusula (transactividad: por ejemplo, activas y pasivas), selección léxica, implicitud, presuposición, coherencia local, tópicos globales, figuras retóricas (por ejemplo, metáforas), organización esquemática (argumentación, falacias), selección de actos de habla y manejo conversacional e interaccional (por ejemplo, de la cortesía).

41. A la inversa, en la *comprensión* y *persuasión del discurso*, estas estructuras del discurso pueden ser usadas, a su vez, para influir en la formación, contenido y estructuras de los modelos mentales y, a menudo indirectamente, en las representaciones sociales y, por ende, en las ideologías. Estas estrategias están generalmente en armonía con la formación o cambio de modelos preferidos o sus estructuras, de nuevo, bajo las restricciones generales de las estrategias de autopresentación positiva y presentación negativa de los otros.

42. Sin embargo, la *influencia ideológica* y la reproducción no son simplemente una función de las estructuras del discurso, sino también del contexto social (o más bien de los modelos de contexto), y de las (otras) representaciones mentales de los receptores, tales como ideologías existentes, actitudes, conocimiento, modelos de experiencia, objetivos presentes e intereses personales, etc. Esto significa que la influencia ideológica puede no tener siempre los efectos pretendidos. A pesar de su pertenencia al grupo, y a la poderosa influencia de las representaciones sociales, los actores sociales son, en principio, individuos autónomos, y por lo tanto, con un amplio control sobre la formación y el cambio de sus opiniones, por ejemplo, en función de los intereses, objetivos y deseos personales. La influencia ideológica, y, por lo tanto, la reproducción, serán más exitosas si las ideologías son consistentes con las experiencias personales (modelos), si los actores sociales no tienen otras alternativas (mejores) que los modelos con base ideológica propuestos para sus opiniones y acciones, o si pueden ser manipulados para creer y preferir (errónea) información ("hechos", opiniones), incluso si no redundan en beneficio propio.

43. Un análisis modelo de un libro sobre relaciones raciales en los Estados Unidos muestra que a) las actitudes sociales, las opiniones personales, los modelos de acontecimiento y el discurso pueden exhibir una interacción entre diversas ideologías, b) que el conservadurismo es más bien una "metaideología" que una ideología, c) cómo están representados los grupos sociales (Nosotros y Ellos) en las actitudes y los discursos, d) cómo en muchos niveles del texto y por muchos artificios, los que pertenecen al grupo están presentados positivamente, y los de otro grupo están presentados negativamente, y e) cómo el discurso ideológico se torna sociopolíticamente relevante en momentos de crisis (real o imaginaria), esto es, como un medio para confirmar la dominación de grupo y legitimar la desigualdad.

Límites y perspectivas

El esbozo de la teoría de la ideología presentado en este libro, y resumido más arriba, es justamente eso: un esbozo. Sin embargo, trata de ofrecer un marco comprehensivo para estudios teóricos y empíricos de la ideología.

Como se sugirió, estos estudios necesitan ser multidisciplinarios. Una limitación principal de los estudios tradicionales es que han ignorado las comprensiones sistemáticas y analíticas de otras teorías y disciplinas. Por cierto, hemos mostrado que la dimensión cognitiva y, especialmente la dimensión discursiva, de la teoría fueron escasamente desarrolladas.

Esto trajo como consecuencia que el enfoque clásico, socioeconómico, pudiera ser formulado solamente en términos muy generales, abstractos y, a menudo, imprecisos. Las ideologías, empíricamente, sólo se "muestran" en la interacción social y el discurso, al igual que en sus estructuras organizacionales e institucionales y, en consecuencia, necesitan ser estudiadas empíricamente en esos niveles.

Además, una explicación social de la interacción y el discurso ideológicos es incapaz de relacionar la estructura social con la interacción y la estructura del discurso, y necesita una interfase cognitiva. Esta interfase cognitiva, sin embargo, no puede identificarse, simple y vagamente, con "sistemas de creencias". Necesitamos un análisis mucho más detallado de las representaciones y las estrategias mentales con el objeto de comprender cómo se relacionan las ideologías con las prácticas sociales y con el discurso, y cómo se reproducen.

He tratado de elaborar una teoría que establezca estas diversas relaciones. Obviamente, muchos elementos de la teoría no están aún completamente elaborados. Por ejemplo, dada la naturaleza predominantemente social de los estudios tradicionales, sólo les he prestado atención a algunos aspectos del papel de la interacción social y la estructura social en la formación, funciones y reproducción de las ideologías. He dado por sentado que las ideologías, por definición, se basan en el grupo. Sin embargo, necesitamos explicar con más detalle bajo qué condiciones los grupos desarrollan las ideologías y, por cierto, cómo se forman los grupos ideológicos. Necesitamos prestar mucha más atención a las dimensiones organizacionales e institucionales de las ideologías, y a las formas en que funcionan y se reproducen en la sociedad. Los conflictos ideológicos necesitan ser analizados en detalle con el objeto de comprender el papel de las ideologías en esos conflictos.

Del mismo modo, a pesar de los detalles provistos para algunos aspectos cognitivos de las ideologías, hay muchos espacios en blanco en el mapa mental de las estructuras, contenidos, organización y funciones de las ideologías. Provisoriamente hemos admitido un esquema ideológico basado en los autoesquemas sociales de grupo, pero un esquema como ése puede ser demasiado específico y no adecuado para ideologías más generales y universalistas" (como las religiones y las ideologías políticas complejas). Necesitamos conocer mucho más sobre el control ideológico (de las estructuras) de otras representaciones sociales, tales como las actitudes y el conocimiento. Sólo tenemos ideas provisionales sobre las relaciones entre modelos de experiencia (personales, subjetivos), y las representaciones socialmente compartidas del grupo. Por cierto, y en primer lugar, ¿cómo y bajo qué condiciones las representaciones mentales son personales, y cuándo son socialmente "compartidas" o "conocidas"? Hasta ahora, sabemos muy poco sobre la organización interna de los modelos mentales y cómo ellos subsumen al conocimiento (con base ideológica u otra) y las opiniones. Y, en último lugar, tan sólo tenemos ideas vagas sobre las relaciones precisas entre modelos y representaciones sociales, por un lado, y estructuras del discurso o prácticas sociales, por el otro.

Finalmente, esto ha sido sólo el comienzo de un análisis sistemático de las estructuras del texto y la conversación que expresan, transmiten, señalan, comunican o influyen en las ideologías subyacentes. Si bien, en principio, todas o la mayor parte de las estructuras del discurso pueden ser utilizadas, puede muy bien ocurrir que algunas lo hagan de un modo más típico o más efectivo. Se requerirá un intenso trabajo empírico para mostrar cómo algunos grupos usan (y abusan de) el discurso de modos muy específicos. ¿Qué tipo de discurso ideológico es característico de qué grupos, cuáles son sus propiedades y cómo, a su vez, ese discurso se inserta social e institucionalmente? ¿Cómo se expresan y reproducen las ideologías discursivamente en dominios sociales importantes como la política, los medios y la educación?

En resumen, este libro deja muchas más preguntas abiertas que respondidas. Debiera vérselo, por lo tanto, más bien como un bosquejo para un programa de investigación que como una teoría completa de la ideología. Como se ha sugerido con énfasis, ese programa de investigación sólo puede ser llevado a cabo exitosamente si los académicos de distintas disciplinas (y el conocimiento sobre las teorías y conceptos de cada uno de ellos) se reúnen para elaborar los detalles teóricos y empíricos. El desarrollo de una teoría completa de la ideología no puede ser delegado solamente a los psicólogos, o sólo a los científicos sociales, o sólo a los analistas del discurso o, ciertamente, sólo a los filósofos.

Notas

Capítulo 1

1. Por cierto, pocos estudiosos en la actualidad dirían que practican una "ciencia de las ideas", si bien hay algunos que se aproximan a ella, como el sociólogo (filósofo, etc.) francés Edgar Morin, cuya secuencia de 4 volúmenes *La méthode* finaliza con un libro sobre *Les idées, leur habitat, leur vie, leur moeurs, leur organisation*, en el cual también se estudia la "organización de las ideas" (el objeto de la disciplina de la "noología") (Morin (1991). Por supuesto, hay antecedentes históricos aquí, por ejemplo, en la fenomenología, como el libro *Ideas* de Husserl (Husserl (1962).

2. Por supuesto, la mayor parte de los estudios de ideología en filosofía y ciencias sociales tienen una dimensión histórica destacada. Este no es tanto el caso del trabajo sobre ideología en psicología, antropología y lingüística, que, en general, está orientado con un criterio menos histórico. Puesto que nos referiremos más específicamente a varios de estos estudios en los capítulos siguientes, aquí sólo mencionamos los libros más importantes que proveen esos antecedentes históricos: Abercrombie *et al.* (1980, 1990); Billig (1982); CCCS (1978); Eagleton (1991); Freeden (1996); Kinloch (1981); Larrain (1979); Manning (1980); Meszaros (1989); Rosenberg (1989); Rossi-Landi (1978); Seliger (1976, 1979); Skidmore (1993); Thompson (1984,1990); Zeitlin (1994).

3. Para una revisión de este concepto "restrictivo" de la ideología, véanse especialmente Seliger (1979), quien analiza críticamente el trabajo de Bell (1960), Lipset (1960, 1972), Sartori (1966, 1969) y Shils (1958), entre otros. Véase también el comentario crítico de Geertz (1973) sobre el uso peyorativo del concepto de ideología.

4. Véase Marx y Engels (1974).

5. Para un análisis de estos cambios contemporáneos en la teoría de las relaciones entre superestructura e infraestructura véase, por ejemplo, Wuthnow (1992).

6. Puede encontrarse una colección particularmente interesante de estudios que documentan esta evolución del neomarxismo europeo dentro de los estudios culturales británicos y, especialmente, dentro del trabajo de Stuart Hall, en Morley y Chen (1996).

7. Un importante estudio que sostiene un concepto más inclusivo de la ideología, y uno de los pocos enfoques sistemáticamente teóricos de la ideología, es el de Seliger (1979),

quien define ideología como "un grupo de creencias y descreencias expresadas en juicios de valor, oraciones apelativas y aserciones explicativas". Estas oraciones pueden referirse a normas morales y técnicas, y expresan visiones vinculadas con las relaciones humanas y la organización sociopolítica. Esa ideología puede legitimar "la acción concertada para la preservación, reforma, destrucción o reconstrucción de un orden dado" (Seliger, 1979:119-20). Muchos de estos debates contemporáneos tienen su origen en los detallados análisis teóricos del libro *Ideología y utopía* de Karl Mannheim (1936), que también analiza la distinción entre ideologías evaluativas y no evaluativas. Mannheim también enfatiza el papel de las ideologías en el contexto de la "acción colectiva" de grupos diversamente organizados.

8. Para la discusión de esos sistemas de creencias políticas, véanse el capítulo 2 y el capítulo 2, nota 8, para las referencias bibliográficas.

9. Véase, por ejemplo, Rosenberg (1988) para un enfoque psicológico (piagetiano) de la ideología. Véanse también las referencias bibliográficas en los capítulos siguientes.

10. Por supuesto, como también lo señala Geertz (1973), las ideologías no siempre están arraigadas en, o ideadas con el objeto de legitimar intereses y poder. También pueden ser una respuesta a problemas y contradicciones sociales ("tensiones") vividas y experimentadas por los miembros sociales. Al mismo tiempo, el análisis en este libro responde a la conclusión crítica de Geertz de que ambos enfoques son inadecuados, al tiempo que no formulan en detalle cómo "se realiza verdaderamente el truco", esto es, cómo, exactamente, se relacionan los intereses con las ideologías, y cómo las contradicciones sociales están "expresadas simbólicamente": "Tanto la teoría del interés como la teoría de la tensión van directamente del análisis de las fuentes al análisis de las consecuencias, sin examinar nunca seriamente las ideologías como sistemas de símbolos interactuantes, como patrones de significados interactuantes" (Geertz, 1973; 207).

11. Garner (1996: 15) es un ejemplo de un texto reciente en el que las ideologías (de movimientos contemporáneos) se definen simplemente como "discursos".

12. Nótese que, en este libro, la "cognición social" *no* es utilizada (solamente) con el sentido restrictivo del enfoque de procesamiento de información, prevaleciente especialmente en los Estados Unidos, para el estudio de la mente social (para un relevamiento, véase, por ejemplo, Fiske y Taylor, 1991), en oposición a los diversos enfoques europeos en la psicología social, por ejemplo, en identidad social, categorización social o representaciones sociales (véanse, por ejemplo, Farr y Moscovici 1984; Tajfel 1981; Spears *et al.* 1997). Más bien, yo sostengo una integración de estos dos enfoques. Para análisis y referencias bibliográficas adicionales, véanse los capítulos de la Parte I.

13. Tales ideologías de oposición o resistencia pueden, por supuesto, tener una denominación diferente. De este modo, por ejemplo, Mannheim (1936) distingue entre ideologías y utopías, siendo las últimas sistemas de creencias "para un mundo mejor", a los que nosotros también llamaremos ideologías.

14. Esta posición, corrientemente formulada en especial dentro del marco del Análisis Crítico del Discurso (ACD), ha sido explicada con más detalle en Van Dijk (1993b). Véanse también Fairclough (1995), Wodak (1989,1996).

15. Para un análisis de la vigencia actual de la Teoría Crítica y sus relaciones con la ideología, véanse Agger (1991, 1992); Bailey (1994); Rasmussen (1996). Para un análisis de estos estudios críticos de las ideologías y la desigualdad social en el mundo "posmoderno", véase Simons y Billig (1994). Véanse también Larrain (1994) y Morley y Chen (1996) para un análisis de la crítica posmoderna de la ideología. Véase Ibáñez e Iñiguez (1997) para una recopilación de trabajos sobre psicología social crítica. Nótese, sin embargo, que el término

"crítica" en estos diversos estudios tiene significados y aplicaciones bastante divergentes.

16. Esto no significa, por supuesto, que no haya trabajos anteriores sobre las ideologías racistas, sino solamente que hasta el momento no hay trabajos sobre ideologías racistas que utilicen el marco propuesto aquí. Véase, por ejemplo, nota 6 del capítulo 19, para ideologías científicas de raza. Para las relaciones entre discurso e ideologías racistas, véanse, por ejemplo, Van Dijk (1984, 1987); Wodak *et al.* (1990), y referencias bibliográficas en varios capítulos posteriores.

Capítulo 2

1. Una de las (vastas) áreas de investigación que serán ampliamente ignoradas en este libro es la de la "historia de las ideas", y campos relacionados de indagación histórica, tales como el estudio de las "mentalidades". Véase, por ejemplo, Lerner (1991).

2. El debate cuerpo-mente mantiene obsesionada a la ciencia cognitiva, aunque sólo sea como un pseudoproblema. Para una discusión reciente, véase, por ejemplo, Warner y Szubka (1994). Curiosamente, la mayor parte de los psicólogos ignoran la cuestión sobre la "existencia" de la mente y se dedican a su tarea cotidiana de describir y explicar los fenómenos psicológicos con la hipótesis tácita de que las mentes sí existen. El debate en curso, especialmente entre los filósofos y neurocientíficos, implica principalmente las relaciones entre mente y cerebro. Véanse, entre varios estudios contemporáneos: Clancey *et al.* (1994); Kosslyn y Koenig (1992); Pinker (1994); Searle (1992, 1995).

3. Para un enfoque sociodesarrollista (piagetiano) de la ideología, véase Rosenberg (1988).

4. Tal "interaccionismo" puede encontrarse en ciertas direcciones de investigación en la etnometodología y la psicología discursiva, en las cuales las cosas (socialmente) "reales" con las que tenemos que manejarnos son la interacción y el discurso. Esto es, cualesquiera sean los objetos "mentales", son importantes solamente a través de su expresión o formulación en las prácticas sociales, el texto y la conversación. (Coulter, 1979, 1983, 1989; Edwards, 1997; Edwards y Potter, 1992; Harré, 1995; Harré y Stearns, 1995; Potter y Wetherell, 1987). Véase también la crítica del "representacionismo" (mental) en Shanon (1993). Estas direcciones de investigación merecen un análisis detallado, que está más allá del alcance de este libro. Espero volver a este asunto en una futura publicación. Como se muestra en esta sección del libro, reconozco la importancia de un análisis cognitivo adecuado, pero concuerdo con los psicólogos discursivistas que el discurso y la interacción desempeñan un papel fundamental en la adquisición y las estructuras de los fenómenos "mentales", tales como conocimiento e ideologías. También, concuerdo completamente con ellos en que la mayor parte de la psicología social tradicional y, por supuesto, la mayor parte de la psicología cognitiva han ignorado la importancia de la influencia de las estructuras sociales en los estudios psicológicos.

5. La naturaleza de las creencias y sus relaciones con el conocimiento siguen siendo discutidas, principalmente, en epistemología, y mucho menos en la psicología misma, como a menudo sucede con esas nociones fundamentales. Véanse, por ejemplo, Kornblith (1994); Lehrer (1990). Volveremos luego sobre el análisis de los sistemas de creencias en psicología social y política.

6. Para una revisión de las discusiones sobre la naturaleza de la emoción, véanse, por ejemplo, Frijda (1987); Ortony *et al.* (1988).

7. Para los estudios clásicos y recientes que definen nuestro pensamiento corriente

sobre mente y memoria, véanse (entre muchos otros libros), Ashcraft (1994); Barsalou (1992); Cohen *et al.* (1993); Kintsch (1977); Neisser (1982); Solomon *et al.* (1989); Tulving (1983).

8. Muchos enfoques cognitivos de la memoria y las creencias (véanse notas 5 y 7), admiten esa representación de red, incluso cuando (también) utilizan proposiciones para propósitos prácticos de descripción. Una reformulación más reciente, neurológicamente inspirada, de la idea de red puede encontrarse en la psicología cognitiva conexionista (McClelland y Rumelhart, 1986; Rumelhart y McClelland, 1986). Aquí, la metáfora del procesamiento lineal de los ordenadores clásicos es reemplazada por la metáfora del procesamiento paralelo de los "neuroordenadores".

9. La cuestión de las creencias básicas aquí está relacionada con la de los "actos básicos", los que también han sido analizados en psicología. Véase Newtson (1973). Para un análisis filosófico de acciones básicas (utilizando un ejemplo similar al que nosotros utilizamos, esto es, sobre los Balcanes), véase Searle (1983: 99-100).

10. La naturaleza y estructura de los sistemas de creencias ideológicas (y otras) han sido estudiadas por, por ejemplo, Abelson (1973); Carlton (1984); Converse (1964); Little y Smith (1988); Tetlock (1984, 1989); Wegman (1981). Para la diferencia entre esos enfoque y los enfoques de la psicología cognitiva de las creencias, véase Quackenbush (1989).

11. Rosenberg (1988) está entre los teóricos de la ideología que rechazan el simple estudio de los sistemas de creencias y que argumentan a favor de una combinación con dimensiones sociales, interaccionales.

12. Véanse, por ejemplo, Geertz (1973); Oberschall (1993); Wuthnow (1989).

13. Para un análisis de este debate (sobre la tesis de la relatividad lingüística), véase, por ejemplo, Lucy (1992).

Capítulo 3

1. Un estudio clásico de los sistemas de creencias políticas es el de Converse (1964). Para los análisis y crítica corrientes, véanse, por ejemplo, Iyengar y McGuire (1993); Lau y Sears (1986).

2. La quintilla abre el libro *The Jaguar Smile. A Nicaraguan Journey*, de Salman Rushdie. Londres: Pan (1987).

3. Para una teoría clásica de la memoria episódica y su diferencia con la memoria "semántica", véase Tulving (1983).

4. Para los enfoques neurocientíficos "más profundos" de la arquitectura de la mente y sus constructos diversos, véanse las notas del capítulo anterior.

5. Como veremos luego con más detalle, parte de la memoria social, esto es, el conocimiento, tiende a ser estudiada por los psicólogos cognitivos, mientras que otras creencias socialmente compartidas (como las actitudes) son el campo de estudio de la psicología social. La memoria social se estudia actualmente, en especial en la psicología social cognitiva (Devine *et al.*, 1994; Fiske y Taylor, 1991; Forgas, 1981; Resnick *et al.*, 1991). A pesar de que la mayor parte de los estudios de la cognición social en los Estados Unidos se orientan hacia la psicología cognitiva (un "sesgo individualista" criticado por los psicólogos sociales orientados más hacia lo social), este amor, desafortunadamente, es poco correspondido por los psicólogos cognitivos, quienes ignoran generalmente las numerosas formas de "cognición (social) caliente". Esta situación se encuentra entre los muchos facto-

res explicativos de por qué gran parte de la psicología contemporánea (y lo mismo vale para la ciencia cognitiva) está, social y culturalmente, bastante subdesarrollada. Especialmente bajo la inspiración de la psicología soviética, el estudio sociocultural de la cognición ha sido capaz de encontrar un nicho, pequeño pero importante, en la psicología occidental (y, especialmente, en los Estados Unidos). (Véanse, por ejemplo, Hickmann, 1987; Wertsch, 1985; Wertsch *et al.*, 1994).

6. Dentro del marco de su sociología del conocimiento, Mannheim (1936: 2) ya enfatizaba que las ideologías no pueden explicarse en términos de creencias personales, sino que tienen una naturaleza social. En su argumentación, él también utiliza el lenguaje como comparación para mostrar que, si bien el lenguaje puede ser empleado individualmente como "habla", las personas lo utilizan como un sistema que es moldeado social e históricamente. Al mismo tiempo, Mannheim advierte que la noción de pensamiento social no implica que haya algo como una "mente de grupo". De este modo, en sus palabras, la ideología es el "estilo de pensamiento" de (los miembros de) un grupo (pág. 3). Distingue entre ideologías *particulares* (personales, individuales), por ejemplo, como visiones distorsionadas de la realidad debido a la situación de vida de las personas, por un lado, y concepciones *inclusivas, totales*, de la ideología, que son las ideologías de una edad o un grupo. Las últimas son sistemas de pensamiento ampliamente divergentes, que dan lugar a modos totalmente diferentes de experiencia e interpretación (pág. 51).

7. Uno de los autores que escribe sobre ideología y que enfatiza que las ideologías son una característica de grupo es Scarbrough (1990).

8. Véanse, por ejemplo, las contribuciones de Lau y Sears (1986) para un análisis sobre si las ideologías realmente existen o no como "sistemas de creencias".

9. La noción de "creencia fáctica" es, por supuesto, teórica, no una noción de sentido común, dado el hecho de que en el uso diario de la lengua las "creencias" están asociadas con conocimiento dudoso o (simples) opiniones, de modo que "creencias fácticas" sería una contradicción. Nosotros utilizamos la noción con el objeto de enfatizar la noción general de "creencia", y con el objeto de poder diferenciar entre distintos tipos de creencias. Véase también el análisis en el capítulo 11.

10. Para variados enfoques de la marcación discursiva de evidencialidad, perspectiva y opinión, véanse, por ejemplo, Biber y Finegan (1989); Mayer (1990); Schieffelin (1996).

11. Este es el enfoque promovido por la psicología discursiva. Para detalles, véase, por ejemplo, Edwards (1996).

12. Para una discusión detallada de la noción tradicional de actitud, véase Eagly y Chaiken (1993). Nótese que la mayor parte de los enfoques tradicionales de la actitud no hacen una distinción clara entre opiniones sociales y personales, u opiniones específicas y generales. Jaspars y Fraser (1984) criticaron el enfoque individualista de las actitudes en la mayor parte de la psicología social y nos recuerdan el hecho de que la noción original de actitud se refiere a las creencias socialmente compartidas o a grupo. Este será también mi enfoque, agregándole que esas actitudes sociales (por ejemplo, sobre aborto o energía nuclear) no son creencias aisladas sino estructuras complejas. Regresaremos a la noción de "actitud" y sus estructuras, en el capítulo siguiente.

13. Hay ahora considerable literatura sobre este tipo de psicología construccionista social, discursiva y retórica. Para algunos textos clave en los que se formula esta posición, véanse, por ejemplo, Billig (1987, 1991b, 1995b); Billig *et al.* (1988); Edwards (1997); Edwards y Potter (1992); Harré (1995); Harré y Gillett (1994); Potter (1996); Potter y Wetherell (1987).

14. Una teoría de las "representaciones sociales" está habitualmente asociada con el trabajo de Serge Moscovici (París) y sus seguidores. Véanse, por ejemplo, Augoustinos y Walker (1995); Breakwell y Canter (1993); Farr y Moscovici (1984). Para una descripción de la ideología en términos de representaciones sociales, véanse Aebischer *et al.* (1992); Augoustinos y Walker (1995). La teoría francesa de las representaciones sociales, sin embargo, es más específica que nuestro uso general del término (como creencias socialmente compartidas), y se aplica especialmente a los usos mundanos, de sentido común, del conocimiento científico en la vida cotidiana, por ejemplo, en los usos legos del psicoanálisis. Ha habido también una crítica considerable a la noción de representación social. Véanse, por ejemplo, Jahoda (1988), y la réplica de Moscovici (1988).

15. La noción de *habitus* fue introducida por el sociólogo francés Pierre Bourdieu. Véanse, entre algunos de sus escritos, por ejemplo, Bourdieu (1985, 1988, 1990). Para la crítica (sociológica), véase, por ejemplo, Alexander (1985).

16. Para otro ejemplo de un enfoque más integrado de la cognición social, véase Augoustinos y Walker (1995). Para enfoques de la cognición social en los Estados Unidos, véanse, por ejemplo, Devine *et al.* (1994); Fiske y Taylor (1991); Higgins *et al.* (1981); Wyer y Srull (1984,1989). Para el trabajo (mayormente europeo) sobre identidad social, categorización social, representación social y relaciones intergrupales, véanse, por ejemplo, Farr y Moscovici (1984); Forgas (1981); Spears *et al.* (1997); Tajfel (1978, 1981); Turner y Giles (1981). Véanse también las referencias bibliográficas en la nota 4 y las referencias bibliográficas en el próximo capítulo.

17. Hay algunas sugerencias (no muy detalladas) en la literatura que toman las ideologías como la base institucional general para las actitudes y que define las actitudes como opiniones más específicas sobre asuntos o dominios sociales. Véase, por ejemplo, Scarbrough (1984, 1990), quien también analiza las relaciones entre ideologías, actitudes y representaciones sociales.

18. Véase especialmente el importante trabajo de Foucault sobre estas relaciones entre conocimiento (médico) y poder: por ejemplo, Foucault (1975, 1980).

Capítulo 4

1. Por lo que sé, no hay estudios generales detallados sobre la diferencia entre el enfoque "estructural" y el "dinámico" en las humanidades y las ciencias sociales. Para un análisis de la distinción en psicología, véase Van Dijk y Kintsch (1983). En sociología, este debate separa específicamente los enfoques microsociológicos y etnometodológicos de la temprana sociología "estructural" o "funcional". Véanse, entre muchos otros estudios, Button (1991) y Heritage (1987).

2. La teoría del esquema en ciencia cognitiva se remonta a Bartlett (1932), quien supuso que el conocimiento está representado de una manera esquemática. Su formulación más influyente en la psicología contemporánea ha sido en términos de guiones [*scripts*] de conocimiento como los introducidos por Schank y Abelson (1977), luego de nociones más tempranas como libretos [*scenarios*] (Charniak, 1972) y marcos [*frames*](Bobrow y Collins, 1975).

3. Para el análisis, véase el reciente debate sobre procesamiento conexionista, neuronal y paralelo: Baumgartner y Payr (1995), Clancey *et al.* (1994), Rumelhart y McClelland (1986). Este trabajo ha comenzado a influir en la psicología social y en la teoría de las actitudes y representaciones sociales sólo muy recientemente.

4. Véase Schank y Abelson (1977).

5. Esas unidades más pequeñas, a veces llamadas Memory Organization Packages (MOPS) [Paquetes de Organización de la Memoria], son analizadas en, por ejemplo, Schank (1982).

6. Este es especialmente el caso del enfoque de la "cognición social" en los Estados Unidos. Véase, por ejemplo, Fiske y Taylor (1991). Para un análisis de los primeros usos de "esquema" en la cognición social, véanse Brewer y Nakamura (1984), Higgins *et al.* (1981). Para el uso de esquemas en psicología política, véase Kuklinski *et al.* (1991).

7. Las representaciones para opiniones y actitudes fueron especialmente ensayadas por Robert Abelson, a quien puede dársele el crédito por la invención del concepto de script [guión] (véase, por ejemplo, Abelson, 1973, 1976, 1981; y su intento anterior con Rosenberg en Abelson y Rosenberg, 1958). Para una visión de otros intentos de modelar las actitudes y otras cogniciones sociales evaluativas, véanse Fiske y Taylor (1991) y Eagly y Chaiken (1993).

8. Estas formas naturales, pero falibles, de procesamiento de la información y juicio social han sido extensamente estudiadas en psicología. Véanse, por ejemplo, Arkes y Hammond (1986); Nisbett y Ross (1980).

9. Si bien esta distinción de tres componentes puede encontrarse en varios estudios de las actitudes (para estudio, véase Eagly y Chaiken, 1993), de hecho ha sido rara vez probado empíricamente (véase, sin embargo, Breckler, 1984).

10. Para estudios clásicos de la psicología social sobre consistencia, equilibrio o disonancia cognitiva de las opiniones, véanse, por ejemplo, Abelson *et al.* (1968); Heider (1946, 1958); Festinger (1957). Enfoques más recientes están compilados en Pratkanis *et al.* (1989). Para un estudio reciente de enfoques clásicos al igual que modernos, véase Eagly y Chaiken (1993)

Capítulo 5

1. Como ya se ha señalado en varias oportunidades, la vasta literatura sobre ideologías rara vez se ha ocupado de la organización interna detallada de las mismas. Las descripciones de la ideología, en caso que se den, tienden a estar fundamentalmente basadas, desde este punto de vista, en impresiones, es decir, resúmenes o historias sobre las creencias de grupos. Puesto que también las opiniones, las actitudes y las ideologías no siempre se distinguen, algunas propuestas para las "estructuras ideológicas" son, de hecho, propuestas para estructuras de las actitudes. Para intentos más explícitos que especulan sobre la organización ideológica, véase, por ejemplo, Seliger (1979), quien organiza las ideologías en términos de la naturaleza del tipo de afirmaciones que contienen, esto es, un círculo de descripciones, análisis, implementación y rechazos, con prescripciones morales o técnicas en el centro. Véase también Roseman (1994).

2. Véase Abelson (1976) para un enfoque tipo script [guión] para las actitudes.

3. Para un análisis detallado de esas opiniones sobre inmigración e inmigrantes, véase Van Dijk (1984, 1987, 1991, 1993a).

4. La organización de ideologías (de partido) en función de los problemas percibidos (o de la importancia de los problemas) ha sido estudiada por Van Schuur (1984).

5. Estas categorías de estructura narrativa fueron primero introducidas por Labov y Waletzky (1967) y Labov (1972). Luego también fue aplicada en el análisis de nuestro

conocimiento sobre esas estructuras narrativas y, por cierto, en el estudio de la comprensión de historias, si bien se propusieron otras estructuras (por ejemplo, en términos de acciones, acontecimientos y objetivos). (Véanse, por ejemplo, Mandler, 1984; Van Dijk, 1980).

6. A pesar de la referencia ocasional, en la investigación en cognición social, a la noción de "esquema de grupo", éste no ha sido descripto nunca en detalle, al menos dentro de lo que conozco. Hay algunas sugerencias de la investigación con respecto a que los grupos están representados casi como personas pero, en ese caso, no se da ninguna descripción estructural (Wyer y Gordon, 1984; Fiske y Taylor, 1991: 327). El presente esquema deriva de mi trabajo anterior sobre la estructura de las actitudes étnicas hacia las minorías (Van Dijk, 1984, 1987).

7. Véase, sin embargo, el trabajo de Billig sobre "pensamiento retórico", en el cual se conjetura que el pensamiento mismo está organizado de un modo retórico o argumentativo (Billig, 1987, 1991b).

8. Un estudio empírico de dos ideologías posiblemente en conflicto es el de Eckhardt *et al.* (1992), que muestra que los estudiosos religiosos parecen poder manejar creencias religiosas y científicas coexistentes sin demasiado conflicto personal.

Capítulo 6

1. La literatura sobre valores es vasta. Como sucede con otras representaciones sociales, sin embargo, hasta ahora sabemos muy poco sobre su naturaleza cognitiva precisa. ¿Cómo están representados en la memoria social? Probablemente no como las palabras-conceptos (como "Felicidad" o "Justicia") utilizadas aquí al igual que en otros estudios. Ellos pueden ser representaciones mentales complejas (por cierto, el complejo total "idea de Justicia") que, simplemente, están convenientemente "resumidos" por esas palabras-conceptos, de modo tal que pueden expresarse fácilmente en la comunicación e interacción. Para ejemplos de estudios clásicos y modernos, véanse Brewster Smith (1969); Eisenberg *et al.* (1989); Hechter *et al.* (1993); Hofstede (1980); Rokeach (1973, 1979). Schwartz y Bilsky (1990) proponen una teoría empírica de contenido y estructura universales de los valores humanos definidos como concepciones que tienen las personas de los objetivos que sirven como principios guías en sus vidas, esto es, un número (pequeño) de asuntos motivacionales universales (como hedonismo, logro, poder, seguridad, etc.). Incluso cuando supongo que los valores están representados mentalmente, debería enfatizar la naturaleza sociocultural de esos valores en lugar de su dimensión individual (motivacional).

Capítulo 7

1. La teoría de los modelos mentales fue introducida en la psicología, y también especialmente en la teoría de comprensión de textos, desde el inicio de los años 80 (Johnson-Laird, 1983; Van Dijk y Kintsch, 1983; Van Oostendorp y Zwaan, 1994). Algunos de sus aspectos más lógicos se remontan a las teorías abstractas de modelo que fueron diseñadas como semántica para las lenguas formales. Esos modelos formales (o estructuras de modelo) incluyen, por ejemplo, el conjunto de individuos referidos por las expresiones de aserciones formales. Los modelos mentales, aunque poco desarrollados en el aspecto teórico, deberían ser más "realistas" en el sentido de que deben explicar los tipos de objetos específicos que definen situaciones posibles.

2. Hasta aquí, no hay trabajo teórico sobre modelos de experiencia como tales (véase

Van Dijk, 1997). Sin embargo, la mayor parte de la literatura sobre la memoria episódica y sobre la memoria "autobiográfica" de acontecimientos, acciones, personas, episodios y experiencias personales, proveerán algunos elementos de esa teoría (véanse, por ejemplo, Neisser y Fivush, 1994; Rubin, 1986; Srull y Wyer, 1993; Tulving, 1983). Nuestro argumento aquí es que, primero, las representaciones subjetivas de episodios deberían enmarcarse en términos de modelos y estructuras de modelos. En segundo lugar, queremos enfatizar que esos modelos también desempeñan un papel en la producción y comprensión de las prácticas sociales en general, y en el discurso en particular. Así, queremos unificar las explicaciones usuales de los "modelos de situación" en la literatura sobre el procesamiento de textos y el trabajo sobre representaciones episódicas de acciones y acontecimientos y sobre la memoria autobiográfica. En otras palabras, también cognitivamente (y no sólo socialmente), el modo en que nos embarcamos en, y comprendemos, el texto y la conversación deberían incluirse en una teoría más amplia de nuestras experiencias cotidianas.

3. Diversas teorías sociológicas y psicológicas de episodios sociales ofrecen sugerencias para la inclusión de categorías básicas en el modelo de esquemas (véanse, por ejemplo, Argyle et al., 1981; Forgas, 1979; Furnham y Argyle, 1981).

4. En lingüística, las gramáticas del caso y otros enfoques funcionales del estudio de la estructura de las proposiciones y sus expresiones sintácticas utilizan esas categorías básicas (Dik, 1978, 1989; Fillmore, 1968). Algunas de ellas también aparecen en otro nivel, como "descripciones de episodios" en teorías de la narrativa (véanse Labov y Waletzky, 1967; Labov, 1972).

5. Uno de los estudios que examina la representación del sí mismo con relación a ideologías y estructuras narrativas es Gregg (1991).

6. Este parece ser el modo más intuitivamente "empírico" de aprender sobre el mundo. Sin embargo, hay evidencia de que "aprender de la experiencia" a través de la generalización de modelos episódicos no (siempre) puede ser el modo en que adquirimos conocimiento general. Al menos, fragmentos de conocimiento semántico o social sobre el mundo puede adquirirse "directamente", esto es, a través del discurso: por ejemplo, por la explicación de palabras o por oraciones genéricas en las historias, argumentos u otras formas de discurso. A esta altura, la teoría se une a la teoría más general de la adquisición del conocimiento y aprendizaje, un amplio campo de psicología cognitiva, del desarrollo y educacional que, obviamente, no puede analizarse aquí. Mi objetivo es sólo mostrar cómo el conocimiento personal (modelos) sobre acontecimientos puede relacionarse con creencias socialmente compartidas. Si bien se sabe mucho sobre procesos y condiciones de aprendizaje y adquisición de conocimiento social, nuestra comprensión de las representaciones detalladas implicadas es, hasta ahora, bastante fragmentaria, tal como lo hemos visto antes para la noción de guiones y conceptos relacionados. Puesto que gran parte de la adquisición y aprendizaje de conocimiento tiene lugar sobre la base del discurso, mucha de la literatura importante sobre comprensión de textos trata los mismos procesos. Del mismo modo, aquí también son relevantes los numerosos trabajos sobre inteligencia artificial, que se refieren a la simulación de la representación y adquisición del conocimiento. De este modo, generalmente hablando, luego de la reducción más conductivista del aprendizaje en términos de condicionamiento y generalización del estímulo, y los enfoques de "aprendizaje social" basados en ellos, los enfoques más contemporáneos son claramente cognitivos y formulados en términos de diversos formatos de representaciones de la memoria para el conocimiento y las creencias. Para diversas indagaciones y otros estudios que utilizan el marco propuesto aquí, véanse Freedle y Carroll (1972); Glaser (1987); Gonzalvo et al. (1994); Mandl y Levin (1989); Schank (1982); Schank y Abelson (1977); Strube y Wender (1993); Van Dijk y Kintsch (1983).

7. También con relación a lo que se ha dicho en la nota 5, hay evidencia que muestra que las representaciones sociales pueden a veces ser más fuertes que las experiencias personales (por ejemplo, de pobreza) como una razón para apoyar políticas (por ejemplo, económicas) (Lau y Sears, 1981). Esto sugiere que, o los argumentos públicos están integrados en el modelo, y así influyen en la experiencia, acción y discurso personales, o, de otro modo, esas representaciones sociales (actitudes) pueden influir directamente en el discurso, especialmente cuando éste es comunicado por grupos de elite creíbles. Por supuesto, las respuestas a preguntas (de una encuesta) pueden también mostrar los efectos del acatamiento y consenso con lo que "todo el mundo piensa" y la vacilación para mostrar la dificultad económica. En resumen, los modelos, las opiniones, las representaciones sociales y las maneras en que éstas se expresan o no, se mitigan o no, en diversos discursos y contextos, forman una combinación muy compleja, que de ningún modo puede comenzar a hacerse explícita por medio de resultados simplistas de encuestas de opinión pública.

8. Hay muchas teorías de la formación y el cambio de actitud, al igual que teorías de la persuasión, que tratan estos procesos, pero rara vez en términos de modelos. Esto también sucede porque gran parte del trabajo sobre opiniones no diferencia entre opiniones personales, contextuales, tal como están representadas en modelos, y actitudes generales, socialmente compartidas. Para un repaso de los enfoques tradicionales sobre formación de actitudes, véase Eagly y Chaikes (1993).

9. Véase Van Dijk (1984, 1987) para estudios sobre estas formas de recuerdo distorsionado de acontecimientos negativos en la narración y argumentación racistas. Para un trabajo general psicológico social sobre evaluación de hipótesis y la autoconfirmación de estereotipos sociales, véase, por ejemplo, Snyder (1981a, 1981b). Nótese, sin embargo, que este fenómeno no excluye que las personas, en contextos específicos, precisamente tiendan a recordar lo que *no* es consistente con sus propias actitudes de grupo, por ejemplo, cuando ellos recuerdan (mejor) las afirmaciones de sus opositores, de modo de poder refutarlas mejor.

10. Estas hipótesis pueden encontrarse en la ciencia política clásica (Converse, 1964) y en la cognición política actual (Lau y Sears, 1986; Iyengar y McGuire, 1993), al igual que en la psicología discursiva (Billig *et al.*, 1988).

Capítulo 8

1. Estas hipótesis pueden encontrarse tanto en la ciencia política clásica (Converse, 1964) como en la cognición política actual (Lau y Sears, 1986; Iyengar y McGuire, 1993), y, también en la actualidad, bajo diferentes apariencias en la psicología discursiva y retórica (por ejemplo, Billig *et al.*, 1988; Billig, 1991a, 1991b; Potter y Wetherell, 1987). Seliger (1979) adopta una posición intermedia, más específicamente para las ideologías: conjetura que las ideologías están estructuradas, pero no son enteramente consistentes. Rosenberg (1988) también enfatiza la naturaleza estructurada de las ideologías. En la literatura sobre cognición política, generalmente se admite que la consistencia ideológica es una función del conocimiento experto. Aquellos que más saben sobre política, simplemente tienen actitudes políticas más consistentes, y tal vez una ideología subyacente más consistente (véase, por ejemplo, Judd y Downing, 1990). Otras investigaciones sugieren que las opiniones expresadas cuando se activa un esquema ideológico son más coherentes que cuando no se activa ese esquema, al menos para personas que están conscientes de su orientación ideológica (Milburn, 1987).

410

2. Esas cuestiones han sido planteadas, al menos, desde las teorías clásicas del equilibrio, consistencia y disonancia cognitivos, principalmente en psicología social, y a menudo relacionadas con el estudio de las actitudes (Abelson, 1973, 1983; Abelson y Rosenberg, 1958; Abelson *et al.*, 1968; Festinger, 1957; Heider, 1946, 1958; Rosenberg, 1960; Rosenberg *et al.*, 1960). Sin embargo, la mayor parte de estos estudios se concentraron en las relaciones entre creencias individuales y no investigan la estructura global de los sistemas de actitudes e ideologías. Grofman y Hyman (1974) analizan la sistematicidad de las ideologías en términos de conectividad, consistencia y coherencia, y concluyen que, según estos criterios, las ideologías son, por cierto, sistemas de creencias.

3. Entre los varios estudios sociológicos e históricos que prestan atención a estas dimensiones institucionales y organizacionales de la ideología, véanse, por ejemplo, Douglas (1986); Jones (1984); Wuthnow (1989).

4. Para la disonancia cognitiva, véase, por ejemplo, el estudio clásico de Festinger (1957). Para una discusión más general de éste y otros aspectos de la consistencia cognitiva, véase Abelson, *et al.* (1968).

5. Véase mi trabajo empírico anterior sobre discurso y racismo, basado en datos de varios países y que implica a personas de distintos antecedentes socioeconómicos y diferentes situaciones institucionales (Van Dijk, 1984, 1987, 1991, 1993a).

6. Para algunos estudios de cambio ideológico contemporáneo, véanse, por ejemplo, Adams (1993); Collins (1992); Laraña *et al.* (1994).

Capítulo 9

1. Puesto que este estudio evita las revisiones históricas de concepciones tempranas de la ideología, también está más allá de su alcance examinar la historia de la noción de "falsa conciencia". Para este estudio histórico, véanse Lewy (1982); Pines (1993). Véanse también Jost y Banaji (1994); Wood (1988). Véase también la discusión clásica en Mannheim (1936; 62ss).

2. Véase el conocido debate sobre la "hipótesis de la ideología dominante" (Abercrombie *et al.* 1980, 1990).

3. Para estudios del ejemplo de clase y conciencia de clase con relación a ideologías dominantes, véanse, por ejemplo, Giddens y Held (1982); Joyce (1995); Therborn (1980).

4. La percepción también ha sido estudiada en la psicología política, por ejemplo, con relación al tema de las elites versus la opinión pública. Véase, por ejemplo, Zaller (1990).

5. Para estudios de conciencia de grupo (por ejemplo, de género, clase o etnicidad), véanse, por ejemplo, Bell (1995); Brooks (1994); Davis y Robinson (1991); Dillingham (1981); Edwards (1994); Graetz (1986); Gurin y Townsend (1986); Hall y Allen (1989); King (1988); Lockwood (1966); Rowbotham (1973); Weakliem (1993).

6. Véase, por ejemplo, Lau y Sears (1986).

7. Para detalles, véanse, por ejemplo, Baars (1988); Davies y Humphreys (1993); Dennett (1993); Greenberg y Tobach (1993); Jackendoff (1987); Marcel y Bisiach (1988).

8. Para un estudio de negación ideológica, véase Van Dijk (1992).

Capítulo 10

1. Véase Gramsci (1971). Véanse también Adamson (1983); Femia (1987); Hall *et al.* (1978).

2. Para una discusión de "sentido común" en etnometodología, véanse Eglin (1979); Elliot (1974); Sharrock y Anderson (1991). Véanse también otras contribuciones en Button (1991).

3. Véanse, por ejemplo, Billig (1991b); Billig y Sabucedo (1994); Eagleton (1991); Lewis (1992).

4. Para sentido común y representaciones sociales, véanse Billig y Sabucedo (1994); Purckhardt (1993).

5. Para el rol del sentido común en la argumentación y explicaciones, véanse, por ejemplo, Antaki (1994); Billig *et al.* (1988).

6. Furnham (1994) discute éstas y algunas otras variaciones terminológicas del concepto de sentido común, tales como creencias "comunes", "legas", o "populares".

7. Para las relaciones entre sentido común y conocimiento científico, véanse también Fletcher (1993); Siegfried (1994); Van Holthoon y Olson (1987).

8. Para una discusión de sentido común en psicología, véanse Siegfried (1994); Wegner y Vallacher (1981).

9. Véanse, por ejemplo, Farr y Moscovici (1984); Augoustinos y Walker (1995).

10. Para el papel del sentido común en el estudio del racismo, véanse también Essed (1987); Lawrence (1982).

Capítulo 11

1. Para una discusión de la oposición entre conocimiento/ciencia e ideología, véase la mayoría de los estudios clásicos de ideología (véase nota 1 del capítulo 1). Véanse también Althusser (1984); Aronowitz (1988); Bailey (1994); Larrain (1979); Mannheim (1936); Mészáros (1989); Pines (1993). Véase también el próximo capítulo.

2. Véase, por ejemplo, Button (1991).

3. Para estos debates filosóficos sobre el conocimiento y sus fundamentos, véanse, por ejemplo, Dancy (1985); Kornblith (1994); Kruglanski (1989); Lehrer (1990).

4. El estudio de las "opiniones" abarca desde la filosofía (a menudo en términos de "creencias" versus "conocimiento"; véase, por ejemplo, Hintikka, 1962), hasta el estudio de la opinión pública en psicología social y ciencia política (por ejemplo, Glasser y Salmon, 1995). Dentro de su marco "retórico" propio, Billig (1991b) analiza las opiniones con relación a la ideología y acentúa la naturaleza argumentativa de las opiniones en lugar de sus propiedades cognitivas. Billig (1989) también muestra que hay una diferencia entre expresar "visiones" fuertes o débiles, donde las personas con visiones fuertes muestran más variabilidad.

5. Sobre las relaciones de conocimiento y poder, y la naturaleza definitoria de la verdad de las instituciones, véanse Aronowitz (1988); Foucault (1972, 1980).

6. Las relaciones entre conocimiento y actitudes basadas en ideología han sido exploradas también en psicología social y política. De esta manera, si las actitudes feministas son importantes para las mujeres, también su adquisición de conocimiento sobre relaciones de género puede ser más profunda y más refinada (véase, por ejemplo, Berent y Krosnick (1995).

7. Mannheim (1936: 19) también argumenta que ya sea que las visiones del mundo o ideologías puedan ser (objetivamente) "falsas" o no, pueden servir para hacer "coherentes" los fragmentos de la realidad tal como es vista por los miembros del grupo que comparten

esa visión del mundo. Si las creencias de un grupo son verdaderas o falsas, lo que cuenta es *su* "definición de la situación". Ciertamente, además de otros criterios, la pertenencia al grupo implica para él que los miembros del grupo "ven al mundo" en términos de los significados del grupo.El también enfatiza que, por esta misma razón y de modo más general, el conocimiento está, por definición, relacionado con el punto de vista, posición e intereses del grupo y, por lo tanto, es relativo (o, más bien, lo que él llama "relacionista") (págs. 67ss).

Capítulo 12

1. La literatura sobre identidad social es amplia, y no resulta posible revisarla aquí. Limito mi discusión a la identidad social (de grupo) y a la relación (estrecha) entre esa identidad de grupo y la ideología, esto es, a la pregunta "¿Quiénes somos *nosotros*?" (relacionada con, pero diferente de, la pregunta sobre el Sí Mismo social). Para detalles, véanse, por ejemplo, Abrams y Hogg (1990); Tajfel (1981); Turner y Giles (1981). Resulta destacable, sin embargo, que esta literatura rara vez habla de ideologías, y, más generalmente, no siempre está claro en esta literatura social psicológica si "identidad social" es una propiedad de los miembros sociales individuales de grupo, o una propiedad *compartida* por todo un grupo. Por otro lado, hay trabajos sobre movimientos sociales (nuevos) en los cuales las relaciones entre ideología e identidad están más claramente establecidas. Véanse, por ejemplo, los estudios de Laraña *et al.*, (1994).

2. Para la noción de "autoesquema", véase Markus (1977).

3. Para la identidad social, véanse, por ejemplo, Abrams y Hogg (1990); Morris y Mueller (1992).

4. Véase el análisis sobre las relaciones entre movimientos sociales, identidad social, ideología y "utopía" (principalmente referida al trabajo de Mannheim), en Turner (1994).

5. El enfoque de Melucci de la identidad social y la autodefinición de los grupos incluye categorías similares (véase Melucci, 1996; y para una discusión general, Johnston *et al.*, 1994)

6. Este ejemplo de la "identidad pasajera" del movimiento pacifista (holandés) es analizado por Klandermans (1994).

7. Véase Billig (1990) para la forma en que las ideologías pueden manejar la memoria colectiva (sobre la Familia Real en el Reino Unido), por ejemplo, lo que se recuerda y lo que se ignora.

8. Las relaciones entre grupos sociales y cuestiones de identidad social han sido especialmente enfatizadas por los "nuevos movimientos sociales" (NMS) de las últimas décadas, como el movimiento por la paz, los movimientos étnicos y de las mujeres, los movimientos por los derechos de los homosexuales y diversos movimientos nacionalistas. Para estos NMS, la razón principal de su existencia no era tanto "estructural", socioeconómica (como sucedía con los "viejos" movimientos sociales, como los movimientos obreros), sino también especialmente una cuestión de identidad, de derechos humanos e, incluso, de estilo de vida, en la que podían combinarse reivindicaciones individuales y sociales. También se ha encontrado, especialmente, que cuestiones de simbolismo y cultura son elementos característicos de los NMS. Contrariamente a los anteriores enfoques estructuralistas de los movimientos sociales, con su concentración en condiciones y oportunidades socioeconómicas, los análisis actuales de los NMS tienden, así, a enfatizar los "significados compartidos" implicados en la autodefinición de los movimientos. Para el análisis, véanse, por ejemplo, Johnston *et al.* (1994); McAdam (1994); Melucci (1989, 1996). Para un

comentario crítico sobre el concepto cognitivo de "marcos compartidos" de Melucci, véase Billig (1995b).

9. Para un análisis de estas dimensiones discursivas de la construcción de los movimientos sociales, véase, por ejemplo, Klandermans (1992). Mi propio trabajo anterior sobre discurso y racismo muestra cómo los grupos e instituciones racistas y antirracistas están también ampliamente constituidos por el texto y la conversación (Van Dijk, 1984, 1987, 1991, 1993a).

Capítulo 13

1. La crítica que sigue no está dirigida a escritores individuales, sino a los diversos enfoques tradicionales y contemporáneos de ideología a los que nos hemos estado refiriendo en los capítulos anteriores. De esta forma, mi crítica, en primer lugar, se dirige a los diversos enfoques marxistas y neomarxistas, que ignoran las dimensiones psicológicas de las ideologías (para reseñas, véanse Eagleton, 1991; Larrain, 1979; véase también Fairclough, 1995). En segundo lugar, se dirige a algunas doctrinas más radicales de la "psicología discursiva", que tienden a reducir la mente al discurso (Edwards y Potter, 1992; Harré y Gillett, 1994; Harré y Stearns, 1995; Potter y Wetherell, 1987; Potter *et al.*, 1993); para ideología, véase también una posición menos radical en Billig (1991b).

2. Para algunas de las posiciones críticas resumidas aquí, véanse, por ejemplo, Himmelweit y Gaskell (1990); Resnick *et al.* (1991).

Capítulo 14

1. Véanse las referencias bibliográficas en nota 1 del capítulo 1.

2. Este argumento (desafortunadamente rara vez atendido) a favor de una sociología cognitiva, ya ha sido formulado elocuentemente por Cicourel (1973).

3. Esta concepción de racismo ha sido tratada con más detalle en Van Dijk (1984, 1987, 1991, 1993). Véase también Essed (1991). Entre los numerosos estudios sobre racismo que han influido en mi concepción están, por ejemplo, Barkan (1992); Barker (1981); Dovidio y Gaertner (1986); Haghighat (1988); Katz y Taylor (1988); Miles (1989); Solomos (1993);Solomos y Wrench (1993); Wellman (1993).

Capítulo 15

1. Mannheim (1936:3) ya enfatiza que las ideologías son compartidas por los grupos, y funcionan como una base de la acción colectiva.

2. Una revisión útil de las perspectivas clásica y contemporánea sobre clase puede encontrarse en Joyce (1995).

3. Para estos y otros criterios de grupos y relaciones de grupo, véanse especialmente los estudios sociopsicológicos (principalmente europeos) sobre teoría de intergrupos, por ejemplo, Billig (1976); Tajfel (1978,1981); Turner y Giles (1981); Turner *et al.* (1987).

4. Para un análisis similar de la relación entre identidad social y representaciones compartidas, véanse, por ejemplo, Moscovici y Hewstone (1983); Scarbrough (1990).

5. Los movimientos sociales y sus ideologías son analizados por, por ejemplo, Laraña *et al.* (1994); Melucci (1996) y Oberschall (1993). Para la estrecha relación entre identidad

social, ideología y NMS, véanse la discusión y las referencias bibliográficas dadas en capítulo 12 (véase también nota 6).

6. Para culturas corporativas, véase por ejemplo, Hofstede (1980). Las ideologías de empresa han sido estudiadas por Goll y Zeitz (1991); Matterlart (1979); Misruchi (1991); Neustadtl y Clawson (1988); Rothman y Lichter (1984).

7. Indirecta y directamente, hay una literatura masiva sobre las relaciones entre ideología y conflictos de grupos sociales. La mayoría de los estudios mencionados antes (véase nota 2, capítulo 1), especialmente aquellos que revisan la tradición marxista, enfatizan, por supuesto, el papel del conflicto de grupo (clase) como una base para las ideologías. Desde una perspectiva psicológica (sobre dominación social), véase también Sidanius (1993). En general, véanse los siguientes estudios recientes sobre conflicto social, también analizados a menudo con relación a la ideología: Feagin y Feagin (1994); Fisher (1990); Oberschall (1993); Worchel y Simpson (1993). Para la expresión y representación del conflicto en el discurso, véase Grimshaw (1990).

8. Como con otros asuntos sociológicos tratados en este y otros capítulos de esta sección, no podemos entrar en los detalles complejos del problema macro-micro (a menudo, un pseudo problema) en las ciencias sociales. Lo que aquí está en juego, entre otros asuntos, son los análisis de diferentes niveles de la realidad social, cada uno de los cuales puede requerir su propio marco teórico, como sucede con los análisis microsociológicos de la interacción y la conversación, por un lado, y las relaciones y estructuras sociales (de grupo) más amplias, por el otro, con varios mesoniveles en medio. El problema, en un nivel de análisis, es a menudo un pseudoproblema porque en el análisis concreto se requieren *tanto* macro- *como* micronociones. Así, para estudiar el poder social (como sexismo o racismo) en la conversación, por ejemplo, necesitamos obviamente un marco que combine ambos niveles. Y, como nos recuerdan a menudo los microsociólogos, niveles más altos de relaciones y estructuras societales simplemente se manifiestan sólo en el nivel de las rutinas, prácticas o interacciones cotidianas de los actores sociales. Para un análisis más profundo, véanse, por ejemplo, Alexander *et al.* (1987); Knorr-Cetina y Cicourel (1981); véase también Van Dijk (1980).

9. Las relaciones entre ideología de grupo e identidades (a veces en conflicto) han sido estudiadas a menudo, por ejemplo, por García (1989); Gregg (1991); Hummon (1990); King (1991); Lipiansky (1991: Oberschall (1993); Rees (1985); Rothstein (1991); Shotter y Gergen (1989). Para las influencias combinadas de raza y clase, véase McDermott (1994).

10. Este ejemplo de mujeres y negros en los medios ha sido examinado en muchos estudios. Véanse, por ejemplo, Dines y Humez (1995); Mills (1988); Van Zoonen (1994); Wilson (1991).

11. Sobre clase, en general, véase Joyce (1995). Para un análisis de diversas formas de "capital simbólico" como constitutivo de clase, véase especialmente el trabajo de Pierre Bourdieu (por ejemplo, Bourdieu, 1984a, 1989). McDermott (1994) muestra cómo las ideologías a menudo son el resultado de la influencia combinada de diferentes pertenencias a grupos, tales como las de raza y clase.

12. Las ideologías profesionales han sido objeto de abundante investigación, especialmente en las profesiones médica y jurídica, véanse, por ejemplo, Byrne (1993); Dickson (1993); Globerman (1990); Greenfeld (1989); Howard (1985); Loewenberg (1984); Shaw (1990); Wuthnow y Shrum (1983).

13. Para un análisis de ideologías de movimientos sociales, véanse, por ejemplo, Laraña *et al.* (1994); Oberschall (1993); Ryan (1992); Sassoon (1984).

14. Las ideologías gerenciales se estudian en Barley y Kunda (1992); Enteman (1993); Grenier y Hogler (1991); Le Goff (1992); Miyajima (1986); Weiss (1986).

15. Las ideologías feministas se estudian, por ejemplo, en Ballaster (1991); Billington (1982); Poole y Zeigler (1981); Ryan (1992); Sharistanian (1986).

16. No solamente las concepciones del sentido común sobre racismo, sino también un abundante trabajo académico sobre racismo, identifican exclusivamente al racismo o los "racistas" (sólo) con el ala derecha y los grupos, partidos u organizaciones extremistas. A pesar del hecho de que racista se define habitualmente como un fenómeno intergrupal (por ejemplo, entre europeos blancos y otros), la gente blanca "como nosotros" nunca es racista. Véanse, por ejemplo, Able (1995); Blackwell (1994); Landau (1993); Thompson (1994). Ciertamente, como hemos visto antes, también la mayoría de los líderes de partidos racistas negarán que son racistas y se definirán, como mucho, como "nacionalistas".

17. Para las estrategias de negación del racismo, véase Van Dijk (1992).

18. Para prototipos, véase Rosch y Lloyd (1978).

Capítulo 16

1. Muchos enfoques de la ideología implícita o explícitamente analizan las relaciones sociales (de grupo) como la base para la ideología. Así, en psicología, la Teoría de la Dominación Social (TDS) de Jim Sidanius y sus asociados, supone que "los humanos están predispuestos a formar jerarquías sociales basadas en el grupo". Además, especialmente las personas de mayor estatus parecen desplegar una mayor tendencia al favoritismo hacia los miembros del propio grupo (Sidanius, 1993; Sidanius y Ekehammar, 1980, 1983; Sidanius et al., 1994). A pesar de que rechazo el argumento de la disposición (¿innata, natural?) de las jerarquías sociales, mis trabajos sobre discurso de elite y racismo sugieren, ciertamente, el papel especial de las elites en la reproducción de un tipo de favoritismo hacia los miembros del propio grupo: el racismo (Van Dijk, 1993a; véase también Sidanius y Liu, 1992).

2. Para detalles sobre poder, véanse, por ejemplo, Clegg (1989); Lukes (1974, 1986); Oleson y Marger (1993); Wrong (1979).

3. El poder persuasivo y el control de la mente han sido estudiados en varias disciplinas y desde varias perspectivas. Desde una perspectiva sociopolítica, esto es, la de hegemonía, la fuente clásica sigue siendo Gramsci (1971). Una orientación contemporánea, más política de la "manufactura del consenso" ha sido presentada por Herman y Chomsky (1988). El control de la mente por los medios ha sido estudiado en una tradición rica y controvertida del poder de los medios, la "influencia" y los "efectos" de la comunicación masiva (entre numerosos estudios, véanse Altheide, 1985; Altschull, 1984; Bryant y Zillmann, 1986; Curran et al., 1987; Klapper, 1960; Schiller, 1973). Las dimensiones cognitiva y socio-psicológica del control de la mente, habitualmente definidas como "persuasión" o, más críticamente, como "manipulación", han sido estudiadas por, por ejemplo, Bostrom (1983); Bradac (1989); Harris (1989); Margolis y Mauser (1989).

4. Véase, por ejemplo, el trabajo de Foucault (1980) sobre poder.

5. Para un análisis sobre las raíces históricas de las ideologías racistas y sus relaciones con el sistema de esclavitud, véase, por ejemplo, Barker (1978).

Capítulo 17

1. Sobre el papel de los "ideólogos" en la formación de ideologías, véanse las contribuciones en Lau y Sears (1986). El uso que hago de "elites" es complementario del uso habitual en las ciencias sociales (por ejemplo, Domhoff, 1978; Domhoff y Ballard, 1968; Mills, 1956). Enfatiza especialmente, dentro del marco del análisis crítico del discurso, el acceso especial a, y el control sobre, el discurso público por las elites (véase, por ejemplo, Van Dijk, 1993a, 1995). Lau *et al.* (1991) proveen alguna evidencia empírica sobre la persuasión de las propuestas acerca de políticas y del papel de las elites en la toma de decisiones. Zaller (1990) muestra cómo los ciudadanos comunes utilizan señales de las elites con el objeto de transformar sus orientaciones de valor a favor de políticas específicas. Jennings (1992), finalmente, mostró que las elites partidarias por lo general tienen ideologías más estables y consistentes que las "masas públicas".

2. Para diferencias en el acceso al discurso público, véase Van Dijk (1996). Generalmente se comprueba que aquellos que tienen más conocimiento o habilidades sobre política, también tienen actitudes e ideologías más consistentes (véase, por ejemplo, Judd y Downing, 1990).

3. Sobre ideólogos, véanse, por ejemplo, Langston (1992); Martin (1983); Welch (1984). El rol de los líderes de grupo y el desarrollo de la ideología han sido estudiados por, por ejemplo, Blommaert (1991); Dreier (1982); Folkertsma (1988); Gaffney (1989); García (1989).

4. Para las implicancias cotidianas de la ideología feminista, véanse, por ejemplo, Flaherty (1982); Krishnan (1991); Redclift y Sinclair (1991); Ryan (1992); Sharistanian (1986); Togeby (1995).

5. Para ideas feministas, véase nota 4. Para ideologías de resistencia étnicas o con base "racial", véanse, por ejemplo, Fatton (1986); Innis y Feagin (1989); Marable y Mullings (1994); McCarthney (1992); Turner y Wilson (1976). Para ideologías ecologistas, véase Buttel y Flinn (1978).

6. Para estudios teóricos y empíricos de racismo de elite, véase Van Dijk (1993a); para el modo en que las elites pueden enmarcar cuestiones raciales, véase también Kinder y Sanders (1990).

7. Existe alguna evidencia experimental sobre la dominación basada en el grupo (por ejemplo, de género o "raza") que parece sostener esta hipótesis: para miembros de grupos de alto estatus (por ejemplo, blancos, hombres) hay una correlación positiva entre el deseo de dominación del grupo y la afiliación al grupo (véase, por ejemplo, Sidanius *et al.*, 1994).

8. Para detalles sobre las relaciones entre ideologías, políticas inmigratorias y retórica política, véase, por ejemplo, Fitzgerald (1996).

Capítulo 18

1. Este análisis sobre ideologías dominantes ha sido animado especialmente por Abercrombie *et al.* (1980, 1994). Véase también Howe (1994) para una crítica de la crítica de las ideologías dominantes y para sugerencias alternativas a un concepto marxista de la ideología, a saber, como un "conjunto de temas posiblemente contradictorio".

2. Sobre estas relaciones entre los medios y (otras) elites de poder y sus ideologías, véanse Connell (1978); Dreier (1982); Fletcher (1991); Golding y Murdock (1979); Lichter

et al. (1990); Negrine (1989); Paletz y Entman (1981); Rothman y Lichter (1984); Dreier (1982).

3. Véase Hall (1980, 1982) para tal enfoque sobre la influencia global, ideológica, de los medios masivos, que también es defendido e ilustrado en, por ejemplo, Herman y Chomsky (1988); Schiller (1973); Van Dijk (1991).

4. Esto trae nuevamente la discusión de los efectos e influencia de los medios. Que los medios tienen poder en muchos dominios, está más allá de toda disputa y está documentado en varios estudios (véanse referencias en nota 2). Si y cómo exactamente ellos tienen una influencia penetrante, y no sólo marginal u ocasional, sobre las actitudes básicas e ideologías del lector, es mucho más difícil de probar (o rechazar). Para debate, véanse Bryant y Zillman (1986); Graber (1988); Iyengar y Kinder (1987); Liebes y Katz (1993); MacKuen y Coombs (1981); Morley (1986, 1993); Neuman *et al.* (1992).

5. Véase Mannheim (1936). Nótese, sin embargo, que para Mannheim, las utopías (como las ideologías de grupos dominantes) son esencialmente erróneas, porque están tan "fuertemente interesadas en la destrucción y transformación de una condición dada de la sociedad" que su "pensamiento es incapaz de diagnosticar correctamente una condición existente de la sociedad" (pág. 36). Como, según ya se sugirió, tanto las ideologías dominantes como las no dominantes pueden ser verdaderas o falsas, las ideologías de resistencia tampoco están necesariamente basadas en análisis válidos del orden social. Tampoco, sin embargo, lo opuesto es necesariamente falso. Por cierto, como se sugirió anteriormente, mientras que los grupos dominantes pueden tener interés en ignorar o negar verdaderas relaciones de dominación con el objeto de legitimar u ocultar su poder, los grupos opositores deberían tener más bien una visión correcta de la situación social, con el objeto de estar mejor ubicados para transformarla. De tal modo, sería bastante inapropiado calificar generalmente a las "utopías" feministas o antirracistas como diagnósticos errados de dominación de género y raza en la sociedad. En otras palabras, el modo en que los grupos dominantes y opositores comprenden el mundo social no puede ser el mismo (o igualmente erróneo). Por el contrario, la base ideológica de sus creencias es en sí misma (aunque no solamente) una función de sus respectivas posiciones sociales e intereses y, en consecuencia, diferente por definición.

6. Sobre las ideologías y el éxito popular del Thatcherismo y la Reaganomics, véanse, por ejemplo, Hall (1988); Kiewe y Houck (1991); Krieger (1986); Langston (1992); Yantek (1988). Para la Nueva Derecha, véanse, por ejemplo, Bennett (1990); Levitas (1986); Sunic (1990).

7. Sobre varias formas de resistencia y disidencia, véanse, por ejemplo, Fisher y Davis (1993); Hall y Jefferson (1976); Luke (1989); Miller *et al.* (1989); Mullard (1985); Scott (1986); Savinandan (1982).

Capítulo 19

1. Las instituciones ideológicas, también definidas como "aparatos ideológicos estatales", y su papel en la reproducción ha sido analizado en términos más filosóficos por, por ejemplo, Althusser (1984); al igual que en varios libros de Foucault (véase, por ejemplo, Foucault, 1972, 1979). Desde una perspectiva distinta, se han realizado muchos trabajos empíricos sobre el papel ideológico de las organizaciones (Alvesson, 1987, 1991; Berezin, 1991; Downey, 1986; Goll y Zeitz, 1991; Hill y Leighley, 1993; Jones, 1984; Mumby, 1988; Sassoon, 1984; Theus, 1991; Weiss, 1986). Douglas (1986) se concentra también específi-

camente sobre las organizaciones o instituciones como "pensantes" y, en consecuencia, como instancias que desarrollan ideologías, así como toman decisiones.

2. Las funciones ideológicas de la familia han sido investigadas con mayor generalidad en muchos trabajos de socialización primaria, pero también, más específicamente, por ejemplo, con relación a la adquisición de roles de género, la adquisición de prejuicios, etc. Véanse, por ejemplo, Aboud (1988); Gittins (1993); Kraut y Lewis (1975); Todd (1985); Walsch (1983).

3. Las funciones ideológicas de la escolarización y la educación formal están entre los aspectos institucionales de la ideología más estudiados. Véanse, entre otras muchas publicaciones, los siguientes estudios: Apple (1979, 1982); Apple y Weiss (1983); Ekehammar *et al.* (1987); Giroux (1981); Karabel y Halsey (1977); Rothstein (1991); Sarup (1991); Sharp (1980); Stevens y Wood (1992); Tierney (1991); Watt (1994); Willis (1977); Young (1971). Más específicamente, Baer y Lambert (1990) encontraron que los estudiantes de negocios y las profesiones tienden a sostener ideologías dominantes, mientras que aquellos que estudian ciencias sociales tienden consecuentemente a sostener contraideologías.

4. La influencia ideológica de los medios masivos ha sido analizada dentro de un marco más amplio del poder, los efectos y la influencia de los medios, y alternativamente ha sido enfatizada o atenuada, dependiendo de la teoría y los hallazgos empíricos. Véanse Barrett *et al.* (1979); Connell (1978); Downing (1984); Fletcher (1991); Fowler (1991); Golding y Murdock (1979); Hatchen (1981); Hall (1982); Hartley y Montgomery (1985); Rothman y Lichter (1985); Schiller (1973); Schiller y Alexandre (1992); Thompson (1990). Para las relaciones entre valores de noticias e ideologías, véase Westerstahl y Johansson (1994).

5. Para el papel de los partidos políticos y organizaciones en la reproducción de las ideologías racistas, véanse, por ejemplo, Ben-Tovim *et al.* (1986); Browning *et al.* (1990); Feldman (1992); Fitzgerald (1996); Kinder y Sears (1981); Lauren (1988); Layton-Henry (1992); Miles y Phizacklea (1979); Reeves (1983); Sniderman *et al.* (1993); Solomos (1986, 1993); Van Dijk (1993a).

6. Para el papel de la ciencia y la erudición en la reproducción del racismo, véanse, por ejemplo, Barkan (1992); Benedict (1982); Chase (1975); Essed (1987); Haghighat (1988); Joseph *et al.* (1990); Shipman (1994); Tucker (1994); Unesco (1993); Van Dijk (1993a).

Capítulo 20

1. Esto no significa, por supuesto, que no haya trabajos previos sobre el discurso y la ideología. Véanse las referencias incluidas en nota 4. El problema es que gran parte del trabajo sobre discurso e ideología no analiza las estructuras del discurso en detalle, o identifica vagamente al discurso con la ideología. No obstante, críticos de esa identificación, Purvis y Hunt (1993) simplemente continúan la reducción del discurso a algún tipo de "orden del discurso" global, sin realmente analizarlo, continuando así la tradición (habitualmente marxista o foucaultiana) que critican. Véase, por ejemplo, Fairclough (1992) para una crítica analítica del discurso de Foucault.

2. Este es el enfoque especialmente defendido, con varios grados de ortodoxia, por los psicólogos discursivos del Reino Unido, y sobre el que ya hemos comentado antes. Véanse, por ejemplo, Potter y Wetherell (1987, 1989); Billig (1991b). Para un análisis de este enfoque, véase también Augoustinos y Walker (1995).

3. Si bien es esencialmente relevante para muchas formas de comunicación e interacción, desafortunadamente debemos ignorar este enfoque "semiótico" más amplio del discurso en este libro. Para las consecuencias ideológicas de diversos tipos de comunicación visual, véanse, por ejemplo, Austin (1977); Barker (1989); Hall et al. (1980); Hodge y Kress (1988); Kress y Van Leeuwen (1990); Pauly (1993); Reis (1993); Shohat y Stam (1994).

4. Muchos estudios sobre la adquisición o expresión de la ideología, implícitamente, tratan el lenguaje, el discurso o la comunicación. Un interés centrado en el papel del discurso en la adquisición y cambio de las ideologías puede hallarse en los siguientes estudios, entre muchos otros: Aronowitz (1988); Barley y Kunda (1992); Billig (1991b); Boylan y Foley (1992); Burton y Carlen (1979); Dant (1991); Fairclough (1989 1995); Fowler (1991); Hodge y Kress (1993); Mumby (1988); Pêcheux (1982); Reis (1993); Rossi-Landi (1978); Strasner (1987); Van Dijk (1995); Wenden y Schaffner (1994); Wodak (1989, 1996); Wuthnow (1989). Sin embargo, sólo unos pocos de estos estudios proveen un análisis sistemático y detallado de las relaciones entre estructuras ideológicas y estructuras del discurso.

5. Véase, por ejemplo, Foucault (1981).

6. Para este enfoque crítico, análisis crítico del discurso (ACD), véase, por ejemplo, Van Dijk (1993b). Por supuesto, hay otros muchos trabajos en el análisis del discurso sobre ideología (véase nota 3) y otras direcciones del ACD. Sin embargo, la mayor parte de éstos solamente unen la brecha entre los enfoques (lingüísticos y otros) de las estructuras del discurso, por un lado, y la interacción social o estructura social, por el otro, y descuidan la importante "interfase" cognitiva. Del mismo modo, importantes trabajos sobre la psicología cognitiva de la producción y comprensión del discurso habitualmente descuidan las bases sociales del discurso y la comprensión. Uno de los pocos enfoques en análisis crítico del discurso que integra estas diferentes dimensiones es el trabajo de Ruth Wodak y sus asociados (véase, por ejemplo, Wodak, 1987, 1989, 1991, 1996). Finalmente, gran parte de la tradición de la lingüística crítica en el Reino Unido y Australia (tal como el trabajo citado en nota 3 de Fowler, Kress, Van Leeuwen y otros) ha sido formulada en el marco más amplio de la lingüística y la semiótica funcionales, sistémicas, tal como fuera iniciada por Halliday (1973, 1985, 1987).

7. Para otros enfoques del discurso, véanse las siguientes introducciones: Renkema (1993); Schiffrin (1993); Van Dijk (1985, 1997).

8. No entraremos aquí en este debate, ni detallaremos las numerosas diferencias entre nuestro marco y los enfoques más filosóficos o posmodernos del discurso. Para un análisis, véanse, por ejemplo, Agger (1990, 1992, 1993); Rojek y Turner (1993); Simons y Billig (1994); véase también la evaluación de Fairclough sobre la importancia de Foucault para el análisis del discurso (Fairclough, 1992).

9. Véanse las referencias bibliográficas consignadas en nota 2.

10. Un ejemplo específico de un análisis semiótico "social" más contemporáneo que integra la lingüística moderna y el análisis del discurso es el trabajo de Hodge y Kress (1988); Kress y Van Leeuwen (1990).

Capítulo 21

1. Para análisis de propiedades gráficas o visuales del discurso, véanse, por ejemplo, Hodge y Kress (1988); Kress y Van Leeuwen (1990); Mitchell (1994); Rutter (1984); Solso (1994); Saint-Martin (1990).

2. Las consecuencias ideológicas de la comunicación visual han sido estudiadas por, por ejemplo, Austin (1977); Bristor *et al.* (1995); Davis y Walton (1983); Doise (1978); Ellsworth y Whatley (1990); ElWarfally (1988); Mitchell (1986); Pauly (1983); Sinclair (1987).

3. Para el estudio de las estructuras del sonido en el discurso, y especialmente de la entonación, véanse Brazil (1983); Gibbon y Richter (1984); Selting (1995).

4. De los pocos estudios que relacionan las variables fonológicas con las funciones sociales o políticas, véanse Moosmüller (1989); Van Leeuwen (1992). En análisis conversacional, se presta especial atención a la naturaleza y funciones del aplauso. Un estudio políticamente orientado del aplauso ha sido realizado por Atkinson (1984).

5. Un estudio previo del papel de la sintaxis en la expresión de significados basados en la ideología es Fowler, *et al.* (1979).

6. Para la expresión basada en la ideología de agencia y responsabilidad, véanse, por ejemplo, Fowler (1991); Fowler *et al.* (1979); Sykes (1985); Van Dijk (1991); Van Leeuwen (1995).

7. Para estudios sociales, políticos e ideológicos de los pronombres, véanse, por ejemplo, Brown y Gilman (1960); Carbó (1987); Duranti (1984); Jacquemet (1994); Maitland y Wilson (1987); Urban (1988); Van Dijk (1987); Wilson (1990). Para evidencia experimental sobre el papel persuasivo de "Nosotros" y "Ellos" en la categorización social, véase Perdue *et al.* (1990).

8. Para estudios ideológicos de los significados del discurso, véanse, por ejemplo, Luke (1989); Pêcheux (1982); Van Dijk (1995).

9. Para nuevos esquemas y sus consecuencias ideológicas, véase Van Dijk (1988a, 1998b).

10. Las implicaciones ideológicas del uso de figuras retóricas (y, especialmente, la metáfora) han sido estudiadas en muchos trabajos, como en Billig (1991b, 1995); Billig y Sabucedo (1994); Chilton (1995); Gale (1994); Kenshur (1993); Lakoff (1987, 1995); Medhurst (1990); Miller y Fredericks (1990); Montgomery *et al.* (1989); Mumby y Spitzack (1983); Roeh y Nir (1990); Van Dijk (1991); Wander (1984).

11. El análisis ideológico de las estructuras y estrategias conversacionales es una dirección de investigación que hasta no hace mucho era anatema en la mayor parte del análisis conversacional. Sin embargo, hay ahora varios estudios de la conversación que se centran en las relaciones sociales que pueden tener una base ideológica, como las de género o profesión. Véanse, por ejemplo, Atkinson (1984); Boden y Zimmerman (1991); Firth (1995); Greatbatch (1992); Heritage (1985); Heritage y Greatbatch (1986); West (1979, 1984, 1990).

Capítulo 22

1. A pesar de la ausencia de una teoría general del contexto, ha habido muchos escritores, especialmente en la etnografía del discurso, que han tratado varios aspectos del contexto. Véase, por ejemplo, el conocido modelo SPEAKING* de Dell Hymes, como el primer análisis de los parámetros del contexto del habla (Hymes, 1962). Véanse también

* Por las iniciales, en inglés, de Circunstancia espacio-temporal, Participantes, Propósitos, Secuencia de Actos, Tono, Instrumentalidades, Normas de interacción e interpretación, Género. [T.]

Auer y Di Luzio (1992); Duranti y Goodwin (1992); Gumperz (1982a, 1982b); Van Dijk (1977).

2. La noción de modelo de contexto ha sido analizada con mayor detalle por Van Dijk (1996,1997). Véase también el análisis general de los modelos en el capítulo 7.

3. La teoría de los modelos de experiencia está basada en diversas ideas de la psicología cognitiva y social, por ejemplo, modelos mentales en general (Johnson-Laird, 1983; Van Dijk y Kintsch, 1983); sobre memoria episódica (Tulving, 1983); sobre memoria para acontecimientos mundanos y el papel de Sí Mismo (Neisser, 1986; Neisser y Fivush, 1994), sobre el autoesquema (Markus, 1977); y sobre memorias autobiográficas (Robinson y Swanson, 1990; Rubin, 1986); Thompson *et al.*, 1996; Trafimow y Wyer, 1993).

4. Más en general, la información de género regula la elección de tópicos específicos y su importancia jerárquica (Tenney, 1989).

5. Para un análisis de estos diversos roles de participantes, véase, por ejemplo, Goffman (1974).

6. Para la influencia de (interpretaciones de) roles profesionales sobre el discurso, véanse, por ejemplo, Boden y Zimmerman (1991); Drew y Heritage (1992); Fisher y Todd (1986).

7. En Estados Unidos, op-ed es un término que significa "página opuesta a la editorial", en la que se efectúan comentarios o se tratan temas especiales.

8. En la producción del discurso, la influencia de la pertenencia al grupo basada en la ideología ha sido examinada en varios estudios, especialmente en los campos de género y etnicidad: Balon *et al.* (1978); Dines y Humez (1995); Mazingo (1988); Van Dijk (1991); Van Zoonen (1994); Wilson (1991); Wodak *et al.* (1990). Así, se ha hallado que los lectores negros tienden a concentrarse más en asuntos relacionados con derechos civiles que los blancos, y su autorrepresentación contextual también influirá los modos en que los significados de las noticias son interpretados como modelos importantes (Burgoon *et al.*, 1987; Iyengar y Kinder, 1987; véase también Johnson, 1987). Del mismo modo, las diferencias de clase y educación, correlacionadas con las de conocimiento, también desempeñan un papel en la comprensión (Graber, 1988); Wodak, 1987).

9. Las creencias de los hablantes o escritores sobre las creencias de sus receptores son relevantes para la construcción de modelos del contexto de producción. Esas creencias pueden muy bien ser erróneas, como ha sido frecuentemente demostrado por las creencias de los periodistas sobre sus lectores (Gans, 1979; Gunter, 1987; Neuman *et al.*, 1992). Para evidencia experimental sobre el papel de lo que los hablantes saben sobre el conocimiento de sus receptores, véase Fussell y Kraus (1992).

Capítulo 23

1. Los procesos y condiciones de la reproducción social y cultural han sido estudiados especialmente por, por ejemplo, Apple (1979, 1982); Banerjee (1986); Bourdieu (1973, 1988,1989); Bourdieu y Passeron (1977); Chodorow (1978); Corson (1995); Fowler (1987); Liebes *et al.* (1991); Minnini (1990); Passeron (1986); Rossi-Landi (1978); Thompson (1990).

2. Aprender a comprender el racismo a partir de las experiencias cotidianas es un tema que ha sido descripto en detalle en Essed (1990, 1991). Véase también Brown (1986).

3. Para las varias relaciones macro-micro implicadas aquí, véanse también, por ejemplo, Alexander *et al.* (1987); Knorr-Cetina y Cicourel (1981).

4. Estos dilemas y contradicciones ideológicos han sido estudiados por Billig *et al.* (1988).

5. Atribuciones diferenciadas de actos negativos a miembros del propio grupo y a miembros de otros grupos se encuentran en la literatura social psicológica. Véanse, por ejemplo, Fishkin *et al.* (1993); Hewstone *et al.* (1989); Simon (1992); Stephan (1977; Weber (1994).

Capítulo 24

1. La mayor parte de los trabajos sobre el procesamiento del discurso se concentra en la comprensión (Britton y Graesser, 1996; Flammer y Kintsch, 1982; Graesser, 1981; Van Dijk y Kintsch, 1983; Van Oostendorp y Zwaan, 1994; Weaver *et al.*, 1995). Una de las razones de este sesgo es que la mayor parte de los trabajos es experimental, y el procesamiento de las comprensiones es más fácil de controlar (precisamente por textos experimentales) que los procesos de producción, de los cuales el mismo "arranque" es mucho menos obvio que el de la comprensión. Sin embargo, especialmente para la psicolingüística de la producción del lenguaje (la que, por otro lado, ignora ampliamente las estructuras del discurso), véase Levelt (1989).

2. Para modelos de contexto y los modos en que controlan la producción y comprensión del discurso, véase Van Dijk (1997).

3. Para el papel de los tópicos o macroestructuras en el procesamiento del discurso, véanse las referencias bibliográficas incluidas en nota 1, al igual que Van Dijk (1980).

4. Véase Levelt (1989).

Capítulo 25

1. Para la investigación de "efectos" en el campo de la comunicación de masas, véanse, por ejemplo, Bradac (1989); Bryant y Zillman (1986); Klapper (1960); Lowery y DeFleur (1995); Rosengren (1994). En psicología social, la investigación sobre la persuasión se superpone con el campo más amplio de la investigación del cambio de actitud (véase Eagly y Chaiken, 1993), pero se concentra generalmente en el papel de los "mensajes" en el cambio de actitud. Entre una vasta literatura, véanse, por ejemplo, los siguientes libros: Austen y Davie (1991); Bostrom (1993); Cialdini (1993); Jowett y O'Donnell (1992); O'Keefe (1990); Pratkanis y Aronson (1992); Reardon (1991); Shavitt y Brock (1994); Zanna *et al.* (1987). Los trabajos en cognición política muestran, entre otras cosas, que la influencia de los mensajes políticos puede depender del conocimiento sobre las posiciones ideológicas de los políticos y, algunas veces, de los asuntos mismos, dependiendo de las condiciones en que se comprende y evalúa el discurso (véase, por ejemplo, Wyer *et al.*, 1991).

2. Para investigación sobre la determinación de agenda, véanse, por ejemplo, Mc-Combs y Shaw (1972, 1993); Protess y McCombs (1991).

3. Para alguna evidencia experimental de esta afirmación, es decir, en relación con la interpretación de políticas y debates públicos, véase, por ejemplo, Lau *et al.* (1991).

4. Que los argumentos y la definición de "hechos" pueden ser ideológicamente variables ha sido demostrado para los entornos administrativos (discusiones sobre minorías en juntas de fideicomisarios de una escuela) por Corson (1993).

5. La adquisición de opiniones y actitudes ha sido estudiada en, por ejemplo, Aboud y Doyle (1993); Brome (1989); Katz (1976); Sigel (1985, 1989).

Capítulo 26

1. Por este capítulo estoy particularmente endeudado con Luisa Martín Rojo. Para análisis adicional de las relaciones entre discurso y legitimación, véase nuestro "paper" Martín Rojo y Van Dijk (1997).

2. Entre los muchos estudios generales sobre legitimación y sus bases normativas, véanse, por ejemplo, Della Fave (1986); Dworkin (1986); Habermas (1975, 1993); Lenski (1966); Rawls (1972); Walker *et al.* (1986); Wolfe (1977).

3. Para estudios anteriores del lenguaje y el discurso de la legitimación, véanse, por ejemplo, Goke-Pariola (1993); Mueller (1973).

4. Para análisis pragmáticos de legitimación, véase, por ejemplo, De Fornel (1983).

5. Esas explicaciones diarias han sido estudiadas por, por ejemplo, Antaki (1981, 1988, 1994b).

6. Esta combinación de poder, retórica y manejo de la impresión se observó a menudo en estudios de legitimación. Véanse, por ejemplo, Allen y Caillouet (1994); Anderson (1988).

7. Véanse Dworkin (1986); Finnis (1980); Habermas (1993); Rawls (1972).

8. Véase, por ejemplo, el análisis en Della Fave (1980, 1986).

9. Para un análisis de las normas, ideologías y legitimación democráticas, véanse, por ejemplo, Barnard (1992); Habermas (1993).

10. Véase Van Dijk (1992) para un estudio de las negaciones del racismo.

11. Para análisis de la legitimación del racismo, véanse Skutnabb-Kangas (1990); Wetherell y Potter (1992).

12. Para evidencia empírica sobre esas formas de deslegitimación de las minorías en la conversación diaria al igual que por las elites, véase Van Dijk (1984, 1987, 1991, 1993a).

13. Véase Molm (1986).

14. Véase, por ejemplo, Richardson (1985).

15. Véanse los estudios sobre cobertura de los medios de conflictos industriales por Glasgow University Media Group (1976,1980).

16. Para esas formas de limitación del acceso de las minorías a los medios, véase Van Dijk (1991) y las referencias bibliográficas allí dadas.

17. Para la legitimación de la oposición, disidencia y revolución, véase, por ejemplo, Martin *et al.* (1990)

18. Para estudios sobre el papel de la autoridad en la legitimación, véanse Heisey y Trebing (1986); Johnson (1994); Raz (1986); Tyler (1990).

19. Para análisis de la autoridad legitimadora del conocimiento y la ciencia, véanse, por ejemplo, Aronowitz (1988); Brown (1989); Foucault (1980).

Capítulo 27

1. A pesar de la amplia literatura sobre ideología y la asimismo vasta literatura sobre el discurso, hay, de hecho, muy poco trabajo sistemático y explícito sobre esas estructuras del discurso que específicamente tienen implicancias, condiciones o consecuencias ideológicas. Véanse, desde distintas perspectivas, sin embargo, los siguientes estudios: Billig (1991b); Billig *et al.* (1988); Chilton (1985, 1988); Dant (1991); Fowler (1991); CCCS

(1977); Herman (1992); Herman y Chomsky (1988); Kress (1985); Kress y Hodge (1993); Mumby (1988); Pêcheux (1982); Strassner (1987); Tetlock (1983); Thompson (1984, 1990); Van Dijk (1995); Verschueren y Blommaert (1992); Wodak (1989, 1996); Wuthnow (1989). Sin embargo, debería agregarse que incluso esos estudios no teorizan explícitamente sobre las estructuras y funciones de las ideologías, o sobre las del discurso. Estrictamente hablando, entonces, no hay teoría sobre las relaciones entre estructuras del discurso y estructuras ideológicas. Esta es también la razón fundamental de este libro y de aquellos que están planificados para continuarlo.

2. Para referencias bibliográficas sobre las estructuras del discurso que se analizan más abajo, véanse las notas del capítulo 22.

3. Véanse las referencias bibliográficas en nota 1 del capítulo 24.

4. Véase Van Dijk (1991).

5. El papel de las causas y explicaciones en la expresión de prejuicios étnicos y, por lo tanto, en la expresión de ideologías racistas, se estudió en, por ejemplo, Schuman *et al.* (1995).

6. Para ejemplos y análisis de negaciones, y movimientos de generalización y especificación en el discurso sobre asuntos étnicos, véase Van Dijk (1984, 1987).

7. Para esas "desviaciones" de los procedimientos normales como constitutivas de los acontecimientos racistas, véase Essed (1991).

8. Para las consecuencias ideológicas de estas variaciones sintácticas, véanse, por ejemplo, Fowler (1991); Fowler *et al.* (1979); Van Dijk (1991).

9. Si bien al principio el análisis conversacional ignoró las macronociones típicas como poder y desigualdad, trabajos posteriores en esta área han revelado muchas representaciones conversacionales de esas relaciones sociales. Véanse, por ejemplo, Boden y Zimmerman (1991); Coulthard (1992); Crawford (1994); Drew y Heritage (1992); Holmes (1995); West (1984).

10. Sobre manipulación y manejo de la mente en la producción ideológica (por ejemplo, relacionada con la política exterior de los Estados Unidos de Norteamérica), véanse, por ejemplo, Herman (1992); Herman y Chomsky (1988). Sin embargo, si bien se la utiliza con frecuencia, la noción de "manipulación" no ha sido nunca, hasta donde sé, explicitada en una teoría.

11. Véase Vallas (1991) para un estudio que muestra cómo el control ideológico hegemónico de los empresarios sobre los trabajadores puede fallar cuando los últimos logran desarrollar una conciencia crítica de la relación laboral. Este estudio también muestra que, en este caso, la fuerza de las ideologías sexistas entre trabajadores masculinos puede estar por encima de las ideologías gerenciales. Véase Martín Rojo y Callejo Gallego (1995) para un estudio relacionado de ejecutivos y sexismo "inhibido", y las respuestas de las mujeres a formas de discurso dominante.

Capítulo 28

1. Para racismo "simbólico" y formas relacionadas de racismo "moderno", "cotidiano" o "nuevo", véanse, por ejemplo, Barker (1981); Dovidio y Gaertner (1986); Essed (1991). Véase también nota 7.

2. Para estudios sobre neoconservadurismo y la Nueva Derecha, véanse Bennett (1990); Kroes (1984); Levitas (1986).

3. Véase, por ejemplo, su controvertido libro *Illiberal Education* (D'Souza, 1992).

4. Véanse, por ejemplo, Aufderheide (1992); Berman (1992); Fish (1994); Williams (1995).

5. Movimientos estratégicos similares de "franqueza" también se encontraron en muchos otros discursos sobre minorías, en la conversación diaria y en la conversación y el texto institucionales de las elites (Van Dijk, 1987, 1993a).

6. Véase Van Dijk (1991).

7. Véase nota 3 del capítulo 14 para referencias a otros estudios sobre racismo. Para el (la permanencia del) racismo en los Estados Unidos, véanse también: Bell (1992); Doob (1993); Feagin y Sikes (1994); Feagin y Vera (1995); Powell (1993). Para bibliografía, véase Weinberg (1990).

Referencias bibliográficas

Abelson, R. P. (1973). "The structure of belief systems", en R. C. Schank y K. M. Colby (comps.). *Computer models of thought and language*. (pp. 287-340). San Francisco: Freeman.

Abelson, R. P. (1976). "Script processing in attitude formation and decision making", en J. S. Carroll y J. W. Payne (comps.), *Cognition and social behavior*. (pp. 33-46). Hillsdale, NJ: Erlbaum.

Abelson, R. P. (1981). "The psychological status of the script concept", *American Psychologist*, 36: 715-29.

Abelson, R. P. (1983). "Whatever became of consistency theory?", *Personality and Social Psychology Bulletin*, 9: 37-54.

Abelson, R. P., Aronson, E., McGuire, W. J., Newcomb, T. M., Rosenberg, M. J. y Tannenbaum, P. H. (comps.). (1968). *Theories of cognitive consistency. A sourcebook*. Chicago: Rand McNally.

Abelson, R. P. y Rosenberg, J. J. (1958). "Symbolic psycho-logic: a model of attitude cognition", *Behavioral Science* 3: 1-13.

Abercrombie, N., Hill, S. y Turner, B. S. (1980). *The dominant ideology thesis*. Londres: Allen and Unwin.

Abercrombie, N., Hill, S. y Turner, B. S. (comps.). (1990). *Dominant ideologies*. Londres: Unwin Hyman. [*La tesis de la ideología dominante*. Madrid: Siglo XXI, 1987.]

Able, D. (1995). *Hate groups*. Springfield, N.J.: Enslow.

Aboud, F. E. (1988). *Children and prejudice*. Oxford: Blackwell.

Aboud, F. E. y Doyle, A. B. (1993). "The early development of ethnic identity and attitudes", en Martha E. Bernal y George P. Knight (comps.), *Ethnic identity: formation and transmission among Hispanics and other minorities*. (SUNY series, United States Hispanic studies). (pp. 47-59). Albany, NY: State University of New York Press.

Abrams, D. y Hogg, M. A. (comps.). (1990). *Social identity theory: constructive and critical advances*. Nueva York: Harvester-Wheatsheaf.

Adams, I. (1993). *Political ideology today*. Manchester: Manchester University Press.

Adamson, W. L. (1983). *Hegemony and revolution: a study of Antonio Gramsci's political and cultural theory*. Berkeley, CA: University of California Press.

Aebischer, V., Deconchy, J. P. y Lipiansky, E. M. (1992). *Idéologies et répresentations sociales*. Fribourg: Delval.

Agger, B. (1990). *The decline of discourse: reading, writing, and resistance in postmodern capitalism*. Londres: Falmer.

Agger, B. (1991). *A critical theory of public life: knowledge, discourse, and politics in an age of decline*. Londres: Falmer.

Agger, B. (1992). *The discourse of domination: from the Frankfurt School to post-modernism*. Evanston, IL: Northwestern University Press.

Agger, B. (1993). *Gender, culture, and power: toward a feminist postmodern critical theory*. Nueva York: Praeger.

Alexander, J. C. (1995). "The reality of reduction: the failed synthesis of Pierre Bourdieu", en J. C. Alexander, *Fin de Siècle Social Theory: Relativism, reduction and the problem of reason*. (pp. 128-217). Londres: Verso.

Alexander, J. C., Giesen, B., Münch, R. y Smelser, N. J. (comps.) (1987). *The micro-macro link*. Berkeley, CA: University of California Press.

Allen, M. W. y Caillouet, R. H. (1994). "Legitimation endeavors: impression management strategies used by and organization in crisis", *Communication Monographs*, 61 (1): 44-62.

Altheide, D. L. (1985). *Media power*. Beverly Hills, CA: Sage.

Althusser, L. (1984). *Essays on ideology*. Londres: Verso.

Altschull, J. H. (1984). *Agents of power: the role of the news media in human affairs*. Nueva York: Longman.

Alvesson, M. (1987). *Organization theory and technocratic consciousness: rationality, ideology, and quality of work*. Berlín: De Gruyter.

Alvesson, M. (1991). "Organizational symbolism and ideology", *Journal of Management Studies*, 28 (3): 207-25.

Anderson, D. G. (1988). "Power, rhetoric, and the state: a theory of presidential legitimacy", *Review of Politics*, 50 (2): 198-214.

Antaki, C. (comp.). (1981). *The psychology of ordinary explanations of social behaviour*. Londres: Academic Press.

Antaki, C. (comp.). (1988). *Analysing everyday explanation: a casebook of methods*. Londres: Sage.

Antaki, C. (1994a). "Commonsense reasoning: arriving at conclusions or traveling towards them?", en Jürg Siegfried (comp.), *The status of common sense in psychology*. (pp. 169-82). Norwood, NJ: Ablex.

Antaki, C. (1994b). *Explaining and arguing: The social organization of accounts*. Londres: Sage.

Apple, M. W. (1979). *Ideology and curriculum*. Londres: Routledge and Kegan Paul. [*Ideología y currículo*.Torrejón de Ardoz: Akal, 1986.]

Apple, M. W. (comp.). (1982). *Cultural and economic reproduction in education: essays on class, ideology, and the state*. Londres: Routledge and Kegan Paul.

Apple, M. W. y Weis, L. (comps.). (1983). *Ideology and practice in schooling*. Filadelfia: Temple University Press.

Argyle, M., Furnham, A. y Graham, J. A. (1981). *Social situations*. Cambridge: Cambridge University Press.

Arkes, H. R. y Hammond, K. R. (comps.). (1986). *Judgment and decision making: an interdisciplinary reader*. Cambridge: Cambridge University Press.

Aronowitz, S. (1988). *Science as power: discourse and ideology in modern society*. Minneapolis, MN: University of Minnesota Press.

Ashcraft, M. H. (1994). *Human memory and cognition*. Nueva York: HarperCollins.

Atkinson, J. M. (1984). *Our masters' voices: the language and body language of politics*. Londres: Methuen.

Aufderheide, P. (comp.). (1992). *Beyond PC: toward a politics of understanding*. San Pablo, MN: Graywolf Press.

Auer, P. y Di Luzio, A. (comps.). (1992). *The contextualization of language*. Amsterdam: Benjamins.

Augoustinos, M. y Walker, I. (1995). *Social cognition: an integrated introduction*. Londres: Sage.

Austen, J. y Davie, J. (comps.). (1991). *Persuasion*. Nueva York: Oxford University Press. [*Persuasión*. Madrid: Espasa Calpe.]

Austin, L. (1977). "Visual symbols, political ideology, and culture", *Ethos*, 5 (3): 306-25.

Baars, B. J. (1988). *A cognitive theory of consciousness*. Cambridge: Cambridge University Press.

Baer, D. E. y Lambert, R. D. (1990). "Socialization into dominant vs. counter ideology among university-educated Canadians", *Canadian Review of Sociology and Anthropology*, 27 (4): 487-504.

Bailey, L. (1994). *Critical theory and the sociology of knowledge. A comparative study in the theory of ideology*. Nueva York: Lang.

Ballaster, R. (1991). *Women's worlds: ideology, femininity and the woman's magazine*. Nueva York: Macmillan.

Balon, R. E., *et al.*, (1978) "How sex and race affect perceptions of newscasters", *Journalism Quarterly* 55: 160-3.

Banerjee, S. (comp.). (1986). *Culture and communication*. Patriot.

Barkan, E. (1992). *The retreat of scientific racism: changing concepts of race in Britain and the United States between the world wars.* Cambridge: Cambridge University Press.

Barker, A. J. (1978). *The African link: British attitudes to the Negro in the era of the Atlantic slave trade, 1550-1807.* Londres: Frank Cass.

Barker, M. (1981). *The new racism.* Londres: Junction Books.

Barker, M. (1989). *Comics: ideology, power and the critics.* Manchester: Manchester University Press.

Barley, S. R. y Kunda, G. (1992). "Design and devotion: surges of rational and normative ideologies of control in managerial discourse", *Administrative Science Quarterly*, 37 (3): 363-99.

Barnard, F. M. (1992). "Norms, procedures, and democratic legitimacy", *Political Studies*, 40 (4): 659-78.

Barrett, M., Corrigan, P., Kuhn, A. y Wolff, J. (1979). "Representation and cultural production", en M. Barrett, P. Corrigan, A. Kuhn y J. Wolff (comps.), *Ideology and cultural production.* Londres: Croom Helm.

Barsalou, L. W. (1992). *Cognitive psychology: an overview for cognitive scientists.* Hillsdale, NJ: Lawrence Erlbaum.

Bartlett, F. C. (1932). *Remembering: an experimental and social study.* Cambridge: Cambridge University Press. [*Recordar: estudio de psicología experimental y social.* Madrid: Alianza, 1995.]

Baumgartner, P. y Payr, S. (1995). *Speaking minds: interviews with twenty eminent cognitive scientists.* Princeton, NJ: Princeton University Press.

Bell, A. (1995). "Language and the media", *Annual Review of Applied Linguistics*, 15: 23-41.

Bell, D. (1960). *The end of ideology: on the exhaustion of political ideas in the fifties.* Nueva York: Free Press. [*El fin de las ideologías: sobre agotamiento de ideas políticas en años 50.* Madrid: Ministerio de Trabajo y seguridad social. Centro de Publicaciones, 1992.]

Bell, D. A. (1992). *Faces at the bottom of the well: the permanence of racism.* Nueva York: Basic Books.

Benedict, R. (1982). *Race: science and politics: with the races of mankind.* Westport, CN: Greenwood Press.

Bennett, D. H. (1990). *The party of fear: from nativist movements to the New Right in American history.* Nueva York: Vintage Books.

Ben-Tovim, G., Gabriel, J., Law, I. y Stredder, K. (1986). *The local politics of race.* Londres: Macmillan.

Berent, M. K. y Krosnick, J. K. (1995). "The relation between political attitude importance and knowledge structure", en Milton Lodge y Kathleen M. McGraw (comps.), *Political judgment: structure and process.* (pp. 91-109). Ann Arbor, MI: University of Michigan Press.

Berezin, M. (1991). "The organization of political-ideology: culture, state, and theater in Fascist Italy", *American Sociological Review*, 56 (5): 639-51.

Berman, P. (comp.). (1992). *Debating P.C.: the controversy over political correctness on college campuses*. Nueva York, Dell.

Biber, D. y Finegan, E. (1989). "Styles of stance in English: lexical and grammatical marking of evidentiality and affect", *Text*, 9 (1): 93-124.

Billig, M. (comp.). (1976). *Social psychology and intergroup relations*. Londres: Academic Press.

Billig, M. (1982). *Ideology and social psychology*. Oxford: Basil Blackwell.

Billig, M. (1987). *Arguing and thinking: a rethorical approach to social psychology*. Cambridge: Cambridge University Press.

Billig, M. (1989). "The argumentative nature of holding strong views: a case study", *European Journal of Social Psychology*, 19: 203-22.

Billig, M. (1990). "Collective memory, ideology and the British Royal Family", en D. Middleton y D. Edwards (comps.), *Collective remembering*. (pp. 60-80). Londres: Sage.

Billig, M. (1991a). "Consistency and group ideology: towards a rhetorical approach to the study of justice", en R. Vermunt y H. Steensma (comps.), *Social justice in human relations*. Nueva York: Plenum.

Billig, M. (1991b). *Ideology and opinions: studies in rhetorical psychology*. Londres: Sage.

Billig, M. (1995a). *Banal nationalism*. Londres: Sage.

Billig, M. (1995b). "Rhetorical psychology, ideological thinking and imagining nationhood", en H. Johnston y B. Klandermans (comps.), *Culture and social movements*. Minneapolis, MN: University of Minnesota Press.

Billig, M., Condor, S., Edwards, D., Gane, M., Middleton, D. y Radley, A. R. (1988). *Ideological dilemmas: a social psychology of everyday thinking*. Londres: Sage.

Billig, M. y Sabucedo, J. M. (1994). "Rhetorical and ideological dimensions of common sense", en Jürg Siegfried (comp.), *The status of common sense in psychology*. (pp. 121-45). Norwood, NJ: Ablex.

Billington, R. (1982). "Ideology and feminism: why the suffragettes were 'wild women' ", *Women's Studies International Forum*, 5 (6): 663-74.

Blackwell, D. (1994). "The emergence of racism in group analysis", *Group Analysis*, 27 (2): 197-210.

Blommaert, J. M. E. (1991). "Nation-building, democracy, and pragmatic leadership in Kenya Nyayo ideology", *Communication and Cognition*, 24 (2): 181-94.

Bobrow, D. G. y Collins, A. (1975). *Representation and understanding: studies in cognitive science*. Nueva York: Academic Press.

Boden, D. y Zimmerman, D. H. (comps.). (1991). *Talk and social structure: studies in ethnomethodology and conversation analysis*. Cambridge: Polity.

Bostrom, R. N. (1983). *Persuasion*. Englewood Cliffs, NJ: Prentice-Hall.

Bourdieu, P. (1973). "Cultural reproduction and social reproduction", en R. Brown (comp.), *Knowledge, education, and cultural change: papers in the sociology of education*. (pp. 71-112). Londres: Tavistock.

431

Bourdieu, P. (1984). *Distinction: a social critique of the judgment of taste*. Cambridge, MA: Harvard University Press. [*La distinción*. Madrid: Taurus. 1991.]

Bourdieu, P. (1984). *Homo academicus*. París: Minuit.

Bourdieu, P. (1985). "The genesis of the concepts of 'Habitus' and 'Field' ". *Sociocriticism* 2 (2): 11-24.

Bourdieu, P. (1988). *Language and symbolic power*. Cambridge: Polity.

Bourdieu, P. (1989). *La noblesse d'état: grandes écoles et esprit de corps*. París: Minuit.

Bourdieu, P. (1990). *The logic of practice*. Stanford, CA: Stanford University Press. [*El sentido práctico*. Madrid: Taurus, 1991.]

Bourdieu, P. y Passeron, J. C. (1977). *Reproduction: in education, society and culture*. Londres: Sage.

Boylan, T. A. y Foley, T. P. (1992). *Political economy and colonial Ireland: the propagation and ideological function of economic discourse in the nineteenth century*. Londres: Routledge.

Bradac, J. J. (1989). *Message effects in communication science*. Londres: Sage.

Brazil, D. (1983). "Intonation and discourse: some principles and procedures", *Text*, 3 (1): 39-70.

Breakwell, G. M. y Canter, D. V. (comps.). (1993). *Empirical approaches to social representations*. Oxford: Clarendon.

Breckler, S. (1984). "Empirical validation of affect, behaviour, and cognition as distinct components of attitude", *Journal of Personality and Social Psychology*, 47: 1191-1205.

Brewer, W. F. y Nakamura, G. V. (1984). "The nature and functions of schemas", en R. S. Wyer y T. K. Srull (comps.), *Handbook of social cognition*, vol. 1. (pp. 119-60). Hillsdale, NJ: Erlbaum.

Brewster Smith, M. (1969). *Social psychology and human values*. Chicago: Aldine.

Bristor, J. M., Lee, R. G. y Hunt, M. R. (1995). "Race and ideology: African-American images in television advertising", *Journal of Public Policy and Marketing*, 14 (1): 48-59.

Britton, B. K. y Graesser, A. C. (comps.). (1996). *Models of understanding text*. Mahwah, NJ: Erlbaum.

Brome, D. R. (1989). "A developmental analysis of Black children's others concept", *Journal of Black Psychology*, 15 (2): 149-62.

Brooks, C. (1994). "Class consciousness and politics in comparative perspective", *Social Science Research*, 23 (2): 167-95.

Brown, R. H. (1989). *Social science as civic discourse: essays on the invention, legitimation, and uses of social theory*. Chicago, IL: University of Chicago Press.

Brown, R. y Gilman, A. (1960). "The pronouns of power and solidarity", en T. A. Sebeok (comp.), *Style in language*. (pp. 253-77). Cambridge, MA: MIT Press.

Browning, R. P., Marshall, D. R. y Tabb, D. H. (comps.). (1990). *Racial politics in American cities*. Nueva York: Longman.

432

Bryant, J. y Zillmann, D. (comps.). (1986). *Perspectives on media effects*. Hillsdale, NJ: Erlbaum. [*Los efectos de los medios de comunicación: investigaciones y teorías*. Barcelona: Paidós, 1996.]

Burgoon, M., Burgoon, J. K. y Shatzer, M. J. (1987). "Ethnic differences in the evaluation of newspaper image", *International Journal of Intercultural Relations*, 11 (1): 49-64.

Burton, F. y Carlen, P. (1979). *Official discourse: on discourse analysis, government publications, ideology and the state*. Londres: Routledge and Kegan Paul.

Buttel, F. H. y Flinn, W. L. (1978). "The politics of environmental concern: the impacts of party identification and political ideology on environmental attitudes", *Environment and Behavior*, 10 (1): 17-36.

Button, G. (comp.). (1991). *Ethnomethodology and the human sciences*. Cambridge: Cambridge University Press.

Byrne, J. P. (1993). "Academic-freedom and political neutrality in law-schools: an essay on structure and ideology in professional-education", *Journal of Legal Education*, 43 (3): 315-39.

Carbó, T. (1987). "Identité et différence dans le discours parlementaire mexicaine". (Identity and difference in Mexican parliamentary discourse), *Langage et Société*, 39: 31-44.

Carlton, E. (1984). "Ideologies as belief systems", *International Journal of Sociology and Social Policy*, 4 (2): 17-29.

CCCS (Centre for Contemporary Cultural Studies), (1978). *On ideology*. Londres: Hutchinson.

Charniak, E. (1972). "Toward a model of children's story comprehension", tesis de doctorado. Massachusetts Institute of Technology.

Chase, A. (1975). *The legacy of Malthus: the social costs of the new scientific racism*. Urbana, IL: University of Illinois Press.

Chilton, P. (comp.) (1985). *Language and the nuclear arms debate: nukespeak today*. Londres y Dover, NH: Frances Pinter.

Chilton, P. (1988). *Orwellian language and the media*. Londres: Pluto Press.

Chilton, P. (1995). *Security metaphors: cold war discourse from containment to common house*. Nueva York: Lang.

Chodorow, N. (1978). *The reproduction of mothering*. Berkeley, CA: University of California Press. [*El ejercicio de la maternidad*. Barcelona: Gedisa, 1984.]

Cialdini, R. B. (1993). *Influence: the new psychology of persuasion*. Nueva York: William Morrow. [*Influir en los demás*. Barcelona: Sastre Vida José Manuel, 1990.]

Cicourel, A. V. (1973). *Cognitive sociology: language and meaning in social interaction*. Harmondsworth: Penguin. [*El método y la medida en sociología*. Madrid: Editora Nacional, 1982.]

Clancey, W. J., Smoliar, S. W. y Stefik, M. J. (comps.). (1994). *Contemplating mind: a forum for artificial intelligence*. Cambridge, MA: MIT Press.

Clegg, S. R. (1989). *Frameworks of power*. Londres: Sage.

Cohen, G., Kiss, G. y Le Voi, M. E. (1993). *Memory: current issues*. Milton Keynes: Open University Press.

Collins, H. (1992). *Equality matters: equal opportunities in the 90's - Background and current issues*. Londres: Library Association.

Connell, I. (1978). "Monopoly capitalism and the media", en S. Hibbin (comp.), *Politics, Ideology and the State*. (pp. 69-98). Londres: Lawrence and Wishart.

Converse, P. E. (1964). "The nature of belief systems in mass publics", *International Yearbook of Political Behavior Research*, 5: 206-62.

Corson, D. (1995). "World view, cultural values and discourse norms: the cycle of cultural reproduction", *International Journal of Intercultural Relations*, 19 (2): 183-95.

Coulter, J. (1979). *Social construction of mind: studies in ethnomethodology and linguistic philosophy*. Londres: Macmillan.

Coulter, J. (1983). *Rethinking cognitive theory*. Nueva York: St Martin's Press.

Coulter, J. (1989). *Mind in action*. Cambridge: Polity.

Coulthard, R. M. (comp.). (1992). *Advances in spoken discourse analysis*. Londres: Routledge.

Crawford, M. (1994). *Talking difference: on gender and language*. Londres: Sage.

Curran, J., Smith, A. y Wingate, P. (comps.). (1987). *Acton society impacts and influences: essays on media power in the twentieth century*. Nueva York: Methuen.

Dancy, J. (1985). *Introduction to contemporary epistemology*. Oxford: Blackwell. [*Introducción a la epistemología contemporánea*. Madrid: Tecnos, 1993.]

Dant, T. (1991). *Knowledge, ideology, and discourse: a sociological perspective*. Londres: Routledge.

Davies, M. y Humphreys, G. W. (comps.). (1993). *Consciousness: psychological and philosophical essays*. (Readings in mind and language, vol. 2). Oxford: Blackwell.

Davis, H. y Walton, P. (comps.) (1983). *Language, image, media*. Oxford: Blackwell.

Davis, N. J. y Robinson, R. V. (1991). "Mens' and womens consciousness of gender inequality: Austria, West-Germany, Great-Britain, and the United States, *American Sociological Review*, 56 (1): 72-84.

De Fornel, M. (1983). "Legitimité et actes de langage" (Legitimacy and speech acts), *Actes de la recherche en sciences sociales*, 46: 31-8.

Della Fave, L. R. (1980). "The meek shall not inherit the earth: self evaluation and the legitimacy of stratification", *American Sociological Review*, 45: 955-72.

Della Fave, L. R. (1986). "Toward an explication of the legitimation process", *Social Forces*, 65 (2): 476-500.

Denhière, G. y Baudet, S. (1992). *Lecture, compréhension de texte e science cognitive*. París: Presses Universitaires de France.

Dennett, D. C. (1993). *Consciousness explained*. Londres: Penguin.

Devine, P. G., Hamilton, D. L. y Ostrom, T. M. (comps.). (1994). *Social cognition: impact on social psychology*. Londres: Academic Press.

Dickson, G. L. (1993). "The unintended consequences of a male professional ideology for the development of nursing-education", *Advances in Nursing Science*, 15 (3): 67-83.

Dik, S. C. (1978). *Functional grammar*. Amsterdam: North Holland. [*Gramática funcional*. Alcobendas: Sociedad General Español de Librería, 1981.]

Dik, S. C. (1989). *The theory of functional grammar, Part I: The structure of the clause*. Dordrecht: Foris.

Dillingham, G. (1981). "The emerging black middle class: class conscious or race conscious?", *Ethnic and Racial Studies*, 4: 432-47.

Dines, G. y Humez, J. M. M. (comps.). (1995). *Gender, race, and class in media: a text-reader*. Londres: Sage.

Doise, W. (1978). "Images, representations, ideologies and psychosociological experimentation", *Social Science Information*, 17 (1): 41-69.

Domhoff, G. W. (1978). *The powers that be: processes of ruling class domination in America*. Nueva York: Random House.

Domhoff, G. W. y Ballard, H. B. (comps.). (1968). *C. Wright Mills and the power elite*. Boston: Beacon.

Doob, C. B. (1993). *Racism: an American cauldron*. Nueva York: HarperCollins.

Douglas, M. (1986). *How institutions think*. Syracuse, NY: Syracuse University Press. [*Cómo piensan las instituciones*. Madrid: Alianza, 1996.]

Dovidio, J. F. y Gaertner, S. L. (comps.). (1986). *Prejudice, discrimination, and racism*. Orlando, FL: Academic Press.

Downey, G. L. (1986). "Ideology and the clamshell identity: organizational dilemmas in the anti-nuclear power movement", *Social Problems*, 33 (5): 357-73.

Downing, J. (1984). *Radical media: the political experience of alternative communication*. Boston: South End Press.

Dreier, P. (1982). "Capitalists vs. the media: an analysis of an ideological mobilization amongst business leaders", *Media, Culture and Society*, 4: 111-32.

Drew, P. y Heritage, J. (comps.). (1992). *Talk at work: interaction in institutional settings*. Cambridge: Cambridge University Press.

D'Souza, D. (1992). *Illiberal education: the politics of sex and race on campus*. Nueva York: Vintage Books.

D'Souza, D. (1995). *The end of racism: principles for a multiracial society*. Nueva York: Free Press.

Duranti, A. (1984). "The social meaning of subject pronouns in Italian conversation", *Text*, 4 (4): 277-311.

Duranti, A. y Goodwin, C., (comps.). (1992). *Rethinking context: language as an interactive phenomenon*. Cambridge: Cambridge University Press.

435

Dworkin, R. (1986). *Law's empire.* Londres: Fontana. [*El imperio de la justicia.* Barcelona: Gedisa, 1988.]

Eagleton, T. (1991). *Ideology: an introduction.* Londres: Verso. [*Ideología: una introducción.* Barcelona: Paidós, 1997.]

Eagly, A. H. y Chaiken, S. (1993). *The psychology of attitudes.* Orlando, FL: Harcourt Brace Jovanovich.

Eckhardt, C. I., Kassinove, H. y Edwards, L. (1992). "Religious beliefs and scientific ideology in psychologists: conflicting or coexisting systems?", *Psychological Reports,* 71 (1): 131-45.

Edwards, D. (1994). "Script formulations: an analysis of event descriptions in conversation", *Journal of Language and Social Psychology,* 13 (3): 211-47.

Edwards, D. (1996). *Discourse and cognition.* Londres: Sage.

Edwards, D. y Potter, J. (1992). *Discursive psychology.* Londres: Sage.

Edwards, J. (1994). "Group rights v. individual rights: the case of race-conscious policies", *Journal of Social Policy,* 23 (enero): 55-70.

Eglin, P. (1979). "How conversational analysis elucidates Schutz's commonsense concept of rationality", *Sociolinguistics Newsletter,* 10 (2): 11-7.

Eisenberg, N., Reykowski, J. y Staub, E. (comps.). (1989). *Social and moral values: individual and societal perspectives.* Hillsdale, NJ: Erlbaum.

Eiser, J. R. (1994). *Attitudes, chaos and the connectionist mind.* Oxford: Blackwell.

Ekehammar, B., Nilsson, I. y Sidanius, J. (1987). "Education and ideology: basic aspects of education related to adolescents sociopolitical attitudes", *Political Psychology,* 8: 395-410.

Elliot, H. C. (1974). "Similarities and differences between science and common sense", en R. Turner (comp.), *Ethnomethodology.* (pp. 21-6). Baltimore, MD: Penguin.

Ellsworth, E. A. y Whatley, M. H. (comps.). (1990). *The ideology of images in educational media: hidden curriculums in the classroom.* Nueva York: Teachers College Press.

El Warfally, M. G. (1988). *Imagery and ideology in U.S. policy toward Libya,* 1969-1982. Pittsburgh, PA: University of Pittsburgh Press.

Enteman, W. F. (1993). *Managerialism: the emergence of a new ideology.* Madison, WI: University of Wisconsin Press.

Essed, P. J. M. (1987). *Academic racism: common sense in the social sciences.* Amsterdam: University of Amsterdam. Centre of Ethnic Studies. CRES Publications, No. 5.

Essed, P. J. M. (1990). *Everyday racism.* Claremont, CA: Hunter House.

Essed, P. J. M. (1991). *Understanding everyday racism: an interdisciplinary theory.* Newbury Park, CA: Sage.

Fairclough, N. L. (1989). *Language and power.* Londres: Longman.

Fairclough, N. L. (1992). "Michel Foucault and the analysis of discourse", en N. L. Fairclough, *Discourse and social change.* (pp. 37-61). Cambridge: Polity.

Fairclough, N. L. (1995). *Critical discourse analysis: the critical study of language.* Harlow: Longman.

Farr, R. M. y Moscovici, S. (comps.). (1984). *Social representations.* Cambridge: Cambridge University Press.

Fatton, R. (1986). *Black consciousness in South Africa: the dialectics of ideological resistance to white supremacy.* Albany, NY: State University of New York Press.

Feagin, J. R. y Feagin, C. B. (1994). *Social problems: a critical, power-conflict perspective.* Englewood Cliffs, NJ: Prentice-Hall.

Feagin, J. R. y Sikes, M. P. (1994). *Living with racism: the black middle-class experience.* Boston, MA: Beacon.

Feagin, J. y Vera, H. (1995). *White racism.* Londres: Routledge.

Feldman, S. M. (1992). "Whose common good: racism in the political community", *Georgetown Law Journal,* 80 (5): 1835-77.

Femia, J. V. (1987). *Gramsci's political thought: hegemony, consciousness and the revolutionary process.* Oxford: Clarendon.

Festinger, L. (1957). *A theory of cognitive dissonance.* Stanford, CA.: Stanford University Press. [*Teoría de la disonancia cognoscitiva.* Madrid: Centro de estudios constitucionales, 1975.]

Fillmore, C. J. (1968). "The case for case", en: E. Bach y R. T. Harms (comps.), *Universals in linguistic theory.* (pp. 1-88). Nueva York: Holt, Rinehart y Winston.

Finnis, J. (comp.). (1980). *Natural law and natural rights.* Oxford: Clarendon.

Firth, A. (comp.). (1995). *The discourse of negotiation: studies of language in the workplace.* Oxford: Pergamon.

Fish, S. E. *There's no such thing as free speech... and it's a good thing too.* Nueva York, Oxford University Press.

Fisher, R. J. (1990). *The social psychology of intergroup and international conflict resolution.* Nueva York: Springer.

Fisher, S. y Davis, K. (comps.). (1993). *Negotiating at the margins: the gendered discourse of power and resistance.* New Brunswick, NJ: Rutgers University Press.

Fisher, S. y Todd, A. D. (comps.). (1986). *Discourse and institutional authority: medicine, education, and law.* Norwood, NJ: Ablex.

Fishkin, S. A., Sussman, S., Stacy, A. W., Dent, C. W., Burton, D. y Flay, B. R. (1993). "Ingroup versus outgroup perceptions of the characteristics of high-risk youth: negative stereotyping", *Journal of Applied Social Psychology,* 23 (13): 1051-68.

Fiske, S. T. y Taylor, S. E. (1991). *Social cognition.* (2ª ed.). Nueva York: McGraw-Hill.

Fitzgerald, K. (1996). *The face of the nation: immigration, the State and the national identity.* Stanford, CA: Stanford University Press.

Flaherty, L. T. (1982). "To love and/or to work: the ideological dilemma of young women", *Adolescent Psychiatry,* 10: 41-51.

Flammer, A. y Kintsch, W. (comps.). (1982). *Discourse processing.* Amsterdam: North Holland.

437

Fletcher, G. J. O. (1993). "The scientific credibility of commonsense psychology", en Kenneth H. Craik, Robert Hogan y Raymond N. Wolfe (comps.), *Fifty years of personality psychology: perspectives on individual differences.* (pp. 251-68). Nueva York: Plenum.

Fletcher, R. (1991). *Science, ideology, and the media: the Cyril Burt scandal.* New Brunswick, NJ: Transaction.

Folkertsma, M. J. (1988). *Ideology and leadership.* Englewood Cliffs, NJ: Prentice-Hall.

Forgas, J. P. (1979). *Social episodes.* Londres: Academic Press.

Forgas, J. P. (comp.). (1981). *Social cognition: perspectives on everyday understanding.* Londres: Academic Press.

Foucault, M. (1972). *The archaeology of knowledge and the discourse on language.* Nueva York: Harper and Row (Harper Colophon).

Foucault, M. (1975). *The birth of the clinic: an archaeology of medical perception.* Nueva York: Random House.

Foucault, M. (1979). *Discipline and punish: the birth of the prison.* Harmondsworth: Penguin. [*Vigilar y castigar: el nacimiento de la prisión.* Siglo XXI: Madrid 1996.]

Foucault, M. (1980). *Power/knowledge: selected interviews and other writings, 1972-1977.* Nueva York: Pantheon Books.

Foucault, M. (1981). "The order of discourse", en Robert Young (comp.), *Untying the text: a post-structuralist reader.* (pp. 48-78). Londres: Routledge and Kegan Paul. [*El orden del discurso.* Tusquets: Barcelona 1987.]

Fowler, R. (1987). "The intervention of the media in the reproduction of power", en I. M. Zavala, T. A. van Dijk y D. M. Diaz (comps.), *Approaches to discourse, poetics and psychiatry.* (pp. 67-80). Amsterdam: Benjamins.

Fowler, R: (1991). *Language in the news: discourse and ideology in the press.* Londres: Routledge.

Fowler, R.; Hodge, B., Kress, G. y Trew, T. (1979). *Language and control.* Londres: Routledge and Kegan Paul.

Freeden, M. (1996). *Ideologies and political theory: a conceptual approach.* Oxford: Clarendon.

Freedle, R. O. y Carroll, J. B. (comps.). (1972). *Language comprehension and the acquisition of knowledge.* Nueva York: Winston.

Fridja, N. (1987). *The emotions.* Cambridge: Cambridge University Press.

Furnham, A. (1994). "The psychology of common sense", en J. Siegfried (comp.), *The status of common sense in psychology.* (pp. 259-78). Norwood, NJ: Ablex.

Furnham, A. y Argyle, M. (comps.). (1981). *The psychology of social situations.* Oxford: Pergamon.

Fussell, S. R. y Krauss, R. M. (1992). "Coordination of knowledge in communication: effects of speakers' assumptions about what others know", *Journal of Personality and Social Psychology,* 62 (3): 378-91.

438

Gaffney, J. (comp.). (1989). *The French presidential elections of 1988: ideology and leadership in contemporary France.* Aldershot: Gower.

Gale, F. G. (1994). *Political literacy: rhetoric, ideology, and the possibility of justice.* Albany, NY: State University of New York Press.

Gans, H. (1979). *Deciding what's news.* Nueva York: Pantheon Books.

García, M. T. (1989). *Mexican Americans: leadership, ideology and identity, 1930-1960.* New Haven, CT: Yale University Press.

Garner, R. (1996). *Contemporary movements and ideologies.* Nueva York: McGraw-Hill.

Geertz, C. (1973a). "Ideology as a cultural system", en C. Geertz, *The interpretation of cultures.* (pp. 193-233). Nueva York: Basic Books.

Geertz, C. (1973b). *The interpretation of cultures.* Nueva York: Basic Books. [*Interpretación de las culturas.* Barcelona: Gedisa, 1988.]

Gibbon, D. y Richter, H. (comps.). (1984). *Intonation, accent, and rhythm: studies in discourse phonology.* Berlín: De Gruyter.

Giddens, A. y Held, D. (comps.). (1982). *Classes, power, and conflict: classical and contemporary debates.* Berkeley, CA: University of California Press.

Giroux, H. (1981). *Ideology, culture and the process of schooling.* Londres: Falmer.

Gittins, D. (1993). *The family in question: changing households and familiar ideologies.* Nueva York: Macmillan.

Glasgow University Media Group. (1976). *Bad news.* Londres: Routledge and Kegan Paul.

Glasgow University Media Group. (1980). *More bad news.* Londres: Routledge and Kegan Paul.

Glasser, T. L. (1987). "Learning theory and theories of knowledge", en Erik De Corte, Hans Lodewijks y Roger Parmentier (comps.), *Learning and instruction: European research in an international context,* vol. 1, (pp. 397-414). Oxford: Pergamon Press.

Glasser, T. L. y Salmon, C. T. (comps.). (1995). *Public opinion and the communication of consent.* Nueva York: Guilford Press.

Globerman, J. (1990). "Free enterprise, professional ideology, and self-interest: an analysis of resistance by Canadian physicians to universal health-insurance", *Journal of Health and Social Behavior,* 31 (1): 11-27.

Goffman, E. (1974). *Frame analysis.* Nueva York: Harper and Row.

Goke-Pariola, A. (1993). *The role of language in the struggle for power and legitimacy in Africa.* Lampeter: Mellen Press.

Golding, P. y Murdock, G. (1979). "Ideology and the mass media: the question of determination", en M. Barrett, P. Corrigan, A. Kuhn y J. Wolff (comps.) *Ideology and cultural production.* (pp. 198-224). Londres: Croom Helm.

Goll, I. y Zeitz, G. (1991). "Conceptualizing and measuring corporate ideology", *Organization Studies,* 12 (2): 191-207.

439

Gonzalvo, P., Canas, J. J. y Bajo, M. T. (1994). "Structural representations in knowledge acquisition", *Journal of Educational Psychology*, 86 (4): 601-16.

Graber, D. A. (1988). *Processing the news*. (2ª ed.). Nueva York: Longman.

Graesser, A. C. (1981). *Prose comprehension beyond the word*. Nueva York: Springer.

Graetz, B. (1986). "Social structure and class consciousness: facts, fictions and fantasies", *Australian and New Zealand Journal of Sociology*, 22 (1): 46-64.

Gramsci, A. (1971). *Prison notebooks*. Nueva York: International Publishers. [*Cartas desde la cárcel*. Madrid: Cuadernos para el diálogo, 1975.]

Greatbatch, D. (1992). "On the management of disagreement between news interviewees", en P. Drew y J. Heritage (comps.), *Talk at work: interaction in institutional settings*. (pp. 268-310). Cambridge: Cambridge University Press.

Greenberg, G. y Tobach, E. (comps.). (1983). *Cognition, language and consciousness: integrative levels*. Hillsdale, NJ: Erlbaum.

Greenfeld, L. (1988). "Professional ideologies and patterns of gatekeeping: evaluation and judgment within 2 art worlds", *Social Forces*, 66 (4): 903-25.

Gregg, G. S. (1991). *Self-representation: life narrative studies in identity and ideology*. Nueva York: Greenwood.

Grenier, G. y Hogler, R. L. (1991). "Labor law and managerial ideology: employee participation as a social control system", *Work and Occupations*, 18 (3): 313-33.

Grimshaw, A. D. (comp.). (1990). *Conflict talk: sociolinguistic investigations of arguments in conversations*. Cambridge: Cambridge University Press.

Grofman, B. y Hyman, G. (1974). "The logical foundations of ideology", *Behavioral Science*, 19 (4): 225-37.

Gumperz, J. J. (1982a). *Discourse strategies*. Cambridge: Cambridge University Press.

Gumperz, J. J. (comp.). (1982b). *Language and social identity*. Cambridge: Cambridge University Press.

Gunter, B. (1987). *Poor reception: misunderstanding and forgetting broadcast news*. Hillsdale, NJ: Erlbaum.

Gurin, P. y Townsend, A. (1986). "Properties of gender identity and their implications for gender consciousness", *British Journal of Social Psychology*, 25 (2): 139-48.

Habermas, J. (1975). *Legitimation crisis*. Boston: Beacon.

Habermas, J. (1993). *Justification and application: remarks on discourse ethics*. Oxford: Polity.

Hachten, W. (1981). *The worlds news prism: changing media, clashing ideologies*. Ames, IA: Iowa State University Press.

Haghighat, C. (1988). *Racisme "scientifique": offensive contre l'égalité sociale*. París: L'Harmattan.

Hall, S. (1980). "Introduction to media studies at the Centre", en: S. Hall, *et al.* (comps.) *Culture, media, language*. (pp. 117-21). Londres: Hutchinson.

Hall, S. (1982). "The rediscovery of 'ideology': return of the repressed in media studies", en M. Gurevitch, T. Bennett, J. Curran y J. Woollacott (comps.), *Culture, society and the media*. (pp. 56-90). Londres y Nueva York: Methuen.

Hall, S. (1988). *The hard road to renewal: thatcherism and the crisis of the left*. Londres: Verso.

Hall, S. (1996). "The problem of ideology: marxism without guarantees", en D. Morley y K. H. Chen (comps.), *Stuart Hall. Critical dialogues in cultural studies*. (pp. 25-46). Londres: Routledge. (Anteriormente publicado en B. Matthews, (comp.), *Marx: 100 years on*. Londres, Lawrence and Wishart, 1983, pp. 57-84).

Hall, M. L. y Allen, W. R. (1989). "Race consciousness among African-American college students", en Gordon LaVern Berry y Joy Keiko Asamen (comps.), *Black students: psychosocial issues and academic achievement*, (Sage focus editions; vol.109, pp. 172-97). Newbury Park, CA: Sage Publications.

Hall, S., Hobson, D., Lowe, A. y Willis, P. (comps.). (1980). *Culture, media, language*. Londres: Hutchinson.

Hall, S. y Jefferson, T. (comps.). (1976). *Resistance through rituals*. Londres: Hutchinson.

Hall, S., Lumley, B. y McLennan, G. (1978). "Politics and ideology: Gramsci", en Centre for Contemporary Cultural Studies (comp.). *On ideology*. (pp. 45-76). Londres: Hutchinson.

Halliday, M. A. K. (1973). *Explorations in the functions of language*. Londres: Edward Arnold. [*Exploraciones sobre las funciones del lenguaje*. Barcelona: Editorial médica y técnica, 1982.]

Halliday, M. A. K. (1985). *A short introduction to functional grammar*. Londres: Edward Arnold.

Halliday, M. A. K. (comp.) (1987). *New developments in systemic linguistics*. Londres: Pinter.

Harré, R. (1995). "Discursive psychology", en J. A. Smith, R. Harré y L. van Langenhove (comps.), *Rethinking psychology*. (pp. 143-59). Londres: Sage.

Harré, R. y Gillett, G. (1994). *The discursive mind*. Londres: Sage.

Harré, R. y Stearns, P. (comps.). (1995). *Discursive psychology in practice*. Londres: Sage.

Harris, R. J. (1989). *A cognitive psychology of mass communication*. Hillsdale, NJ: Erlbaum.

Hartley, J. y Montgomery, M. (1985). "Representations and relations: ideology and power in press and TV news", en T. A. van Dijk (comp.), *Discourse and communication: new approaches to the analysis of mass media discourse and communication*. (pp. 233-69). Berlín: De Gruyter.

Hechter, M., Nadel, L. y Michod, R. E. (comps.). (1993). *The origin of values*. Nueva York: De Gruyter.

Heider, F. (1946). "Attitudes and cognitive organization", *Journal of Psychology*, 21: 107-12.

Heider, F. (1958). *The psychology of interpersonal relations.* Nueva York: Wiley.

Heisey, D. R. y Trebing, J. D. (1986). "Authority and legitimacy: a rhetorical case-study of the Iranian revolution", *Communication Monographs*, 53: 295-310.

Heritage, J. C. (1985). "Analyzing news interviews: aspects of the production of talk for an overhearing audience", en T. A. van Dijk (comps.), *Handbook of discourse analysis,* vol. 3. (pp. 95-119). Nueva York: Academic Press.

Heritage, J. C. (1987). "Ethnomethodology", en A. Giddens y J. Turner (comps.), *Social Theory Today.* (pp. 224-72). Cambridge: Polity.

Heritage, J. C. y Greatbatch, D. (1986). "Generating applause: a study of rhetoric and response at party political conferences", *American Journal of Sociology*, 92 (1): 110-57.

Herman, E. S. (1992). *Beyond hypocrisy: decoding the news in an age of propaganda: including a doublespeak dictionary for the 1990s.* (Ilustraciones de Matt Wuerker). Boston: South End Press.

Herman, E. S. y Chomsky, N. (1988). *Manufacturing consent: the political economy of the mass media.* Nueva York: Pantheon Books.

Hewstone, M., Machleit, U. y Wagner, U. (1989). "Selfgroup, ingroup, and outgroup achievement attributions of German and Turkish pupils", *Journal of Social Psychology*, 129 (4): 459-70.

Hickmann, M. (comp.). (1987). *Social and functional approaches to language and thought.* Londres: Academic Press.

Higgins, E. T., Herman, C. P. y Zanna, M. P. (comps.). (1981). *Social cognition: the Ontario Symposium*, (vol. 1). Hillsdale, NJ: Erlbaum.

Hill, K. Q. y Leighley, J. E. (1993). "Party ideology, organization, and competitiveness as mobilizing forces in gubernatorial elections", *American Journal of Political Science*, 37 (4): 1158-78.

Himmelweit, H. T. y Gaskell, G. (comps.). (1990). *Societal psychology.* Londres: Sage.

Hintikka, J. (1962). *Knowledge and belief: an introduction to the logic of the two notions.* Ithaca, NY: Cornell University Press. [*Saber y creer. Una introducción a la lógica de las dos nociones.* Madrid: Tecnos, 1979.]

Hodge, R. y Kress, G. R. (1988). *Social semiotics.* Londres: Polity.

Hodge, B. y Kress, G. R. (1993). *Language as ideology.* Londres: Routledge.

Hofstede, G. (1980). *Culture's consequences.* Beverly Hills, CA: Sage.

Hofstede, G. (1991). *Cultures and organizations: software of the mind.* Londres: McGraw-Hill.

Holmes, J. (1995). *Women, men and politeness.* Nueva York: Longman.

Howard, T. U. (1985). "Moral reasoning and professional value commitments: a study of social work students' ideology", *Journal of Applied Social Sciences*, 9 (2): 203-21.

Hummon, D. M. (1990). *Commonplaces: community ideology and identity in American culture.* Albany, NY: State University of New York Press.

Husserl, E. (1962). *Ideas: general introduction to pure phenomenology*. Nueva York: Collier. [*Ideas relativas a fenomenología pura y filosofía fenomenológica*. Madrid: Fondo de Cultura Económica de España, 1993.]

Hymes, D. (1962). "The ethnography of speaking", en T. Gladwin y W. C. Sturtevant (comps.), *Anthropology and human behavior*. (pp. 13-53). Washington DC: Anthropological Society of Washington.

Ibáñez, T. e Iñiguez, L. (comps.). (1997), *Critical social psychology*. Londres: Sage.

Inniss, L. y Feagin, J. R. (1989). "The black underclass ideology in race-relations analysis", *Social Justice–A Journal of Crime Conflict and World Order*, 16 (4): 13-34.

Iyengar, S. y Kinder, D. R. (1987). *News that matters: television and American opinion*. Chicago: University of Chicago Press.

Iyengar, S. y McGuire, W. J. (comps.). (1993). *Explorations in political psychology*. (Duke studies in political psychology). Durham, NC: Duke University Press.

Jackendoff, R. (1987). *Consciousness and the computational mind*. Cambridge, MA: MIT Press.

Jacquemet, M. (1994). "T-offenses and metapragmatic attacks: strategies of interactional dominance", *Discourse and Society*, 5 (3): 297-319.

Jahoda, G. (1988). "Critical notes and reflections on social representations", *European Journal of Social Psychology*, 18: 195-209.

Jaspars, J. y Fraser, C. (1984). "Attitudes and social representations", en R. M. Farr y S. Moscovici (comps.), *Social representations*. (pp. 101-24.). Cambridge: Cambridge University Press.

Jennings, M. K. (1992). "Ideological thinking among mass publics and political elites", *Public Opinion Quarterly*, 56 (4): 419-41.

Johnson, C. (1994). "Gender, legitimate authority, and leader-subordinate conversations", *American Sociological Review*, 59 (1): 122-35.

Johnson, E. (1987). "Believability of newscasters to Black television viewers", *Western Journal of Black Studies*, 11 (2): 64-8.

Johnson-Laird, P. N. (1983). *Mental models*. Cambridge: Cambridge University Press.

Johnston, H., Laraña, E. y Gusfield, J. R. (1994). "Identities, grievances, and new social movements", en E. Laraña, H. Johnston, H. y J. R. Gusfield (comps.), *New social movements: from ideology to identity*. (p. 3-35). Filadelfia: Temple University Press.

Jones, R. K. (1984). *Ideological groups: similarities of structure and organisation*. Londres: Gower.

Joseph, G. G., Reddy, V. y Searle-Chatterjee, M. (1990). "Eurocentrism in the social-sciences", *Race and Class*, 31 (4): 1-26.

Jost, J. T. y Banaji, M. R. (1994). "The role of stereotyping in system-justification and the production of false consciousness", número especial: "Stereotypes: structure, function and process", *British Journal of Social Psychology*, 33 (1): 1-27.

Jowett, G. y O'Donnell, V. (1992). *Propaganda and persuasion*. Londres: Sage.

Joyce, P. (comp.). (1995). *Class*. Oxford: Oxford University Press.

Judd, C. M. y Downing, J. W. (1990). "Political expertise and the development of attitude consistency", *Social Cognition*, 8 (1): 104-24.

Kahneman, D., Slovic, P. y Tversky, A. (comps.). (1982). *Judgment under uncertainty: heuristics and biases*. Nueva York: Cambridge University Press.

Karabel, J. y Halsey, A. H. (comps.). (1977). *Power and ideology in education*. Oxford: Oxford University Press.

Katz, P. A. (1976). "The acquisition of racial attitudes in children", en Katz, P. A. (comp.), *Towards the elimination of racism*. (pp. 125-54). Nueva York: Pergamon.

Katz, P. A. y Taylor, D. A. (comps.). (1988). *Eliminating racism: profiles in controversy*. Nueva York: Plenum.

Kenshur, O. (1993). *Dilemmas of enlightenment: studies in the rhetoric and logic of ideology*. Berkeley, CA: University of California Press.

Kiewe, A. y Houck, D. W. (1991). *A shining city on a hill: Ronald Reagan's economic rhetoric, 1951-1989*. Nueva York: Praeger.

Kinder, D. R. y Sanders, L. M. (1990). "Mimicking political debate with survey questions: the case of white opinion on affirmative-action for blacks", *Social Cognition*, 8 (1): 73-103.

Kinder, D. R. y Sears, D. O. (1981). "Prejudice and politics: symbolic racism versus racial threats to the good life", *Journal of Personality and Social Psychology*, 40: 414-31.

King, D. K. (1988). "Multiple jeopardy, multiple consciousness: the context of a black feminist ideology", *Signs*, 14 (1): 42-72.

King, J. E. (1991). "Dysconscious racism: ideology, identity, and the miseducation of teachers", *Journal of Negro Education*, 60 (2): 133-46.

Kinloch, G. C. (1981). *Ideology and contemporary sociological theory*. Englewood Cliffs, NJ: Prentice Hall.

Kintsch, W. (1977). *Memory and cognition*. Nueva York: Wiley.

Klandermans, B. (1992). "The social construction of protest and multiorganizational fields", en A. D. Morris y C. M. Mueller (comps.), *Frontiers in social movement theory*. New Haven, CT: Yale University Press.

Klandermans, B. (1994). "Transient identities? Membership patterns of the Dutch peace movement", en E. Laraña, H. Johnston y J. R. Gusfield (comps.), *New social movements: from ideology to identity*. (pp. 168-84). Filadelfia: Temple University Press.

Klapper, J. T. (1960). *The effects of mass communications*. Glencoe, IL: Free Press.

Knorr-Cetina, K. y Cicourel, A. V. (comps.). (1981). *Advances in social theory and methodology: towards an integration of micro- and macrosociologies*. Londres: Routledge and Kegan Paul.

444

Kornblith, H. (comp.). (1994). *Naturalizing epistemology.* (2ª ed.) Cambridge, MA: MIT Press.

Kosslyn, S. M. y Koenig, O. (1992). *Wet mind: the new cognitive neuroscience.* Nueva York: Free Press.

Kraut, R. E. y Lewis, S. H. (1975). "Alternate models of family influence on student political ideology", *Journal of Personality and Social Psychology*, 31 (5): 791-800.

Kress, G. (1985). "Ideological structures in discourse", en: T. A. van Dijk (comp.), *Handbook of discourse analysis*, vol. 4. (pp. 27-42). *Discourse analysis in society.* Londres: Academic Press.

Kress, G. y Van Leeuwen, T. (1990). *Reading images.* Victoria Australia: Deakin University Press.

Krieger, J. (1986). *Reagan, Thatcher, and the Politics of Decline.* Cambridge: Polity.

Krishnan, V. (1991). "Abortion in Canada: religious and ideological dimensions of women's attitudes", *Social Biology*, 38 (3-4): 249-57.

Kroes, R. (1984). *Neo-conservatism, its emergence in the USA and Europe.* Amsterdam: Free University Press.

Kruglanski, A. W. (1989). *Lay epistemics and human knowledge.* Nueva York: Plenum.

Kuklinski, J. H., Luskin, R. C. y Bolland, J. (1991). "Where is the schema: going beyond the S-word in political psychology", *American Political Science Review*, 85 (4): 1341-56.

Labov, W. (1972). *Language in the inner city.* Filadelfia: University of Pennsylvania Press.

Labov, W. y Waletzky, J. (1967). "Narrative analysis: oral versions of personal experience", en J. Helm, (comp.), *Essays on the verbal and visual arts.* (pp. 12-44). Seattle: University of Washington Press.

Lakoff, G. (1987). *Women fire and dangerous things: what categories reveal about the mind.* Chicago: University of Chicago Press.

Lakoff, G. (1995). "Metaphor, morality, and politics, or, why conservatives have left liberais in the dust", *Social Research*, 62 (2): 177-213.

Landau, E. (1993). *The white power movement: America's racist hate groups.* Brookfield, CN: Millbrook Press.

Langston, T. S. (1992). *Ideologues and presidents: from the New Deal to the Reagan revolution.* Baltimore, MD: Johns Hopkins University Press.

Laraña, E., Johnston, H. y Gusfield, J. R. (comps.). (1994). *New social movements: from ideology to identity.* Filadelfia: Temple University Press.

Larrain, J. (1979). *The concept of ideology.* Londres: Hutchinson.

Larrain, J. (1994). "The postmodern critique of ideology", *Sociological Review*, 42 (2): 289-314.

Lau, R. R. y Sears, D. O. (1981). "Cognitive links between economic greavances and political responses", *Political Behavior*, 3 (4): 279-302.

Lau, R. R. y Sears, D. O. (comps.). (1986). *Political cognition*. Hillsdale, NJ: Erlbaum.

Lau, R. R., Smith, R. A. y Fiske, S. T. (1991). "Political beliefs, policy interpretations, and political persuasion", *Journal of Politics*, 53 (3): 644-75.

Lauren, P. G. (1988). *Power and prejudice: the politics and diplomacy of racial discrimination*. Boulder, CO: Westview.

Lawrence, E. (1982). "Just plain common sense: the roots of 'racism' ", en CCCS (comp.). The Empire strikes back: race and racism in 70s Britain. (pp. 47-94). Londres: Hutchinson.

Layton-Henry, Z. (1992). *The politics of immigration: immigration, 'race' and 'race' relations in post-war Britain*. Oxford: Blackwell.

Le Goff, J. P. (1992). *Le mythe de l'entreprise: critique de l'idéologie managériale*. París: Editions la Découverte.

Lehrer, K. (1990). *Theory of knowledge*. Londres: Routledge.

Lenski, G. (1966). *Power and privilege*. Nueva York: McGraw-Hill.

Lerner, M. (1991). *Ideas are weapons: the history and uses of ideas*, (con una introducción y un posfacio del autor). New Brunswick, NJ: Transaction.

Levelt, W. J. M. (1989). *Speaking: from intention to articulation*. Cambridge, MA: MIT Press.

Levitas, R. (comp.). (1986). *The ideology of the New Right*. Cambridge: Polity.

Lewis, C. (1992). "Making sense of common-sense: a framework for tracking hegemony", *Critical Studies in Mass Communication*, 9 (3): 277-92.

Lewy, G. (1982). *False consciousness: an essay on mystification*. New Brunswick, NJ: Transaction Books.

Lichter, S. R., Rothman, S. y Lichter, L. (1990). *The media elite: America's new powerbrokers*. Nueva York: Hastings House.

Liebes, T. y Katz, E. (1990). *The export of meaning: cross-cultural readings of "Dallas"*. Nueva York: Oxford University Press.

Liebes, T., Katz, E. y Ribak, R. (1991). "Ideological reproduction", *Political Behavior*, 13 (3): 237-52.

Lipiansky, E. M. (1991). *L'identité française: représentations, mythes, idéologies*. París: Editions de l'Espace Européen.

Lipset, S. M. (1960). *Political man*. Nueva York: Doubleday. [*El hombre político: las bases sociales de la política*. Madrid: Tecnos, 1987.]

Lipset, S. M. (1972). "Ideology and no end: the controversy till now", *Encounter 89*.

Little, R. y Smith, S. M. (comps.). (1988). *Belief systems and international relations*. Oxford: Blackwell.

Lockwood, D. (1966). *The blackcoated worker: a study in class consciousness*. Londres: Unwin.

Loewenberg, F. M. (1984). "Professional ideology, middle range theories and knowledge building for social work practice", *British Journal of Social Work*, 14 (4): 309-22.

Lowery, S. y DeFleur, M. L. (1995). *Milestones in mass communication research: media effects*. Londres: Longman.

Lucy, J. A. (1992). *Language diversity and thought: a reformulation of the linguistic relativity hypothesis*. Cambridge: Cambridge University Press.

Luke, T. W. (1989). *Screens of power: ideology, domination, and resistance in informational society*. Urbana, IL: University of Illinois Press.

Lukes, S. (1974). *Power: a radical view*. Londres: Macmillan. [*El poder: un enfoque radical*. Madrid: Siglo XXI, 1985.]

Lukes, S. (comp.). (1986). *Power*. Oxford: Blackwell.

MacKuen, M. y Coombs, S. (1981). *More than news: media power in public affairs*. Newbury Park, CA: Sage.

Maitland, K. y Wilson, J. (1987). "Pronominal selection and ideological conflict", *Journal of Pragmatics*, 11 (4): 495-512.

Mandl, H. y Levin, J. R. (comps.). (1989). *Knowledge acquisition from text and pictures*, (Advances in psychology, 58). Amsterdam: North Holland.

Mandler, J. M. (1984). *Stories, scripts, and scenes: aspects of schema theory*. Hillsdale, NJ: Erlbaum.

Mannheim, K. (1936). *Ideology and utopia: an introduction to the sociology of knowledge*. Nueva York: Harcourt, Brace and World (Harvest).

Manning, D. J. (comp.). (1980). *The form of ideology*. Londres: George, Allen and Unwin.

Marable, M. y Mullings, L. (1994). "The divided mind of black-America: race, ideology and politics in the post civil-rights era", *Race and Class*, 36 (1): 61-72.

Marcel, A. J. y Bisiach, E. (comps.). (1988). *Consciousness in contemporary science*. Oxford: Clarendon.

Margolis, M. y Mauser, G. A. (comps.). (1989). *Manipulating public opinion: essays on public opinion as a dependent variable*. Pacific Grove, CA: Brooks/Cole.

Markus, M. (1977). "Self-schemata and processing information about the self", *Journal of Personality and Social Psychology*, 35: 63-78.

Martin, M. A. (1983). "Ideologues, ideographs, and 'The Best Men': from Carter to Reagan", *Southern Speech Communication Journal*, 49: 12-45.

Martin, J., Scully, M. y Levitt, B. (1990). "Injustice and the legitimation of revolution: damning the past, excusing the present, and neglecting the future", *Journal of Personality and Social Psychology*, 59 (2): 281-90.

Martin, L. L. y Tesser, A. (comps.). (1992). *The construction of social judgments*. Hillsdale, NJ: Erlbaum.

Martín Rojo, L. (1994). "Jargon of delinquents and the study of conversational dynamics", *Journal of Pragmatics*, 21 (3): 243-89.

Martín Rojo, L. (1995). "Division and rejection: from the personification of the Gulf conflict to the demonisation of Saddam Hussein", *Discourse and Society*, 6 (1): 49-79.

Martín Rojo, L. y Callego Gallego, J. (1995). "Argumentation and inhibition: sexism in the discourse of Spanish executives", *Pragmatics* 5 (4): 455-84.

Martín Rojo, L., Gómez Esteban, C., Arranz, F. y Gabilondo, A., (comps.) (1994). *Hablar y dejar hablar. Sobre racismo y xenofobia*. (To speak and to let speak: on racism and xenophobia). Madrid: Universidad Autónoma de Madrid.

Martín Rojo, L. y Van Dijk, T. A. (1997). " 'There was a problem, and it was solved!' Legitimating the expulsion of 'illegal' immigrants in Spanish parliamentary discourse, *Discourse and Society*, 8 (4): 523-67.

Marx, K. y Engels, F. (1974). *The German ideology*. Londres: Arthur. [*La ideología alemana*. Valencia: Universidad de Valencia, 1994.]

Mattelart, A. (1979). *Multinational corporations and the control of culture: the ideological apparatuses of imperialism*. Atlantic Highlands, NJ: Humanities Press.

Mayer, R. (1990). "Abstraction, context, and perspectivization-evidentials in discourse semantics", *Theoretical Linguistics*, 16 (2-3): 101-63.

Mazingo, S. (1988). "Minorities and social control in the newsroom: thirty years after Breed", en G. Smitherman-Donaldson y T. A. van Dijk (comps.), *Discourse and discrimination*. (pp. 93-130). Detroit, MI: Wayne State University Press.

McAdam, D. (1994). "Culture and social movements", en E. Laraña, H. Johnston y J. R. Gusfield (comps.), *New social movements: from ideology to identity*. (pp. 36-57). Filadelfia: Temple University Press.

McCartney, J. T. (1992). *Black power ideologies: an essay in African-American political thought*. Filadelfia: Temple University Press.

McCarthy, E. D. (1994). "The uncertain future of ideology: rereading Marx", *Sociological Quarterly*, 35 (3): 415-29.

McClelland, J. L. y Rumelhart, D. E. (1988). *Explorations in parallel distributed processing: a handbook of models, programs and exercise*. Cambridge, MA: MIT Press.

McCombs, M. E. y Shaw, D. L. (1972). "The agenda-setting function of the press", *Public Opinion Quarterly* 36: 176-87.

McCombs, M. E. y Shaw, D. L. (1993). "The evolution of agenda-setting Research: 25 years in the marketplace of ideas", *Journal of Communication*, 43 (2): 58-67.

McDermott, M. (1994). "Race/class interactions in the formation of political ideology", *Sociological Quarterly*, 35 (2): 347-66.

Medhurst, M. J. (1990). *Cold War rhetoric: strategy, metaphor, and ideology*. Westport, CT: Greenwood.

Melucci, A. (1989). *Nomads of the present: social movements and individual needs in contemporary society*. Filadelfia: Temple University Press.

Melucci, A. (1996). *Challenging codes: collective action in the information age*. Filadelfia: Temple University Press.

Meszaros, I. (1989). *The power of ideology*. Nueva York: New York University Press.

Milburn, M. A. (1987). "Ideological self-schemata and schematically induced attitude consistency", *Journal of Experimental Social Psychology*, 23 (5): 383-98.

Miles, R. (1989). *Racism*. Londres: Routledge.

Miles, R. y Phizacklea, A. (comps.). (1979). *Racism and political action in Britain*. Londres: Routledge and Kegan Paul.

Miller, S. I. y Fredericks, M. (1990). "Perceptions of the crisis in American public-education: the relationship of metaphors to ideology", *Metaphor and Symbolic Activity*, 5 (2): 67-81.

Miller, D., Rowlands, M. y Tilley, C. Y. (comps.). (1989). *Domination and resistance*. Boston, MA: Unwin Hyman.

Mills, C. W. (1956). *The power elite*. Londres: Oxford University Press,

Mills, K. (1988). *A place in the news: from the women's pages to the front page*. Nueva York: Dodd, Mead.

Minnini, G. (1990). "Common speech as pragmatic form of social reproduction", *Journal of Pragmatics*, XIV: 125-35.

Mitchell, W. J. T. (1986). *Iconology: image, text, ideology*. Chicago: University of Chicago Press.

Mitchell, W. J. T. (1994). *Picture theory: essays on verbal and visual representation*. Chicago: University of Chicago Press.

Miyajima, R. (1986). "Organization ideology of japanese managers", *Management International Review*, 26 (1): 73-6.

Mizruchi, M. S. (1990). "Similarity of ideology and party preference among large American corporations: a study of political-action Committee Contributions", *Sociological Forum*, 5 (2): 213-40.

Molm, L. D. (1986). "Gender, power, and legitimation: a test of 3 theories", *American Journal of Sociology*, 91: 1356-86.

Montgomery, M., Tolson, A. y Garton, G. (1989). "Media discourse in the 1987 general election: ideology, scripts and metaphores", *ELR Journal*, 3: 173-204.

Moosmüller, S. (1989). "Phonological variation in parliamentary discussions", en R. Wodak (comp.), *Language, power and ideology*. (pp. 165-80). Amsterdam: Benjamins.

Morin, E. (1991). *La méthode. 4. Les idées: leur habitat, leur vie, leurs moeurs, leur organisation*. París: Seuil. [*El método 4. Las ideas*. Madrid: Cátedra, 1992.]

Morley, D. (1986). *Family television: cultural power and domestic leisure*. Londres: Comedia.

Morley, D. (1993). "Active audience theory: pendulums and pitfalls", *Journal of Communication*, 43 (4): 13-9.

Morley, D. y Chen, K. H. (comps.). (1996). *Stuart Hall: critical dialogues in cultural studies*. Londres: Routledge.

Morris, A. D. y Mueller, C. M. (comps.). (1992). *Frontiers in social movement theory.* New Haven, CT: Yale University Press.

Moscovici, S. (1988). "Notes towards a description of social representations", *European Journal of Social Psychology*, 18: 211-50.

Moscovici, S. y Hewstone, M. (1983). "Social representations and social explanations: from the 'naive' to the 'amateur' scientist", en M. Hewstone (comp.). *Attribution theory.* (pp. 98-125). Oxford: Blackwell.

Mueller, C. (1973). *The politics of communication: a study in the political sociology of language, socialization and legitimation.* Nueva York: Oxford University Press.

Mullard, C. (1985). *Race, class and ideology.* Londres: Routledge and Kegan Paul.

Mumby, D. K. (1988). *Communication and power in organizations: discourse, ideology, and domination.* Norwood, NJ: Ablex.

Mumby, D. K. y Spitzack, C. (1983). "Ideology and television news: a metaphoric analysis of political stories", *Central States Speech Journal*, 34: 162-71.

Negrine, R. M. (1989). *Politics and the mass media in Britain.* Londres: Routledge.

Neisser, U. (comp.). (1982). *Memory observed: remembering in natural contexts.* San Francisco: Freeman.

Neisser, U. (1986). "Nested structure in autobiographical memory", en D. C. Rubin (comp.), *Autobiographical memory.* (pp. 71-81). Cambridge: Cambridge University Press.

Neisser, U. y Fivush, R. (comps.). (1994). *The remembering self: construction and accuracy in the self-narrative.* Cambridge: Cambridge University Press.

Neuman, W. R., Just, M. R. y Crigler, A. N. (1992). *Common knowledge. News and the construction of political meaning.* Chicago, IL: University of Chicago Press.

Neustadtl, A. y Clawson, D. (1988). "Corporate political groupings: does ideology unify business political-behavior", *American Sociological Review*, 53 (2): 172-90.

Newtson, D. (1973). "Attribution and the unit of perception of ongoing behavior", *Journal of Personality and Social Psychology*, 28: 28-38.

Nisbett, R. E. y Ross, L. (1980). *Human inference: strategies and shortcomings of social judgment.* Englewood Cliffs, NJ: Prentice-Hall.

O'Keefe, D. J. (1990). *Persuasion: theory and research.* Londres: Sage.

Oberschall, A. (1993). *Social movements: ideologies, interests, and identities.* New Brunswick, NJ: Transaction.

Olsen, M. E. y Marger, M. N. (comps.). (1993). *Power in modern societies.* Boulder, CO: Westview.

Ortony, A., Clore, C. L. y Collins, A. M. (1988). *The cognitive structure of emotions.* Nueva York: Cambridge University Press. [*La estructura cognitiva de las emociones.* Madrid: Siglo XXI, 1996.]

Paletz, D. L. y Entman, R. M. (1981). *Media, power, politics.* Nueva York: Free Press.

Passeron, J. C. (1986). "Theories of socio-cultural reproduction", *International Social Science Journal*, 38 (4): 619-29.

Pauly, R. M. (1993). *The transparent illusion: image and ideology in French text and film*. Nueva York: Lang.

Pêcheux, M. (1982). *Language, semantics and ideology*. Nueva York: St Martin's Press.

Perdue, C. W., Gutman, M. B., Dovidio, J. F. y Tyler, R. B. (1990). "Us and them: social categorization and the process of intergroup bias", *Journal of Personality and Social Psychology*, 59 (3): 475-86.

Pines, C. L. (1993). *Ideology and false consciousness. Marx and his historical progenitors*. Albany, NY: State University of Nueva York Press.

Pinker, S. (1994). *The language instinct: the new science of language and mind*. Nueva York: Morrow. [*El instinto del lenguaje: cómo crea el lenguaje la mente*. Madrid: Alianza, 1996.]

Poole, K. T. y Zeigler, L. H. (1981). "The diffusion of feminist ideology", *Political Behavior*, 3 (3): 229-56.

Potter, J. (1996). *Representing reality: discourse, rhetoric and social construction*. Londres: Sage.

Potter, J., Edwards, D. y Wetherell, M. (1993). "A model of discourse in action", *American Behavioral Scientist*, 36 (3): 383-401.

Potter, J. y Wetherell, M. (1987). *Discourse and social psychology: beyond attitudes and behaviour*. Beverly Hills, CA: Sage.

Potter, J. y Wetherell, M. (1989). "Fragmentated ideologies: accounts of educational failure and positive discrimination", *Text*, 9: 175-90.

Powell, T. (1993). *The persistence of racism in America*. Paterson, NJ: Littlefield Adams Quality Paperbacks.

Pratkanis, A. R. y Aronson, E. (1992). *Age of propaganda: the everyday use and abuse of persuasion*. San Francisco, CA: Freeman.

Pratkanis, A. R., Breckler, S. J. y Greenwald, A. G. (comps.). (1989). *Attitude structure and function*. Hillsdale, NJ: Erlbaum.

Protess, D. L. y McCombs, M. E. (comps.). (1991). *Agenda setting: readings on media, public opinion, and policymaking*. (Communication textbook series). Hillsdale, NJ: Erlbaum.

Purkhardt, S. C. (1993). *Transforming social representations: a social psychology of common sense and science*. Londres: Routledge.

Purvis, T. y Hunt, A. (1993). "Discourse, ideology, discourse, ideology, discourse, ideology", *British Journal of Sociology*, 44 (3): 473-99.

Quackenbush, R. L. (1989). "Comparison and contrast between belief system-theory and cognitive theory", *Journal of Psychology*, 123 (4): 315-28.

Rasmussen, D. M. (comp.). (1996). *The handbook of critical theory*. Oxford: Blackwell.

Rawls, J. (1972). *A theory of justice*. Oxford: Oxford University Press.

Raz, J. (1986). *The morality of freedom*. Oxford: Clarendon.

Reardon, K. K. (1991). *Persuasion in practice.* Newbury Park, CA: Sage.

Redclift, N. y Sinclair, M. T. (comps.). (1991). *Working women: international perspectives on labour and gender ideology.* Londres: Routledge.

Rees, G. (comp.). (1985). *Political action and social identity: class, locality and ideology.* Nueva York: Macmillan.

Reeves, F. (1983). *British racial discourse.* Cambridge: Cambridge University Press.

Reis, C. A. A. (1993). *Towards a semiotics of ideology.* Berlín: De Gruyter.

Renkema, J. (1993). *Discourse studies: an introductory textbook.* Amsterdam: Benjamins.

Resnick, L. B., Levine, J. M. y Teasley, S. D. (comps.). (1991). "Perspectives on socially shared cognition". American Psychological Association.

Richardson, K. (1985). "Pragmatics of speeches against the peace movement in Britain: a case study", en P. Chilton (comp.), *Language and the nuclear arms debate: nukespeak today.* (pp. 23-44). Londres: Pinter.

Robinson, J. A. y Swanson, K. L. (1990). "Autobiographical memory: the next phase", *Applied Cognitive Psychology,* 4 (4): 321-35.

Roeh, I. y Nir, R. (1990). "Speech presentation in the Israel radio news: ideological constraints and rhetorical strategies", *Text,* 10 (3): 225-44.

Rojek, C. y Turner, B. S. (comps.). (1993). *Forget Baudrillard?* Londres: Routledge.

Rokeach, M. (1973). *The nature of human values.* Nueva York: Free Press.

Rokeach, M. (1979). *Understanding human values: individual and societal.* Nueva York: Free Press.

Rosch, E. y Lloyd, B. B. (comps.). (1978). *Cognition and categorization.* Hillsdale, NJ: Erlbaum.

Roseman, I. J. (1994). "The psychology of strongly held beliefs: theories of ideological structure and individual attachment", en Roger C. Schank y Ellen Langer (comps.), *Beliefs, reasoning, and decision making: psycho-logic in honor of Bob Abelson.* (pp. 175-208). Hillsdale, NJ: Erlbaum.

Rosenberg, M. J. (1960). "An analysis of affective-cognitive consistency", en C. I. Hovland y M. J. Rosenberg (comps.), *Attitude organization and change.* New Haven, CT.: Yale University Press.

Rosenberg, M. J., Hovland, C. I., McGuire, W. J., Abelson, R. P. y Brehm, J. W. (1960). *Attitude organization and change: an analysis of consistency among attitude components.* New Haven, CT: Yale University Press.

Rosenberg, S. W. (1988). *Reason, ideology and politics.* Princeton, NJ: Princeton University Press.

Rosengren, K. E. (comp.). (1994). *Media effects and beyond: culture, socialization and lifestyles.* Londres: Routledge.

Rossi-Landi, F. (1978). *Ideologia.* Milán: ISEDI.

Rothman, S. y Lichter, S. R. (1984). "Personality, ideology and worldview: a comparison of media and business elites", *British Journal fo Political Science,* 15: 29-49.

Rothstein, S. W. (1991). *Identity and ideology: sociocultural theories of schooling.* Westport, CT: Greenwood.

Rowbotham, S. (1973). *Women's consciousness, man's world.* Harmondsworth: Penguin.

Rubin, D. S. (comp.). (1986). *Autobiographical memory.* Nueva York: Cambridge University Press.

Rumelhart, D. E. y McClelland, J. L. (1986). *Parallel distributed processing: explorations in the microstructure of cognition,* (vol. 1: Foundations). Cambridge, MA: MIT Press.

Rumelhart, D. E. y McClelland, J. L. (1988). *Explorations in parallel distributed processing: a handbook of models, programs, and exercises.* Cambridge, MA: MIT Press.

Rutter, D. R. (1984). *Looking and seeing: the role of visual communication in social interaction.* Chichester: Wiley.

Ryan, B. (1992). *Feminism and the women's movement: dynamics of change in social movement ideology, and activism.* Londres: Routledge.

Saint-Martin, F. (1990). *Semiotics of visual language.* Bloomington, IN: Indiana University Press.

Sartori, G. (1966). "European political parties", en J. LaPalombara y M. Weiner (comps.), *Political parties and political development.* Princeton: Princeton University Press.

Sartori, G. (1969). "Politics, ideology and belief systems", *American Political Science Review* 63 (2).

Sarup, M. (1991). *Education and the ideologies of racism.* Stoke-on-Trent: Trentham.

Sassoon, J. (1984). "Ideology, symbolic action and rituality in social movements: the effects on organizational forms", *Social Science Information,* 23 (4-5): 861-73.

Scarbrough, E. (1984). *Political ideology and voting: an exploratory study.* Oxford: Clarendon.

Scarbrough, E. (1990). "Attitudes, social representations, and ideology", en Colin Fraser y George Gaskell (comps.), *The social psychological study of widespread beliefs.* (pp. 99-117). Nueva York: Clarendon .

Schank, R. C. (1982). *Dynamic memory: a theory of reminding in computers and people.* Cambridge: Cambridge University Press.

Schank, R. C. y Abelson, R. P. (1977). *Scripts, plans, goals, and understanding: an inquiry into human knowledge structures.* Hillsdale, NJ: Erlbaum.

Schieffelin, B. B. (1996). "Creating evidence: making sense of written words in Bosavi", en E. Ochs, E. A. Schefloff y S. A. Thompson (comps.), *Interaction and grammar.* (pp. 435-60). Cambridge: Cambridge University Press.

Schiffrin, D. (1993). *Approaches to discourse.* Oxford: Blackwell.

Schiller, H. I. (1973). *The mind managers.* Boston: Beacon.

Schiller, H. I. y Alexandre, L. (comp.). (1992). The ideology of international communications. Nueva York: Institute for Media Analysis.

Schuman, H. , Steeh, C y Bobo, L. (1985). *Racial attitudes in America: trends and interpretations.* Cambridge, MA: Harvard University Press.

Schwartz, S. H. y Bilsky, W. (1990). "Toward a theory of the universal content and structure of values: extensions and cross-cultural replications", *Journal of Personality and Social Psychology,* 58 (5): 878-91.

Scott, J. C. (1986). *Weapons of the weak: everyday forms of peasant resistance.* New Haven, CT: Yale University Press.

Searle, J. R. (1983). *Intentionality.* Cambridge: Cambridge University Press.

Searle, J. R. (1992). *The rediscovery of the mind.* Cambridge, MA: MIT Press.

Searle, J. R. (1995). *The construction of social reality.* Londres: Penguin.

Seliger, M. (1976). *Ideology and politics.* Nueva York: Free Press.

Seliger, M. (1979). *The marxist conception of ideology: a critical essay.* Cambridge: Cambridge University Press.

Selting, M. (1995). *Prosodie im Gespräch: Aspekte einer interaktionalen Phonologie der Konversation.* (Prosody in conversation: aspects of an interactional phonology of conversation). Tubinga: Niemeyer.

Shanon, B. (1993). *The representational and the presentational: an essay on cognition and the study of mind.* Nueva York: Harvester-Wheatsheaf.

Sharistanian, J. (comp.). (1986). *Gender, ideology, and action: historical perspectives on women's public lives.* Westport, CT: Greenwood.

Sharp, R. (1980). *Knowledge, ideology and the politics of schooling.* Londres: Routledge and Kegan Paul.

Sharrock, W. W. y Anderson, B. (1991). "Epistemology: professional scepticism", en G. Button (comp.), *Ethnomethodology and the human sciences.* (pp. 51-76). Cambridge: Cambridge University Press.

Shavitt, S. y Brock, T. C. (comps.). (1994). *Persuasion: psychological insights and perspectives.* Londres: Allyn and Bacon.

Shaw, K. E. (1990). "Ideology, control and the teaching profession", *Policy and Politics,* 18 (4): 269-78.

Shils, E. A. (1958). "Ideology and civility: on the politics of the intellectual", *Sewanee Review* 66 (3).

Shipman, P. (1994). *The evolution of racism: human differences and the use and abuse of science.* Nueva York: Simon and Schuster.

Shohat, E. y Stam. R. (1994). *Unthinking eurocentrism: multiculturalism and the media.* Londres: Routledge.

Shotter, J. y Gergen, K. J. (comps.). (1989). *Texts of identity.* Londres: Sage.

Sidanius, J. (1993). "The psychology of group conflict and the dynamics of oppression: a social dominance perspective", en Shanto Iyengar y William James McGuire (comps.), *Explorations in political psychology*. (Duke studies in political psychology). (pp. 183-219). Durham, NC: Duke University Press.

Sidanius, J. y Ekehammar, B. (1980). "Sex-related differences in socio-political ideology", *Scandinavian Journal of Psychology*, 21 (1): 17-26.

Sidanius, J. y Ekehammar, B. (1983). "Sex, political party preference, and higher-order dimensions of sociopolitical ideology", *Journal of Psychology*, 115 (2): 233-39.

Sidanius, J. y Liu, J. H. (1992). "The Gulf War and the Rodney King beating: implications of the general conservatism and social dominance perspectives", *Journal of Social Psychology*, 132 (6): 685-700.

Sidanius, J., Pratto, F. y Rabinowitz, J. L. (1994). "Gender, ethnic status, and ideological asymmetry: a social dominance interpretation", *Journal of Cross Cultural Psychology*, 25 (2): 194-216.

Siegfried, J. (comp.). (1994). *The status of common sense in psychology*. Norwood, NJ: Ablex.

Sigel, I. E. (comp.). (1985). *Parental belief systems: the psychological consequences for children*. Hillsdale, NJ: Erlbaum.

Sigel, R. S. (comp.). (1989). *Political learning in adulthood: a sourcebook of theory and research*. Chicago: University of Chicago Press.

Simon, B. (1992). "Intragroup differentiation in terms of ingroup and outgroup attributes", *European Journal of Social Psychology*, 22 (4): 407-13.

Simons, H. W. y Billig, M. (comps.). (1994). *After postmodernism: reconstructing ideology critique*. Newbury Park, CA: Sage.

Sinclair, J. (1987). *Images incorporated: advertising as industry and ideology*. Londres: Croom Helm.

Sivanandan, A. (1982). *A different hunger: writings on black resistance*. Londres: Pluto.

Skidmore, M. J. (1993). *Ideologies: politics in action*. Orlando, FL: Harcourt Brace Jovanovich.

Skutnabb-Kangas, T. (1990). "Legitimating or delegitimating new forms of racism: the role of researchers", *Journal of Multilingual and Multicultural Development*, 11 (1-2): 77-100.

Sniderman, P. M., Tetlock, P. E. y Carmines, E. G. (comps.). (1993). *Prejudice, politics, and the American dilemma*. Stanford, CA: Stanford University Press.

Snyder, M. L. (1981). "On the self-perpetuating nature of social stereotypes", en D. L. Hamilton (comp.), *Cognitive processes in stereotyping and intergroup behavior*. (pp. 183-212). Hillsdale, NJ: Erlbaum.

Snyder, M. L. (1981). "Seek and ye shall find: testing hypotheses about other people", en E. T. Higgins, C. P. Herman y M. P. Zanna (comps.), *Social cognition: the Ontario Symposium*. vol. 1. (pp. 277-304). Hillsdale, NJ: Erlbaum.

Solomon, P. R., Goethals, G. R., Kelley, C. M. y Stephens, B. R. (1989). *Memory: interdisciplinary approaches*. Nueva York: Springer.

Solomos, J. (1986). "Trends in the political-analysis of racism", *Political Studies*, 34 (2): 313-24.

Solomos, J. (1993). *Race and racism in Britain*. Nueva York: St Martin's Press.

Solomos, J. y Wrench, J. (1993). *Racism and migration in Western Europe*. Oxford: Berg.

Solso, R. L. (1994). *Cognition and the visual arts*. Cambridge, MA: MIT Press.

Spears, R., Oakes, P. J., Ellemers, N. y Haslam, S. A. (comps.). (1997). *The social psychology of stereotyping and group life*. Cambridge: Blackwell.

Srull, T. K. y Wyer, R. S. (comps.). (1993). *The mental representation of trait and autobiographical knowledge about the self*, (Advances in social cognition, vol. 5). Hillsdale, NJ: Erlbaum.

Stephan, W. G. (1977). "Stereotyping: the role of ingroup-outgroup differences in causal attribution for behavior", *The Journal of Social Psychology* 101: 255-66.

Stevens, E. y Wood, G. H. (1992). *Justice, ideology, and education: an introduction to the social foundations of education*. Nueva York: McGraw-Hill.

Strassner, E. (1987). *Ideologie - Sprache - Politik. Grundfragen ihres Zusammenhangs*. (Ideology, language, politics: basic questions about their relationship). Tubinga: Niemeyer.

Strube, G. y Wender, K. F. (comps.). (1993). *The cognitive psychology of knowledge*. Amsterdam: North-Holland/Elsevier Science.

Sunic, T. (1990). *Against democracy and equality: the European New Right*. Nueva York: Lang.

Sykes, M. (1985). "Discrimination in discourse", en T. A. van Dijk (comp.), *Handbook of discourse analysis*, vol. 4: *Discourse analysis in society*, (pp. 83-101). Londres: Academic Press.

Tajfel, H. (comp.). (1978). *Differentiation between social groups: studies in the social psychology of intergroup relations*. Londres: Academic Press.

Tajfel, H. (1981). *Human groups and social categories*. Cambridge: Cambridge University Press.

Tenney, Y. J. (1989). "Predicting conversational reports of a personal event", *Cognitive Science*, 13 (2): 213-33.

Tetlock, P. E. (1983). "Cognitive style and political ideology", *Journal of Personality and Social Psychology*, 45 (1): 118-26.

Tetlock, P. E. (1984). "Cognitive style and political belief systems in the British House of Commons", *Journal of Personality and Social Psychology* 46: 365-75.

Tetlock, P. E. (1989). "Structure and function in political belief systems", en Anthony R. Pratkanis, Steven J. Breckler y Anthony G. Greenwald (comps.), *Attitude structure and function: the third Ohio State University volume on attitudes and persuasion*. (pp. 129-51). Hillsdale, NJ: Erlbaum.

Therborn, G. (1980). *The ideology of power and the power of ideology*. Londres: Verso.

Theus, K. T. (1991). "Organizational ideology, structure, and communication efficacy:

a causal analysis", en Larissa A. Grunig y James E. Grunig (comps.), *Public relations research annual*, vol. 3. (pp. 133-49). Hillsdale, NJ: Erlbaum.

Thompson, C. P., Skowronski, J. J., Larsem S. F. y Betz, A. L. (1996). *Autobiographical memory: remembering what and remembering when*. Mahwah, NJ: Erlbaum.

Thompson, J. B. (1984). *Studies in the theory of ideology*. Berkeley, CA: University of California Press.

Thompson, J. B. (1990). *Ideology and modern culture: critical social theory in the era of mass communication*. Stanford: Stanford University Press.

Thompson, S. E. (1994). *Hate groups*. San Diego, CA: Lucent.

Tierney, W. G. (comp.). (1991). *Culture and ideology in higher education: advancing a critical agenda*. Nueva York: Praeger.

Todd, E. (1985). *The explanation of ideology: family structures and social systems*. Oxford: Blackwell.

Togeby, L. (1995). "Feminist attitudes: social interests or political-ideology", *Women and Politics*, 15 (4): 39-61.

Trafimow, D. y Wyer, R. S. (1993). "Cognitive representation of mundane social events", *Journal of Personality and Social Psychology*, 64 (3): 365-76.

Tucker, W. H. (1994). *The science and politics of racial research*. Urbana, IL: University of Illinois Press.

Tulving, E. (1983). *Elements of episodic memory*. Oxford: Oxford University Press.

Turner, C. B. y Wilson, W. J. (1976). "Dimensions of racial ideology: a study of urban Black attitudes", *Journal of Social Issues*, 32 (2): 139-52.

Turner, B. S. (1992). "Ideology and utopia in the formation of an intelligentsia: reflections on the English cultural conduit", *Theory Culture and Society*, 9 (1): 183-210.

Turner, J. C. y Giles, H. (comps.). (1981). *Intergroup behaviour*. Oxford: Blackwell.

Turner, J. C., Hogg, M. A., Oakes, P. J., Reicher, S. D. y Wetherell, M. S. (1987). *Rediscovering the social group: a self-categorization theory*. Oxford: Blackwell.

Tyler, T. R. (1990). "Justice, self-interest, and the legitimacy of legal and political authority", en Jane J. Mansbridge (comp.), *Beyond self-interest*. (pp. 171-9). Chicago: University of Chicago Press.

Urban, G. (1988). "The pronominal pragmatics of nuclear war discourse", *Multilingua*, 7 (1-2): 67-93.

Vallas, S. P. (1991). "Workers, firms, and the dominant ideology: hegemony and consciousness in the monopoly core", *Sociological Quarterly*, 32 (1): 61-83.

van Dijk, T. A. (1977). *Text and context: explorations in the semantics and pragmatics of discourse*. Londres: Longman.

van Dijk, T. A. (1980). *Macrostructures: an interdisciplinary study of global structures in discourse, interaction, and cognition*. Hillsdale, NJ: Erlbaum.

van Dijk, T. A. (1984). *Prejudice in discourse*. Amsterdam: Benjamins.

van Dijk, T. A. (comp.). (1985). *Handbook of discourse analysis*. (4 vols.). Londres: Academic Press.

van Dijk, T. A. (1987). *Communicating racism: ethnic prejudice in thought and talk.* Newbury Park, CA: Sage.

van Dijk, T. A. (1988). *News analysis: case studies of international and national news in the press.* Hillsdale, NJ: Erlbaum.

van Dijk, T. A. (1988). *News as discourse.* Hillsdale, NJ: Erlbaum. [*La noticia como discurso.* Barcelona: Paidós.]

van Dijk, T. A. (1991). *Racism and the press.* Londres: Routledge. [*Racismo y análisis críticos de los medios.* Barcelona: Paidós, 1997.]

van Dijk, T. A. (1992). "Discourse and the denial of racism", *Discourse and Society*, 3 (1): 87-118.

van Dijk, T. A. (1993a). *Elite discourse and racism.* Newbury Park, CA: Sage.

van Dijk, T. A. (1993b). "Principles of critical discourse analysis", *Discourse and Society* 4 (2): 249-83.

van Dijk, T. A. (1995). "Discourse semantics and ideology", *Discourse and Society*, 6 (2): 243-89.

van Dijk, T. A. (1996). "Discourse, power and access", en C. R. Caldas-Coulthard and M. Coulthard (comps.), *Texts and practices: readings in critical discourse analysis.* (pp. 84-104). Londres: Routledge.

van Dijk, T. A. (1997). "Context models and text processing", en M. Stamenow (comp.), *Languaje structure, discourse and the access to consciousness.* (pp. 189-226). Amsterdam: Benjamins.

van Dijk, T. A. (comp.). (1997). *Discourse studies: a multidisciplinary study.* (2 vols.). Londres: Sage.

van Dijk, T. A. (1998). "Towards a theory of context and experience models in discourse processing", en H. van Oostendorp y S. Goldman (comps.), *The construction of mental models during reading.* Hillsdale, NJ: Erlbaum.

van Dijk, T. A. y Kintsch, W. (1983). *Strategies of discourse comprehension.* Nueva York: Academic Press.

van Holthoon, F. y Olson, D. R. (comps.). (1987). *Common sense: the foundations for social science.* Lanham, MD: University Press of America.

van Leeuwen, T. J. (1992). "Rhythm and social context", en P. Tench (comp.), *Studies in systemic phonology.* Londres: Pinter.

van Leeuwen, T. J. (1995). "Representing social-action", *Discourse and Society*, 6 (1): 81-106.

van Oostendorp, H. y Zwaan, R. A. (comps.). (1994). *Naturalistic text comprehension.* Norwood, NJ: Ablex.

van Schuur, H. (1984). "Structure in political beliefs: a new model for stochastic unfolding with application to European party activists", tesis de doctorado, University of Groningen, Países Bajos.

van Zoonen, L. (1994). *Feminist media studies*. Londres: Sage.

Verschueren, J. y Blommaert, J. (1992) "The role of language in European nationalist ideologies", *Pragmatics: Quarterly Publication of the International Pragmatics Association* 2 (3): 355-75.

Walker, H. A., Thomas, G. M. y Zelditch, M. (1986). "Legitimation, endorsement, and stability", *Social Forces*, 64 (3): 620-43.

Walsh, F. (1983). "Normal family ideologies: myths and realities", *Family Therapy Collections*, 6: 1-14.

Wander, P. (1984). "The 3rd persona: an ideological turn in rhetorical theory", *Central States Speech Journal*, 35 (4): 197-216.

Wander, R. y Szubka, T. (comps.) (1994). *The mind-body problem: a guide to the current debate*. Oxford: Blackwell.

Watt, J. (1994). *Ideology, objectivity, and education*. Nueva York: Teachers College Press.

Weakliem, D. (1993). "Class-consciousness and political-change: voting and political-attitudes in the British working-class, 1964 to 1970", *American Sociological Review*, 58 (3): 382-97.

Weaver, C. A., Mannes, S. y Fletcher, C. R. (comps.). (1995). *Discourse comprehension: essays in honor of Walter Kintsch*. Hillsdale, NJ: Erlbaum.

Weber, J. G. (1994). "The nature of ethnocentric attribution bias: ingroup protection or enhancement?", *Journal of Experimental Social Psychology*, 30 (5): 482-504.

Wegman, C. (1981). "Conceptual representations of belief systems", *Journal for the theory of social behavior*, 11: 279-305.

Wegner, D. M. y Vallacher, R. R. (1981). "Common-sense psychology", en J. Forgas (comp.), *Social cognition: perspectives on everyday understanding*. Nueva York: Academic Press.

Weinberg, M. (1990). *Racism in the United States: a comprehensive classified bibliography*. Nueva York: Greenwood.

Weiss, R. M. (1986). *Managerial ideology and the social control of deviance in organizations*. Nueva York: Praeger.

Welch, C. (1984). *Liberty and utility: the french ideologues and the transformation of liberalism*. Nueva York: Columbia University Press.

Wellman, D. T. (1993). *Portraits of white racism*, (2ª ed.). Cambridge: Cambridge University Press.

Wenden, A. L. y Schäffner, C. (comps.). (1994). *Language and peace*. Aldershot: Dartmouth.

Wertsch, J. V. (1985). *Vygotsky and the social formation of mind*. Cambridge, MA: Harvard University Press.

Wertsch, J. V., Del Rio, P. y Alvarez, A. (comps.). (1994). *Sociocultural studies of mind*. Nueva York: Cambridge University Press.

West, C. (1979). " 'Against our will': male interruptions of females in cross-sex conversation", *Annals of the New York Academy of Sciences* 327: 81-97.

West, C. (1984). *Routine complications: troubles with talk between doctors and patients*. Bloomington, IN: Indiana University Press.

West, C. (1990). "Not just 'doctors' orders': directive-response sequences in patients' visits to women and men physicians", *Discourse and Society*, 1 (1): 85-112.

Westerstahl, J. y Johansson, F. (1994). "Foreign news: news values and ideologies", *European Journal of Communication*, 9 (1): 71-89.

Wetherell, M. y Potter, J. (1992). *Mapping the language of racism: discourse and the legitimation of exploitation*. Nueva York: Harvester-Wheatsheaf.

Williams, J. (comp.) (1995). *PC wars: politics and theory in the Academy*, Nueva York: Routledge.

Willis, P. (1977). *Learning to labour: how working class kids get working class jobs*. Londres: Saxon House.

Wilson, C. C. (1991). *Black journalists in paradox: historical perspective and current dilemmas*. Nueva York: Greenwood.

Wilson, J. (1990). *Politically speaking*. Cambridge: Blackwell.

Wodak, R. (1987). " 'And where is the Lebanon?' A socio-psycholinguistic investigation of comprehension and intelligibility of news", *Text*, 7 (4): 377-410.

Wodak, R. (1991). "Turning the tables: anti-semitic discourse in post-war Austria", *Discourse and Society*, 2: 65-84.

Wodak, R. (1996). *Disorders of discourse*. Londres: Longman.

Wodak, R. (comp.). (1989). *Language, power and ideology: studies in political discourse*. Amsterdam: Bejamins.

Wodak, R., Nowak, P., Pelikan, J., Gruber, H., de Cillia, R. y Mitten, R. (1990). " 'Wir sind alle unschuldige Täter'. Diskurshistorische Studien zum Nachkriegsantisemitismus (" 'We are all innocent perpetrators': discourse historic studies in post war anti-semitism"), Frankfurt-on-Main: Suhrkamp.

Wolfe, A. (1977). *The limits of legitimacy: political contradictions of contemporary capitalism*. Nueva York: Free Press.

Wood, A. W. (1988). "Ideology, false consciousness, and social illusion", en Brian P. McLaughlin y Amelie Oksenberg Rorty (comps.), *Perspectives on self-deception: topics in philosophy*, vol. 6. (pp. 345-63). Berkeley, CA: University of California Press.

Worchel, S. y Simpson, J. A. (comps.). (1993). *Conflict between people and groups: causes, processes, and resolutions,* (Nelson-Hall series in psychology). Chicago: Nelson-Hall.

Wrong, D. H. (1979). *Power: its forms, bases and uses*. Oxford: Blackwell.

Wuthnow, R. (1987). *Meaning and moral order: explorations in cultural analysis*. Berkeley, CA: University of California Press.

Wuthnow, R. (1989). *Communities of discourse: ideology and social structure in the*

Reformation, the Enlightenment, and European socialism. Cambridge, MA: Harvard University Press.

Wuthnow, R. (1992). "Infrastructure and superstructure: revisions in Marxist sociology of culture", en R. Münch y N. J. Smelser (comps.), *Theory of culture.* (pp. 145-70). Berkeley, CA: University of California Press.

Wuthnow, R. y Shrum, W. (1983). "Knowledge workers as a 'new class': structural and ideological convergence among professional-technical workers and managers", *Work and Occupations,* 10 (4): 471-87.

Wyer, R. S., Budesheim, T. L., Shavitt, S. y Riggle, E. D. *et al.* (1991). "Image, issues, and ideology: the processing of information about political candidates", *Journal of Personality and Social Psychology,* 61 (4): 533-45

Wyer, R. S. y Gordon, S. E. (1984). "The cognitive representation of social information", en R. S. Wyer y T. K. Srull (comps.), *Handbook of social cognition,* vol. 2. (pp. 72-150). Hillsdale, NJ: Erlbaum.

Wyer, R. S. y Srull, T. K. (comps.). (1984). *Handbook of social cognition,* (3 vols.). Hillsdale, NJ: Erlbaum.

Wyer, R. S. y Srull, T. K. (1989). *Memory and cognition in its social context..* Hillsdale, NJ: Erlbaum.

Yantek, T. (1988). "Polity and economy under extreme economic-conditions: a comparative study of the Reagan and Thatcher experiences", *American Journal of Political Science,* 32: 196-216.

Young, M. F. D. (comp.). (1971). *Knowledge and control: new directions for the sociology of education.* Londres: Collier-Macmillan.

Zaller, J. R. (1990). "Political awareness, elite opinion leadership, and the mass survey response", *Social Cognition,* 8 (1): 125-53.

Zanna, M. P., Olson, J. M. y Herman, C. P. (comps.). (1987). *Social influence: the Ontario Symposium,* (vol. 5). Hillsdale, NJ: Erlbaum.

Zeitlin, I. M. (1994). *Ideology and the development of sociological theory.* Englewood Cliffs, NJ: Prentice Hall.

Indice temático

abstracción 315-7
  niveles 34, 35, 41, 78, 261
abuso de poder 25, 207, 210-3, 326, 341-2
acceso al discurso público 219-20, 325-6
acción afirmativa 367-8
acción colectiva 181, 184
  legitimación como 319-20
acontecimientos, modelos de 108, 110, 112, 116, 170, 311
actitudes 42, 53, 65-8, 306, 316, 393
  sobre la acción afirmativa 367-8
  sobre el afrocentrismo 370
  sobre el multiculturalismo 369
  sobre el racismo 364-7
  componentes 86
  y modelos de contexto 269
  defensa del concepto 65-8
  expresiones directas de actitudes ideológicas 301
  en el etnocentrismo/racismo 362-72
  e ideologías comparadas estructuralmente 90-3
actos comunicativos intencionales 272-4
actos de habla 263-4, 274
actuación 247
adoctrinamiento *véase* aprendizaje ideológico
adquisición de ideologías 17, 309-10, 316
afecto *véase* emociones

afiliación 281-2
afroamericanos 345-89
  despreciando a 375-7
afrocentrismo 370
alcance 331
alienación 126
aliteración 340
Althusser, Louis 14
análisis cognitivo 45
análisis conversacional 76, 77, 253, 267, 273, 340-1
análisis del discurso 11, 19, 251-2, 318
análisis estratégico 77-8
análisis estructural 77-8, 80
análisis interaccional 260
análisis léxico 259
antiintelectualismo y "sentido común" 135-6
aprendizaje "estructural" 307
argumentos
  basados en el "sentido común" 136
  estructura de los 91, 92
autopresentación positiva 333, 374, 384-8, 396

Bewußtsein véase conciencia
Boas, Franz 347, 350

cambio de actitud 305, 316

cambio ideológico, posibilidad de 118, 124-5
casos (*tokens*) de 114
casos [*tokens*] versus tipos [*types*] 114, 247-9, 289
categorías 81
categorías de grupo y pertenencia 193-204
categorías sociales versus grupos sociales 185-9
cerebro, redes neuronales 40, 81
ciencia cognitiva 24, 33, 167
ciencia, ideología de la 16
civilización occidental, descripción de la 387-8
"clase marginada" 354, 376-7
clases dominantes 227
códigos semióticos 250-1
coerción 206, 211
cognición 31-171
    y creencias 38
    discurso 295-303
    triángulo sociedad, discurso y 9, 18, 24, 168, 177-8, 391
cognición política 47, 169, 391
cognición social 18, 70, 162-71
    y conocimiento cultural general 60
    importancia 162
    estructuras y estrategias 79-89
    uso del término 70
cognitivismo 23-4, 45
cognitivo, y social 23-4, 75, 175-8
coherencia
    como condición de continuidad y reproducción 125, 292-3
    y consistencia 121-2
    global 260-1
    local 260-1, 336-7
colectividades 49
compartir 191-2
competencia 247
    abstracta versus práctica 78
    véase también competencia cognitiva; competencia social
competencia abstracta versus competencia práctica 78-9

competencia cognitiva 307-8
competencia entre grupos 24-5, 99, 215-6
competencia social 309
complejos intertextuales 276-7
comunicación *véase* discurso
comunismo 14, 15
conciencia 126-32
    como un ser consciente 128-32
    incrementar la 130, 325
conflicto social 186
conflicto, y lucha 186, 213-5
conformidad 190
conocimiento
    y creencias 35-6, 393
    definición 142
    naturaleza del 43, 141-3
    explícito e implícito 129
    y opiniones 53-7, 144-7
    y poder 148-50
    relaciones entre ideología y 21, 140-1
    dimensiones social y política del 146
    y verdad 140-51
conocimiento científico 138
"conocimiento común" de la cultura 58-62, 73, 116
conocimiento cultural 58-62, 73-5, 116
    y conocimiento de grupo 85-6
conocimiento histórico 51
conocimiento objetivo y subjetivo conocimiento 63-4
conocimiento profesional 73
conocimiento social, proposiciones con variables 51
conocimiento subjetivo y conocimiento objetivo 63
consenso 15, 56, 207, 213, 229, 240, 342
    poder de 148
consentimiento 207
    manufacturar el 342-3
conservadurismo
    el discurso de Nosotros 277-389
    como metaideología 353-7, 388, 397
consistencia 118, 120-5
    y coherencia 121-2
    versus variación 120

contenidos 99-100
contexto 266-86, 396
    definición 266
    dimensiones 270-86
    en la reproducción de ideologías 290-3
    ideologías sensibles al 79-80
contextos institucionales, legitimación y 319-20
contraideologías 167, 212, 325
control de la distribución de turnos 341
control de las mentes 207, 340-3
control del discurso, ideología y 265
control
    ideológico 264, 285, 294, 324, 327
    cuestiones de 205-8
conversación véase texto y conversación
cooperación 216
copias 247-8
cosificación 34
credibilidad 306, 314, 331, 341
creencias 35-8
    contenido de las 38, 43
    aceptabilidad 292
    conjuntos véanse actitudes; conocimiento y cognición 38
    distintos tipos 163
    formas de representación 39-44
    e ideas 31-46
    ideologías como 44-5
    y conocimiento 35
    niveles de abstracción 41
    y lenguaje natural 40, 41
    problemas en la definición 41-4
    descripción proposicional 39-40
    representación-relación, naturaleza activa/pasiva 43
    verdaderas y falsas 43, 54, 63, 64
    tipos 62-3
    véanse también creencias básicas; creencias generales; creencias particulares
creencias básicas 37, 42
creencias culturales
    y "sentido común" 138-9
    versus creencias de grupo 57-62
creencias específicas véase creencias particulares

creencias evaluativas 114-5
    véase también opiniones
creencias fácticas véase conocimiento
creencias generales versus creencias particulares 51-2, 63
creencias grupales
    ideologías y 57
    versus creencias culturales 57-62
creencias particulares versus creencias generales 51-2, 63
creencias personales versus creencias sociales 47-53, 63, 392
creencias sociales 21, 47-75, 49-51
    presupuestas 50-1
    versus creencias personales 47-53, 63, 392
creencias socioculturales véase creencias sociales
"crisis" de la civilización (D'Souza) 351-2
criterio de relevancia 166, 267, 270
criterios de evaluación versus criterios de verdad 54-7, 63
criterios de verdad 35, 43, 393
    control sobre 327
    y conocimiento 54, 140-3
    y opiniones 55, 73
    y contexto social 56-7
    versus criterios de evaluación 54, 62
cuerpo, versus mente 33-4
cultura negra, "patologías" 345-89
cultura
    rol en el desarrollo de las ideologías 176
    e identidad social 159-60

D'Souza, Dinesh 10, 345-89
dado por sentado 134-5
debate sobre el Cociente Intelectual, D'Souza sobre 370-2
debate verdad/falsedad 166, 312-3
definiciones 13, 146-7
descripción, modos de 76-8, 109
deslegitimación 322-7
determinismo económico 15
diferencias individuales 50, 124, 198-9
dimensión de la audiencia véase alcance

dimensiones mentales de la ideología 44-5, 392
dimensiones sociales de las ideologías 44-5, 392
discurso 19, 44-5, 243-389
    concepto 246-51
    noción extendida y restringida de 250
    de la cognición al 295-303
    e ideología 243-52, 395-7
    lazos indirectos con las ideologías 114-9, 169
    legitimación y deslegitimación 324-7
    y significados presupuestos 50
    importancia del 243-52
    papel en la reproducción de las ideologías 18, 19, 290-4, 395-6
    reglas y normas 19
    triángulo sociedad, cognición y 9, 18, 24, 168, 177-8, 391
    véase también discurso intergrupal; discurso intragrupal
discurso de clase 180, 227, 229
discurso de opinión, comprendiendo el 311-5
discurso intergrupal 161
discurso intragrupal 161
discurso no verbal 251
discurso público 331
    acceso al 220, 325
discurso racista 374-88
disidentes ideológicos 232
disonancia cognitiva 88, 124
dominación 15, 94, 99, 180, 321, 342
    y poder 206-8
dominio 270-1
dominios sociales, texto y conversación 249-50
doxa y *epistéme* 36, 55
Durkheim, Emile 14, 140

efectos ideológicos 306-7
elite, discurso de 222, 327
elite, grupos de 15, 137, 141
elite, ideologías de 128
    y estrategias de control ideológico 233-4

elite, poder y conocimiento profesional 73
elite, racismo de 223-6
elites 180, 190, 218-26, 323-4, 395
emociones 37-8, 86
    e identidad social 157
End of Racism, The (D'Souza) 10, 345-89
enemigo social, el 348-50
enfoque conexionista 41, 82
enfoque constructivista 43
enfoque crítico 24-5
enfoque estructuralista 77-89, 79
enfoques clásicos 14, 16, 243
Engels, Friedrich 15, 126, 140, 227
epistéme y *doxa* 36, 55
epistemología 56-7, 141-2
errores 78
esclavitud 209
Escuela de Frankfurt 25
esquemas de 110
esquemas [*schemata*] 80-2, 170
estereotipos 332, 376
estilística 255-7
estilo en las estructuras ideológicas del discurso 338-40
estilo léxico 259
estrategia, estructuras y 76-89, 253-4
estrategias de control ideológico 232, 233-4
estrategias de interacción en las estructuras del discurso ideológico 340-2
estructura de problema/solución 91, 92
estructura neuronal en red 40-1
estructura social 18
estructura superficial 254-7, 339
estructura y estrategias 77-89, 253-4
estructuras de la actitud 84-9
estructuras de las ideologías 79, 90-100, 165-6
    categorías 96
    etnocentrismo/racismo 359-62
estructuras del discurso 253-65, 338
    ideológicas *véase* estructuras ideológicas del discurso
    en la reproducción de las ideologías 293-4
estructuras esquemáticas del discurso 262
estructuras ideológicas del discurso 328-44

restricciones contextuales 329-31
estrategias de interacción 340-1
significado local 332-7
manipulación 342-3
retórica 340
esquema 338
estilo 338-9
tópicos 331-2
"estructuras mentales" (Hall) 22
estructuras retóricas 262-3, 340
estudios culturales 15
estudios del discurso *véase* análisis del discurso
etnocentrismo/racismo 357-62, 385-6
etnografía del habla 251, 267
etnometodología 133
eufemismos 337, 340, 385
evaluación de hipótesis 116
evaluaciones 36
   organización de las 83-4
eventos comunicativos, versus productos verbales 246-7
eventos discursivos
   circunstancias 276-7
   fecha, tiempo 275-6
   lugar 276
exclusión, e inclusión 202-4, 205
explicaciones
explícito
   e implícito 261
   versus implícito 335-6
expresión de 302
expresión de las ideologías 21, 120, 300-3
   directa 245, 300, 328-9
   en estructuras del discurso 253-65
   indirecta 245, 328-9
   indirecta particularizada 301
   estabilidad 80
expresiones de creencias 39-40, 41, 44, 64

falsa conciencia 31, 100, 117, 126-8, 140, 325
falso, significados de 127
   véase también debate verdad/falsedad
familias 236
Feagin, Joe 383

figuras retóricas *véase* estructuras retóricas
filosofía 14, 17, 166, 391
formación de la ideología, restricciones sociales en la 75
formación del discurso 249
formaciones sociales 180
Foucault, Michel 246
Frederickson, George M. 345
funciones de las ideologías 16, 21, 393
funciones sociales de las ideologías 95, 178, 394

Galileo Galilei 48
generalización 289, 315-7, 336
géneros 249, 271-2, 330
   funciones 272, 275
gráficos 254, 340
gramática generativa, analogía con 69, 81
gramática, analogía con 52, 120, 190, 191
Gramsci, Antonio 14, 15, 133, 180
grupo profesional 186, 195
grupo
   cohesión de 25
   conflicto de 93-8
   identidad 96, 98
   y memoria colectiva 159
   ideología como 155-7
   e identidad personal 152, 154-61
   ideología de 122, 155-6
   intereses de 96, 149
   conocimiento y criterios específicos de 59
   pertenencia al 184
   e identidad personal 154
   polarización del 93-8, 205, 392
   relaciones de 205-17, 395
   papel en el desarrollo de las ideologías 175, 205-17
   autoesquema 155, 165
   esquema de actitud de 87-8
   esquema 92, 392
grupos 49, 180-88
   coordenadas de los grupos sociales 96
   e ideologías 202-4
   papel en el desarrollo de las ideologías 175, 180-204

versus miembros 188-93
grupos "dominados" 230-2
grupos dominantes 323
grupos racistas 200-4
grupos sociales
  características 196-7
  versus categorías sociales 185-9
guiones [*scripts*] 82-3, 170

habilidad ideológica 138
habitus 69-70
Hall, Stuart, definición de ideología 22
hechos sociológicos (Durkheim) 140
hegemonía
  según Gramsci 15, 31, 133, 180
  ideológica 324-5, 342
Hernnstein, R. J. 370-1
hipérbole 340, 375, 377
historia de la ciencia 140

ideas 31-32
  y creencias 31-46
  significados cotidianos 32
  sistemas de 18, 44
ideas compartidas 31-2
identidad 152-61
  definición 152-4
  véanse también identidad de grupo; identidad personal; identidad social
identidad personal
  formas 154-5
  e identidad de grupo 152, 154-61
identidad social 182
  como "sentimiento" colectivo 157-8
  manifestaciones contextualmente variables 160-1
  definición 156
  otros modos de definición 158-61
identidades múltiples 98, 115
  e ideologías en conflicto 192-3
identificación
  y estructura y organización social 159
  uso del término 156
ideología
  concepto cotidiano 15
  y discurso 169, 243-52, 395-7

y control del discurso 265
la difusa vida de la 13
como identidad de grupo 155-8
definición de Hall 22
legitimación y 321-4
teoría multidisciplinaria 10, 17-20, 176, 246, 391
límites y perspectivas 398-9
nuevo concepto 22
primacía sobre la acción 209-13
produciendo 300-3
y sociedad 175-9
  enfoques tradicionales 14-6
  versus conocimiento 140-1
ideología de la clase gobernante 15, 31, 126, 180, 227, 318
ideología de posición 97, 205-6
ideología de recursos 96
ideología profesional 97, 205
ideología, objetivos de la 96, 97, 275
ideologías
  y actitudes comparadas estructuralmente 90-3
  como base axiomática de representaciones sociales compartidas 163-5, 392
  como creencias 44-5
  definición cognitiva 71-5
  como bases de las creencias de grupo 71, 72-5
  como creencias sociales generales 52-3
  y grupos 201-4
  lazos indirectos con el discurso 114-8
  presuponen especificidad para un grupo o cultura 61
  reconstruyendo 353-62
  relación con "sentido común" 138-9
  análisis social 394-5
  análisis sociocognitivo 392-4
  tipología 96
  valores y 95, 104-5
  sin grupos 197-202
ideologías "inventadas" 128, 175, 218-20
ideologías conflictivas *véase* ideologías de oposición
ideologías de oposición 24-5, 129, 131-2, 213-5

ideologías dominantes 128, 129, 133, 140, 166, 227-34, 318
ideologías racistas 25, 179
ideológico, aprendizaje 122, 228-30
"ideológico, cuadrado" 333, 374
ideológico, enemigo 347-8, 381-4
ideológicos, grupos 185-6
idéologie 14
ideólogos 32, 122, 129, 138, 190, 218, 220, 345
iglesias 236
iluminismo 31
implicación 261, 335
implicación semántica 261
implícito
    y explícito 261
    versus explícito 335-6
imposición 228-30
inclusión y exclusión 202-4, 205
individualismo 24, 168
inferencia 114, 244
influencia ideológica, la 307-17, 397
    condiciones cognitivas 307-9
    generalización y abstracción 315-7
    comprensión del discurso de opinión 311-5
    condiciones sociales 309-10
influencia, diferentes tipos de 305-7
información
    expresión o supresión de 333
    nivel de descripción 334-5
    sociedades de la información y la comunicación 207
    procesamiento de la 33, 38
    consciente y automático 131
    metáfora 70, 296
inserción 25, 244
institucionalización, grados de 187, 395
instituciones ideológicas 122, 176, 186, 235-40
Intelligenz, freischwebende 16
intención 258, 272-5
interacción 19, 264
    y tipo de evento comunicativo 271
interés, poder y 22
interiorización 324

interpretación del discurso 108
interpretaciones "preferidas" 313
intersubjetividad 56
investigación en comunicación mediática 304
ironía 340

juicios
    las ideologías controlan los juicios específicos del grupo 150-1
    y opiniones 36-7
justificación *post hoc* 210
justificaciones 140-3

King, Martin Luther 367, 373-4

langue 247
las ideologías sirven a sus propios fines 21-2, 31, 94-5, 103
legitimación 18, 21, 318-27
    definición 318-20
    deslegitimación y discurso 324-7
    e ideología 321-4
    como política 320
    positiva y negativa 24-5
    del abuso de poder 207, 210-3
    valores utilizados como base 103-5
legitimación de abajo hacia arriba 220-2, 320
legitimación de arriba hacia abajo 220-2, 320
legitimación del racismo 366-7, 397
lenguaje, relaciones entre pensamiento y 39-41, 45
    analogía con 49, 52
lexicalización 337
léxico 259
libertad, reclamos ideológicos de 206
lingüística 167, 247, 251, 253, 258
    papel de la gramática en la 120
    "experiencias vividas", ideologías como 134
Living with Racism (Feagin y Sikes) 383
lucha, conflicto y 186, 213-5
Lukács, Georg 14

macroestructura semántica *véase* tópicos
macrosociología 235
manifestaciones de protesta 182
manipulación 18, 117, 127, 232, 263, 273, 275, 322, 325
    en las estructuras ideológicas del discurso 342-3
Mannheim, K. 14, 230
marco teórico 17-20
    problemas abiertos 169-71
    importancia 166-7
Marx, Karl 14, 126, 140, 227
marxismo 180
masas 129
massmedia *véase* medios masivos de comunicación
materialismo 168
medios masivos de comunicación 237-8, 327, 331
    e ideologías de elite 229-30, 233-4
memoria
    creencias y 38, 259
    véase también memoria episódica; memoria social
memoria colectiva, e identidad de grupo 158-9
memoria episódica 48-50, 53, 108, 110, 170, 267-70, 301, 306, 313, 392
memoria personal *véase* memoria episódica
memoria semántica 49, 392
memoria social 48-51
mentalismo 24, 34, 168
mente
    influir sobre la 304-5
    versus cuerpo 33-5
mentes 33-5, 295-6
metáforas 340
metaideología 185, 354, 397
micro nivel *véase* problema micro-macro
microsociología 76, 133, 235, 252
miembros, grupos versus 188-93
mitigación 337, 340, 366, 385
modelo de base-superestructura 15
modelos "sesgados" 265, 294, 303, 314
modelos 107-10, 170-1
    activación selectiva de viejos 116

modelos de contexto 111-2, 116, 170, 267-70, 296, 396
    expresión 302-3
    y proyección de las ideologías en los eventocomunicativos 115-6
    y opiniones 311-2, 315, 317
modelos de experiencia 108-9, 110
modelos de situación *véase* modelos de acontecimiento
modelos mentales "preferidos" 325, 329, 334-6
modelos mentales 67, 107-11, 171, 259, 268-70, 312, 329, 394
    control en el racismo 373-4
    interfase con prácticas sociales 107-8, 166, 398
morfología 256
Moscovici, Serge 137
movimientos sociales 185, 195, 198, 221, 323
mujeres negras, el discurso racista de D'Souza 378-81
multiculturalismo 369
Murray, C. 370-1

narración, organización de la 92
naturaleza compartida de las ideologías 49
negación y ser consciente 131-2
neomarxismo 15
neurociencia 33
niveles
    de abstracción 34, 36, 41-2, 77, 261
    de operación de las ideologías 123-4
    estructuras y estrategias 253-4
nodos, creencias como una colección de 40
nominalización 337
normalización 122, 315
normas 319, 321, 322-3
Nosotros y Ellos 14-5, 94-5, 150-1, 165, 202-4, 309-10, 321, 333, 343-4
    en el racismo 346-51, 360-2, 388

objetos "mentales" 33, 35
opinión
    diferencias de 64
    conocimiento u 144-7

opiniones 61, 306, 313-4, 316, 393
  y modelos de contexto 268
  y juicios 36-7
  conocimiento y 53-7
  personales 53, 67
  sociales 53
  y uso de modelos 115-6
opiniones, manejo de las 342-3
orden del discurso 249
orden epistémico de la sociedad 55
orden moral de la sociedad 55
organización de las ideologías 90-100, 395
organizaciones *véase* instituciones

papel social 280-1
papeles de participante 278-81, 283-4, 330-1, 341-2
parole 247
partidos políticos racistas 239
"patologías" de la cultura negra 345-89
pensamiento, relaciones con el lenguaje 39-42, 45
pericia 327, 393
personal, vinculación entre lo social y lo 106-7, 113-4, 116-9
persuasión 304-17, 322, 324, 329, 397
  diferentes tipos 305-7
pertenencia 282-3
  y categorías de grupo 193-204
  ideologías de 96, 97
pertenencia de clase 194
planes 109
Platón 36
poder 15, 321
  y dominación 206-9
  y conocimiento 148-50
poder persuasivo 206-7, 211-3
poder simbólico 326-7
polarización entre el propio grupo y los otros 205
política 17-8, 327, 331
políticas, traducción de ideologías 239-40, 389
posición social 196
posmodernos 250
prácticas sociales 19

e ideologías 22, 107, 113-4, 395
  interfase con modelos mentales 166
pragmática 251, 253, 260, 266, 267
  y modelos de contexto 112
prejuicio 66, 85, 332, 362, 378
presuposición 50-1, 133-4, 261, 335
presuposición, prueba de 60-1
principio de la relatividad 74
principios morales 61
problema cerebro-mente, y conciencia 130
problema de coordinación 210-3, 395
problema macro-micro 23, 176, 189-91, 243, 288-9
procesamiento del discurso, teoría cognitiva 295-303
procesamiento paralelo 82
producción del discurso 296-9, 396
  módulo de formulación 299
  módulo pragmático 296-7
  módulo semántico 297-8
productos verbales, eventos comunicativos versus 246-7
  véase también discurso no verbal
propaganda 117, 129, 233
proposiciones 39-40, 260
propósito 275
prototipos, teoría de 198
psicolingüística 78
psicología 16, 19, 76, 167-9, 253
psicología cognitiva 44, 70, 77
psicología política 218
psicología social 70, 83, 86-9, 137, 169, 305
psicologismo 24
puntos de vista *véase* opiniones

racismo
  ideología y discurso 345-89
  reproducción por el discurso 25
  dimensiones sociales 179, 200-1
  véase también etnocentrismo/racismo
"racismo cultural" 346
racismo institucional 239-40
"racismo simbólico" 346
Rainbow Coalition 230
reconstruyendo las ideologías 353-62
recursos materiales 183

recursos simbólicos 183
reduccionismo 34, 45-6, 66-7
referencia 258
referentes del discurso 283
"reglas de proyección" 43
relaciones raciales en los Estados Unidos 345-89, 397
relaciones sociales 20
relaciones, importancia de las 17, 18-9
relativismo 57, 58, 62
    ideológico 141, 143-7
    forma fuerte 143
    versión débil 143-4
    véase también relativismo cultural
relativismo cultural 347, 381-2
"repertorios" discursivos 65, 67
representaciones
    negativa de los otros 358, 396
    social y mental 23
    véanse también modelos mentales; representaciones sociales
representaciones sociales 19, 21, 69, 170, 391, 392
    y "sentido común" 136-7
    y contexto 283-6
    modelos personales 166
    ideologías como 164-5
    compartidas 182-4
    uso del término 127
reproducción 21, 207, 287-94
    definición 287-9
    y discurso 290-4
    organizando la 235-7
    principios 233
    rol del discurso 243-6
resistencia 24, 94, 97, 99, 167, 213-5, 321, 395
rima 340
rituales 45
rol profesional 279-80
roles 278-81, 285

Schütz, Alfred 133
secuenciación, control de la 341-2
semántica 257-61
    y modelos de evento 112

"sentido común" 128, 133-9
    dimensiones 135-7
    ideologías como 138-9
    significados 133-4
ser consciente
    conciencia como 128-31
    y negación 131-2
    entrenar 130
sí mismo [*self*]
    como conocimiento abstracto, personal 52
    y modelos de contexto 111, 269
    representaciones 152
significado
    e interpretación 258-60
    conocimiento y verdad 146-7
    significado de 258
significado local en las estructuras del discurso ideológico 332-7
significados 257-61
    como tipo de creencia 39
signo 251
Sikes, Melvin 383
símbolos 45
sintaxis 256-7
sintaxis del discurso, codificar posiciones ideológicas 262
sistema de educación 236
sistemas de creencias 37, 392, 398
    políticas 16
    y abuso de poder 210-3
    y cognición social 163-4
    uso del término 47
sistemas de ideas 18, 44
sistemas de valores 101-4
social
    y cognitivo 23-4, 75, 175-8
    vinculación con lo personal 106-7, 113-4, 116-9
socialización 190, 245, 308
sociedad 175-240
    discurso y cognición, triángulo 9, 18, 24, 168, 177-8, 391
    ideología y 175-9
sociolingüística 78, 251, 266, 267
sociología 14, 17, 19, 69, 167

sonido 255-6
subculturàs 60
supervivencia 25

teoría de la ideología, características 17-8, 166-7
teorías interaccionales 23, 34, 168
terminología semiótica 250-1
texto y conversación 19, 399
    forma global 262
    representaciones mentales y 296-300
    soportes y objetos importantes 277
    de dominios sociales 249-50
    véase también discurso
textos escritos 253
tipos de 114
tipos [*types*] versus casos [*tokens*] 145, 247-9, 289
tópicos 261, 262, 298-9, 331-2
tópicos, manejo de 341
triángulo: cognición-sociedad-discurso 9, 18, 24, 168, 177-8, 391

uso del lenguaje, *véase* discurso
utopías 230

valoración de las noticias 237
valores 95, 101-5, 320, 321, 322-3
    con contenidos ideológicos diferentes 103-5
    históricos 103
    e ideologías 103-5
    opiniones y 54
    véase también criterios de evaluación
valores de verdad como funciones proposicionales 64
valores interaccionales 102
variación 118
    condiciones de 123-4
    consistencia versus 120-1
verdad
    y conocimiento 140-51
    dimensiones sociales y políticas 16

West, Cornell 383

Obras de Teun A. van Dijk
publicadas en castellano

Pragmática de la comunicación literaria
Arco Libros, Madrid, 1987

Texto y contexto
Cátedra, Madrid, 1988

Discurso y literatura
Visor, Madrid, 1996

La ciencia del texto. Un enfoque interdisciplinario
Barcelona, Paidós, 1996

La noticia como discurso
Barcelona, Paidós, 1996

Racismo y análisis crítico de los medios
Barcelona, Paidós, 1997

Ideología. Un enfoque multidisciplinario
Barcelona, Gedisa, 1999

Estudios del discurso I
Barcelona, Gedisa, (en prensa)

Estudios del discurso II
Barcelona, Gedisa, (en prensa)

(viene de pág. 4)

LINGÜÍSTICA Y ANÁLISIS
DEL DISCURSO

DONALD DAVIDSON	*De la verdad y de la interpretación*
J. PIAGET Y R. GARCÍA	*Hacia una lógica de significaciones*
AURORA LEAL GARCÍA	*Construcción de sistemas simbólicos*
JEAN CLAUDE BRINGUIER	*Mis trabajos y mis días* **Conversaciones con Piaget**